本书为刘鸿武任首席专家的浙江省政治学一流学科（A类）、教育部区域与国别研究中心基地浙江师范大学非洲研究中心、浙江省社会科学重点研究基地非洲研究中心、浙江省2011协同创新中心非洲研究与中非合作协同中心建设成果。

卢旺达危机：
大屠杀史

【法】热拉尔·普吕尼耶◎著
赵俊◎译

中国社会科学出版社

图字：01-2017-1506

图书在版编目（CIP）数据

卢旺达危机：大屠杀史／（法）热拉尔·普吕尼耶著；赵俊译．—北京：中国社会科学出版社，2017.6
（非洲研究译丛）
书名原文：Rwanda Crisis：A History of Genocide
ISBN 978-7-5203-0198-5

Ⅰ．①卢…　Ⅱ．①热…②赵…　Ⅲ．①卢旺达—历史　Ⅳ．①K427

中国版本图书馆 CIP 数据核字（2017）第 078311 号
First published by C. Hurst & Co.（publishers）Ltd.

出 版 人	赵剑英
责任编辑	张　林
特约编辑	席建海
责任校对	高建春
责任印制	戴　宽

出　　版	中国社会科学出版社
社　　址	北京鼓楼西大街甲 158 号
邮　　编	100720
网　　址	http://www.csspw.cn
发 行 部	010-84083685
门 市 部	010-84029450
经　　销	新华书店及其他书店

印　　刷	北京明恒达印务有限公司
装　　订	廊坊市广阳区广增装订厂
版　　次	2017 年 6 月第 1 版
印　　次	2017 年 6 月第 1 次印刷

开　　本	710×1000　1/16
印　　张	28.5
插　　页	2
字　　数	309 千字
定　　价	119.00 元

此书献给我的两位卢旺达同道——让－内朴姆塞内·恩库里基伊姆弗拉（Jean－Né pomucè neNkurikiyimfura）和让·卢米亚（Jean Rumiya）。 前者是图西族人，后者是族际婚姻下的胡图族人。 两位都是优秀的、年轻的历史学家，前途本来均不可限量。 恩库里基伊姆弗拉并不涉政，也接受陷入暴力前的哈比亚利马纳政权。 卢米亚积极投身政治。 随着哈比亚利马纳政权走向极端，一些知识分子开始为该政权提供必要的智力支撑。 卢米亚曾一度加入这个知识分子阵营。 然而，卢米亚头脑清晰，大义凛然，反对风雨欲来的丧心病狂。 大屠杀期间，两人不幸罹难。 在那个特殊时期，他们的一些同事违心奉承，迎合本应加以斥责的恶魔。 但是，他们俩维护了我们这个职业应有的正直与尊严。

前　　言

被殖民者反对殖民者的最后战斗，往往就是被殖民者互相
间的斗争。

——弗兰兹·法农（Frantz Fanon），《全世界受苦的人》
（*The Wretched of the Earth*）

要研究大屠杀史，研究者首先就要在道义上做出基本选择。在
一篇关于卢旺达大屠杀的文章中，[①] 著名的应急医疗救援组织无国界
医生（Médecins Sans Frontières）前主席罗尼·布劳曼（RonyBrau-
man）放弃了研究非洲内战的念头。这些内战残忍异常，肆虐于整个
非洲大陆，从利比里亚到索马里，从苏丹南部地区到卢旺达。为什
么放弃呢？因为"根据某种等级标准，将这些苦难分门别类毫无意
义，几乎令人作呕。"作为一名学者，我能理解其感受，但不赞同其
看法。人道主义救援人员可以原谅，因为他们已经厌倦了背后的情
绪煽动与政治背景。在一个媒体以同样庸俗的口吻来报道大屠杀和

---

① Rony Brauman, *Devant le Mai. Rwanda, un génocide en direct. Paris：Arléa*, 1994.

性丑闻的世界，沉默是对受害者的最大尊重。这完全可以理解。问题是，与夺人眼球的媒体标题一样，这种诚实的、体面的做法，最终会让灾难说不清道不明，原本就模糊，现在就更混沌难辨。莎士比亚可以将玫瑰战争写成一部戏剧，但谣言和无知可能会将它变成一个讨人厌的、充斥着喧哗与骚动的故事，犹如出自白痴之口，毫无意义。

对逝者的尊重并不会妨碍分析其死因的努力。我们在卢旺达所看到的一切是一个历史事件，并不是生物灾难，也不是"自然的"兽性爆发。图西人和胡图人并不是上帝创造的冤家对头，也不会因为图西人高瘦、来自埃及，胡图人矮短、出生于基伍湖沿岸，互相间就要赶尽杀绝。卢旺达大屠杀有着复杂的根源，充斥着诸多的矛盾和残酷的命运交织。它有着爆发的突然性，也有着精神崩溃的时期。卢旺达大屠杀是一个进程的结果，而这个进程可以加以分析、研究和解释。犹如我们分析、研究和解释 19 世纪针对北美印第安人的大屠杀，或第二次世界大战期间针对犹太人的大屠杀一样。

笔者认为，理解罹难者死因是对他们最好、最恰当的纪念。让罹难者尘封于历史，或任由宣传歪曲，或任由简单化的陈词滥调曲解，事实上是在帮助杀戮者，是对罹难者的不敬。人具有社会性，否认死亡的社会意义，等于在第二次杀人：第一次是在肉体上，第二次是在精神上。研究历史的目的，不是要告诉读者经验教训或对读者进行一次道德宣讲。然而，历史可以澄清真相。汉娜·阿伦特（Hannah Arendt）曾告诉我们，恶是极其平庸的。然而，我们要理解恶的特质，剥离恶的情感冲击，追问恶的模糊性，看看那样的一个世界：杀戮者几乎与受害者一样绝望，真正的罪大恶极者却迅速地消隐在针对受害者的暴力中，而正是他们在理性的状态下实施了这一暴力。我希望如此能消除一种认识，即非洲是一片黑暗的大陆，狂躁的野蛮人彼此攻击，以此来填补非洲黑暗而又苍白的历史。如果这本书能消解部分这样的认识（甚至已经悄悄地进入"自由主义"思想的幽深处），那么这本书的主要目的就达到了。

对那些确信，即便研究人类最惨烈的悲剧，在道义上也可接受的人来说，卢旺达大屠杀依然是一个令人着迷的事件，也是一个独特的历史事件。卢旺达，作为一个小国，作为一个在历史上成型的国家，在19世纪末20世纪初却成了一片复杂、独特、半神话的土地。随着时间的推移，神话变成了现实。也就是说，社会和政治行为体在不同程度上从真实的世界进入了神话了的描述剧本（那些关于卢旺达及其人民的论述，在某种程度上，这些论述也参与到这种转变过程中）。到20世纪40年代，卢旺达人的生活、活动，可能还有情感都在遵循着剧本而非他们更为复杂的历史（此时正消隐于历史虚幻之中）的逻辑。1959年，最后一个血印图章历史地、不可避免地加在这个神话创造物上。此后，这个神话创造物成了一种新的历史。人们不能书写他人已经书写的内容吗？这不好说。然而，人们至少可以聊以自慰的是，哪怕是最惨烈的人类遭遇并非是荒谬的，这种遭遇依然有其可辨识的逻辑，即便迥异于黑格尔的绝对精神胜利地向历史进军。

行笔至此，值得一提的是，笔者长久以来都不是一位"卢旺达专家"。正如我们将会认识到的那样，在业已专业化了的非洲研究界，卢旺达和布隆迪专家术业有专攻。笔者更熟悉的是卢旺达以北的国家，包括乌干达。作为一名"乌干达专家"，笔者熟悉那里的好几个人物，他们后来创建并领导了卢旺达爱国阵线。当时，他们告诉笔者，他们要"返回"卢旺达，那是一个他们梦想而并不熟悉的国家。笔者当时并不相信他们能如愿以偿。1990年10月1日，笔者才发现自己的判断彻底错了。由于"专家"讨厌被证明自己的判断为错，在接下来的四年内，笔者便试图去了解这个紧邻乌干达腹地的小国的现状与历史。在此过程中，笔者甚为着迷于此，即便是1994年初夏的恐怖也未能让笔者掉转回头。愿卢旺达永远和平（Amahoro Rwanda）！

目　　录

第一章 卢旺达社会与殖民统治的
影响：文化神话的形成
（1894—1959 年）

地理环境

　　道德虽然抽象，道德悲剧也不是凭空出现的。以此论之，卢旺达并不是一个"普通"的非洲国家。首先，卢旺达是个小国，国土面积仅为 26338 平方公里。这块土地没有大片的丛林，也没有干燥的低矮灌木丛，气温适中，空气湿润。除了阿卡迦拉国家公园（Akagera National Park）外，卢旺达也没有狮子、长颈鹿和大象。卢旺达的人口密度历来较大，"非洲野生动物"在这片土地上并无立足之地。卢旺达主要是多山地形。整个国家的平均海拔为 1000 多米，其中一半以上国土的海拔为 1500—2000 米。与乌干达（Uganda）接壤的西北部，地处维龙加火山群（Virunga olcanoes）的卡里斯姆比（Kalisimibi），其最高海拔达到 4507 米。除了该地区之外，卢旺达总体来说不是一个高山国家。自西向东，首先映入眼帘的是东非大裂谷的纵深处众多大湖（坦噶尼喀湖［Tanganyika Lake］和基伍湖［Kivu Lake]），将卢旺达和扎伊尔分隔开来；接着就是扎伊尔河——

尼罗河的分水岭，临崖峭壁纵横 3000 里；然后就进入卢旺达人的土地，即所谓的"千丘之国"；最后，再向东，地势低缓，有着一些大片的湿地，① 一直延展到坦桑尼亚边境。绝大部分卢旺达人居住在中纬度地区。在那里，有着数不清的山，景色极其壮丽，令人惊叹。这里每年的平均气温为 18℃，年降雨量为 900—1600 毫米。此纬度地区的气候极其适宜人居。在这里，每年有四季。但是，这种划分方法完全不同于欧洲国家。卢旺达的四季并非依据气温（甚至整年里的气温也保持不变），而是依据降雨量的大小来划分。在很多方面上来说，卢旺达（及其孪生国布隆迪［Burundi］）都可称之为"气候与生态岛"。② 这种特殊的地理环境对在此居住的人口有着深刻的影响。卢旺达的农业一直比较繁荣。事实上，卢旺达农民大体上也就是园丁。除了森林地区，即北部的吉斯瓦蒂（Gishwati）和纽恩威（Nyungwe）之外，整个国家在某种程度上就像是一座巨大的花园。农民精耕细作，几乎将田地修整为印度尼西亚或菲律宾那样的水稻田，而不同于很多其他非洲国家所实行的粗放型农业模式。

卢旺达的田地肥沃，而且保护得当。高地的天然要塞不但阻止了采采蝇和能传播疟疾的蚊子的进入，而且阻止了敌对部落，在 19 世纪，还阻挡了沿海斯瓦希里奴隶掠夺者的入侵。在白人到来前，卢旺达总是能免于外来进犯。农业繁荣、没有疾病之害以及安全的

---

① 关于气候、地理环境与人之间关系的更详细描述，参见 François Bart, *Montagnes d'Afrique, terres pdysannes, Le cas du Rwanda*, Talence：Presses Universitaires de Bordeaux, 1993. 更简洁且清晰的分析，参见 Jean－Pierre Raison, 'Le Rwanda et le Burundi sous pression' in A. Dubresson et al. (eds), *Les Afiriques au Sud du Sahara*, Paris：Belin, 1994, pp. 320－329。

② Jean－Damascène Nduwayezu, *Les fondements physiques, humains et économiques du développement du Rwanda*, Ruhengeri：Editions Universitaires du Rwanda, 1990, p. 44.

环境使卢旺达人口密度非常高。在越过疟疾肆虐、战火纷飞的坦噶尼喀灌木地区后，第一批探险者终于到达了卢旺达的高原地区。这些探险者觉得他们来到了人口像是蜂窝般密集、热闹和繁荣的地方。

绝大多数卢旺达人居住在山上（musozi）。① 卢旺达的地形决定了卢旺达人特有的，也有些拘谨的人居方式。首先，卢旺达农民是罗戈（rugo）里的男人。罗戈这个词有好几个意思。就日常用法而言，它仅指整个住家院子或是包括所有家人和动植物在内的圈子。在一个一夫多妻制的家庭里，每一个妻子都有自己的罗戈。罗戈也是卢旺达社会生活的基本单元，在层次上要比世系（inzu）低一些。罗戈也就是家庭。每座山上都住有几十户人家（ingo）。卢旺达社会中两个有名的敌对族群，即图西人和胡图人，他们比邻而居。两者关系或好或坏，有通婚，也有杀戮。鉴于卢旺达人口密度如此之高，再加上具有大批量生产生活必需品的能力，人们很快就认识到，卢旺达势必很早走向集权政治，并出现高度社会控制。

事实上，卢旺达所形成的社会控制几乎达到了可怕的程度。这种社会控制以及富饶的土地，是卢旺达给早期探险者留下的第一印象，时至今天，人们还是会持有这种印象。② 正如一位现代著作者所言，"一旦在权力结构中出现放松控制农村人口的迹象，哪怕只是有

---

① 卢旺达俗称为"千丘之国"，是完全有道理的。从卢旺达中部的一个山顶上放眼望去，就目力所及，东西南北，全是几乎同等高度的山。这些山上，几乎挤满了房屋、香蕉园和修整齐整的田地，只是偶尔有树丛间隔。山谷多沼泽，通常也是野生动物尤其是体形优美的长腿水鸟诸如鹳、皇冠鹤的最后庇护所。山脚间或被蜿蜒曲折的湖泊环绕着。清晨薄雾下的美景会使人联想起日本禅画所具有的脆弱和优雅。

② 这里的早期探险家为德国人。两本讨论西方与卢旺达间早期联系（1894—1897年）的最佳著作从未出过译本。参见 Graf von Götzen, *Durch Afrika von Ostnach West*, Berlin：Dietrich Reimer, 1899；Richard Kandt, *Caput Nili. Eine empfindsame Reise zu den Quellen des Nils*, Berlin：Dietrich Reimer, 1919（1st edn 1905），2 vols。在 1907 年至 1914 年期间，坎特（Kandt）是第一任德国驻卢旺达总督，他被卢旺达人亲切地称为 *Kaanayoge*。

端倪，人们就能知晓什么是一种真正的恐慌"①。正如我们所要论述的那样，这也是 1994 年之所以出现悲剧的一个重要原因。这种对控制权力的迷恋并不是因为卢旺达人的某种特性，原因很简单，可归为这样一个事实，即地少，人口密度大（历来如此），社会交往关系稳定、密集、倾向性明确。这一点也可以从表 1 – 1 中得以清晰的体现。

表 1 – 1   1934—1989 年卢旺达境内人口密度变化一览（译者注）

年份	人口	总密度	实际密度
1934	1595000	61	85
1950	1954000	73	102
1970	3756000	143	200
1980	5257000	200	281
1989	7128000	270	380

资料来源：Jean – DamasceneNduwayezu, op. cit., p. 98. 总密度指的是就卢旺达总土地面积（即 26338 平方公里）而言的人口密度；实际密度指的是就可耕地面积（即 18740 平方公里）而言的人口密度。

在某些特定的地方，人口密度之大令人难以置信。如夏安达区（Shyanda *commune*），其人口密度到 1989 年曾达到每平方公里 668

---

① André Guichaoua, *Les paysans et l'investissement en travail au Burundi et au Rwanda*, Geneva：ILO, 1987，引自 Jean – Pierre Raison, op. cit., p. 322。

人。根据 2000 年的人口调查，卢旺达人口高达一千万，[1] 以每十年增长 50% 计算，到 2040 年，卢旺达人口将会超过五千万，也就是说，其人口密度将是法国的 20 倍，[2] 除非在此期间，卢旺达人口增长速度下降。1994 年春的大屠杀在一定程度上使人口密度减小，但这样说起来过于残酷。当然，屠杀的决定是政客出于政治原因而下达的。普通农民之所以如此广泛地卷入大屠杀，人口密度过大至少起到一定作用。这些农民觉得地太少，人太多，人口数量的减少将会给幸存者留下更多的土地。当然，究竟谁将是受害者，谁将是幸存者，并不是随意而定的，而取决于文化、历史和政治因素。我们现在来讨论这一点。

图西人、胡图人与欧洲人（Abazungu）[3]

在到达卢旺达和布隆迪后，第一批探险者立即就发现，这里的人们虽然具有类似的语言和文化，但分化为三个不同的群体，即胡图人、图西人和特瓦人（Twa）。这些人常常被不恰当地称为卢旺达的"部落"。实际上，他们并没有部落特征，只是小民族（micro-nations）而已。他们都使用班图语，比邻相居，也没有"胡图人之地"（Hutuland）和"图西人之地"（Tutsiland）之分，且互有通婚。

① République Française, Ministère des Relations Extétieures, *Etudes et Documents* no. 55 (July 1983)：*Perspectives démographiques à l'an 2000 en Afrique*, Vol. 2, pp. 147 – 157.

② Jean – Damascène Nduwsyezu, op. cit., p. 121.

③ 即卢旺达语中的"欧洲人"。

不过，他们确实有差异，也并不平等。① 具体到各群体中的个人，情况可能会有所差别，但每个群体都有其典型的体型特征。人数较少的特瓦人（占总人口的 1% 或不到 1%）是俾格米人（pygmoids），他们或是作为狩猎—采集者生活在丛林地区，或是为贵族和国王服务，从事一些卑下的工作。占人口总数中绝大多数的是胡图人，他们主要是种地的农民，他们具有典型的班图人体型特征，与邻近的乌干达人或坦噶尼喀人非常相像。其余的则是图西人，图西人极高且瘦，脸庞棱角分明，是养牛者，② 他们显然在种族上不同于当地的农民。19 世纪末，人类学研究几乎满纸充斥着"种族"讨论。很快，这种体型特征的讨论变得越来越理论化，也越来越具有传奇色彩，不过，有时又完全是想象的。关于这三个群体的体型特征讨论，大都以彻底的伪科学术语为开场。在这三个群体中，体型较小的特瓦人被排列在最下等：

> （特瓦人）数量在不断萎缩，是一个很快就会消失的种族……特瓦人具有很多鲜明的体型特征：身材矮小；敦实；强壮；多毛，尤其是胸毛多。脸部扁平，犹如猴脸，还有一个大大的鼻子。他们的样子同他们在森林里抓捕的猿猴很是相似。③

---

① 对于他们间的差异，已有不少描述。我们也将会看到，很多差异并不明显。在对图西人、胡图人、特瓦人分化进行更详细的分析前，需要指出的是，关于前殖民时期卢旺达的社会阶层分化，我们可以在路易斯·德·拉克吉尔（Louis de Lacger）的《卢旺达》（Ruanda）的前三章中看到相对客观、很少带有价值倾向的"经典"描述。参见 Louis de Lacger, Ruanda, Kabgayi, 1959。

② 相较于"游牧者"（pastoralists）而言，"养牛者"（cattle - hardens）要更为恰当。因为卢旺达土地有限，牛群往往只能集中放养，不可能会出现游牧生活，除了在巴格圭（Bugogwe）这样的边远地区。

③ Rapport Annuel du Territoire de Nyanza（1925），引自 Jean Rumiya, Le Rwanda sous le mandat belge（1916 - 1931），Paris：l'Harmattan, 1992, p. 140。

对胡图人的描述也好不到哪里去：

> 胡图人具有班图人的典型特征。……一般说来，他们身材短小，也很健壮，且顶着个大脑袋，宽鼻梁，厚嘴唇，乐天知命。他们性格外向，爱笑，且过着简单的生活。[①]

不过，对图西人的描述则绝对是高人一等：

> 从种族上说，图西人要好得多。除了肤色外，他们几乎就不是黑种人。他们身材通常较高，至少有一米八，常常都达到一米九或更高。他们身材偏瘦，尤其是随着年纪的增长，这一特征更是明显。他们相貌堂堂：高额头，狭鼻梁，嘴唇恰到好处，一口漂亮闪亮的牙齿。图西妇女在肤色上比其丈夫要浅。在年轻的时候，她们身材苗条，漂亮动人。但是，上了年纪后，她们的身材往往也就臃肿起来。……图西人天生机灵，情感细腻。这在土著人中算是罕见的。他们天生就是领导者，具有极好的自我控制能力，且精于算计。[②]

欧洲人很喜欢图西人，认为图西人的种族非常优越，以至于很难相信他们是"黑种人"。图西人不但在体型上不同于胡图人，[③] 而且在社会地位上要高于胡图人一等。19 世纪的欧洲人满脑子都是种

---

① Ministère des Colonies，*Rapport sur l'administration belge du Ruanda – Urundi*（1925），p. 34. 引自 Jean – Paul Harroy，*Le Rwanda，de la féodalité à la démocratie*（1955 – 1962），Brussels：Hayez，1984，p. 26。

② Ministère des Colonies，*Rapport*，op. cit.，p. 34，引自 Jean – Paul Harroy，op. cit.，p. 28。

③ 尽管这些区别仅仅是统计学意义上的，但自从图西族到达卢旺达后，多年来的通婚已使许多人都具有了"原本没有"（wrong）的面部特征。

族观念，因此，他们便开始就图西人的血统提出了各种奇怪的假设，其根据有的只是可能、或许是对的，有的则很快就成为"确凿无疑"的了。

最先对此展开讨论的是著名的尼罗河探险家约翰·汉宁·斯皮克（John Hanning Speke）。他写作了《尼罗河源头的发现之旅》（*Journal of the Discovery of the Source of the Nile*），这本书第八章的标题为"瓦胡玛人（Wahuma）的历史"。斯皮克提出了所谓的"优等种族征服劣等种族的理论"。在几个湖区王国中，斯皮克发现一些统治集团都有着"外来"血统。因此，他得出一个"理论"，即他在此地区发现君主体系是由于"优等种族的征服者"的到来而建立起来的，他们是"优等文明"的传播者。斯皮克认为，无须什么证据，这些"优等文明的传播者"就是图西人的祖先，他们是来自埃塞俄比亚南部地区的盖拉人（Galla）。① 后来，很多人同意了这一观点，如 19 世纪的探险家塞缪尔·贝克爵士（Sir Samuel Baker）和加埃塔诺·卡萨蒂（Gaetano Casati），20 世纪的传教士如范·登·布格特神父（Father van den Burgt）、戈尔瑞神父（Father Gorju）和约翰·罗斯科（John Roscoe）。不过，帕若斯神父（Father Pagès）认为图西人是古埃及人的后裔，而德·拉克吉尔（De Lacger）则认为图西人或是美拉尼西亚人（Melanesia）或是亚洲某一少数族裔的后代。在论及"优等种族"图西人时，一些著作者可能有些夸张：

---

① 现在人们称呼他们"奥罗莫人"（Oromo），这是他们的真正名字。在阿比西尼亚语中，"Galla"的意思是"野蛮人"。我们不能用该词来称呼这么一个"优势文明"，这个文明来自阿比西尼亚，且还是一个具有君主制传统的文明。奥罗莫人是库希特游牧民族的一支。从 16 世纪开始，库希特族就坚持不懈地与阿比西尼亚王国展开斗争，直到最终在 19 世纪被部分地同化和征服。

在卢安达和乌隆迪的心脏地带，那些优雅的、金红色的美人儿有着白人的脑袋、希腊人的漂亮轮廓，以及闪族人甚至是犹太人的特征。①

还有这样的描述：

希马人（Bahima，一个图西氏族）漂亮，肤色较浅，完全不同于劣等种族胡图农民。他们身材高挑，比例匀称，鼻子狭长，宽额薄唇。他们说他们来自北方。他们的才智、漂亮的长相、对金钱的热爱、超强的环境适应能力似乎都显示出他们具有闪族人血统。②

一些关于图西人具有"含族人"或是"闪族人"血统的"科学"理论，开始变得越来越复杂奇特。不过，当时最受人尊敬的人类学家（拉策尔［Ratzel］、保利奇克［Paulitschke］、迈因霍夫［Meinhof］、塞尔吉［Sergi］和塞利格曼［Seligman，此人后来在两次世界大战期间成为非洲种族理论的权威]）互相间展开争辩，不但论证了各自的理论，也让这些理论为更多人所了解。图西人（以及诸如马赛人［Maasai］这样与图西人有着亲缘关系的群体）属于"有着微红肤色的原始种族"。在起源上，图西人认为他们"完全不同于黑种人"，且在图西人看来，黑种人"绝对属于劣等种族"。图西人来自印度，甚或如多明我会（Dominican）的神父艾蒂安·布罗

---

① Father van den Burgt, *Dictionnaire français – Kirundi*, p. lxxv, 引自 Emile Mworoha, *Peuples et Rois de l'Afrique des Lacs*, Dakar：Les Nouvelles Editions Africaines, 1977, p. 25。

② Mgr Le Roy in J. B. Piollet, *Les missions catholiques françaises au XIXème siècle*, Paris：Les Missions d'Afrique, 1902, pp. 376 – 377. 希马人是闪米特人的后裔，"爱钱"就是证据之一。

赛（Etienne Brosse）所认为的那样，图西人来自伊甸园。[①] 或许如多年后，比利时总督雷诺·德·布里耶（Renaud de Briey）所笃信的那样，图西人极有可能是业已沉没的亚特兰蒂斯岛（Atlantis）上的最后幸存者。[②] 而直到20世纪70年代，杰出的法国驻卢旺达（新近才获得独立）前大使才得以成功地通过严肃的人类学作品让一种观点寿终正寝，这种观点带有诗化特征，且不切实际，即认为图西人来自西藏（一小支图西人则来自冰岛）。这位大使认为图西人"驯养着庞大兽群"。[③]

这位大使的观点虽然也有一点错乱，却有着极其重要的影响力，这可以从以下几个方面得以解释。第一，这种观点深刻地、长时间地影响了欧洲人对卢旺达社会群体的看法和态度，而这些欧洲人正在与卢旺达人打交道；第二，这种观点成为一种不受质疑的"科学标准"，决定了德国甚至后来的比利时殖民当局的政策；第三，这种观点对卢旺达当地人本身具有巨大的影响。通过痛斥那些带有极大价值倾向的陈词滥调，其影响一直持续了约六十年，极大地膨胀了图西人的文化自负，伤害了胡图人的情感。直到胡图人由于被贬低而受伤的自卑情感演变为一种颇具攻击性的愤恨之后，这种后果才得以终结。殖民当局扶持一个群体，打压另一个群体，这种做法实

---

① 关于这个惊人的"科学"观点，相关详细研究可参见 Jean‐Pierre Chrétien, 'Les deux visages de Cham', in P. Guiral and E. Témime (eds), *L'idée de race dans la pensée politique française contemporaine*, Paris. Editions du CNRS, 1977, pp. 171–199。

② Comte Renaud de Briey, *Le sphinx noir*, Brussels：Albert DeWitt, 1926, p. 62.

③ Paul del Perugia, *Les derniers Rois‐Mages*, Paris：Phébus, 1978 (1st edn 1970). 我们可以在该书的第37页看到关于西藏起源的假说，在第99页可以找到巴比伦、尼尼微城、古老的克里特岛以及诺亚方舟和史前大洪水。在第164—165页，图西族国王被描述为能够看到飞碟的超人，而贫穷的胡图人却不具备这种力量。这并没有阻止德尔·佩鲁贾先生（Mr del Perugia）的书频繁地出现在关于卢旺达的学术参考书目中。

际上是一种政治性策略，犹如在欧洲殖民统治期间的和平年代里，埋下了一个极其危险的社会炸弹。若将那些主观情感与殖民当局的实际做法联系起来，我们就会明白，和平年代里的人们是如何若无其事地制造出这一个炸弹的。

前殖民时期卢旺达社会的神话与现实

初次观察卢旺达社会，我们要像第一批欧洲人那样来"审视"它。在初到卢旺达时，冯·格岑（Von Götzen）以及所有其他紧随其后的白人，都立即深刻感受到王权制度的重要性。姆瓦米（mwami，意即国王）居住在大型王宫的中央，如神一般的存在。王权是神赋的，而非世俗的，国王本身就是卢旺达的象征。① 王廷礼仪官（abiru）为国王精心操办各种烦琐的典仪，甚至国王的日常生活都有特殊的词语来表达，诸如"口谕"（the King's speech）、"龙床"（the King's bed）之类。国王的权威也体现在一种名叫卡林加（Kalinga）的圣鼓上，任何人都没有敲过这种鼓（其他普通的鼓也没有这种功能），卡林加装饰有被杀敌人的睾丸。胆敢犯上作乱，不但是重罪，而且是渎神之举。

国王是臣民之父与大家长，他是伊玛纳（Imana，意即上帝）委派给臣民的。他是卢旺达之神、救星和救世主。他的统治完美无缺，绝无过错。他的决定不容置疑。哪怕是遭到他不公正对待的受害者，他们的父母也要向国王献礼，国王也因此

---

① 当冯·格岑和国王握手时，所有的朝臣都震惊了：这个奇怪的陌生人竟然未经同意就与国王有着身体接触，而且他摇晃国王胳膊可能会引发地震，因为国王是卢旺达群山的化身。

才不会迁怒于受害者的父母，而且国王是迫不得已才给受害者父母带来不幸的。受害者父母依然信任国王，因为国王的处罚总是正确的。无论发生任何事，国王依然是恩亚戈萨尼（*Nyagasani*），唯一的主，至上而高贵。①

但是，有几个欧洲人还是不满足于简单地理解这种王权的特征，他们依据约翰·汉宁·斯皮克的早期"理论"来对这种王权加以想象。根本原因是，当时的欧洲人难以想象"完全未开化的黑人"能在政治和宗教上发展到如此程度。欧洲人对王权的想象也包括湖区其他大小王国（布干达［Buganda］、安科勒［Nkore］、布哈［Buha］、布施［Bushi］、布隆迪）还有其他国王。探险家们，包括第一个进入卢旺达的哈利·约翰斯顿（Harry Johnston）爵士（他后来成为英国驻乌干达的总督），提出一种王权理论，即卢旺达的王权来源于埃塞俄比亚，且是由"游牧入侵者"带来的，而这些"游牧入侵者"的名声留在了巴克维兹（Bacwezi）的神话中。② 因此可以说，约翰斯顿将最初的斯皮克理论与上文所述的后来19世纪末知识界的想象联系起来了。这些关于"游牧入侵者"带来王权制度的理论也直接导致了图西人/胡图人之间的划分。入侵者当然是图西人，他们巧妙地征服了"低等"的胡图农民。这种观点后来成为殖民时代被普遍接受的

---

① De Lacger, op. cit. , p. 119。关于卢旺达君主制性质的描述可参见 André Pagès, *Un royaume Hamite au centre de l'Afrique*, Brussels：Institut Royal du Congo Belge, 1993, p. 491 et seq. , Jean－Jacques Maquet, *Le système des relations sociales dans le Rwanda ancien*, Tervuren：Annales du Musée Royal du Congo Belge, 1954, pp. 146－147 and 178－80。关于卢旺达王室的传说和仪式在湖区文化中地位的论述，可参见 Emile Mworoha, op. cit. , pp. 105－111。

② Sir Harry Johnston, *The Uganda Protectorate*, London：Hutchinson, vol. 2, 1902, pp. 486－610。

"科学"真理，皮埃尔·里克曼斯（Pierre Ryckmans，20 世纪 20 年代最重要的比利时总督之一）实事求是地对之进行了归纳：

> 图西人注定占据统治地位。相较于其周围的低等种族，他们良好的相貌本身足以给他们带来极大的威信……那些胡图人，愚钝些，头脑也更简单，更知命些，更易轻信别人，这让他们本身处于被奴役的地位，也从不敢进行反抗。①

但是，国王处在复杂的政治、文化和经济关系的金字塔结构中的塔尖。一般而言，就如同所有的传统社会，包括 18 世纪前的欧洲，人类活动的这三个方面深刻地纠缠在一起，无法区别开来。处在国王之下的是酋长（chiefs），酋长分为三种类型②：第一种是"管理土地的酋长"（*mutwale wa buttaka*），负责管理封地、农业生产（及税收）；第二种是"管理人的酋长"（*mutawale wa ingabo*），不是负责管理土地而是人口，其中包括为国王的军队招募士兵；第三种是"管理牧场的酋长"（*mutwale wa inka*，或 *mutwale wa igikingi*），负责管理牧场。如果某个地区是稳定的，酋长可能会身兼上述三职；如果是在一个反叛的或有反叛倾向的地区，根据"分而治之"的原则，国王会选任三人分别负责三职。很多"管理土地的酋长"是胡图人，因为胡图人主要就是从事农业。即便如此，绝大部分的酋长还是由图西人担任。为了使事情变得复杂（这为国王所乐见），A 酋长可能既是某个山头"管

---

① Pierre Ryckmans, *Dominer pour servir*, Brussels, 1931, p. 26, 引自 J. P. Chrétien, 'Hutu et Tutsi au Rwanda et au Burundi' in J. L. Amselle and E. M'Bkolo (eds), *Au coeur de l'ethnie*, Paris：La Découverte, 1985, p. 138。关于当代理论家对东非亲缘关系的各种理论探讨，可参见 Iris Berger, *Religion and Resistance*, East African Kingdoms in the precolonial period, Butare：Institut National de Recherche Scientifique, 1981, pp. 27 – 42。

② Emile Mworoha, op. cit., p. 226。

理人口的酋长"又是"管理牧场的酋长"，但在其山头又会有另一个
"管理牧场的酋长"（B 酋长）作为竞争者。与此同时，A 酋长也是其
他多个山头的"管理人口的酋长"，但其他权力则为第三方（C、D
等）酋长所享有。第一个在卢旺达定居的德国人理查德·坎特（Rich-
ard Kandt），妙称它为"缠手指"（the intertwined fingers）制度。

　　与所有政府的官员一样，这些酋长的基本功能有两个：控制和
榨取。关于控制，手段多样，我们将在后文加以论述；在王国中央
的核心区域，控制非常严格；地区越是外缘，控制也就越松。榨取
形式有好几种。体现榨取的直接事项有三个：酋长圈地（*kwubaka
inkike*）的维护、土地耕作（*gufata igihe*）和照看牛群（*ubushumba
bw' inka*）。这三项不完全是剥削，都会支付某种形式上的"工
资"。① 无论是各种义务还是税收（实物支付），并非分散到个人头
上。酋长在其所在山头、各个家庭中采取某种带有常见的按劳取酬
方式，自行安排以满足政府需求。② 由于比利时人用欧洲税赋模式取
代了非洲人的共同责任模式，强迫对每个具有劳动能力的人征收赋
税，王国曾就此对比利时人提出抱怨，且认为比利时人过于强化了
这种制度。19 世纪末，一种新型的义务劳动制（*ubuletwa*）被引入
过来，这是卢旺达农民之前闻所未闻的一种制度。③ 义务劳动制要求

---

① 当然，所谓的工资并不是金钱，因为卢旺达人在前殖民时期不知钱为何物。
② J. J. Maquet, op. cit. , p. 29.
③ 毫无疑问，该词是后来引进过来的。因为在卢旺达语中并没有"*guleta*"这样的
动词，从而可以派生出一个名词（后缀 *wa* 意味着这是一个被动名词）。但是，斯瓦希里
语确实有这样一个动词。斯瓦希里语中 *kuleta* 的意思是"带来"。所以 *abaletwa* 是"被带
着的人"，*ubuletwa* 指的是被带到主人面前听凭主人处置的情况。斯瓦希里语曾是一种新
的贸易语言，是在 19 世纪由桑给巴尔岛沿海的斯瓦希里商人开始传到了卢旺达。参见 E-
mile Mworoha, op. cit. , pp. 232 – 233, and Catharine Newbury, ' Ubureetwa and Thangata' in
Centre de Civilisation Burundaise （ ed. ）, *La civilisation ancienne des peuples des Grands Lacs*,
Paris：Karthala, 1981, pp. 138 – 147。

卢旺达人为"公共利益"提供劳动。19 世纪末，在扩展其统治时，国王鲁瓦布基里（Rwabugiri）将这种制度加以推广。这种制度后来成为各地抵制集权压迫的矛头。比利时殖民者非常偏爱并滥用这种制度。与传统的税赋制度相比，人们对义务劳动制则更为不满。

　　然而，作为卢旺达社会中典型的个人依附制度，乌布哈克制度（*ubuhake*）引起了人们极大的关注和争议，无论是卢旺达人还是外国人，都对这种制度有着不同的理解。1959 年的暴力活动不可逆转地将卢旺达人分裂为两个互相敌视的社会群体，即图西人和胡图人。此后，每个群体都从完全不同的角度来"分析"乌布哈克制度。按照图西人的理解，它是一种善意的、温和的制度，将不同的世系整合为一种友好互助的契约。按照胡图人的理解，它是一种苛刻的半奴隶制，让图西主子来剥削贫穷的、受压迫的胡图人。当然，现实在某种程度上要更为复杂。[1] 从根本上说，乌布哈克制度是一种不平等的保护当事人的契约关系，涉及两个群体，即保护人（*shebuja*）和受保护人（*mugaragu*）。在一种"典型"的乌布哈克制度形式中（正如我们将要论述的那样，它可能并不是原初的形式），图西保护人会给胡图受保护人一头母牛。但是，这个胡图人在理论上并没有对母牛的占有权，只是一种财富、权力的象征，也可以用来下崽。母牛不但是一个"经济"礼物，也是向上层社会攀爬的一种途径。因为，母牛可以繁殖，未来的小牛犊是保护人与受保护人共有的。

---

　　① 对乌布哈克制度有着最敏锐、最客观分析的作品是：Jean - Népomucène Nkurikiyimfura, *Le gros bétail et la société rwandaise. Evolution historique des XIIème - XIVème siècles à 1958*, Paris: l'Harmattan, 1994, pp. 132 - 140。

这就可能成为提升社会地位的起点。胡图人一旦有了牛，其世系①就会成为伊兹胡契（icyihuture），即一半是胡图人，一半是图西人了。② 当然，他们也非常依赖图西保护人：一些图西保护人极其吝啬，且贫穷的胡图受保护人在此期间要对保护人尽很多社会、经济义务，压根也不可能在任何地方从事交易。

总的来说，乌布哈克制度事实上最初并不是存在于图西人与胡图人之间，而是存在于图西人之间的制度。③ 当这种制度成为两个群体间而非单一群体内的契约时，这种制度形式就发生了微妙的变化。例如，在乌布哈克制度没有推广之前，胡图人养牛的"禁止令"并没有那么严格地执行。在此期间，当有人将牛给了胡图人，这牛也是胡图人作战勇敢的一种奖励，胡图人可以将牛作为纯粹的私人财产，无须向主子承担任何其他社会义务。在卢旺达前殖民时期，战争经常爆发。战争的目的有三个：第一，抵御外敌，保卫王国；第二，通过征服，扩张王国疆土；第三，从邻近的非卢旺达人部落抢夺牛。与马奎特（Maquet）所言相反，④ 作战的并非只有图西人而

---

① 当然，我们必须要记住：与绝大多数传统社会一样，在前殖民地时期的卢旺达，没有人是独立的个体。一个人无论是功成名就还是臭名昭彰，其家庭、世系甚至整个氏族都会受到其命运的影响。

② 同样，一个穷困的图西人要是没有了牛，他就不得不去种地，其地位也就随之降低，即相当于胡图人。婚姻往往会强化这种身份的转换，无论是成功的胡图人的孩子嫁娶了图西人，还是穷困的图西人的孩子嫁娶了胡图人。

③ 在图西族/王室控制较弱的偏远地区，有许多种类似于乌布哈克的制度形式。20世纪初，西南省份基尼亚加（Kinyaga）还在实行一种名为尤姆赫图（umuheto）的制度。这种制度将整个世系联系在一起，包括相互之间的牛只交换和牛群保护。另一种名为乌布孔德（ubukonde）、存在于卢旺达西北部地区（吉塞尼和鲁亨盖里）的制度，一直保留到现代。在这种制度下，出于农业本身考虑，氏族集体所有的大片土地赋予个体农户来使用。参见 Catharine Newbury, *The cohesion of oppression: clientship and ethnicity in Rwanda* (1860 – 1960), New York: Columbia University Press, 1988, chapter 5。

④ J. J. Maquet, op. cit., p. 130.

已。所有人都是军团（*intore*）的一分子。作为战士，地位低下的特瓦族俾格米人备受赞赏。每个军团都有个名字，通常用的称号比较浮夸，诸如"硬汉团"（*abashkamba*）、"第一荣誉团"（*imbanzami-higo*）和"无畏团"（*inzirabwoba*）等。很多战斗，尤其是与敌对王国中有着同样想法的贵族间的战斗，几乎就是一种仪式表演。战士互相间一对一对决。这也就是德·拉克吉尔所谓的"卢旺达军队的堂吉诃德式特征"。德·拉克吉尔还提到，伟大的征服者，基格里四世（Kigeri Ⅳ）鲁瓦布基里（1853—1895）在战场上谨慎而较真。鲁瓦布基里倾向于大量招募胡图人入伍，胡图人可能不太体面，但具有更强的战斗力。①

战争是一种"社会凝结剂"，虽然图西人、胡图人和特瓦人三者并不平等，然而在遇到共同敌人的时候，他们首先还是卢旺达人。此外，宗教也是社会团结的另一个纽带。卢旺达与湖间王国都有库班德瓦（*kubandwa*，该词是动词 *kubanda* 的被动式。*kubanda* 的意思是"施压"、"抢夺"）宗教传统。因此，该宗教的虔诚信徒（被称为伊曼德瓦 [*imandwa*]），按照字面意思就是"遭到抢夺的人"。他们遭到了万神之主卢杨冈贝（*Ryangombe*）的抢夺，也正是卢杨冈贝将库班德瓦完全变成了一种邪教性质的宗教信仰。② 与其他诸如此类的信仰一样，库班德瓦宗教传统被人们广泛接受，而它最早应该起源于胡图人。虽然在某种程度上不欢迎图西人参加宗教仪式，但它在卢旺达社会所有的三个群体中都有信徒。

在条块分割的社会体制中，氏族是社会分类的基本手段。奇怪的

---

① De Lacger, op. cit. , p. 142.

② Ibid. , chapters 11 and 12.

是，在卢旺达，它却没有这种功能。家族（inzu）和世族（umuryan-go）究竟是图西人或是胡图人，[1] 并不是根据它们中的成员有无图西、胡图甚至是特瓦氏族（ubwoko）来划分。事实上，所谓的"氏族"也名不副实，因为所谓氏族并没有关于某个共同祖先的记忆，甚至是传说。[2] 我们有必要严肃地看待戴维·纽布里（David Newbury）的观点，纽布里认为这些氏族事实上是一种社会控制工具。随着国王慢慢地将其统治扩展到先前处于独立状态的地区，这些所谓的"氏族"取代了那些基于血统的"真正"的氏族。[3]

上述内容主要是静态描述，下面我们来看看动态的历史。

卢旺达历史中的王朝

这一内容有些敏感，我们就不评述关于图西人起源的理论这一危险的话题。是的，图西人是来自大湖区（the Great Lakes）之外的地方，他们也可能是完全不同的种族。当然，他们并非来自西藏或古埃及。他们的体型特征说明他们可能起源于库希特人（Cushitic），即非洲之角的某个地方，或许就是埃塞俄比亚南部。那里的奥罗莫人（Oromo）向来具有流动性且敢于冒险。如果有人曾在该地区居

---

① 卢旺达是父系社会，父亲是家庭的核心。因此，如果一个胡图族男人娶了一个图西族妇女，其孩子就是胡图族。当然，上文论及的整个家庭会因为出现伊兹胡契而集体改变身份的情况，则要除外。

② 关于对卢旺达氏族的杰出研究，可参见 Marcel d'Hertefelt, *Les clans du Rwanda ancien. Eléments d'ethnosociologie et d'ethnohistoire*, Tervuren：Musée Royal de l'Afrique Centrale。

③ 之所以这样来看，是因为如下事实：卢旺达很是独特，它只有 18 个氏族，而小国布哈亚（Buhaya）有 134 个氏族，且人口更少的布尼奥罗（Bunyoro）则有 150 个氏族。不过，事情还是有例外。卢旺达西北和西南地区也有少数并不属于那 18 个氏族范围内的氏族。直到 19 世纪末，卢旺达王室才征服了这两个地区，且在殖民时期，"卢旺达人的统治"也并没有完全建立起来。参见 David Newbury, 'The clans of Rwanda：a historical hypothesis', in Centre de Civilisation Burundaise（ed.）, *La civilisation ancienne des peuples des Grands Lacs*, Paris：Karthala, 1981, pp. 186 – 197。

住过，那么仅凭其体型上的证据似乎就已经足够了；而且，自 19 世纪 60 年代以来，长年累月积攒的各种有分量的意见也不能说毫无根据。① 但是，从理性的角度上说，我们所能接受的事实也就到此为止。起源于其他地方并不意味着他们具有任何"优越性"。再说，究竟是什么样的优越性？奥罗莫人也只是没有首领的游牧民族而已。在 19 世纪，奥罗莫人的文化成为阿比西尼亚（Abyssinian）世界的一部分，但奥罗莫人并没有在 19 世纪发展出君主制度。② 那些持有"优越种族论"的理论家们往往忘记了诸如德·拉克吉尔这样对卢旺达社会有着"经典"观点的著作者。德·拉克吉尔认为卢旺达的君主制度是在胡图人中间且是在当地逐渐发展出来的。湖区不但有好

---

　　① 在过去的百年里，"不同的种族假说"产生了许多奇谈怪论。同样地，许多现代学者则走向了另一个极端，即试图驳斥这种假说，并证明图西人和胡图人来自同一个种族。例如，J. C. Desmarais，'Le Rwanda des anthropologues, archéologie de l'idée raciale'，*Anthropologie et Société*，vol. 2，no. 1（1978），pp. 71–93。他认为图西人擅长放牧，且知道如何挑选、系统培育牲畜。为了变得更高，图西人也将这些养牛技术运用到自身！另一个颇有争议的观点认为，图西人特有的体态源于他们所喝的独特奶制品。所以，卢旺达 – 布隆迪（Ruanda – Urundi）的最后一任副总督 J. P. 阿鲁瓦（J. P. Harroy）写道（op. cit.，p. 29）："这些高大的家伙是用了一些手段才得以变得如此高大的。可这些技术手段不知为何却在 20 世纪 20 年代被抛弃了。"不过，不可思议的是，卢旺达爱国阵线（RPF）在战争期间还支持过这种观点。为了批判图西族/胡图族两分法，卢旺达爱国阵线骨干学校的老师说，图西族和胡图族有着共同的种族血统，但是"图西族孩子在婴儿期曾被拉伸过"，并配有"像因亚姆博（Inyambo）奶牛"这样富含蛋白的特殊饮食。冷静的批评者指出，这种反对种族主义的解释最终更是陷入了极端种族主义之中：因亚姆博奶牛是品种最好的牛，是王室专有的牛，奶量丰富，因此，这也就意味着图西人注定是卢旺达最好的人种。学校管理者因此十分恼怒。[1995 年 1 月 13 日，在基加利（Kigali）对社会康复部办公室主任克莉丝汀·奥努托利（Christine Ornutoni）的采访；1995 年 1 月 17 日，在基加利对记者弗斯汀·卡加梅（Faustins Kagme）的采访。两人曾是那所学校的学生。]

　　② 关于奥罗莫人社会和思想的讨论，参见一篇论文：Asmarom, Legesse, *Gadda：three approaches to the study of African society*, London：Macmillan, 1973。关于奥罗莫人或盖拉人在 19 世纪发展的历史研究，参见 Herbert Lewis, *A Galla monarchy：Jimma Abba Jifar*（1830 – 1932），Madison：University of Wisconsin Press, 1965, and Mohamed Hassen, *The Oromo of Ethiopia：a history*（1570 – 1860），Cambridge University Press, 1990。没有一部作品提及，哪怕是些许的暗示：即存在于奥罗莫社会的君主制，在最初始阶段有可能是来源于非洲之角。

几个其他王国，一些诸如布干达这样的王国并没有表现出体型相异民族的一丝痕迹，而且湖区还有大量的胡图小君主。虽然很多胡图小君主被中央王朝给吞并了，但还有好几个胡图小君主在卢旺达中央王国的边缘地带残存了下来，一直延续到 20 世纪。正如德·拉克吉尔对"征服"所做的讥讽，"先辈们已经征服了一切。后来者似乎发现，除了躺在床上睡大觉，也没有更好的事可做了"①。

抛开图西人起源问题不论，关于卢旺达历史上王朝的主要问题就是尼津亚（Banyinginya）王朝统治下王国的扩张政策。卢旺达是混杂着诸多小领地（卢旺达语中的 *ibihugu*，对应的法语单词为 terroirs）的王国。正如古希腊的山区、沿海平原和岛屿，它们给古希腊带来了支离破碎的环境，并形成了许多小城邦。卢旺达也一样，零碎的山区和河谷地区也产生了数百个德·拉克吉尔所谓的"小王国"（toprchies）。似乎是在 18 世纪的某个时期，这些"小王国"中的一个，木哈子湖（Lake Muhazi）附近的、位于中央地区布甘扎（Buganza）的王国开始了其统一大业。起先，它征服了中纬度的恩杜加（Nduga），另外，随着时间推移，它又征服了东部低地地区（恩杜瓦［Ndorwa］、姆塔拉［Mutara］、吉萨卡［Gisaka］和布格塞拉［Bugesera］），后来，费了更大力气才征服了西部高地地区。至少在统一初期，这样的扩张都不是有计划或有组织的。历经两个世纪的"征服"之后，该王国统治的地区面积才大约相当于比利时的面积，考虑到这一情况，我们认为这种扩张并非在短时间内就得以完成。当战争成为日常生活的一种常态、一种可以普遍接受的要素时，这种扩张几乎是社会自然发展的副产品，在国王与臣民间关系

---

① De Lacger, op. cit. , p. 88.

上，它所发挥的几乎只是一种仪式功能。

不过，正如我们下文所要论述的那样，这种扩张并不总是一帆风顺的，也会伴随着大量的问题。① 首先，王权的神性特征意味着，除了要应对实际控制所必然带来的问题之外，王国还需要在征服地的臣民中间强加一种半神秘化的政教观念。这也就意味着要统一社会规范（乌布哈克，任命酋长），超越过去那种象征性地将土地整合起来的、被特别强调的世界观。根据这种世界观：卢杨冈贝居住在北部寒冷的维龙加一带，恶魔则居住在吉塞尼（Gisenyi）附近的尼拉贡戈（Nyiragongo）火山，尼亚巴隆哥河（Nyabarongo）则将王国划分为两个具有不同规范的地区，且特定的人群不能跨过这条河，就如同任何一个国王统治的也只是特定的地区一样。卢旺达位于这个世界的中央地区，每座山都在国王的战略计划之中。② 当欧洲人到来时，他们都着迷于根据既定的文化观念来重建这个世界的危险事业。或许，欧洲人认为这也是他们以不同的方式认识自己的一个方式。但是，欧洲人当时并没有看到这种制度所存在各种问题和缺陷。

这种有着微妙平衡关系的制度存在好几个缺陷。主要的缺陷就是国王的权力并没有均衡地拓展到整个“卢旺达”土地上。首先，卢旺达存在好几个胡图人公国（principalities），尤其是在卢旺达的北部、西北部和西南部地区。直到 19 世纪，这些公国都在拒绝中央王朝的权威。只是在欧洲人到来后以及在欧洲人的帮助下，有一些

---

① 关于中央权力采取措施接管一个新地区的详尽讨论，参见 Jean - Claude Munyakazi, 'Le pouvoir Nyiginya sur le Gisaka, 1850 - 1916', unpubl. MA thesis, University of Rwanda, Butare。

② 参见 Edouard Gasarabwe, *Le geste Rwanda*, Paris：UGE, 1978, p. 33；also diagram, p. 441。

公国才并入"卢旺达"。基巴里（Kibari）是在1918年合并的，布施如（Bushiru）是在1920年才"图西化的"，布孔亚（Bukonya）于1931年才接手过来。随着国王的统治拓展到边远的公国，国王在整个卢旺达的统治性质和形式也逐渐发生了变化，变得更加中央集权，在政治控制上也变得更加乾纲独断。①

　　这种演变得到了欧洲殖民者的认可和一贯支撑，也体现出与19世纪早期、甚至与19世纪90年代存在的情势间的决然转变。第一，中央政治控制更加深入地方。地方狭隘主义，开始逐渐消失，王国几乎越来越像是一个平稳发展的、全方位的"现代国家"。② 第二，就中央王廷而言，在"压制图西族主要集团间的派系斗争（这种斗争的激烈程度有时会危及集团的生死存亡）"③ 之后，国王及其家族成员也得以巩固和强化政治统治。第三，正如我们已经论述的那样，中央和地方在统治上双重强化，使王廷得以吞并残留下来的胡图人公国。第四，随着政治统治的强化，原来的个人依附关系（有时被

---

　　① *Historique et chronologie du Rwanda*, Kabgayi, 1956, pp. 128 – 65. 也可参见 Ferdinand Nahimana, 'Les principautés Hutu du Rwanda Septentrional', in Centre de Civilisation Burundaise（ed.）, *La civilisatión ancienne des peuples des Grands Lacs*, Paris：Karthala, 1981, pp. 115 – 137, and Le Rwanda, *émergence d'un Etat*, Paris：l'Harmattan, 1993. 费迪南·纳西马纳（Ferdinand Nahimana）是一位出色的历史学家，也是一位激进的胡图族至上主义者。凭借其极高的学术天赋，他提出了许多独到的观点，质疑卢旺达传统社会中王权的合法性。在20世纪90年代中期，他的才智只是被用来服务于最令人难以容忍的政治行为。在后面关于政治暴力的章节，我们将有机会看到其完全不同的另一个侧面。
　　② 关于这一进程，有许多分散的研究成果，论述最清楚的是 Catharine Newbury, *The cohesion of oppression*, op. cit., pp. 54 – 57, and Claudine Vidal, 'Situations ethniques au Rwanda', in J. L. Amselle and E. M' Bokolo（eds）, *Au coeur de l'ethnie*, Paris：La Découverte, 1985, pp. 167 – 84（第174 – 176页论及这一方面）。
　　③ Claudine Vidal, *Sociologie des passions*, Paris：Karthala. 1991, p. 33.

不恰当地称为"封建制"①）发生了变化，事实上也就是从这时才变得越来越"封建化"。

这一转化过程也是土地"分封制"（*igikingi*）不断推行的过程。"封地"是由国王授予或是由图西世族划分给其依附者（*abagaragu*）的土地。从理论上说，"封地"是用来放牧的，但实际的"正当用途"（也即"封地"的实际使用情况：可以作为世袭财产，② 也可以在乌布哈克制度中作为氏族共同财产）决定着"封地"的用途。事实上，这些"封地"常常被作为农业用地。乌布哈克制度变得极其不公平，义务劳动制的引入需要强迫征用劳力，"封地"的土地契约也不断增多，所有的事项都是一环套一环，相辅相成，只不过一切都在缓慢进行。在边远地区，这些举措在恩杜加/布甘扎被视为主要的压迫形式，人们怨声载道。③ 那些逐渐被征服的胡图小王公，他们的封号几乎就是"反叛"（rebel）的代名词。④ 在 18 世纪期间被征服、依然没能完全控制的地区（布吉盖塞拉、吉萨卡、姆巴里［Mubari］、恩杜瓦姆塔拉），较为温和的"封地"制度和乌布哈克制的契约自 18 世纪 70 年代后变得苛刻起来。这种不幸的分裂状况导致了后来卢旺达的极端暴力行为，要理解这里面的因果关系，关

---

① 该词可见于 J. J. 马奎特（J. J. Maquet）、德·拉克吉尔、帕若斯神父以及大部分著作者的论述中，也就是我们称之为关于卢旺达社会的"经典"观点。直到 20 世纪 60 年代，马塞尔·德·赫德弗尔特（Marcel d'Hertefelt）才对这种"经典"观点提出质疑。用封建主义概念来分析东非王国的讨论，可参见 J. P. Chrétien, 'Vocabulaire et concepts tirés de la féodalité occidentale et administration indirect en Afrique Orientale' in Daniel Nordman and Jean - Pierre Raison（eds）, *Sciences de l'Homme et conquete coloniale. Constitution et usage des Sciences Humaines en Afrique*, Paris：Presses de l'Ecole Normale Supérieure, 1980, pp. 47 - 63。
② 第二次世界大战后，管理牧场的酋长所管控的财产往往转化为个人永久财产，这完全不同于我们下面要论述的情况。
③ Catharine Newbury, *The Cohesion of Oppression*, op. cit. , p. 82.
④ Ferdinand Nahimana, Le Rwanda, *émergence d'un Etat*, op. cit. , p. 211.

键要明白一个事实，即，这是一种中央/地方问题，而非图西人/胡图人的问题。在这一转变进程中，国王的绝大多数（并非全部）地方代理人是图西人，而新时期"统治"情势下的"受害者"则既有胡图人，也有图西人，且谁是受害者主要由地理位置的远近决定。①某种意义上说，更糟糕的是，由于图西人与胡图人间的身份并非如很多评论家所认为的那样不易转变，许多新吸纳过来的上层贵族得到了君主的任命，成为新秩序的忠实支持者。要理解1860—1931年期间卢旺达所发生的、直接促进卢旺达现代社会诞生②的转变，以及这种转变所带来的种种棘手问题，我们就要将上述的进程牢记在心。

　　封地制度的推广增加了政治当局对社会中下阶层的压迫，也强化了社会上层和底层的族裔情感。忽略最贫困的阶层（主要是特瓦人、胡图人以及少量的图西人），由此判断中产阶层（主要为胡图人和图西人）理应满足于现状，国王和酋长们理应认为胡图人和特瓦人都可以进入统治集团。该统治集团成员主要是图西精英构成，图西人依赖其能力、财富和利用血亲联系的潜力才得以成为统治阶层。为了获得新封地，很多人都得在某一方面"图西化"。很多作者称之为"贵族化"。这一表述模糊了少数地位高高在上的图西世族和普通图西人之间的差别……但是，"贵族化"阻止了一个独特胡图领导阶层的形成，

---

① Jean – Népomucène Nkurikiyimfura, op. cit. , pp. 84 and 135.

② 这里的时间并不能精确地表明这一转变的起点与结束。卢旺达进入现代社会是一个政治、农业、社会和经济变革的复杂过程。不过，这一阶段却是伟大的征服者基格里四世鲁瓦布基里统治的开始和其子尤希五世穆辛加统治的结束。宽泛地说，这一时期指的是19世纪后半期和20世纪前三十年。

该阶层原本可能在王廷和大众间成为享有特权的中介人。①

这种情况当然会带来一个问题，即那些胡图人（占人口大多数）无法进入新的王廷领导阶层。胡图人本来地位低下，但心理还是因为获得了一些补偿而获得平衡（inferiority – balanced – by – complementarity），随着新中央集权制度的发展与强化，他们却变成了准农村无产者。到 19 世纪末，卢旺达绝大多数人口（不只是所有的胡图族农民），已经陷于这样一种处境，即他们不得不出卖自己的劳力，首先是社会义务，其次则成为殖民体系中的可售商品。② 以此论之，19 世纪末卢旺达国家、社会的发展与殖民时期的进一步变革之间，存在着连续性。③

现在，我们可以部分地回答克劳丁·维达尔（Claudine Vidal）的疑问：

> 仅在两个世代内，一种单纯的社会对立形式就已经转变为刻骨的种族仇恨，这一种族仇恨超越了想象的极限，且在社会中广为接受。对此，我们如何解释？④

---

① Jean – Népomucène Nkurikiyimfura, op. cit. , pp. 96 – 97. 值得指出的是，尽管这段表述可能会被视为对 19 世纪后期不断增长的图西人权势的批评，不过该作者本人就是图西人。他总是能持有完全客观的立场，他品性温和，为追求学术而孜孜不倦。

② Claudine Vidal, ' Economie de la société féodale rwancaise ', *Cahiers d'Etudes Africaines*, vol. 14, no. 1, pp. 350 – 384.

③ 正是这种现象后来被 1959 年 "胡图革命" 的理论家们用来证明卢旺达社会关系中所固有的长期压迫。关于这个问题的最精彩讨论，参见 Donat Murego, *La révolution rwandaise* (1959 – 1962), *Essai d'interprétation*, Louvain：Institut des Sciences Politiques et Sociales, 1975. 尽管书名是《论卢旺达革命》，但它却不是一本论述 1959 年革命的历史著作，而是一本对卢旺达传统政治进行了带有强烈意识形态色彩分析的作品。以某种类似于殖民时期人类学家的立场，作者从历史长河中抽取了一个静止片段，并视之为永恒的现象。受到 1994 年种族大屠杀的影响，今天的人们则持有相反立场，例如，将卢旺达 "传统" 社会视为充满互帮互助的理想社会的一个榜样。

④ Claudine Vidal, *Sociologie des passions*, op. cit. , p. 26.

为了更好地理解卢旺达传统社会在 19 世纪末的变迁，我们应该接着讨论殖民统治的影响。

殖民统治的影响

德国人来到卢旺达之际，卢旺达正处于国家政治转型的关键时期。[①] 在我们上文所简要叙述的征服/中央集权化/社会规范重塑进程中，国王基格里四世鲁瓦布基里最为积极和热心，但在德国人到来时已经去世了。与其他君主国经常出现的情况一样，国王妻妾成群，且王国没有明确的继承制度，鲁瓦布基里死后的一段时期，王国政治混乱。鲁瓦布基里曾指定一子，即鲁塔林杜瓦（Rutalindwa）作为王位继承人。鲁塔林杜瓦的生母被认为在政治上较为弱势。因此，老国王指定了另一个妻子，即来自阿巴贝加（Ababega）氏族的坎乔盖拉（Kanjogera）作为新王的王太后（Queen Mother）。鉴于王太后作为王室的监管人和各种王室阴谋的焦点，在卢旺达王国的政治中能起到关键性作用，老国王的这一举措就显得极为重要。鲁塔林杜瓦的生母来自处于弱势的外戚氏族，即阿巴科诺（Abakono）氏族。[②] 不过，在1885—1890 年期间，基格里四世曾强力打压其自己所属的世系（尼

---

① 关于德国占领时期的卢旺达，参见 William Roger Louis, *Ruanda – Urundi*（1884 – 1919）, Oxford：Clarendon Press, 1963。*Reinhart Bindseil, Ruanda und Deutschland seit den Tagen Richard Kandts*, Berlin：Dietrich Reimer, 1987。关于德国人早期在卢旺达的活动，可参见 Gudrun Honke. *Au plus profond de l'Afrique. Le Rwanda et la colonisation allemande*（1885 – 1919）, Wuppertal：Peter Hammer Verlag, 1990。该作品论述生动精妙，并为这个主题列出了详细书目，甚至有一些书目在马塞尔·德·赫德弗尔特和丹尼尔·德·拉姆（Danielle de Lame）编撰的卢旺达百科全书中也找不到。

② 卢旺达国王仅在 18 个氏族中的四个氏族挑选妻子，这四个氏族分别是：阿巴科诺氏族，阿巴哈氏族（Abaha），阿巴杰塞拉氏族（Abagesera）和 阿巴贝加氏族（Emile Mworoha, op. cit., p. 225）。

津亚王家氏族的阿巴欣迪诺 ［Abahindiro］ 世系）。打压的原因是，该世系的养尊处优老传统与新的集权化政策间的矛盾。随着阿巴欣迪诺世系被排挤，阿巴贝加氏族人取而代之，也因此得以独揽大权。基格里四世选择一个出身于阿巴贝加氏族的王太后来"保护"王位继承人，在政治上是明智的，但在情感上则是愚蠢的。意识到能得到其所属氏族的支持，坎乔盖拉并没有将对手阿巴科诺氏族之子视为王位的继承人。坎乔盖拉的兄弟卡贝拉（Kabera）是一个颇有权势的酋长。在她兄弟的支持下，坎乔盖拉非常便于利用自己王太后的身份，密谋夺取王权。老国王死后不足一年，坎乔盖拉和她的兄弟就在卢岑舒（Rucunshu）发动了政变。他们在那里杀死了新国王及其主要支持者。① 他们立即宣布坎乔盖拉的儿子穆辛加（Musinga）为国王，即尤希五世（Yuhi Ⅴ）。作为王太后，坎乔盖拉成为卢旺达王国最重要的人物，她的兄弟卡贝拉也成为软弱、优柔寡断的穆辛加的摄政王。为了防止维护正统的反抗出现，在基格里四世打压政策中残存下来的尼津亚氏族遭到了进一步的无情清洗。②

　　不难理解，在这种情势下，白人易于被利用。作为新来者，白人对当地复杂的政治并不了解。此外，因为德国人在卢旺达的影响极其有限（1914 年，在卢旺达的欧洲人包括传教士只有 96 个），德国人并不在意中央王国对其干预的利用，且德国人希望将王国作为

---

　　① De Lacger, op. cit. , pp. 341 – 371.
　　② 那里确实发生了一次反抗，但是直到 1912 年才发生。当时，恐怖的卡贝拉已经死去一年了。反抗运动并不是由真正的贵族而是由一个冒充为基格里之子的冒险家来领导的。参见 Jean – Pierre Chrétien, 'La révolte de Ndungutse. Forces traditionnelles et pression coloniale au Rwanda allemand', *Revue Française d'Histoire d'Outre – Mer*, vol. 59, no. 4 (1962), pp. 645 – 80; Alison des Forges, 'The drum is greater than the shout: the 1912 rebellion in northern Rwanda' in Donald Crummey (ed.), *Banditry, Rebellion and Social Protest in Africa*. London: James Currey, 1986, pp. 311 – 331。

其殖民工具。因此，德国人并不反对王国统治的进一步强化，也就是说，卢岑舒政变后，在王国统治尚不稳定时期，德国人并不反对坎乔盖拉和卡贝拉的地位。① 因此可以说，从一开始，欧洲人在卢旺达的存在就是王廷强化王权制度和等级制度以及不断强化其对边缘地区统治的决定性因素。② 在此期间，由于缺乏人手，德国人无法直接同卢旺达王廷一起或代表卢旺达王廷来统治某一特定地区。德国人只得将地方统治转交给图西族酋长。在白人的支持下，这些图西族酋长实际上成为肆意掠夺的准军阀。③

自从德国推行间接统治的殖民政策以来，德国人在卢旺达社会政治发展中有着更大的影响，给卢旺达君主制留下了较大的余地，并且直接延续了前殖民时代就已开始的集权化转变，延续了对胡图人公国的吞并以及图西人统治权力的强化。不过，这种局面并没有延续多长时间（1897—1916）。由于其殖民渗透非常不得力，德国人实际上并没有深刻地改变卢旺达社会。自从 1916 年军事征服后，比利时实行了有效的殖民统治。④ 1919 年，卢旺达正式成为由比利时进行托管的国际联盟托管地（League of Nations Mandate）。欧洲人在卢旺达延续并强化了德国原有的统治模式。

---

① 他们最终意识到其行动变得越来越受制于国王，并加深了图西族/胡图族的分裂，但为时已晚，战争使他们无法进行任何政策上的调整。有本著作曾引用了临时驻节长官马克斯·温特根斯（Max Wintgens）写给上级的一封信（1914 年 5 月 21 日），参见 Reinhart Bindseil, *Ruanda und Deutschland seit den Tagen Richard Kandts*, op. cit., pp. 120 – 122。在这封信中，温特根斯向在达累斯萨拉姆的总督提醒说，对王室的过多支持已经引起了胡图人的仇恨。

② Ferdinand Nahimana, *Le Blanc est arrivé, le Roi est parti*, Kigali, 1987, p. 112.

③ Catharine Newbury, *The cohesion of oppression*, op. cit., pp. 118 – 128.

④ 想了解 1916 年比利时占领卢旺达的军事行动，可参见 Jean Rumiya, op. cit., chapter 1; Ferdinand Nahimana, *Le Blanc est arrivé, le roi est parti*, op. cit., pp. 121 – 130; and Cdt J. Buhrer, *L'Afrique Orientale Allemande et la guerre de 1914 – 1918*, Paris: L. Fournie, 1922。

比利时人

在获得托管授权后的头几年，比利时当局实行"观望"政策（wait and see）。查尔斯·沃伊津（Charles Voisin）担任总督后，在1926—1931 年期间采取了一系列措施（被称为"沃伊津改革"），比利时"真正意义上"的殖民政策逐渐得以实行。在实行这些政策前，比利时经过一段时期的反思，主要是就如何应对卢旺达王廷，以及对整个图西统治阶层以及德国人所遗留下来的间接统治进行了思考。不过，很多方面的内容都没有确定下来。克拉斯主教（Mgr Classe，世纪之交，他以一名普通牧师的身份来到卢旺达，且比利时政府很看重他的意见）在 1927 年因此写道，虽然"图西族青年是无可比拟的进步力量"，但人们不应忘记卢旺达过去的国王也"赋予胡图人，甚至是特瓦人世系以尊贵的身份，让他们及其子孙跻身于有地阶层"。三年后，由于担心其建议在未来的改革进程中被过分强调，克拉斯改变了立场，并说道：

> 比利时政府可能会犯下最严重的错误，即要打压图西族上层。果真如此，将会直接导致卢旺达陷入无政府状态，产生敌视欧洲的共产主义……我们将找不到比图西人更好的、更具有活力和能力的首长。图西人最能理解进步，也是最能被接受的群体。比利时政府必须与他们合作。[1]

对于当局来说，他的第二个意见要比第一个意见受欢迎得多，

---

[1]　引自 De Lacger, op. cit. , pp. 523 – 524。

为将胡图人推上上层领导地位而进行的一些摸索和尝试最终也都失败了。实际情况变得更糟，很多原先担任酋长的胡图人被排挤出去，为图西人所取代。① 最终所形成的局面是，图西人在统治阶层中占据了主导地位。到 1959 年比利时在卢旺达殖民统治结束时，45 名酋长中有 43 名酋长、559 名小酋长（sub – chief）中有 549 名小酋长是图西人。② 1929 年，沃伊津总督所采取的重要措施之一，就是将不同酋长所承担的职责集中于一个酋长之手。正如我们已经论述的那样，在卢旺达传统制度中，任何一个山头都有三个承担不同职责的酋长，其中"管理土地的酋长"常常是胡图人。1929 年，分担三种不同职责的酋长归于一个酋长之手，也就是说，基本上都是归于一个图西族酋长之手。因此，原先可以在不同酋长中间进行周旋的胡图族农民，如今则牢牢控制在一个酋长的手中。过去，酋长通常会得到王廷的部分支持。现在的这个唯一的酋长得到了白人当局的支持，且管理效率有很大提高。③ 同样地，为了让赋税、当地人提供"公共利益"劳动"合理化"，欧洲人重新制定了整个劳役制度，即引入、推行义务劳动制，这是一种广受憎恶的强迫劳动制度。卢旺达之前并没有这种制度，现在不但推行这种制度，而且也从根本上改变这种制

---

① 参见 Pierre Tabara, *Afrique. La face cachée*, Paris：La Pensée Universelle, 1992, pp. 84 – 90。值得注意的是，该作者是图西人，其对比利时政策的关注并不能说明他是一个胡图人的同情者，且作者曾在 20 世纪 60 年代参与了"蟑螂"流亡在外的图西人反对胡图共和国的斗争。

② Jean – Pierre Chrétien, 'Hutu et Tutsi au Rwanda et au Burundi', op. cit. , p. 145.

③ 强烈支持政府当局的人类学家有 J. J. 马奎特，还有卢安达 – 乌隆迪最后一任副总督 J. P. 阿鲁瓦都注意到了这一事实。参见 J. J. Maquet in *Le systeme des relations sociales dans le Rwanda ancien*, op. cit. , pp. 175 – 83；J. – P. Harroy, op. cit. , p. 89。命运转折关头，我们必须牢记的是，有权有势的图西族首领依然完全听从于比利时人，一旦他们觉得图西族领导人没有正确执行任务，往往就会动粗。面临胡图人指控时，图西族酋长经常被鞭打。在白人离开以后，受到羞辱的图西族酋长就会实施报复行为，这会引发不满，且不满情绪日盛。（1995 年 1 月 18 日，在基加利采访殖民时期的领导人。）

度的功能。在之前，王室任命的酋长全权负责和每个山头的整个世系打交道，现在白人当局则认为义务劳动是一种"个人"义务，也就是说，一个家庭不能再派出一个年轻的蠢货（good - for - nothing）来为其他成员出力，每个男人（在必要的时候，也包括女人和儿童）都要从事义务劳动。[1]

不过，"官方"的这些措施并非卢旺达旧有社会体系变革的唯一推动因素。意识到比利时当局的全方位支持后，图西人认为他们可以逐步修订传统上的土地和契约权利，以便维护自身利益。比利时人的立法也促成了这一变革的发生。

> 世系集团[2]认为这些土地的使用权是不可分割的，而卢安达——乌隆迪的比利时当局则不认为这些土地是当地人集体所有。从法律意义上来说，这些土地并没有被谁"占有"，是无主地。在支付适当补偿后，国家可以处置这些土地。[3]

当然，"适当补偿"通常极其吝啬，且执行起来也较为拖沓。不过，"国家"（即通常代表国家行事的图西族酋长）可以获得西北部、西南部传统上属于胡图人的土地（ubukongda）。人们不能遗忘这一点。在 1959 年"革命"期间，这些地区图西人的房屋很快就遭到纵火。除了有明确的立法外，卢旺达还出现了一种新的个体化/私有化的氛围。在这种氛围中，人们会开口请求西方资本主义渗透到

---

① Catharine Newbury，'Ubureetwa and Thangata' op. cit.

② 此处，作者指的是 ubukonda.

③ J. Adriaenssens，*Le droit fonder au Rwanda*，mimeographed course text，Butare：Universite Nationale du Rwanda，1962，p. 42，引自 Jean - Nepomucene Nkurikiyimfura，op. cit. p. 219.

旧社会传统上属于公有的诸多领域。当然，正如此局势下总会出现的情况一样，新秩序的受益者恰好是图西人。1929 年后，图西人与日益增强的政治控制间的关系最为密切。①

卢旺达传统社会中最为重要的两个制度慢慢地走向私有化。第一种制度是分封牧场的分配制度：

> 经过 1926—1931 年间的变革之后，在直接或间接的契约（采用了西方的新式法律术语）中，分封地的受益人日益将牧场视为私有财产。渐渐地，每个拥有 10 头或 10 头以上牛的人都试图获得自己的封地。结果造成了私有封地的倍增。这也是比利时当局的暗中支持所带来的结果，也是先变革，然后被乌布哈克制度取代的结果。②

这也就当然意味着，社会经济活动所出现诸多根本性变革中的第二种制度，即乌布哈克制度的契约变革。在古时的卢旺达，乌布哈克制度并非只有一种，而是有很多不同的形式：

——"贵族"与"普通"图西世系之间的等级关系；

----

① 在这一点上，我们有必要提出一个重要的警告。这里的"图西人"指的是那些与比利时政府周旋并从中获益的、有着高贵血统的人。如果不想落入"种族论者"部落的陷阱，我们就不应该忘记，他们也只是图西人中的少数人。当时，传教士可能是最了解卢旺达本土社会的欧洲人，他们都非常清楚这一事实，即使他们不总是能将其社会意识转化为政治立场（可参见 Jean Rumiya the revealing quote from the Archives des Peres Blancs in Rome by, op. cit. , p. 198）。卢米亚是一个胡图人，因为在 1994 年种族大屠杀期间他最终与胡图人决裂并被杀害之前，有一段时间，他与胡图族极端分子鬼混，所以在这一点上，他可以被信赖。

② Jean - Népomucène Nkurikiyimfura, op. cit. , p. 228. 此处，正如我们在前一个注释中所说的那样（不过是在相反的种族类型中），我们应该假定该作者立场的严肃性，因为该作者是一个图西人，他写了一些可能危及他的族群的内容。后两个例子都来自卢旺达作家，他们都是在 1994 年被杀，就反对仓促的知识概括及社会分析的迅速政治化而言，他们的事例应该成为一个警示（对欧洲人尤其是这样）。

——酋长强化对其"管辖"属民（包括胡图人与图西人群体）控制的主要举措；

——胡图或图西世系的防御性战略；无论是胡图世系还是图西世系，只要他们拥有牛，受到某个富有图西世系的吞并威胁，他们就会有此策略，希望能找到一个强势的保护人来保护他们。

——穷困家庭的生存策略。他们希望找到一个庇护者，无论是图西人还是胡图人，以此来改善特别糟糕的经济处境。乌布哈克制度几乎等同于慈善。

抛开乌布哈克制度的复杂内涵不谈。在白人到来之时，卢旺达还有诸多依然保持独立的胡图人公国。这些公国并不存在乌布哈克制度。在被纳入中央控制（相当晚近）前，诸如基萨卡这样由图西人占据主导地位的东部低地地区也不存在这种制度。此外，西北部贫穷的巴戈圭（Bagogwe）的图西游牧民也从未引入这种制度，且他们从来就没有完全适应这种制度。①

现在，我们来关注一件事：乌布哈克制度被描述为卢旺达文化的"典型特征"，亲图西人的著作者赞赏它促进社会团结，而胡图族理论家则将它斥为一种罪恶的剥削。事实上，乌布哈克制度主要是殖民时期的图西族酋长在比利时当局的支持下而形成的产物。这一制度起源于卢旺达传统社会的一套体系，这套体系的名称就是乌布哈克。就形成的现实基础而言，这套体系的社会现实与起源于卡佩（Capetian）王朝的 1789 年所谓的法国"封建"社会类似。

问题是，这套不健全的制度迅速推广到早前闻所未闻的地区和

---

① Jean – Népomucène Nkurikiyimfura, op. cit., pp. 83 – 84.

社会，并引起了人们对它的强烈不满。金亚加（Kinyaga）[①] 和卢旺达中部、南部地区[②]就出现了这种情况。在这些地区，乌布哈克制度被认为是"外国"强迫推行的。甚至这种情况也出现于恩杜加核心地区和布瓦纳姆卡里（Bwanamukari），因为乌布哈克制度使社会关系变得紧张起来。

1931 年 10 月，尤希五世穆辛加国王被废，取而代之的是他的一个儿子，一个文雅的年轻人，即后来的穆塔拉三世卢达希格瓦（Mutara Ⅲ Rudahigwa）。比利时当局对卢旺达社会的重组进程由此也最终，至少是在形式上结束了。比利时人从未喜欢过穆辛加；穆辛加和德国人一道反对比利时人，傲慢且难以掌控。穆辛加的母亲也令人讨厌。穆辛加是个公开的通奸者、双性恋者和乱伦者，他从未皈依基督教。为了其政治利益，穆辛加还曾阴险地企图劫持白人传教团。痛恨他的天主教会对其垮台异常高兴，尤其是在"异教信仰、符咒、各种辟邪物、富有神性的铁头棒、怪瓶子和神猴，所有的这些东西犹如一场梦而消失了，所有的这一切都去往了卡门贝（Kamembe，穆辛加流放之地），并再也没有回来"[③] 之后。新王是由比利时人挑选出来的，且在新王继承王位时，也没有举行什么法定的典仪。甚至在穆塔拉正式称王时，卢旺达都没有了王家司仪。正因如此，对卢旺达人来说，穆塔拉在某种意义上一直都是"白人的国王"。不过，对比利时人来说，穆塔拉则是价值不菲的宝贝疙瘩。穆塔拉穿西式服装（穆辛加则总是保有其非洲王家行头），自己

① Catharine Newbury, *The cohesion of oppresion*, op. cit. , p. 82.

② Claudine Vidal, 'Le Rwanda des anthropologues ou le fétichisme de la vache', *Cahiers d'Etudes Africaines*, vol. 9, no. 3 (1969). See especially, pp. 396-397.

③ De Lacger, op. cit. , p. 549.

开车，接受一夫一妻制，并适时地皈依了基督教。1946 年 10 月，受新信仰的激励，他甚至让卢旺达献身于基督王（Christ the King）。此举让穆塔拉被列入了佛朗哥将军（General Franco）、魁北克总理兼半个法西斯主义者莫里斯·杜普莱希（Maurice Duplessis）这些怪人之列。

　　国王的改宗只是对当时王国所发生的变革的一种承认。直到 20 世纪 20 年代，基督教的传播依然缓慢，且绝大部分皈依者都是穷人或边缘地区的人。他们将教会视为白人乌布哈克制度，期望能成为传教士的依附者，再说也没有其他好的选择。1927 年，卢旺达开始出现了大规模的改宗浪潮，其中决定性的因素是比利时当局改革的影响。图西人认识到，比利时人将要在比利时人所认为的"真正的"卢旺达制度基础上来重塑卢旺达社会，卢旺达很快将会成为白人规范意义上的卢旺达。对比利时人来说，只要他们能掌控局面，度过这场风暴，这些发展自然也不是坏事。在比利时人所塑造的新卢旺达内，要成为上等人，必要的前提条件就是成为基督徒。过去，牧师的追随者常常是那些社会底层民众。现在，很多牧师高兴地看到，突然间蜂拥而来的是卢旺达的上层人士。20 世纪 30 年代，针对所谓的"大规模加入天主教大军的运动"，苏比耶勒（Soubielle）神父这样写道："我们的图西人最终下定决心，并付之于行动。他们很快就成为这场运动的先锋者。"[1] 其他一些神父则考虑到新一批皈依者的动机，对此并没有那么热情。例如，1931 年 11 月 19 日，扎扎传教团（Zaza Mission）日记的匿名著作者写道："或许，他们有着

---

[1] Quoted in De Lacger, op. cit., pp. 519–520.

最大的私心，但在上帝的教诲下，他们终将会成为真正的基督徒。"①

从那时起，天主教会成为比利时重构卢旺达社会的一个非常重要的机构。② 鉴于比利时政府内阁部长中常常会有一些强烈反对教士的社会主义者，这种局面的出现似乎显得有些吊诡。不过，自从德国人开始占领的时候，教会就已经存在于卢旺达。当比利时人到来时，他们常常会碰到一些说法语的教士（绝大部分是白人神父），这些教士极为熟悉卢旺达的情况。对比利时人来说，这是一种意外之喜。殖民当局不断变更，神父们依然留了下来，并在卢旺达度过一生。他们几乎是白人中唯一能流利地说卢旺达语的一群人，也只有他们在严肃地论述"土著习俗"。一些神父，如帕若斯神父或保韦尔斯（Pauwels）神父，被认为是卢旺达事务的绝对权威。1907 年以普通教士身份来到卢旺达、并在 1922 年成为主教（Vicar Apostolic）的克拉斯（他在 1945 年去世），几乎就是卢旺达国家的象征（national monument）。在 1927 年前，教会在卢旺达缺乏坚实的社会基础，但是到了 1932 年，教会已经成为主要的社会机构，有着成千上万名皈依者，且包括了国王本人。

教会对卢旺达社会的诸多方面都产生了影响。首先，教会给非洲人日常生活带来了一种强烈的道德力量。多配偶制是一种恶，通奸是一种罪。教会鼓励节俭，提倡勤奋工作，要求所有人继承传统社会中所存在的虔诚精神。在教会的影响下，卢旺达社会变成了如

① Quoted in Ian Linden, *Church and revolution in Rwanda*, Manchester University Press, 1977, p. 189.

② 关于卢旺达天主教会的基本功能，还可参见 Julien Kalibwami, *Le catholicisme et la société rwandaise*, Paris: Présence Africaine, 1991, and Allison des Forges, 'Kings without crowns: The White Fathers in Ruanda' in Daniel F. MacCall and Norman Bennett (eds), *Eastern Africa History*, New York: Praeger, 1969, pp. 176 – 207。

果说不是真正的有德馨的社会，至少也可以说成为世俗上的伪善社会。后来，即在从比利时殖民统治时代过渡到政治上新独立的卢旺达共和国后，这种伪善社会也完全保存了下来。

教会也主导了教育事业，即提供了优质教学，但学校教育的发展依然有限，因为入学需要交费，并非是义务制。文盲率依然很高。与此同时，高质量的高等教育也得到了提倡。由于图西人被认为是"天生的管理者"，他们在教育上得到优先照顾。教会也因此得以提升其在卢旺达未来统治阶层中的影响力。阿斯特里达（Astrida，即今天的布塔雷［Butare］）学院不同种族的学生数，可以很好地说明这种情况：

表 1-2　阿斯特里达学院图西族与胡图族学生数对比（译者注）

学生数 年份	图西族学生数	胡图族学生数
1932	45	9
1945	46	3
1954	63	19（包括来自布隆迪的 13 名学生）
1959	279	143

资料来源：René Lemarchand, *Rwanda and Burundi*, London：Pall Mall/New York：Praeger, 1970. Chapter 4.

要想获得初级以上的教育，胡图族学生除了在卡布加伊（Kabgayi）和尼亚基班达（Nyakibanda）研究班学习神学外，没有别的选择。毕业后，这些胡图族学生往往很难找到能与之所受教育相当的工作，他们常常愤懑不已，深受折磨。这种情绪在 1959 年的社会动乱中也起到了重要的推动作用。不过，卢旺达基督教化还有一个影响却很少谈起，即库班德瓦信仰在一定程度上的瓦解及其给卢旺达民众精神和文化生活所带来的变化。由于库班德瓦信仰产生于本土、超越族群和高度个人化，它是社会凝聚力的纽带之一。在殖民时期，大多数信仰基督教的人是图西人。基督教虽然也超越族群的界限，但它毕竟是外来的，也是高度抽象的一种信仰。正如我们已经论述的那样，改宗基督教基本上是出于社会的和政治上的原因。虽说基督教的立场和社会态度被人们当作保护伞而接受了下来，但基督教的价值观念并没有深入人们的内心。在姆塔拉三世卢达希格瓦之后，不但卢旺达统治阶层，而且卢旺达社会从上到下都完全接受了天主教信仰。天主教是一种合法性的手段、一面旗帜、一种获利来源、一种能接受教育的手段、一个俱乐部和一个婚证处，甚至有时也是一种宗教。尽管天主教渗透到整个卢旺达社会，但它并未能阻止正在不断加深的种族分裂，且比利时殖民当局还在漫不经心地继续加深这种种族分裂。

　　库班德瓦信仰一直充满魔力，甚至有一点疯狂。基督教则极其平和。基督教也没有超越社会裂痕，还在诸多方面造成了裂痕的产生，且（尽管不是有意为之）加剧了社会裂痕所带来的影响。用艾利斯·伯格尔（Iris Berger）在论及库班德瓦信仰时所说的话来说，①"卢旺达与其他地方一样，精神世界的变动和制度性的无序可能会强

---

① Iris Berger, op. cit., p. 82.

化（社会）分化，而非弥合分化。"① 相反地，较为温和的、制度化了的基督教秩序，在社会中占据主导地位，却无视内化了的基督教价值所具有的道义基础。它成为一个扩大社会分化的可怕因素。

比利时殖民当局 1926—1931 年的改革创建了一个"现代的"卢旺达：有权力中心、高效、新传统主义（neo‑traditionalist）和天主教。不过，这种改革也是残酷的。1920—1940 年期间，卢旺达人的赋税负担以及所要提供的强迫性劳役成倍地增加。卢旺达的男性常常被要求修建一些永久性的建筑、挖凿防冲蚀的梯田、种植指定的作物（用于出口的咖啡，作为储备用粮的木薯和甘薯）、栽树、修筑或维修公路。一个男性一生中 50%—60% 的时间都要从事各种各样的劳役。那些不服从的人会遭到虐待和残酷的折磨。② 改革所带来的结果就是向英属殖民地，尤其是需求较大的乌干达输送劳动力。③ 值得注意的是，在第一次世界大战后的一个短暂时期，基萨卡（卢旺达东部）曾被并入英国的坦噶尼喀托管地。对此，基萨卡人，尤其

———————

① 约翰·鲍狄埃（Johan Pottier）教授非常友善地提醒我们注意这一事实，库班德瓦祭仪在卢旺达一直持续到了 20 世纪 80 年代（参见 Christopher Taylor, *Milk, Honey and Money：Changing concepts in Rwandan healings*, Washington, DC：Smithsonian Institute Press, 1992, p. 80）。不过，看起来不管是库班德瓦还是北方的尼亚宾吉特（*Nyabingt*）祭仪都是个人祭仪，为其信徒提供心理安慰。与天主教相比，它们的社会和政治教义是有限的甚至是根本不存在的。在打击"异教"过程中，天主教会也破坏了不同形式的、非常重要的社会活动，在库尼亚瓦纳（*kunyawana*）活动中，血契仪式可以将社会出身完全不同的人们联合到一起，姆瓦米（国王）自己也有特瓦族兄弟 *abanywanyi*（血契兄弟）。

② 1948 年，联合国托管访问团到卢旺达后发现，在他们询问的 250 个农民中，有 247 人被殴打过，而且通常被殴打多次（R. Lemarchand, op. cit., p. 123）。比利时最后一任副总督 J.‑P. 哈罗伊（J.‑P. Harroy）在其回忆录中抱怨说，联合国在访问卢旺达之后才禁止体罚，这是一种"短视"。

③ 参见 Audrey Richards, *Economic development and tribal change：A study of immigrant labour in Buganda*, Cambridge：Heffer, 1959, and J. P. Chrétien, 'Des sédentaires devenus migrants. Les motifs de départ des Barundi et des Banyarwanda vers l'Uganda（1920–1960）', *Cultures et Développement*, vol. 10, no. 1（1978）, pp. 71–101。

是胡图族人非常高兴。甚至在两年后，他们还不是特别乐意重新回
到比利时人的管辖范围之内。①

"卢旺达人的意识形态"

在这一部分，我们或许应该将前面零星讨论过的各种复杂内容
汇集起来加以综合阐述。

首先，与德国人不同，② 卢旺达对比利时人来说较为重要。它是
比利时殖民帝国的一个有着重要价值的组成部分。比利时人竭其所
能地去理解、掌控和发展它。不过，按照当时广为接受的"科学"
观点，"理解"是一种模棱两可的过程。而且，这种"理解"的基
础与其说是一种科学的演进，即一个古老、富裕且复杂的社会变得
现代、简单和僵化，毋宁说是一种意识形态。

殖民官员、官方的人类学家和传教士，尽管有时是出于无意，
但都绞尽脑汁，致力于重构卢旺达过去以及从那个不靠谱的过去而
来的当前意识形态。不幸的是，"土著人"清楚地知晓这种重构，也
明白其中的利弊——他们根据族群分化，指出了利弊：③

新界定的卢旺达图西贵族对为其"贵族"地位提供保障的
所谓"科学的"保障尤其的敏感。甚至今天，在那些流亡的图

---

① De Lacger, op. cit., pp. 479 - 83.

② 德国是一个大国，有许多更加重要的殖民地。关于它如何看待小小的卢旺达，如
何看待这个德属东非的一部分，我们有足够多的证据证明，与德国殖民历史上的标准相
比，它只是弹丸之地，比如，Horst Gründer, *Geschichte der deutschen Kolonien*, Munich：
Ferdinand Schöningh, 1985。但是，卢旺达和比利时一样的大小，且比利时人非常喜欢卢旺
达这个新玩具。

③ 当然，那时并没有注意到这种意识。不过，即使已经注意到了，它也不会引起多
大的关注。直到 20 世纪 50 年代中期，欧洲人仍然认为他们还能在非洲再待上 30—40 年。

西人中间，一些人的脑子里还残存着图西人起源于埃及的看法，只不过他们现在是这种观点的受害者，而他们曾认为他们应该是这种观点的受益者。姆塔拉三世卢达希格瓦统治期间的所谓的"卢旺达人的意识形态"值得详尽地加以分析……"传统的卢旺达"，正如现在常常所说的那样……它基本上是在那时被重建，甚至是创建起来的。①

白人和图西"贵族"一道书写了一段精彩且神圣化了的故事。在这个故事中，相较于一个东非小国的卑微现实，卢旺达更像是《所罗门国王的矿井》（*King Solomon's Mines*）中所虚构的、H. 里德·哈格德（H. Rider Haggard）的英雄式王国。没有人比学者兼牧师的亚历克西·卡加梅②（Alexis Kagame，1912—1981 年，他本人喜欢自称为卢旺达本土神职人员中的一员）更能描述这一故事。多年来，在接受半世俗化良好教育的新一代出现前，卡加梅一直是卢旺达仅有的大知识分子。哪怕是那些具有完全不同个性和智识眼光的著作者，也必定能对卡加梅作为知识垄断者的意义达成一致：

> 亚历克西·卡加梅成功地吸引了知识背景完全不同的知识分子，既有欧洲的卢旺达问题专家也有卢旺达本土知识分子……一个永恒的诱惑激励着卡加梅不断向前，使他不满足于只是简单地"描述"前殖民时期的卢旺达社会。与此同时，卡

---

① J. P, Chrétien, 'Hutu et tutsi au Rwanda et au Burundi', op. cit. , p. 146.

② 关于卡加梅的生活与工作，克劳迪尼·维达写过一篇优秀的文章。参见 Claudine Vida in *Sociologie des passions*, op. cit. , pp. 45 – 61。关于卡加梅融合其"异教"和基督教主题的情形，参见 Ian Linden, *Church and revolution in Rwanda*, Manchester University Press, 1977, pp. 200 – 201。针对卡加梅的君主概念进行了批判性的讨论的文章，参见 Ferdinand Nahimana, *Le Rwanda*, *Emergence d'un Etat*, op. cit. , pp. 198 – 213。

> 加梅还有一种要将卢旺达的故事"欧洲化"的倾向……因此，他重建了一个"传统"王国和一个"传统"贵族，王国和贵族的重建混合着诸多元素，从欧洲历史原型中借来了一些元素，也沿用了通过殖民政策重塑起来的卢旺达贵族政治中的一些元素。[克劳丁·维达尔（Claudine Vidal）]

在锋芒毕露的胡图族历史学家费迪南·纳希马纳（Ferdinand Nahimana）看来："他的作品透视了他在 1943 年所见到的历史状况。"为什么我们如此多地分析杰出的比利时人类学家和卢旺达神职人员的著作，毕竟他们已经去世了多年？这是因为他们的影响一直延续到今天，且我们可以从中追溯到卢旺达自 1959 年以来反复出现的暴力活动的主要根源。

这样做，似乎是在强烈抨击"无害的"知识分子，毕竟他们确实也无意要制造这种灾难。[①] 但是，我们可以称之为灾难的"整个机器"的齿轮已经无情地运转起来了：

第一，卢旺达形成了一种时代思潮（*Zeitgeist*），即一种种族偏见的混合体。殖民当局随意制造了图西人是一个"优等种族"的神话。此外，人们对亲缘制度的僵化看法同样广为流行。在卢旺达王国中部核心地区，统治比较整齐划一，制度化且被合法化为"尊重民族传统"。到 1931 年，当穆塔拉三世卢达希格瓦登位，天主教成为新王朝半官方宗教的时候，一种对卢旺达的整体看法是：光明的、

---

① 1992 年，在中欧布达佩斯大学，伟大的历史学家埃里克·霍布斯鲍姆在开幕词中说，年轻的时候，他认为唯一可能带来不幸的科学家是化学家、物理学家和生物学家，但是，后来他才逐渐明白，貌似无害的社会科学家握有甚至更危险的权力。他是在中欧和多瑙河的种族主义背景下讲这番话的，不过，这番话同样非常适用于非洲。

辉煌的、完美的和虚幻的。

第二，欧洲人的这些观点并未在知识分子的思想中驻留，却极好地转换成殖民当局的政策。事实上，这些观点与19世纪末卢旺达王权制度的内部机制极其吻合。考虑到王权制度是欧洲人想法的来源，这也不难理解。比利时殖民当局1926—1931年的改革将基格里四世以前卢旺达国王所实行的政策加以系统化和合理化。当时的卢旺达国王及其王廷在政治上被架空，这也没有什么稀奇，因为比利时人已经在政治上真正取代了老国王（Abami）的职能，国王后代的存在仅仅只是典仪上的象征。

第三，与此同时，"科学的"人类学家无疑是诚实可信之人，他们无意中追溯了卢旺达当时局面形成的历史，并将现实合法化。他们的观点不但在政治上，而且在文化上也成为主导性看法。这种观点歪曲了历史，却被广泛接受，因为比起复杂的、真实的历史，它更能"解释"当时的卢旺达情势。

第四，作为"优等种族"的图西人，其所有核心权力本来可能会被剥夺出去，但如果这样做的话，也会付出代价，即地方势力的独大和经济上契约（乌布哈克制度）控制的强化。图西人的主导地位和剥削控制是真实存在的，也有具体的表现。在这种历史重构（旨在揭示图西人的主导地位一直是个历史存在）进程中，图西人的主导地位再一次地获得了合法性。当然，图西人对此心领意会。但是，问题是，种族分化的意识会影响到所有人，甚至包括"图西小民（small Tutsi）"。在这种进程中，无论从哪个方面来说，"图西小民"并未获益，但他们开始相信自己确实是一个优等种族，却与胡图族邻居一样，衣衫褴褛。对此，他们心有不甘。

第五，当然，胡图人被剥夺了所有的政治权力，且在经济上受到白人和图西人的双重剥削。胡图人被所有人告知，他们是劣等种族，命该如此，最终连他们也开始相信了这种说法。因此，他们开始痛恨所有的图西人，甚至是那些和他们一样贫穷的图西人，因为所有的图西人都是"优等种族"中的一员。用"二战"后所出现的词汇来说，图西人都是"封建剥削者"。

因此，经过白人在理论和实践上的这些做法，神话（即卢旺达历史的重建）也已被加工成为一种现实。这种新现实的大幕已经拉开，既有英雄，也有农夫和丑角。人们的情感和社会活动从此之后也将与这种重构起来的现实相适应，因为到那时，现实也就剩唯一一个。定时炸弹已经埋下了，现在仅剩的问题就是它何时爆炸而已。

如果有读者认为上文所述的因果解释有点夸大其词的话，那么他们应该记住一个简单却重要的内容：尽管卢旺达在欧洲人到来之前绝非是个一派祥和之所，但在卢旺达被殖民前的历史中，却也没有图西人与胡图人之间那种制度性暴力存在的迹象。在被殖民前的历史中，卢旺达出现过很多次战争，既有内战也有对外战争，"但是，他们或是作为整体的卢旺达人与外部的部落或王国作战，或是世系间为了地方权力彼此展开争斗，且所有的依附者都支持其保护人。这种战争并不分图西人、胡图人或是特瓦人。与所有其他的战争一样，这些战争也会造成人员死亡——战争规模约与皮克特人—苏格兰人（Picts and Scots）战争，或与朱利尤斯·恺撒时期高卢部落间的战争相当。但是，这种战争从没有达到卢旺达独立后我们所能见到的那种规模，1994 年的恐怖屠杀可谓让这种规模达到极致。"①

退一万步说，图西人与胡图人互相间的杀戮，与其归咎于物质利益，倒不如归咎于他们本身的观念、他们所持有的观念以及他们在世界上的角色。这也就是杀戮如此无情的原因所在。物质利益总是可以谈判的，观念则不能。观念常常会走向其自身所要追求的逻辑结果，无论这种结果是如何的恐怖。

当然，无论是对图西族精英还是对胡图族精英来说，物质利益也起到作用。对图西族精英来说，白人的保护可以使他们保住权力；对胡图族精英来说，"革命"能够使他们取得权力。但是，普通老百姓走向殊死决斗的意愿则无法用物质利益来加以解释。观念和神话可以杀人。为了自身的物质利益，领导精英们操控着这些观念和神话，却无法改变这一事实，即要想观念和神话起作用，领导精英们就得首先将这些观念和神话根植于人们的心灵。

随着第二次世界大战的结束，新观念和新神话也不断涌现。这些新观念和新神话虽然很容易地嫁接到了卢旺达殖民时期的文化神话，不过并未影响到后者。卢旺达殖民时期的文化神话依然根深蒂固、在人们心灵中扎下根来且被广泛接受。新神话不但没有取代旧神话，而且给当时的卢旺达社会的"传统"观点增加了现代动力，延续并强化了旧神话的存在。

---

① 一个不适应于卢旺达情况、但经常被引用的争论就是关于使第三世界冲突越来越血腥的现代武器。1994 年种族屠杀中所使用的大部分武器都是前殖民时代使用的武器。

第二章　胡图共和国（1959—1990 年）

1959 年革命 （muyaga）[①] 及其影响

在比利时殖民统治时期，殖民当局曾划拨过土地给胡图人。对此，只有教会方面曾在很早时期就表达了立场。不过，教会方面的立场也不是为了胡图人的利益。按照伊恩·林登（Ian Linden）博士对克拉斯思想的分析，这位后来的主教曾想改变其在卢旺达所确立起来的不同族群间"劳动分开"的做法。不过，克拉斯最后打了退堂鼓：

> 某些传教士似乎希望有一天能看到胡图人，尤其是那些胡图族基督徒[②]来统治……情况会变得更好些吗？图西人是酋长……政府不能一蹴而就地改变卢旺达的深层结构。这将会引

---

① 在卢旺达语中，muyaga 的意思是方向不定、无法预测破坏性的强风。卢旺达人用该词来形容 1959 年的动荡局势。

② 1912 年，这种状况并无多大改变，尤其是图西人。传教士们认为贵族阶层会继续排斥基督教，继而想要提升那些已改信基督教的胡图人的社会地位。

起革命，而这正是历届政府不惜一切代价想要避免的。①

在其所处的时代，克拉斯主教所言不差。但是，到了 1945 年，克拉斯主教去世了，情况正在发生变化。如果能加以正确"引导"，"革命"也就不再像 1912 年时所认为的那样可怕，甚至教会也这么看。

当时的变革并不只是因为第二次世界大战后席卷殖民世界的新思潮，也是比利时殖民当局早期采取的社会和管理措施所带来的必然结果。在早期，比利时殖民当局确实没有预见到这些措施的长期效应。在比利时人将赋税等义务从山头的家庭和世系抽离出来，转而将义务劳动和赋税的负担强加到具体个人的时候，他们已经给卢旺达传统社会结构带来了巨大的冲击。不过，比利时人并没有意识到这一点。个人被迫成为独立的经济单元，这也会迫使他们进行独立行为和独立思考。新改造过的乌布哈克制度以及旨在重塑"封建"社会结构的其他各种措施，也产生了同样的作用，即把社会隶属的集体关系转变成经济剥削的个体关系。一位学者评论道：

> 因此，随着卢旺达在欧洲人的统治下进入它的第四个发展时期，基于亲缘团体合作上的三大主要机制或转变为每个成年男性所承担的义务，或彻底不存在了。②

在新传统主义者（neo-traditionalist）对依附关系（clientship）进行改革的时候，尽管他们维护了自身的权利，但吊诡的是，这些改

---

① Léon Classe, 'Relations avec les Batussi dans la Mission du Rwanda'（ca. 1912），在这本书中，克拉斯就自己在卢旺达所观察到的社会问题表达了个人看法。引自 Ian Linden, *Church and revolution in Rwanda*, op. cit., p. 97。

② Catharine Newbury, *The cohesion of oppression*, op. cit., p. 112.

革让人们的生活变得越来越艰难。社会关系日益紧张，充满了矛盾与冲突。第二次世界大战促进了胡图人现金经济（cash economy）的极大发展。旧有的依附关系，主要表现为非货币经济（non‐monetary economy），因此也变得越来越过时了。就像所有革命爆发前所出现的典型特征一样，随着影响力以及合法性的衰减，旧有的压迫形式越来越不得人心（在社会中已经穷途末路、原来的"受益人"的压迫和剥削也越来越力不从心）。

正是在这种日益紧张的社会氛围中，教会开始支持胡图族反对派精英的发展壮大。我们在前文已经论述过教会在早期曾考虑过这一立场，可是当时并没有这么做。但是，在两次世界大战期间，几方面的因素使教会开始重新考虑这一立场。其中一个因素就是，卢旺达教会逐渐地脱离了白人的控制。到 1951 年，卢旺达黑人牧师和白人牧师一样多。卢旺达本土牧师几乎都由图西人担任，当时的图西族精英（包括图西族牧师）立场很快就发生了变化。由于受到比胡图族更好的教育，且在殖民当局中半垄断了本土神职职位，[①] 图西贵族开始提出了一些新思想，包括种族平等、殖民政治中的分权以及自治政府的可能性。他们充分认识到他们的社会地位并非永久稳固，也不能一直等着比利时人将权力转交给他们，因为他们并不希望在等待权力转移过程中出现变数。殖民当局在 20 世纪 50 年代早期开始初次实行自由化措施，聪明的图西贵族对此加以利用。1952年 7 月 14 日的法令提出要在每个等级的管理机构（小酋长地、酋长地、省份和国家）创建"选举委员会"。该法令并没有带来选举，

----

① 其中，尼津亚氏族（*abaniyinginya*）、阿巴贝加氏族占了全部职位的 60%（Ian Linden op. cit. , p.227）。

但小酋长和酋长可以提名"合适的候选人"。甚至，胡图人也被纳入"委员会"中，他们还只是酋长的依附者，且要永远依附于他们的保护人。因此，正如观察者所注意到的那样，"这是一个分权的过程，但主要是在掌握权力的团体间的分权，也就是说，是在图西人内部的分权。"① 更准确地说，这是在"图西贵族间"的分权。对"图西平民"来说，虽然他们依然确信其不断宣称的"种族优越性"，但并没有从这种权力提升中获得比早前卢旺达"传统重建"政府中所获得的收益更多。

教会中的欧洲人注意到，他们的权力正在遭到挑战，且他们也意识到，这种挑战并不单单来自一个方面，相反，它只是图西精英挑战殖民统治秩序的更广泛的运动的一部分。与此同时，这些图西精英正是比利时人在过去的三十年内所培育起来的。这种挑战的出现，恰逢教会中的欧洲人——他们的社会和政治观念——正在发生重要变革的时期。卢旺达天主教会的早前领导人，诸如伊尔特（Hirth）主教和克拉斯主教，已经成为上层人士，且其他白人神职人员也继承了他们保守的政治观念。但是，在 20 世纪 30 年代末和"二战"后，这些神职人员渐渐被那些出身低微的人、地位低得多的中产阶级，甚至是来自劳动阶层的人所取代，且相较于瓦隆人（Walloon）而言，佛拉芒人（Flemish）越来越多。他们对图西贵族缺乏同情，更认同受压迫的胡图人。

白人神职人员立场的转变、卢旺达教会的权力争夺以及图西精英对殖民统治秩序的不断挑战，这一切共同导致了教会态度缓慢而

---

① Jean - Jacques Maquet and Marcel d'Hertetelt, *Les élections en société féodale*, Brussels: ARSOM, 1959, p. 26.

重大的转变，即不再支持图西精英转而支持胡图人从附属阶层崛起为一个新的、充满希望的中产阶层。到此时，没有人意识到这一点，且为时已晚，时间也所剩无几了。[①] 独立近在咫尺，已经出现的变革在环境的压迫下正在加速行进，且民众的意识也确实没有跟得上社会变革——导致悲剧产生的隔阂——的速度。

在教会中欧洲人主导的那部分力量所带来的这种变革中，作为主要喉舌之一，《基尼亚马特卡》（kinyamateka）杂志也起到了重要作用。在一位有影响力的胡图族精英（évolué），即格雷戈瓦·卡伊班达（Grégoire Kayibanda）[②] 的领导下，《基尼亚马特卡》成为卢旺达读者最多的刊物，发行量约有 25000 份。与此同时，"特拉菲普罗"（TRAFIPRO，意即劳动、忠诚和进步）咖啡合作社的成立，不但带来了经济上的机遇，而且培育了正在成长的胡图族在野精英的领导能力。此时的胡图人意识到，他们已经从白人统治体系中一个领导机构获得了支持。慢慢地，胡图人在卢旺达各地开始组织起来，建立集体安全协会和文化协会，并在北方一些新近臣服于殖民当局的准巴基加（quasi – Bakiga）氏族中建立了一些氏族组织。1957 年3 月，一个由 9 名知识分子组成的团体，出版了一本名为《卢旺达本土种族问题中的社会因素分析》（*Notes on the Social Aspect of the*

---

① 1957 年 2 月，A. J. J. 范·比尔森（A. J. J. van Bilsen）在《新杂志》（*La Revue Nouvelle*）发表了一篇文章，为比属刚果提出了一个三十年的独立计划。比尔森也因此被指责为一个危险的反殖民主义的煽动者。然而，过了三年半，比属刚果就获得了独立（J. P. Harroy, op. cit. , p. 258）。

② 卡伊班达生于 1924 年，曾求学于尼亚基班达神学院。对于新兴的胡图族反对派精英来说，尼亚基班达神学院是他们提升社会地位的主要通道。1948—1952 年，卡伊班达在小学任教。后来，他又成为比利时 – 刚果友协（*Amitiés Belgo – Congolaises*）秘书，并在1952—1956 年期间担任天主教期刊《道友》（*l'Ami*）总编辑。1956 年，农业合作社"特拉菲普罗"创立，卡伊班达担任第一任主席。与此同时，他也是《基尼亚马特卡》总编辑。不久之后，卡伊班达成为裴劳丁主教（瑞士人，在卢旺达的名誉主教）的私人秘书。

Racial Native Problem in Rwanda）的册子［更为人所知的名称是《胡图宣言》（*Bahutu Manifesto*）[1]］，旨在影响即将要到卢旺达的联合国托管理事会的调查团。该册子原来的标题有些大，用词也较为暧昧，反映出作者分析框架的模糊性。不过，作者的实际指涉，即胡图人在社会经济生活中的卑下和低等地位，是不容置疑的：

> 问题基本上是由于一个种族（race）即图西人的政治垄断地位而造成的。在目前的环境下，这种政治垄断地位已经造成了经济和社会领域垄断地位的形成……由于学校教育在事实上的限制，这种政治、经济和社会领域的垄断已经造成了文化上的垄断，即宣告深感绝望的胡图人永远都是低下的工人，甚至在赢得独立（胡图人也致力于此事业）后，胡图人也认识不到自己所处的地位。乌布哈克制度在法律上已经被废除了[2]，但上述领域的垄断以一种更加严重的压迫形式取而代之。

这份社会宣言所用的“种族”（race）一词就是一个警钟。当然，这也是多年来欧洲人对那个“贵族侵犯者”（来自西藏或古埃及的某个地方）的反复提及所造成的。不过，它也揭示出这种意识形态已被普及，并揭示出它是一个如今被用“种族”术语来描述的社会政治问题。关于未来的立场，《胡图宣言》强调并补充道：

---

① 全文参见 F. Nkundabagenzi, *Le Rwanda politique* (1958 – 1960), Brussels, CRISP, 1961, pp. 20 – 29。

② 乌布哈克制度曾于 1954 年被废除。然而，制度的废除并没有产生实际效果。由于图西人继续掌握着“分封”的领地，除非胡图人（或贫穷的图西人）实质上依然维系着旧有的乌布哈克制度，否则他们不被授予放牧的权利（参见 Catharine Newbury, *The cohesion of oppression*, op. cit. , p. 146）。

为了监察这一种族的主导地位，至少就目前而言，我们强烈反对在身份文件中去除"图西人""胡图人"和"特瓦人"的标签。这些做法将会产生抹杀现实、阻碍统计律法的风险。

在这里，语言上的模糊性尤其突出。"种族"统计被设定为一种纲领，民主的一个监视器。由此，我们也可以看到未来"配额民主"（Quota Democracy，独立后卢旺达的土地法原则）的思想根基。

图西精英对这些言论进行了积极回应。自1954年开始，他们开始公开回击，首当其冲的是诸如普罗珀·巴瓦那克维里（Prosper Bwanakweri）酋长这样的图西族自由派及其阿斯特里达（*Astridiens*）青年团体。这些自由派都是些受过教育的图西族青年，他们出身显赫，这些人不但对"进步思想"表示同情，并认为这些进步思想应该在社会改革中加以贯彻，而且反对殖民者的统治。1953年的假选举之后，在其管辖范围内推进自由化改革的巴瓦那克维里酋长却成了国王的眼中钉，国王要求比利时人将他驱逐出境，因为他是一个危险的颠覆分子。巴瓦那克维里酋长被放逐到基布耶（Kibuye）附近，他在政治上的边缘化处境揭示出，体制内改革的可能性是没有的。

1958年5月，王廷贵族宣布，自从尼津亚王朝（Banyinginya dynasty）的先祖基格瓦（Kigwa）通过武力降服胡图人之后，图西族和胡图族之间就不存在兄弟情谊。[①] 政治斗争转向到日益激烈的抽象争论，这种争论无法用理性来解释。整个局势也变得微妙起来。1958

———————

① 关于这次武力征服和发生于1957—1959年的政治变革，最好的资料和分析参见 René Lemarchand, *Rwanda and Burundi*, London：Pall Mall Press/New York：Praeger, 1970, 第五章。

年 10 月，约瑟夫·吉特拉（Joseph Gitera，新兴胡图族领导人之一）要求裴劳丁主教（Mgr Perraudin）取缔卡林加鼓（Kalinga）的使用。作为王权象征的卡林加鼓，装饰有战败的胡图族国王生殖器，因此不是民族团结的象征。图西族的王廷贵族对此强烈反对。

政党很快建立起来了。1957 年 6 月，格雷戈瓦·卡伊班达率先建立了一个政党，即"胡图社会运动"（Hutu Social Movement）。创立初期，"胡图社会运动"活动极为有限，甚至只是停留在呼吁上。1957 年 11 月，约瑟夫·吉特拉成立了"群众社会促进协会"（The Association pour la Promotion of the Masses，简称 APROSOMA）。该党宣称是一个基于阶级的政党，但参加该政党的也只有胡图人而已。吉特拉是一个民粹分子，一个蛊惑者，一个颇为神秘的基督徒，也是一个有些精神错乱的人。他的政治招牌举动就是煽动民众。1959 年 8 月，图西族保守派创建了"卢旺达民族联盟"（Union Nationale Rwandaise，简称 UNAR）。卢旺达民族联盟坚持保留君主制度，对比利时人持有敌意，并坚持让卢旺达立即获得独立的立场。在 20 世纪 50 年代末的冷战背景下，卢旺达民族联盟开始获得联合国托管理事会中共产主义国家的资金和外交支持。这一点也不出人所料，不足为奇。但是，这种支持立即就使图西人与比利时当局之间的矛盾加大。正如比利时的副总督在后来的回忆录中写道：

> 从那时起，当局与图西族统治阶级在 20 世纪 20 年代所达成的旨在促进经济发展的默契关系……荡然无存了，双方对此也心照不宣。图西人想要获得国家独立。为了能尽可能快地实现独立，他们蓄意破坏比利时人的举措，无论是管理细节还是

政治方面上的……面对大小酋长所带来的这种阻碍和敌意，当局的立场被迫强硬起来。要知道，我们和这些酋长已经合作这么多年了。[①]

为了抗衡卢旺达民族联盟，比利时人解禁了巴瓦那克维里酋长。巴瓦那克维里在 1959 年 9 月创建了卢旺达民主联盟（Rassemblement Démocratique，简称 RADER）。这个较为温和的政党有着诸多弊端，举步维艰。它主要是一个图西族政党，坚持君主制的保守派蔑视它，且胡图人从来就没有相信其自由主义立场。另外，由于最初得到了比利时人的资助，该党一直备受指责，被认为是殖民当局的政治工具。因此，巴瓦那克维里酋长在实际政治活动中处于边缘化的地位，图西自由派的观点从来就没有机会传播开来。

与此同时，格雷戈瓦·卡伊班达也转变了其所领导的运动。1959 年 10 月，"胡图社会运动"改组为卢旺达民主运动—胡图解放运动党（the Mouvement Démocratique Movement Rwandais/Parti du Mouvement et de l'Emancipation Hutu，或 MDR – PARMEHUTU，简称卢旺达民主运动—帕梅胡图党）。在对后来产生重大影响的事态发展中，两个胡图族政党，即"群众社会促进协会"和"帕梅胡图党"各有其不同的地方支持基础：群众社会促进协会主要是在阿斯特里达地区，帕梅胡图党的绝大多数党员则来自吉塔拉马—鲁亨盖里（Gitarama – Ruhengeri）。

到了 1959 年年末，局势变得如此紧张，以至于任何偶发事件都可能会激发一场风暴。暴乱的导火索是一件小事。1959 年 11 月 1

---

① J. P. Harroy, op. cit., p. 241.

日，帕梅胡图党的一名积极分子，即胡图族小酋长多米尼克·姆博尼尤穆特瓦（Dominique Mbonyumutwa）在回家的路上，遭到卢旺达民族联盟青年党员的袭击，身受重伤。姆博尼尤穆特瓦遭袭死去的谣言就像野火一样传播开来。胡图人开始聚集军队，攻击图西族酋长和卢旺达民族联盟的党员。战斗随即展开，所动用的主要是诸如长矛、棍棒和砍刀之类的传统武器。很多图西人（既包括贵族，也包括平民，没有做出区分）的房屋被烧毁。6 日，国王和卢旺达民族联盟展开反击，组织突击队反攻胡图人，尤其是"群众社会促进协会"的积极分子。由于吉特拉的煽动言辞，"群众社会促进协会"的积极分子被认为是最危险人物，情况极其复杂。很多人认为国王会支持针对图西人的袭击，因为国王要体现出公正的立场，且那些酋长一直为非作歹，行为暴虐。后来，一些胡图人召集起国王的军队去攻击"群众社会促进协会"分子。由于"群众社会促进协会"反对王权，其成员被视为罪人。自暴乱开始，比利时当局就极其偏袒胡图人，甚至允许他们去焚烧图西人的房屋，并没有干涉。① 为了添乱，巴基加（Bakiga）山区的部落袭击了北部的鲁本盖拉（Rubengera）。他们的袭击纯粹是为抢掠，且在袭击过程中杀死了 38 人。直到 11 月 14 日，一种管控严厉的社会秩序才得以重建。在此次暴乱中，约有 300 人死亡。比利时殖民当局逮捕了 1231 人（919 个图西人，312 个胡图人）。

在结束此次暴乱过程中，盖伊·洛吉斯特（GuyLogiest）上校是个关键人物。受刚果公共武装力量詹森斯（Janssens）将军的派遣，盖伊·洛吉斯特于 1959 年 11 月 4 日抵达卢旺达。他在卢旺达待了

---

① Pierre Tabara, *Afrique, la face cachée*, op. cit. , pp. 179 – 185.

三年，并在卢旺达局势中扮演了关键性的角色。在处理此次暴乱问题上，他的立场从一开始就清楚明了：

> 我的一些助手认为，我片面地压制图西人的做法是错误的，并认为我正在带领卢旺达走上民主化的道路，尽管民主化前途渺茫，充满不确定因素……不，卢旺达到了危急关口。它的民众需要支持和保护。我的职责是必不可少的。在经过公共选举，最后尘埃落定前，我要履行起我的职责。这一点很重要。25 年后的今天，我自问，是什么促使我采取这样的解决方案来处理问题？答案清楚无疑，是支持民众维护其尊严的意志，或许可以说是撕掉面具，将本质上是压迫和不公正的贵族政治暴露于公众的眼前。①

比利时殖民当局最终还是认为这是一场社会革命，即克拉斯主教在 1912 年告诫殖民当局一定要避免的那种革命。不过，这确实是一场奇特的革命。由于殖民统治者认为遭到其扶植对象的背叛，比利时殖民当局与其长期扶植的图西族精英决裂了。此时的比利时殖民统治者认为，这些图西族精英既是代表落后势力的传统主义者，又是具有革命倾向的共产主义者。比利时殖民统治者的感受，就像是当时的英国在卢旺达邻国肯尼亚面临"茅茅运动"（Mau Mau movement）的感受一样。后来称之为"社会革命"的这场暴乱，更像是民族间的一次权力转移。在革命爆发时，由于在过去的十五年内所出现的经济急剧变革，图西族和胡图族在 1959 年的平均经济收入较为接近，并没有出现如人们所设想的那种"贵族化"现象。下

---

① Col. Guy Logiest, *Mission au Rwanda*, Brussels：Didier – Hatier, 1988, p.135.

表反映的是 20 世纪 50 年代中期所调查到的收入情况（不包括政治
人物）。

表 2 - 1　　20 世纪 50 年代中期卢旺达国内各族家庭平均收入（译者注）

民族	家庭数	家庭平均收入（比利时法郎）
图西族	287	4439
胡图族	914	4249
特瓦族	2	1446

资料来源：P. Leurquin, Le niveau de vie des population du Rwanda – Urundi,
Louvain, 1961, p. 203. 转引自 Ian Linden, op. cit., p. 226。

"富裕"的胡图人和贫穷的图西人，每个族群里肯定会有这样的
人。可要是在经济收入上一平均，"富裕"的胡图人不见得真富，而
贫穷的图西人也不见得真穷。一方打着"多数民主统治"的旗号，
另一方则打着"立即独立"的旗号。事实上，这是一场两个互相竞
争的精英集团（一方为教会培育下新产生的胡图在野精英集团，另
一方则是比利时殖民当局自 20 世纪 20 年代以来就一直扶植的、存
在时间更久远的新传统主义图西精英集团）间的斗争。新兴的胡图
族领导人利用贫穷的胡图人来反对全体图西人。在图西人群体中，
由于存在精心构建起来的"卢旺达意识形态"，这一点我们也曾概述
过，图西族穷人基于"种族优越"神话而站在图西族富人一边。事
实上，基于对这种意识形态的认识，胡图人把图西族穷人和图西族
酋长一样看待，将他们一同视为打击对象。因此，图西族穷人也没
有什么选择的余地。

1959 年 11 月 11 日，即混乱中期，对殖民统治和局势开始丧失

控制的比利时人提出要实行殖民地自治。布鲁塞尔，或者至少说，比利时在卢旺达的代理机构正在调整政策，可对未来并没有明确的目标。1960 年 1 月，洛吉斯特上校宣布道："迫于局势的压力，我们必须要选择立场。我们不能再坚持中立，处于被动了。"洛吉斯特上校如此说，也如此行动了。零星的战斗依然不断，房屋还在遭到焚烧。图西人正在使局势变得更糟。布格塞拉（Bugesera）地区的难民营有 7000 名难民，比温巴（Byumba）、吉塞尼（Gisenyi）和阿斯特里达地区则有 15000 名流离失所者。西北部的暴力冲突最为严重。20 世纪 20 年代，这里的胡图人公国曾是反对比利时—图西军队的最后堡垒，且较为痛恨与图西人合作的南部胡图人①。在西北部地区，图西人极少。但是，该地区的图西人却遭到最无情的驱赶。从 1960 年年初开始，殖民当局开始用胡图人取代了绝大多数的图西族酋长。这些新任胡图族酋长立即在其现在控制下的山头展开了对图西人的清算，遂产生了大量卢旺达难民外逃。到 1963 年年末，约有 130000 名卢旺达图西人逃往比属刚果、布隆迪、坦噶尼喀和乌干达。②

　　1960 年 6 月 26 日至 7 月 30 日，尽管局势不安全，殖民当局还是组织起全境选举。选举结果如下：

---

　　① Banyanduga 卢旺达北部山区的巴基加人使用 Banyanduga 一词指称在征服战争中那些与图西人合作的南部胡图人。——译者注

　　② 当时的卢旺达全国总人口约 270 万。

表 2-2　1960 年卢旺达全境选举中各党派得票统计（译者注）

帕梅胡图党	2390
独立候选人	237
群众社会促进协会	233
卢旺达民主联盟	209
卢旺达民族联盟	56
共计	3125

选民投票率接近 70%，但是此次选举的过程有些混乱。在一些选区，赢得胜利的帕梅胡图党阵营里分化有四或五个互相竞争的提名人。酋长成为有名无实的人，后来某个时期，酋长一职被取缔。按照比利时模式，新权力机构领导人被称为市长（burgomaster），他们管辖着 229 个行政区（commune）。在 229 个行政区中，只有 19 个由图西人管辖的行政区，帕梅胡图党管辖着 160 个行政区。1960 年 10 月，洛吉斯特上校宣布："革命已经结束了。"这倒是一种恰如其分的宣告，犹如所谓的这场"革命"处在比利时人的操纵和控制下，比利时人可以宣告其结束，而这场革命的爆发则是不可避免的。尽管当局采取了措施，但革命依然在发酵：10 月 14 日和 15 日，一名当地警察和一名图西流浪者发生争执后，基宾戈（Kibingo）行政区有 13 名图西人遭到杀害，进而引发了新一轮流亡潮。新市长们很快就沿袭了旧有的"封建"统治方式，按照图西人的做法培育属于自己的胡图族追随者，且在剥削程度上与先前的统治者并无二致。

必须要考虑的外部因素，也是唯一的外部因素，就是联合国托管理事会调查团的立场。在联合国中第三世界成员国（在殖民问题

上，它们大多数站在东方阵营一边）的影响下，联合国托管理事会
调查团对局势的发展很是不满。共产主义国家支持卢旺达民族联盟，
因为该党最反对比利时，也就是说，是最反对西方资本主义利益的
政党。① 联合国秘书长达格·哈马舍尔德（Dag Hammarksjöld）对比
利时在该地区的统治也表示不满，且赞同联合国对图西族政党的支
持。1960 年 12 月，联合国通过了 1579 号和 1580 号决议，两份决议
对比利时自 1959 年 11 月以来所采取的政策造成了直接挑战。国际
社会要求布鲁塞尔在卢旺达实现某种形式的民族和解，洛吉斯特上
校称之为"完全无效之策"（perfectly useless）。② 就那个时期而言，
洛吉斯特上校的说法可能并不错。1961 年 1 月，卢旺达民族和解会
议在比利时奥斯坦德（Ostend）召开，会议无果而终，也在人们预
料之中。此次会议后，为了防止联合国在卢旺达局势上的进一步瞎
指挥，洛吉斯特和格雷戈瓦·卡伊班达组织了一场"合法政变"。③
1961 年 1 月 28 日，他们召集市长和市政议员（共计 3125 名）到吉
塔拉马参加一次紧急会议。吉塔拉马是卡伊班达的出生地，也就是
在这里，在欢呼声中，"独立自主的卢旺达民族共和国"宣告成立。
此后的数月内，联合国不得不接受这块领土已经独立、理论上已经
处在卢旺达人掌控下的事实。零星的暴力事件依然在继续：1961 年
9 月至 10 月，阿斯特里达（布塔雷）附近有 150 名图西人遭到杀

---

① 出于同样原因，在刚果去殖民化过程以及由此国内产生动荡的时期，卢蒙巴、后
来的加斯东·苏米亚洛特（Gaston Soumialot）及其战友选择支持卢旺达民族联盟，并为卢
旺达民族联盟游击武装提供支持。

② Colonel Logiest, op. cit. , p. 185.

③ Ibid. , p. 189.

害，3000 座房屋遭到焚毁，22000 人流离失所。① 新一波的难民徒步逃往乌干达的难民营。1961 年 9 月 25 日，卢旺达举行立法会议选举。帕梅胡图党获得了 70% 的选票，卢旺达民族联盟获得了 17% 的选票。在共计 44 个席位中，帕梅胡图党和卢旺达民族联盟分别占了 35 席和 7 席。族群矛盾的隐患深埋了下来，正如一份联合国报告冷峻地评论道：

> 最近 18 个月的发展已经建立了一党种族专政……一种压迫制度为另一种压迫制度所取代……未来的某个时候，我们很可能会看到图西族的暴力反击。②

事实上，图西族的暴力反击已经开始了。自 1960 年年末以来，一些由流亡在外的图西人（胡图人称之为"蟑螂"［Inyenzi]）组成的小规模突击队，已经从乌干达展开了袭击。这些突击队战斗力低下。就战斗方式而言，这些突击队员与其说是游击队战士倒不如说是恐怖分子。很显然，他们并不担心其袭击给图西族平民所带来的暴力性报复。不过，对洛吉斯特上校来说，1961 年 9 月的选举"并不是 1959 年 11 月革命诉求所带来的结果，而是卢旺达人民彻底的、

---

　　① 理查德·考克斯（Richard Cox）在《星期日泰晤士报》（Sunday Times）上的文章，转引自 René Lemarchand, op. cit.，第六章。图西族移民圈以这些杀戮（够糟糕的了）为由，声称"数十万图西人遭到了野蛮屠杀"（La Communauté Rwandaise de France, Mémorandum sur la crise politique actuelle au Rwanda, Paris, 1990, p. 13）。这个数字绝无可能。1961 年的卢旺达总人口约为 280 万，这意味着占总人口 15% 的图西人约为 42 万人。在这 42 万图西人中，约有 12 万人流亡在外。1991 年，卢旺达政府估算图西人在全国人口中的比例约为 9%。我们就以这个比例来算，卢旺达全国总人口为 714.8 万，其中至少约有 64.3 万图西人（Ministére du Plan, Recensement général de la population etde l'habitatau 15 Aoüt 1991, Kigali, December 1991, p. 86）。如果"数十万"图西人死于 1961 年（或后来 1963—1964 年的暴力事件），那 64.3 万图西人又从哪里冒出来呢。
　　② UN Trusteeship Commission Report（March 1961）.

决定性的胜利"。① 不幸的是，他并不是就卢旺达复杂局势而做出如此错误判断的最后一名外国人。

卡伊班达执政时期

1962 年 7 月 1 日，卢旺达正式独立，并设有一个共和政府。1959 年 7 月 25 日，穆塔拉三世卢达希格瓦国王突然去世，且没有留下子嗣。② 回想起 1931 年所遭到的冷遇，王廷典仪官（court ritualists），即比鲁（abiru）根据古制，选定了一位"合适"的国王，即让 – 巴蒂斯特·恩达欣杜尔瓦（Jean – Baptiste Ndahindurwa）。他是穆塔拉国王的弟弟，他以基格里五世（Kigeli V）的称号继承了王位。但是，新国王才 20 岁，不断升级的危机很快就击垮了他。新国王被押到乌松布拉（Usumbura，即后来的布琼布拉［Bujumbura］），成了比利时人和看押者的阶下囚。后来，他逃离了出去，在东非过着流亡生活。他未能真正担负起领导者的角色，他远远不能掌控其所面临的混乱政治局势。图西族流亡者自行组织起来，尽管有些乱，却也想用军队打回卢旺达。一个在弗朗索瓦·卢开巴（François Rukeba）领导下的组织，宣称拥护君主制，至少和基格里五世有过联系。其他"蟑螂"组织，要么"左"倾［如追随布维萨扎（Bwishaza）地区之前小酋长加布里埃尔·塞贝扎（Gabriel Sebyeza）的组织，一些甚至在中国

---

① Colonel Logiest, op. cit. , p. 199.

② 以不能生育为由，穆塔拉国王与第一任妻子离了婚。可没有生育能力的，正是穆塔拉国王本人。因为，他的第一任妻子再婚后，生了好几个孩子。就当时政局而言，国王的离世犹如火上浇油：在乌松布拉（Usumbura，即后来的布琼布拉［Bujumbura］），比利时医生打完针后，国王便骤然离世。不管怎么说，谋杀的可能性似乎不大。图西族医生劳伦特·加库芭（Laurent Gakuba）是个保皇派，他认为国王死于过敏性休克，即对青霉素突然过敏。那时的穆塔拉在用青霉素治疗性病（Laurent Gakuba, Rwanda 1931 – 1959, Paris：La Pensée Universelle, 1991, 第 12 章）。

接受过军事训练的组织]，要么就是纯粹的武装分子，并没有特定的政治倾向。由于个人矛盾、政治立场、军事策略的不同意见、对待卢旺达胡图族新政府应持有的态度，这些组织不断地在分化。①

1962 年 5 月，一些图西族流亡者同意支持新政权，但其他图西族流亡者则继续坚持军事对抗。图西族流亡的国家不同，其立场也有所不同。布隆迪无疑是最好的流亡对象国。路易斯·卢瓦加索雷（Louis Rwagasore）王子死后，国家进步联盟（the Union for National Progress，简称 UPRONA）新领导人同情卢旺达图西人的事业。布隆迪约有 50000 名难民，因此布隆迪很快就成为突袭卢旺达的主要基地。由于爆发内战，此时的刚果局势也扑朔迷离。刚果内战一直持续到 1964 年。出于对比利时人的痛恨，基伍（Kivu）的卢旺达民族联盟力量与刚果民族运动党（Mouvement National Congolais，简称 MNC）的反叛力量结盟。后来，蒙博托（Mobutu）将军消灭了这支力量，刚果国民军（Armée Nationale Congolaise）重新占领了基伍省。坦噶尼喀的难民受到了严格的管制，以防他们从事军事活动。不过，这些难民受到了善待，随着时间的推移，他们愿意与当地人口融合，或者去往达累斯萨拉姆，开始了新的生活。② 在乌干达，英国殖民当局以及后来的乌干达当局也严格管控着"蟑螂"的活动。乌干达有

---

① 研究"蟑螂"政治的最佳资源：René Lemarchand, op. cit., 第 7 章；Pierre Tabara, op. cit., 第 12—15 章。

② 关于坦桑尼亚的卢旺达难民，参见 Charles Gasarasi, *A tripartite approach to the resettlement and integration of rural refugees in Tanzania*, Uppsala：Nordiska Afrikainstitutet, Research Report no. 71, 1984。

大量说卢旺达语人，虽然他们对图西流亡者的事业并无兴趣，[1] 但他们却成为乌干达的一个国内政治问题。这些乌干达籍说卢旺达语的民众受到国王穆萨特二世（Mutesa Ⅱ）的支持，他们自然对米尔顿·奥博特（Milton Obote）总理心怀不满。[2]

随着时间的推移，图西族流亡者的主张越来越远离卢旺达的实际情况。1963 年 12 月，鉴于自身处境日益不利，他们从布隆迪发起了一次孤注一掷的行动，并进犯到布格塞拉。由于是突袭，他们一度曾非常接近基加利（Kigali），但整个袭击行动组织混乱，且缺乏充足的军事装备，很快，他们就被击退，卢旺达政府借机发动一场大规模的镇压运动。1963 年 12 月至 1964 年 1 月，估计有 10000 名图西人遭到屠杀。卢旺达境内所有剩下来的图西族政治领导人都遭到了处决，包括普罗斯珀·布瓦纳克韦利（Prosper Bwanakweri），他曾是一名酋长，并且是卢旺达民族联盟的创建者之一。[3] 其他国家，无论是东方阵营还是西方阵营，对这些杀戮都没有表态。只有瑞士（主要的外援国之一）驻联合国代表要求成立一个调查委员会。调查

---

① 1910 年 5 月的布鲁塞尔条约曾将卢旺达的布富姆比拉省（Bufumbira）划给英国的乌干达保护国。参见 W. R. Louis, *Ruanda - Urundi* (1884 - 1919), op. cit., pp. 79 - 91。此外，正如我们在前一章所指出的，在殖民时期，很多说卢旺达语人出于经济原因迁移到了乌干达。因此，乌干达独立时，说卢旺达语人是乌干达第六大群体，约占乌干达总人口的 5.9% (*Uganda Census*, Entebbe：Government Printing House, 1960)。

② 1966 年，乌干达总统/国王被总理推翻。关于这段时期的乌干达政治，已经出版了很多著作。最好的论述是：I. K. K. Lukwago, *The Politics of National Integration in Uganda*, Nairobi：Coign Publications, 1982。这本著作持反奥博特的立场（不过，绝非保皇派立场）。T. V. Sathyamurthy, *The Political Development of Uganda* (1900 - 1986), Aldershot：Gower, 1986, 第 8 章。这本著作持同情奥博特的立场。在后一本书中，作者论述了 20 世纪 60 年代早期乌干达西部地区的政治详情。这将有助于我们更好地理解当时在那里的说卢旺达语人的境况。

③ 关于这些恐怖屠杀的记述，参见 *France Soir*, 4 February 1964。对屠杀感到愤怒且更为理性的反思，参见伯特兰·罗素爵士（Sir Bertrand Russell）发表在《世界报》上的文章 (*Le Monde* 6 February 1964)。

结果为一份名为《卢旺达境内的"蟑螂"恐怖主义》(*Le terrorisme Inyenzi au Rwanda*) 的报告。这份报告粉饰了卢旺达政府在危机期间的行为。卢旺达与瑞士间的经济合作继续开展,并未受到干扰。在一系列对诸多图西族流亡者的指控和反驳中,"蟑螂"的活动也烟消云散了。到 1964 年,流亡者的政治活动归于沉寂。"蟑螂"的袭击带来的唯一结果就是卡伊班达总统个人权力的增强。他没有忘记这次经历。1972 年年末至 1973 年年初,即卡伊班达感到手中权力不稳之际,他曾试图故技重施。

在卡伊班达的领导下,年轻的胡图共和国呈现出一种奇怪的氛围。在诸多方面看来,总统实际上就是胡图人的国王。总统所采取的统治方式、精心设计的深藏不露、专制独裁和神秘感,无疑会让人想起殖民时期的人类学家让 - 雅克·马奎特 (Jean - Jacques Maquet) 对过去国王统治方式的描述:

> 统治者既提供对臣民的保护,又享有家长式统治的好处……臣民要适应这种统治方式,也要采取一种依附于人的立场。当一个人在某个具体领域不得不屈服于另一个人时,卑下就是这个人相对处境。依附于人就是一种卑下,且这种卑下蔓延到生活的所有方面。一旦统治者提供一种秩序,臣民必须要顺从,不是因为这种秩序是在统治者的掌控范围,而仅仅因为他是统治者。[1]

在 1994 年的大屠杀中,这种不容置疑的顺从起到了极其关键性

---

[1] J. J. Maquet, *Le systéme des relations sociales dans le Rwanda ancien*, op. cit. , pp. 186 - 187.

的作用，带来了悲剧。

在其当政时期，卡伊班达总统用前尼基班达神学院的学生来对抗阿斯特里达的毕业生，用吉塔拉马氏族对抗布塔雷和鲁亨盖里民众，就像国王过去的惯常做法，即操控图西族主要贵族世系来平衡权力。北部的"阿巴孔德"（*abakonde*）受到严厉的管控，但他们也被卡伊班达政权用来监视"布塔雷人的图谋"。卡伊班达总统主要担心的是南方人，因为他们在群众社会促进协会的领导下，被很好地组织了起来。不过在 1964 至 1967 年期间，南方人慢慢地，却也确凿无疑地脱离了任何政治或行政方面的影响。

与国王一样，卡伊班达总统掌握了所有的职务任命和提名，哪怕是行政机构中的很低职位。哈比亚利马纳（Habyarimana）将军掌权后，也延续了这一做法。即使是卡伊班达没有出现在人们的视野，卡伊班达也无处不在，无事不晓，这就是卡伊班达的执政风格。旧有的君主制统治方式（领导人来源于狭小圈子、地方主义、世系竞争、任人唯亲和腐败）很快就与"民主革命"所带来的新风（社会平等、公正、进步和道德主义）融合在一起。不过，作为统治方式的前者关系到统治者，作为道德理念的后者则适用于被统治者。

正当非洲大陆纵论社会主义、革命和发展的时候，卢旺达却奇怪地选择了缄默。1959 至 1961 年的"民主革命"期间，由于卢旺达得到了比利时人的帮助，比利时人被视为英雄。此后，卢旺达不可能会讨论什么反殖民主义。[1] 被反复强调的观念就是作为一名胡图人的固有价值，人口多数与民主的契合，人们需要过品行端正的基

---

[1] 前副总督让－保罗·哈罗伊后来曾访问基加利，参加卢旺达独立十周年庆典。他和洛吉斯特上校在当地受到了民众的热烈欢迎。对此，让－保罗·哈罗伊曾做过叙述（J.－P. Harroy, op. cit. , p. 399 and 511）。

督徒生活，勤奋工作，多谈政治无益。统治方式和主导意识形态直接源自我们在第一章论述过的"卢旺达意识形态"。尽管新的意识形态为了迎合民众，带有高尚的共和主义色彩，但在统治者与被统治者各自的角色、权力的意涵等方面的基本认识上，新旧意识形态大体相同。值得一提的是亚历克西·卡加梅。他是拥护君主制的图西族历史学家。在胡图族统治下的卢旺达，亚历克西·卡加梅活得很惬意，直到 1981 年寿终正寝。提及他的一个原因是，他对天主教会社会霸权①的影响以及他对权力的理解。正如克劳丁·维达尔评论道：

> 20 世纪五六十年代期间，卢旺达知识分子在卡加梅的著作中可以发现一种对卢旺达社会而非卢旺达历史的见解。这两个年代的知识分子都在借用卡加梅的历史议题，以契合各自靠族群来争夺权力的需要。不过，两个阵营的知识分子都一致赞同卡加梅的核心观点以及其著作中的核心内容，即统治精英的事业。②

卡伊班达执政时期的卢旺达是一块净土。在这里，娼妓会受到惩处，群众积极参政，农民勤劳地在土地上耕作且没有带来多大的麻烦。主张种族平等的观念有利于一个由精英进行统治、诡秘的专制政府的存在，不由得令人想起法国的维希（Vichy）政权和葡萄牙的萨拉查（Salazar）政权。基督教民主党人（Christian Democrats）

---

① 关于这一时期教会的最佳分析，参见 Justin Kalibwami, *Le Catholicisme et la société rwandaise*（1900 – 1962），op. cit.，pp. 525 – 45。其中，作者解释了 1962 年后教会在卢旺达社会获得成功的原因。

② Claudine Vidal, *Sociologie des passions*, op. cit.，p. 61.

对卢旺达的政治氛围极其赞赏。在比利时和德国，① 他们是卡伊班达政权最坚定的支持者。欠发达也不是问题，因为在这种氛围下，甚至贫穷、与生带来的尊严都是一种附加的美德。这里，我们将再次援引克劳丁·维达尔的论述：

> 渐渐地，这片国土变成了一座岛屿。卢旺达政府对其所处的整体环境忧心忡忡：震惊于刚果人的叛乱，谨慎对待坦桑尼亚，敌视布隆迪的图西族政权，依赖于乌干达的进口通道。居民们忙于自身事务，默默地忍受着国家的衰弱。卢旺达社会也受到诸多方面的影响和控制：盛气凌人的天主教教会；政府方面，政府既担心在共产主义激发下爆发社会运动的可能，又担心传统示威活动的出现。示威活动就像是一种恐惧症，会令人想起图西人。由于普遍缺乏信任，谣言四起，诡秘莫测，压根就没有可以自由呼吸之所：物资短缺——卢旺达是世界上最贫穷的国家之一，几乎什么都缺——且人们精神麻痹。②

甚至对卢旺达统治精英来说，这种氛围也过于令人窒息了。到1972年中，渐渐在政府大楼隐居起来的卡伊班达总统，也认为其政权缺乏生机。卡伊班达孤注一掷，试图重塑过去对待"蟑螂"，尤其是1963年12月展开袭击时所出现的同仇敌忾的氛围。那个时候似乎是个不错的时机，因为就在1972年五六月，布隆迪生灵涂炭，占

---

① 作为前殖民国家，德国对卢旺达，尤其是天主教教会有着浓厚兴趣。莱茵兰－普法尔茨州（Rheinland－Pfalz）在卢旺达合作项目，独立于联邦德国大使馆，且自负盈亏。
② Claudine Vidal, 'Situations ethniques au Rwanda', op. cit., p. 171.

人口少数的图西人为了确保政治权力，大规模地屠杀胡图人。① 这一事件给卢旺达带来的情感创伤很大，卡伊班达政权认为可以对此加以利用。政府组建了各级治安委员会。1972 年 10 月至 1973 年 2 月，治安委员会彻查了中小学校、大学、文职人员，甚至包括私营企业，以确保民族配额政策得到贯彻。② 最迫切地想通过治安委员会而开展这场"净化"运动的是那些受过教育的人，他们期望能在将图西人剔除出工作岗位后获得好处。

山区的农民对这场运动本身并没有兴趣。③ 虽然很少有人被杀害（官方称只有 6 人，但实际可能有 24 人或者更多），但是此次运动所带来的经济后果和精神创伤，足以引发图西人又一次的大规模流亡潮。卡伊班达政权此次策略性的冒险行动所带来的结果事与愿违。政权体制内的北方和南方胡图族领导人间的关系如此紧张，以致各级治安委员很快就各行其是。山区的农民开始行动起来，但这次行动是出于对一些权威人物的清算，并没有涉及族群背景。一些零星的骚乱促使高级军事指挥官朱韦纳尔·哈比亚利马纳（Juvénal Hab-yarimana）少将展开了行动。他来自北方地区，受到长期被边缘化的"阿巴孔德"的支持。1973 年 7 月 5 日，他在一场未流血的政变中

---

① 关于这些杀戮的论述，参见 R. Lemarchand and D. Martin, *Génocide sélectif au Burun-di*, London：Minority Rights Group, 1974；Jean - Pierre Chrétien, *Burundi. l'hisloire retrouvée*, Paris：Karthala, 1993, pp. 417 - 458。关于不断发生的布隆迪屠杀的概括性论述，参见 René Lemarchand, *Burundi：Ethnocide as theory and practice*, Cambridge University Press, 1994。

② 参见 Jean - Pierre Chrétien, 'Hutu et Tusi au Rwanda et au Burundi', op. cit., pp. 158 - 159。自独立以来，卢旺达逐步推行种族配额政策。根据官方说法，卢旺达总人口中约有 9% 是图西人，因此学校里的图西族学生、行政机构中的图西族职员、任何工作岗位上的图西人就都不能超过 9%。事实上，由于比利时殖民当局在教育上曾长期偏袒图西人，所以图西人占据的岗位要比配额多得多，而且常常还都是不错的职位。由于 1972—1973 年的政治迫害，行政机构内监察达到最高潮，很多（图西族）公务职员被迫离职了。

③ Claudine Vidal, *Sociologie des passions*, op. cit., pp. 38 - 39.

夺取了政权。掌权后，哈比亚利马纳开展了广泛的救济，救济甚至还包括了图西人，此举颇得人心。新政权还立即保证了图西人的安全。[1]

难民问题

1. 难民数量问题

卢旺达的暴力活动迫使大量图西人流亡了出去。首先是 1959 至 1964 年期间，流亡规模虽说或大或小，但几乎没有中断过。然后，流亡潮中断了 9 年。1972 至 1973 年期间，流亡潮又一次地出现了，不过相比之下流亡人数有限得多。到 1962 年年初，图西族难民约有 12 万。到 1964 年年末，这个数字增加到 33.6 万（"官方"和非官方公布的数据一样）。[2] 难民分布情况见表 2-3。

表 2-3　　　1964 年年末卢旺达邻国境内的图西族流亡人数（译者注）

布隆迪	20 万
乌干达	7.8 万
坦桑尼亚	3.6 万
扎伊尔	2.2 万

---

① 吊诡的是，卡伊班达总统的政治浮沉，不禁让人想起老国王的政治命运。马塞尔·德赫特菲尔德（Marcel d'Hertefelt）在自己著作（*La Royauté de l' Ancien Rwanda*，Tervuren：MRAC，1964）的导论中引用了王家仪式的第十五部分的前两句诗："局势又如常，可国王已逝……"他还令人惊讶地评论道："如果要理解国王死亡与局势'正常化'之间的特殊关系，我们就必须认识到：在卢旺达人的传统思维方式中，国家繁荣与否取决于国王的健康和精力。因此，一旦国王老了，局势就'不正常'了，因为国家也受损了。"（第 4 页）就像国王老了一样，卡伊班达体衰力弱了，国家也就不健康了。

② UNHCR Banyarwanda Refugee Census（1964），转引自 André Guichaoua，*Le problème des réfugiés Rwandais et des populations Banyarwanda dans la région des Grands Lacs Africains*，Geneva：UNHCR，1992，p.26（以下简略为，转引自 *Le problème des réfugiés Rwandais*）。

关于 20 世纪 90 年代初的图西族难民数，我们有两种方法来估算。第一种方法：1959 年，卢旺达的图西族人口数量有 50 万。我们根据自然增长率估算出整个图西族的人口总数。然后，再从这个总数中减去依然生活在卢旺达境内的图西族人口数量。根据 1991 年的人口普查，当时的图西族人口低估的话也有约 51 万。[①] 第二种方法，以图西族难民总数 33.6 万为基数，乘以 1960 至 1990 年期间人口自然增长率（2.3），多算点的话约为 77.5 万。[②] 关于这些数据，我们需要做些说明。一些过高的数据背后有着宣传的目标，或是为了论证卢旺达无法容纳所有遣返者的观点，或是以此来斥责卢旺达政府将"全国三分之一人口"拒之门外的恶劣行径。[③]

图西族难民认为，1964 年的难民数 33.6 万还是低了，因为这个数字并没有包括那些自己安顿下来、没有居于难民营内的难民；他们更倾向于认为，1964 年的难民数约为 50 万。但是，这个数字夸大了，因为它将一些居住在扎伊尔和乌干达境内说卢旺达语的民众也包括了进来。这些说卢旺达语的民众是先前的移民而非难民。无论如何，人们对此存有争议，但这个数字要高于联合国难民署的数字

---

① 按照这一计算方法，即 1959 年卢旺达图西族人口总数 50 万乘以人口自然增长率 2.3，卢旺达图西族（包括卢旺达境内和境外难民）人口总数为 115 万，然后再减去 1991 年人口普查结果中的卢旺达境内图西族人口总数 51 万，也就是说，20 世纪 90 年代初的图西族难民总数约为 64 万。——译者注

② 这一数据参考了两份材料：André Guichaoua, op. cit., pp. 16 – 18；Catharine Watson, *Exile from Rwanda：background to an invasion*, Washington, DC：US Committee for Refugees, 1991, p. 6. 在我们看来，这两份资料都低估了。

③ 战争前，卢旺达移民圈宣称有 200 万难民。在战斗打响后不久，法国一份权威出版物（D. Helbig, 'Le Rwanda entre guerre civile et réformes politiques', *Le Monde Diploma-tique*, November 1990）就写道："（仅）乌干达有 50 万卢旺达难民"。然而，在最近的卢旺达政府文件中（*Evolution de la population Rwandaise depuis la guerre*. Kigali, 21 November 1994），总数下降到了 90 万。不过，这一数字还是很高。

（约 40 万），且也不能视为难民基数。原因很简单：就像难民数会因为人口自然增长而出现增加一样，这些难民也会因为同化、通婚、融合进早前定居下来的说卢旺达语人的社区、入他国国籍等原因而有所减少。要是对此做估计的话，人们还会争辩说正（难民数本来就无法计算）负（难民，或难民的子女，已经不再认为是难民了）相当。因此，难民数（没有人会对此赞同，因为对政治和宣传部门来说，这个数字太大了）[1] 应是 60 万至 70 万。

当然，很明显，生活在卢旺达边境周围的说卢旺达语人的人数比我们这里提及的数字多得多。关键的是，这里多说也有 70 万难民。这些难民由于 1959 至 1973 年期间的政治迫害而离开了卢旺达，并在 1990 年依然认定自己是"难民"。其他生活在卢旺达境外的说卢旺达语人分属于几个不同的群体：

——扎伊尔，主要集中在基伍省的说卢旺达语人。人数至少有 45 万，按照上文的计算方法，人口可能会达到 130 万。[2][3] 从 20 世纪 20 年代开始，直到卢旺达独立（甚至独立后），出于经济原因，很多卢旺达人移居到比属刚果。这 130 万说卢旺达语人主要是这些移民的后代。

——乌干达布福姆比拉（Bufumbira）的说卢旺达语人。根据 1910 年的英德协定，他们成了"乌干达人"。

——生活在乌干达各地，主要是在布干达（Buganda）的说卢旺

---

[1] 这里指的是 20 世纪 90 年代初的图西族难民数。——译者注

[2] A. Gatabazi, 'l' émigration et sa place dans l' équilibre demo – écomomique et social au Rwanda', *Carrefour d'Afrique*, no. 12（1973），转引自 André Guichaoua, op. cit. , p. 31。

[3] 45 万应指的是 20 世纪五六十年代的数据，130 万指的是 20 世纪 90 年代初的数据。——译者注

达语人。他们是 20 世纪 20 年代至 50 年代期间的卢旺达经济移民。具体移民人数，① 虽然我们几乎不可能知晓，但现在的乌干达人口中，他们的后代约有 70 万，我们可以以此做大概的推算。

　　无论这些群体说不说卢旺达语，他们都不能视为"难民"。他们与当地人的融合（或冲突）程度不一，不再认为自己是卢旺达人，因为其父辈出于经济原因而离开的那个国家，也很少说卢旺达语。②

2. 散居生活

　　20 世纪 60 年代早期离开卢旺达的大量难民，并没有预料到要流亡近 90 年。期间，很多难民去世了，很多难民的孩子也出生于流亡生活期间。随着时间的推移，难民们的处境也越来越分化，这主要取决于他们的流亡地以及他们的生活来源情况。难民个体也日益呈现出不同的人生历程。作为一个卢旺达难民，他可能会在乌干达西部的难民营里过着不安定的生活，勉强度日；可能会在瑞士成为一名记者；可能会在刚果当起农民，可能会在布福姆比拉做起买卖；也可能会在纽约成为一名社会工作者。一位难民之女在乌干达对一位研究者说道："我们没有土地，因此，我们必须要有头脑。头脑是我们仅有的资本。"③ 关于教育方面，这些人确实做得不错。甚至是

---

　　① 首先，自 1959 年以来，乌干达的人口统计就没敢（或愚蠢地）涉及种族从属关系的问题；其次，许多移民已经改名换姓，并与干达人（Baganda）和安科勒人（Banyankole）通婚。他们的子女也不说卢旺达语。

　　② 在以上提到的三类说卢旺达语人中，基伍的说卢旺达语人与当地的恩德人（Bahunde）关系紧张，融合过程中存在的问题可能最严重。因此，卢旺达爱国阵线的游击武装，最初几乎全部由来自乌干达的难民组成，其他"乌干达"说卢旺达语人却没有加入，而很多来自基伍的年轻人则与他们并肩作战，有些甚至来自彻底"安顿"下来的说卢旺达语群体（1992 年 6 月笔者在卢旺达爱国战线游击武装做的田野笔记）。

　　③ Catharine Watson, op. cit., p. 8.

那些不识字的农民，都含辛茹苦地供养子女上学，很多子女还上了大学。在这一点上，他们和20世纪初西欧、美洲的东欧犹太人，后来的巴勒斯坦以及厄立特里亚难民很相似。有不少人在经济上确实取得了成功，然而，我们不能对此夸大其词。安德烈·吉沙瓦（André Guichaoua）对此曾做过很好的总结：

> 在某种程度上，绝大部分人被从当地人所把持的劳动力市场中排斥了出去。这种情况迫使他们去开辟新的职业路径。这一群体的自身属性（散布在不同的国家、高度流动性和紧密的联系）会在此过程中起到作用。由于职业和经济上的成功，一小部分人获得了些声望。至于说他们在大湖区整个群体中取得了成功，这一说法在很大程度上属夸大其词。我们要知道，很多人依然处在不安定的社会和经济环境中：寡妇、只有母亲的单亲家庭、单身青年、留在难民营里的人以及与当地人有着冲突关系的群体。①

尽管在地理上极其分散、社会分化日益明显，但是流亡的图西人依然保持着联系。从某种意义上说，流亡生活甚至让他们之间的联系更为紧密。1959年之前存在于卢旺达国内的社会藩篱也不复存在了，尤其是自从过起散居生活后，难民所处的社会环境也不可能总是维系着1959年前那样。因此，一个家道没落的阿巴贝加（ab-abega）氏族家庭的女儿可能愿意嫁给一个"图西平民"之子，只要他上过学，有份好工作。在过去的卢旺达社会，这是不可设想的。随着对卢旺达民族联盟的旧有情结逐渐消散于历史的迷雾中，年轻

---

① André Guichaoua, op. cit. , p. 20.

一代在 20 世纪 90 年代创建了大量社交俱乐部和文化协会，以维持人们彼此间的联系。这些组织各不相同，分布区域广泛，也反映出散居生活的差异。魁北克卢旺达移民协会完全不同于安大略（Ontario）的加拿大卢旺达人文化协会；比利时的"十字路口"（*Isangano*）组织举办民俗展，并成为讨论问题的一个平台；德国有个名为"德国人"的组织（*abadaha*），这个名字有点开历史玩笑的意思。① 布琼布拉、纽约、洛杉矶、华盛顿特区、内罗毕、洛美、达喀尔和布拉柴维尔也有一些类似的协会。他们不定期地出版一些报纸和杂志，涉及有很大争议性的话题以及丰富的文化方面和政治方面的内容。很长一段时间以来，主要的出版物为《伊姆普鲁卡》（*Impuruza*，即动员者的意思。*Impuruza* 是古卢旺达的战鼓名称），该刊物出版于加利福尼亚的萨克拉门托（Sacramento）。其他刊物还有：出版于布琼布拉的《姆哈布拉》（*Muhabura*，即灯塔的意思。*Muhabura* 是卢旺达北部维龙加火山带最高火山名）、出版于扎伊尔的《刚果—尼罗》（*Congo – Nil*）、同样出版于布琼布拉的《警钟》（*Hugaka*）、出版于达累斯萨拉姆的斯瓦希里语版的《侨民新闻》（*Ukoloni Mambo Leo*）以及一份后来在 20 世纪 80 年代起到重要作用的刊物，即出版于坎帕拉（Kampala）的《联盟者》（*The Alliancer*）。

一年年过去了，关于那个真实的卢旺达的记忆也开始模糊起来。在难民的头脑里，卢旺达渐渐地成为一块神秘的土地。对年轻人来说，这种情况更明显。他们在离开卢旺达时或是孩童或是出生于流

---

① 1940 年，比利时被德国占领后，穆辛加国王（1931 年遭到比利时废黜）希望轴心国能取胜。敏感兮兮的比利时当局便禁止使用"希特勒"（Hitler）和"德国人"（Germans）两词。很快地，这两个词就被卢旺达语的对应词"Hitimmana"和"abadaha"所取代。此后，"abadaha"就有了"颠覆分子"的意思，即有点反讽的意味。

亡生活时期。过去的美好生活，现在经历的苦难，对比这两种情形，他们认为卢旺达是一块富饶的乐土。与难民最终返回联系起来的经济问题，如人口过多、过度放牧或土地流失，均被斥之为基加利政权的宣传而已。卢旺达那时的政治生活现实、无处不在的胡图种族意识形态以及这种意识形态所塑造出的图西人形象，所有的这些却遭到了忽视。这些才是他们最终返还故土的障碍。这种情况尤其体现在乌干达的卢旺达人群体中。他们离卢旺达最近，但他们对卢旺达的实际情况的了解也好不到哪里去。

3. 乌干达因素①

伊迪·阿明政权倒台后，乌干达曾一度对卢旺达难民进行政治镇压。② 1979 年 6 月，为了帮助这场政治镇压中的受害者，乌干达的卢旺达难民成立了卢旺达难民福利基金（Rwandese Welfare Foundation，简称 RRWF）。1980 年，卢旺达难民福利基金改名为卢旺达民族团结联盟（Rwandese Alliance for National Unity，简称 RANU），在政治上更为激进一些，且公开讨论流亡者最终返还卢旺达问题。但是，在 1981 至 1986 年期间，该组织不得不迁移到内罗毕，且在那里也没有作为。

---

① 更详尽的论述，参见 Gérard Prunier，'l'Ouganda et le Front Patriotique Rwandais' in André Guichaoua（ed.），*Enjeux nationaux et dynamiques régionales dans l'Afrique des Grands Lacs*，Lille：Faculté des Sciences Economiques et Sociales de l'Université de Lille I, 1992, pp. 43 - 49；Gérard Prunier，'Elements pour une histoire du Front Patriotique Rwandais'，*Politique Africaine*，no. 51.（October 1993），pp. 121 - 138。

② 由于前总统奥博托敌视卢旺达流亡者，所以 1971 年 2 月伊迪·阿明（Idi Amin）上台后，卢旺达流亡者欢欣鼓舞。有些卢旺达流亡者甚至都任职于臭名昭著的国家研究局，不过他们的作用被夸大了。然而，1979 年，阿明倒台了，政治发生动荡，这些卢旺达流亡者曾一度成为镇压对象（参见 Catharine Watson，op. cit. ，p. 10）。

　　之所以迁移到内罗毕，是因为当时的乌干达局势已经出现变化。[①] 1980 年 12 月，前总统米尔顿·奥博特在可疑背景下的当选，将乌干达政治进程推进到了死胡同。乌干达数个地方，包括布干达都出现了游击队。布干达有三支这样的游击队伍，其中的一支是前临时国防部长约韦里·穆塞韦尼（Yoweri Museveni）领导下的人民抵抗运动（Popular Resistance Army）。[②] 1981 年 2 月 6 日，穆塞韦尼和 26 名战友展开行动，袭击了卡班巴军事学校（Kabamba Military School），夺得了一些武器。在这 26 名战友中，有两个是卢旺达难民。此二人后来在卢旺达流亡政治运动中有着重大影响。一个名叫弗雷德·鲁维吉耶马（Fred Rwigyema），另一个名叫保罗·卡加梅（Paul Kagame）。这两人也是穆塞韦尼 1973 年在流亡坦桑尼亚时组建的游击队伍，即国家解放阵线（Front for National Salvation，简称 FRONASA）的成员。作为反阿明组织，国家解放阵线并没有起到多大的作用，但是在 1978 至 1979 年的战争中，该组织则起到一定的政治军事作用。胜利后，穆塞韦尼解散了该组织，但成员间依然维持着朋友关系。穆塞韦尼在坦桑尼亚（并不是后来卢旺达政府宣传故意说的莫桑比克）的时候，鲁维吉耶马就跟随了他。卡加梅则是在战争期间才加入了穆塞韦尼的队伍。当时，坦桑尼亚和乌干达流亡者的军队推进到乌干达西部，这个地方也正是卡加梅曾生活过和

---

　　① 关于这一时期的研究，参见 Holgere Bernt Hansen and Michael Twaddle（eds），*Uganda Now*，London：JamesCurrey，1988；Gérard Prunier，'La recherché de la normalization（1979 – 1994）'，in Gérard Prunier and Bernard Calas（eds），*l'Ouganda contemporain*，Paris：Karthala，1994，pp. 131 – 158。

　　② 1981 年 6 月，人民抵抗军（PRA）加入乌干达前总统优素福·卢莱（Yusufu Lule）的乌干达自由战士（Uganda Freedom Fighters，简称 UFF）后，合编为全国抵抗运动（National Resistance Movement，简称 NRM）。

青年时读书的地方。在临时政府身处困难时期，穆塞韦尼的核心朋
友圈子里就有鲁维吉耶马和卡加梅，关系很近。穆塞韦尼的政党在
1980 年 12 月大选中遭到政治打压后，鲁维吉耶马和卡加梅依然支持
穆塞韦尼。他们俩与穆塞韦尼都持有"左"倾民族主义者的立场，
对西方并不信任，痛恨独裁统治，并相信"人民战争"（popular
warfare）的拯救性力量。三人后来都成为年轻的、"进步的"第三世
界政治家。

　　1982 年，随着游击战争日益激烈，卢旺达难民遇到了一个严肃
的问题。约韦里·穆塞韦尼是安科勒人，出身于一个富有的希马氏
族家庭。[1] 由于安科勒部落的希马氏族与卢旺达图西族人常有通婚
（穆塞韦尼的一个祖母就是卢旺达图西人）关系，穆塞韦尼在奥博特
总统的宣传中被斥为卢旺达人，也就是说，穆塞韦尼是个干涉乌干
达内部事务的外国人，乌干达内部事务与他何干![2] 对卢旺达难民来
说，这种说法是个非常危险的信号。原因有两方面：第一，20 世纪
60 年代，奥博特第一任期时，卢旺达难民和天主教徒都同情民主党
（Democratic Party，简称 DP），却没有支持奥博特的、以新教徒为主
的乌干达人民大会党（Uganda People's Congress，简称 UPC）；第二，
在安科勒地方政治事务上，乌干达人民大会党在白如人中有着广泛

---

　　① 安科勒人是乌干达西部的一个部落，他们与说卢旺达语人的情况有点类似：安科
勒人也分为两个地位不平等的社会群体，即希马氏族（地位较高）和白如氏族（Bairu，
地位较低）。虽然这两个群体没有卢旺达的两个群体那么对立和敌视，英国人也没有像德
国人或比利时人那样划分胡图人/图西人，但也明显存在一些社会裂痕（关于这个问题，
参见 Martin Doornbos, Not all the King's men: Inequality as a Political Instrument in Ankole, U-
ganda, The Hague: Mouton, 1978）。
　　② 卢韦罗（Luwero）是北部布干达的首府，盛产咖啡。这里是乌干达政府军与全国
抵抗军遭遇战的发生地。残垣断壁上都是政府军的炭笔涂鸦，"穆塞韦尼，滚回卢旺达！"
在乌干达政府的宣传中，穆塞韦尼疑为"卢旺达人"的说法不断地被提起。

影响，但与希马人的关系并不融洽。因此，奥博特总统的一些亲信，包括令人毛骨悚然的国家安全局（National Security Agency）的头子克里斯·鲁瓦卡西西（Cris Rwakasisi），他们都属于安科勒的白如氏族，支持胡图人，反对所谓的图西人/希马人运动。他们不停地在奥博特总统身上下功夫，以便可以得到奥博特的默许来对付他们的"敌人"。1982 年 10 月，绿灯最终为他们打开了。在奥马里亚（Omaria）上校领导的特别部队下的一个分支军的支持下，安科勒的乌干达人民大会党的青年派（youthwinger，为了掩盖当地暴徒行径而取了这么个带有政治色彩的词语）袭击了难民区。由于自认为得到了政府支持，他们还驱逐了当地说卢旺达语人，说安科勒语的希马人，甚至还包括基加人（Bakiga）。要知道，基加人是基杰奇（Kigezi）的山区居民，完全属于另一个不同的部落。对青年派来说，关键的是抢劫、偷牛和非法霸占土地。在此次袭击中，一些人遭到了杀害（人数不清楚，可能约有 100 人），并出现了大量强奸罪行。4.5 万头牛被偷，有3.5 万人逃到旧安置点且他们很快就发现自身处于半拘禁状态，另有4 万人逃往边境地区且试图重返卢旺达。那些成功越过边境的人被滞留地政府扣留在难民营里。遭遇最惨的一群人，有 8000 至 1 万人。一边是卢旺达的边境卫兵，另一边则是乌干达恶棍。这群人在边境一块狭窄的地方被围困了起来。在红十字会的帮助下，他们在那里熬了几个月。由于传染病和绝望，他们已奄奄一息了。在国际社会的压力下，乌干达政府同意采取甄别措施来区分难民与非难民。这种甄别拖拖拉拉地延续了数月，也毫无定论，而对难民的迫害却在不断增加。[①] 1983 年 12 月，该地的酋长和乌干达人民大会党青年派

---

① 参见 Carharine Watson，op. cit.，pp. 10 – 11。

将 1.9 万说卢旺达语人驱逐出拉卡伊（Rakai）和马萨卡（Masaka）地区，其中一些人是 20 世纪 30 年代就迁移过来的"老"移民。一些人逃到了坦桑尼亚，其他人则去了原来的难民营。甚至是多年来在北方为兰吉人（Langi）和伊台索特（Itesot）的雇主放牛的图西族牛倌，也开始受到冲击，不得不逃往南方地区。

对乌干达境内的卢旺达难民来说，1982 年危机以及后来两年内不时发生的迫害是个历史转折点。对弗雷德·鲁维吉耶马和保罗·卡加梅，以及很多像他们这样的卢旺达年轻难民来说，卢旺达早已是前朝往事了，是其父辈们的往事，而他们自己现在已经是乌干达人了。而这时，他们突然发现，三十年来居住在一块的乌干达人视他们为可恶、可鄙的外国人。这种情况的出现给他们造成了极大的冲击。如果说父辈们没有办法可想，只能任凭这场风暴袭击的话，其孩子们可大多加入了穆塞韦尼的游击队。① 他们奋起斗争，先是在卢韦罗（Luwero），后随着战斗的推进，在西部地区展开斗争。1986 年 1 月 26 日，穆塞韦尼的全国抵抗军（National Resistance Army，简称 NRA）发起猛攻并夺取了坎帕拉。全国抵抗军 1.4 万名战士就有 3000 名战士是说卢旺达语人。② 此时业已倒台的政权的残余力量在苏丹重新组织起来，并在乌干达北部地区发起针对全国抵抗军的游击战。与此同时，全国抵抗军也需要实现从游击运动向正规军的过渡。因此，不但全国抵抗军中说卢旺达语的士兵没有被遣散，而且

---

① 加入队伍的不只是男孩子。全国抵抗军也有一部分女兵，约占全军总数的 15%。其中，大部分女兵都是说卢旺达语人的女孩子。此外，很多曾被镇压的基加人（Bakiga）也加入了全国抵抗军。（1986 年 2 月笔者在坎帕拉做的田野笔记）

② 这个数字有助于我们理解为什么卢旺达政府后来宣传说"图西人把穆塞韦尼推上台，因此穆塞韦尼后来又帮助图西人来侵犯卢旺达"。

还招募了其他说卢旺达语人。不过，说卢旺达语人在新整编的军队中的比例却变小了，因为军队规模从 1986 年的 1.4 万增加到约 8 万人。8 万只是官方承认的数字，实际数字可能到 1990 年时超过了 10 万。在这支新整编的大军中，说卢旺达语的士兵可能有 8000 人，占军队总人数的 8%。这个比例要比 1986 年的低，那时的比例超过 20%。但是，在军官阵营中，出身于说卢旺达语的老兵较多，超过了 8%。这些军官在 1982 至 1983 年加入全国抵抗军的时候还是个孩子，他们有着丰富的作战经验，且此时被委以重任。自从 1987 年爆发艾丽丝·拉奎娜（Alice Lakwena）叛乱以来，[①] 北部地区就陷入一种令人讨厌的、并不那么激烈的种族政治，即占人口大多数的南方班图人政府与绝望的尼罗人（Nilotic）前政权遗老遗少及叛军之间的对峙。在这种斗争中，说卢旺达语的军官发挥了重要作用，一如当局对他们在反叛乱斗争中所抱有的期望。然而，这些军官有时也会成为众矢之的。1989 年，两位说卢旺达语的军官，克里斯多夫·布尼耶尼耶齐（Christopher Bunyenyezi）和斯蒂芬·恩杜古塔（Stephen Nduguta）少校被控（程度严厉）在特索（Teso）打击游击运动期间犯下了侵犯人权的罪行。因此，穆塞韦尼总统发现，在与东部、北部叛军进行谈判以达成某种和平方面，军队中的说卢旺达语人已是绊脚石了。穆塞韦尼的谈判对象，尤其是曾在奥博特政权任职的那些人，依然对全国抵抗军中有"那些外国人"的存在表示强

---

①　关于这场惊人的叛乱运动，参见 Heike Behrend, 'Is Alice Lakwena a witch?' in Holger Bernt Hansen and Michael Twaddle（eds）, *Changing Uganda*, London：James Currey, 1991, pp. 162 - 177；Gérard Prunier, 'Le mouvement d'Alice Lakwena. Un prophétisme politique en Ouganda', in Jean - Pierre Chrétien（ed.）, *l'invention religieuse en Afrique. Histoire el religion en Afrique Noire*, Paris：Karthala, 1993, pp. 409 - 429。

烈不满。此时，鲁维吉耶马少将已升任军队总司令和国防部长，这一事实更让他们怒火中烧。

　　然而，对穆塞韦尼试图要与之达成和平协定的北方人来说，他们并不只是不满于全国抵抗运动政权中说卢旺达语人的势力。巴干达人之所以愤恨，不仅仅是因为说卢旺达语人在军队中的地位，还不满于他们在经济上日益增长的影响。自从穆塞韦尼夺取胜利后，说卢旺达语流亡者开始从世界各地汇集到乌干达。这些人常常公开声称"乌干达现在属于我们的了"。① 在乌干达，巴干达人是一个有着经商传统的群体。对说卢旺达语人的这种姿态，他们尤其感到不满。穆塞韦尼无法忘记巴干达人的善意。巴干达人反对奥博特，支持过穆塞韦尼的斗争。如果说他们不是穆塞韦尼夺取胜利的主要原因的话，那也是其中的一个原因。在乌干达，要是巴干达人反对，没有一个人能长久地统治下去。穆塞韦尼政权中的说卢旺达语人感到，他们不是穆塞韦尼的人才，而是一种依附品。渐渐地，说卢旺达语人在政府圈子的日子变得越来越难过了。穆塞韦尼在胜利后曾对说卢旺达语人承诺过，让他们取得乌干达国籍。此时，这一承诺也没有再坚持。说卢旺达语人在军队中的晋升也被封堵了。1989 年11 月，鲁维吉耶马少将被从总司令和国防部长的位子上撤了下来。作为穆塞韦尼的第一朋友，鲁维吉耶马一直是说卢旺达语人群体与政权关系的象征。他的解职有着重大的影响。20 世纪 90 年代早期，弗雷德·鲁维吉耶马找到了新朋友。

　　1981 至 1986 年期间，卢旺达民族团结联盟不得不处在流亡状

---

　　① 这句话是一名刚来乌干达的卢旺达妇女对笔者说的。这名妇女从布鲁塞尔过来，曾在那里过着朝不保夕的生活。十天之内，她就在政府里得到了一份差事，岗位重要，且报酬不菲。（1986 年 10 月笔者在坎帕拉做的田野笔记。）

态。然而，该组织在 1987 年于坎帕拉召开了第七次代表大会。就在此期间，大会表达了最强烈的军事斗争愿望，并将卢旺达民族团结联盟改名为卢旺达爱国阵线（Rwandese Patriotic Front，简称 RPF）。卢旺达爱国阵线是一个具有进攻性的政治组织，致力于流亡者返回卢旺达的事业，如在必要的情况就要展开军事斗争。[①] 自 20 世纪 70 年代末以来，在卢旺达流亡者中就一直存在一个人数较少的核心群体。他们坚信，他们总有一天会拿起枪杆返回卢旺达。不过，毫不夸张地说，他们的努力并无成效。[②] 但是，卢旺达爱国阵线的成立，他们开始颇成气候了。

　　1982 至 1984 年所遭到的打压，给自己觉得已经很好融入乌干达社会的说卢旺达语人群体带来了很大的冲击。但是，参与全国抵抗军的斗争以及胜利后得到了广泛的社会承认，似乎让这种冲击带来的影响有所消解。对那些相信全国抵抗军有能力给他们提供一种强制性的融入途径[③]的青年男女来说，鲁维吉耶马的解职和"说卢旺达语人的人口普查"的谣言就如同梦魇再生。1969 年和 1983 年，奥博特也曾谈及"说卢旺达语人的人口普查"。尽管在思想上存有差异，但这些年轻的说卢旺达语人的处境，类似于屠杀中幸存下来的

---

　　① 1992 年 7 月 11 日在卡巴莱对卢旺达爱国阵线干部蒂托·卢塔雷马拉（Tito Ru-taremara）的采访。卢旺达爱国阵线成立前就自称 RPF，随后又起了个法文名称：Front Patriotique Rwandais，简称 FPR。这明显受到了那些"乌干达"流亡者过去经历的直接影响。后来，相较于法文名称，这个并无太多"英国味"的英文名影响更大。

　　② 在穆塞韦尼掌权后不久，这些人就曾试图利用全国抵抗军中的卢旺达士兵发动"入侵"。他们在坎帕拉的酒吧里公开谈论行动计划。结果，行动未付诸实践，乌干达安全部队不费吹灰之力将他们围捕了。为这些人提供资金支持的是一名阿曼商人。与卢旺达穆斯林商界人士一样，这名阿曼商人是一位赞成君主制的人（参见 Focus, 29 April 1986）。这些阴谋家们竟然天真地来到坎帕拉的法国大使馆，向一位外交官询问道，如果他们在基加利掌权了，法国人会是什么态度。法国人客套了几句，深不以为然。（1986 年 4 月在坎帕拉对一名使馆人员的采访。）

　　③ 指的是获得乌干达国籍。——译者注

德国年轻人和德国化了的中欧犹太人，他们不再相信所谓的融合承诺，成了犹太复国主义者，并去了以色列。甚至对像鲁维吉耶马（他本人从没有对"重返"卢旺达有太多的兴趣）这样的人来说，穆塞韦尼对他们的态度变得相对冷淡，这也是事情出现变化的最后一根稻草。

这种情况出现的时候，恰好是其他散居者主张军事斗争倾向日益高涨之际。1988 年 8 月，卢旺达难民世界大会在华盛顿特区召开，会议通过了关于"返还权"（Right of Return）的强硬决定；这些信息被传递到卢旺达政府，但卢旺达政府依然无动于衷，就像以往处理类似情况一样。1988 年 2 月，哈比亚利马纳总统成立了一个卢旺达—乌干达联合委员会来调查乌干达境内的卢旺达难民问题，但是该委员会从没有做过什么实质性工作。对卢旺达爱国阵线的小伙子们来说，这无关紧要：他们已经确定了另外一个行动路线，即全面渗透到全国抵抗军的核心力量，一旦时机来了，他们可以调动军中一支数量不大但装备精良的说卢旺达语人力量，开进卢旺达，进攻基加利。

哈比亚利马纳政权

1. 平稳时期

由于哈比亚利马纳政权终结时所带来的恐惧，现在有一种倾向，即我们会带着该政权是邪恶的这一固定认知来看待哈比亚利马纳执政的整个时期。这种倾向是可以理解的，因为我们往往会寻找历史中的联系和意义，哪怕以忽视细节为代价。但是，历史既研究事物间的联系，也分析非连续性问题（为什么事情总是不以同一种方式出现）。独裁者的行为方式并不总是令人憎恶。正确也好，错误也好，独裁者有很多举措也会广受欢迎，至少可以说在一段时期内是受民众支持的。1971 年 1 月，伊迪·阿明夺取政权时，坎帕拉民众在街道上载歌载舞。在让国家重陷内战和宗教冲突之前的年份里，苏丹总统加法尔·尼迈里（Jaafer al - Nimeiry）受到民众的大力支持。尽管索马里最终陷入恐慌，但西亚德·巴雷（Siad Barre）在其执政的头八年还是得到了全国民众的支持。这样的例子，举不胜举。

在某种程度上，哈比亚利马纳的情况也类似于此。在他于 1973 年 7 月夺取政权的时候，卡伊班达政权的僵化政治和地区间冲突已经让社会上层精英深感受挫。由于重回迫害图西人的老路以及这种政策的人为因素和政治动员，既让图西人恐惧，也使理智的胡图人担心不已。由于在国际上的孤立，卢旺达在外交甚至经济上都陷入困境。由于在城镇居民中展开救济，以及广大农民对基加利的权力游戏并无兴趣，哈比亚利马纳的政变也得到了民众的支持。

后来的几年，至少一直到 1980 年，哈比亚利马纳政权没有遭遇到特别大的麻烦。一如既往，卢旺达依然是个内陆贫穷小国，新领导人的政策也相当温和。当然，哈比亚利马纳政权一直在反复重申"多数民主统治"（*rubanda nyamwinshi*）这一意识形态上的口号，图西人在政治上也被边缘化。在哈比亚利马纳整个执政时期，卢旺达没有出现过一位图西族省长，[①] 整个军队中只有一名图西族军官，议会中 70 个议员只有两名图西族议员，政府内阁 25—30 名成员中只有一个图西族部长。卡伊班达总统时期的配额政策被保留了下来，

---

① 除了后期出现了一个图西族省长，即布塔雷省长，后在大屠杀期间遭到了杀害。

不过执行得并不那么严格。中小学和大学中图西族学生的比例常常会超过规定的9%，公职人员情况也一样，且图西族公职人员明白他们可能会在某个时候成为官方歧视政策的牺牲品。因此，只要有可能，图西人更愿意在私营机构中工作。当然，军队的管控最为严厉，军人禁止与图西族妇女结婚。尽管教会也由胡图人把控，但开放得多，教职人员还是坚持了族群平等政策。在20世纪80年代，卢旺达8名主教中有3名主教是图西人。在私营机构中，由于接受过好得多的教育以及与外国人接触上的文化沟通能力，相较于胡图人，图西人明显占有优势。[1]

总而言之，图西人的生活是困难的，他们是歧视政策的受害者。[2] 不过，日常生活还算是过得去。相较于卡伊班达时期，情况有所好转，甚至一些知名图西族商人也发达了起来，且和政权维系着很好的关系。"别碰政治，那是胡图人的保留地"。对此，人们心照不宣。只要图西人恪守这个原则，他们的生活就不会受到干扰。

哈比亚利马纳将军给卢旺达带来了和平与稳定。与其他事情一样，这也有其要付出的代价。夺取政权后，哈比亚利马纳立即实行党禁，但约一年后，即1974年，他就成立自己的政党，即全国发展革命运动（MouvementRévolutionnaire National pour le Développement，简称

---

① 由于有众多外援项目以及外籍员工，所以懂得如何与外国人打交道是非常重要的。图西族男人懂得与白人雇主的相处之道，图西族女人甚至更胜一筹。跨族际情事，甚至卢旺达女人与外籍男人之间的跨族际婚姻，都已司空见惯了。在跨族际婚姻中，图西族女性占到95%以上。这一现象不但引起了嫉妒（关切到社会和经济优势地位），而且也带来一种耻辱感：白人迷恋图西族女人的美貌和优雅，进而让人想起殖民时代白人对"丑陋、粗野"胡图人的蔑视。

② 每人持有一张注明族群属性的身份证。非法改变族群属性的人，将会受到监禁或罚款，或监禁与罚款并处。

MRND）。"我知道一些人赞成多党制，但就我个人而言，我会毫不犹豫地选择一党制。"对这一决定，哈比亚利马纳总统泰然自若。①1978 年，宪法第七条正式将一党制统治作为政权的一项基本原则。全国发展革命运动确实是一个专制独裁的政党：每个卢旺达人，包括儿童和老人，都必须要成为党员。所有的市长和省长都是从政党骨干中挑选出来的。政党无处不在。每个山头都是其基层组织。希望政途亨通的政党信徒，也愿意互相间展开监视。在观察卢旺达时，我们应抛弃对热带非洲悠闲生活方式的印象。卢旺达所有居民的住址都印在身份证上。人们可以旅行，但如果没有特定的理由，不允许变更地址。如果要迁移，人们必须要获得许可。除非是恰当的理由，如上学或工作，人们居住地的变更不会获得批准。当然，要是有门路，则又另当别论了。在非共产主义国家中，卢旺达是世界上政府管控最为严厉的国家。在 20 世纪 80 年代，卢旺达逮捕了那些没有获得准许而居住在基加利的"浪女"（loose women）——绝大部分浪女"恰巧"也是欧洲人的图西族女友。

如果说全国发展革命运动是管控卢旺达公共生活的必然选择的话，那么我们也不应将它视为一个"政治"党派。事实上，在哈比亚利马纳执政时期的卢旺达，社会崇尚德行和勤奋工作，"政治"几乎就是一个忌讳的词语。人们——至少是官方——努力忘记政治的存在。1981 年 11 月，即执政八年后，当局最终决定成立了一个"议会"，名为国家发展委员会（Conseil National

---

① 1982 年 10 月 7 日《世界报》上哈比亚利马纳总统对法国记者菲利普·德克拉纳（Philippe Decraene）说的话。

du Développement）。卢旺达虽然贫穷，却是一个纯洁、严肃的国家。卢旺达没有时间去开展那些无聊的政治讨论。因此，卢旺达也就是德国牧师赫伯特·凯纳（Herbert Keiner，与很多同道一样，他长期是哈比亚利马纳政权的支持者）所言的"专制发展"国家（a development dictatorship）。① 按照有点类似于 18 世纪欧洲"专制仁政"理论的路线，哈比亚利马纳总统决定肩负国家的重担，让民众全身心地投入农业生产。由于可耕地短缺，人口年增长率达到 3.7%，他不得不做此抉择。1983 年 12 月，作为这种体制下的唯一总统候选人，哈比亚利马纳成功地再次当选总统。后来，1988 年 12 月，他以 99.98% 的得票率又一次当选总统。全国发展革命运动的积极分子原本想着哈比亚利马纳能获得 100% 的得票率，对 99.98% 的得票率还很失望。②

这种体制虽说独裁，却也有令人高兴的一面，尤其体现在经济方面。1962 年，世界上人均国民收入低于卢旺达的国家只有两个。到 1987 年，有 18 个国家的人均国民收入低于卢旺达。卢旺达的人均国民收入达到 300 美元，几乎与中国（310 美元）持平。事实上，我们想了解卢旺达的经济发展动力，最好将它与该地区的其他国家进行比较：

---

① Pfarrer Herbert Keiner, 'Allmählich schwand die Bewunderung für "Habis" Regime', *Frankfurter Rundschau*（5 November 1992）.
② 这是"大选"期间的官方口号。

表2-4　　卢旺达与周边国家的人均国民收入排名（译者注）

年份	卢旺达	布隆迪	扎伊尔	乌干达	坦桑尼亚
1976	7	11	16	33	25
1981	16	14	12	13	19
1985	18	11	9		21
1990	19	11	12	13	2
1976—1990年的变化值	+12	—	-4	-20	-23

数据来源：世界银行年度发展报告，菲利普·瑞恩特恩斯（Filip-Reyntjens）编撰，*l'Afique des Grands Lacs en crise*，Paris：Karthala，1994，p. 35.

　　各个产业都取得了发展。第一产业（也就是生存农业）在国民生产总值中的比重从1962年的80%下降到1986年的48%；第二产业则从8%上升到21%；服务业则从12%上升到31%。死亡率也有所下降，卫生与医疗保障指标也有所上升。尽管居住地极其分散，组织工作成本高昂，也困难重重，但教育还是取得了成就。尽管人口增长率较高，但儿童入学率还是从1978年的49.5%上升到1986年的61.8%。[①]

　　在地区事务上，卢旺达成为大湖国家经济共同体（Communaut Econmique des Pays des Grands Lacs，简称CEPGL，成立于1976年9月，该组织得到了法国的支持）的重要成员，也加入了卡盖拉河流

---

　　① République Rwandaise，*Mémoire présenté à la Deuxiéme Conférence des Nations Unies sur les Pays les Moins Avancés*，Paris（3 - 14 September 1990），p. 6. 要知道，1991年，卢旺达有51.5%的人口还不到20岁（Ministère du Plan，*Recensement*，op. cit.，December 1991）。在大屠杀中，有部分暴力的根源可以追溯到20世纪80年代末。在那时，大量失业青年，心怀对社会的不满，漂泊到基加利以及其他一些小城镇。不过，去小城镇的数量要少些。

域组织（Kagera River Basin Organisation，简称KBO，成立于1977年9月，该组织得到世界银行的资助）。也就是说，卢旺达既在法语"中非"施展影响力，又通过其与东非的联系对更加广阔的英语非洲开放。鉴于大湖国家经济共同体的成员身份，卢旺达希望能成为去往达累斯萨拉姆和维多利亚湖的交通枢纽，且卡盖拉河流域组织也给卢旺达带来了发展水电事业的希望。

当然，在这些光环之下，也存在一些阴影。备受吹捧的旨在共同发展的乌姆干达（umuganda），原本一个月要占用农民两天的时间，而实际上常常会占用到四天或更多时间。与党员骨干的热情描述相反，这种劳动远非总是自愿的。在一些情况下，这种劳动甚至就是强迫劳动。无论是就卢旺达，还是就国际社会而言，国际劳工组织（ILD）对此劳动制度的批评就像是对牛弹琴。① 在不同的时期，卢旺达对外援有着不同的依赖程度。一开始，这种依赖较小；到20世纪70年代末，卢旺达对外援的依赖较大；到20世纪80年代末，这种依赖程度变得极大。一位之前被驱除出境的人开玩笑说，卢旺达不但是一个"千丘之国"，而且是一个"千援之国"。② 根据经合组织（OECD）的说法，外援在1973年卢旺达国民生产总值中所占的比例低于5%，这一比例在1986年上升到11%，1991年则上升至22%。

---

① André Guichaoua, *Travail non rémunéré et développement rural au Rwanda：pratiques et perspectives*, Geneva：ILO, 1990.

② Alain Hanssen, *Le désenchantetnenl de la coopération. Enquête au pays des mille coopérants*, Paris：l'Harmattan, 1989.

政权属性

我们不能以看待中非共和国或冈比亚的方式来评价卢旺达。卢旺达是一个神秘国家。小心起见，我们必须将它视为类似于古巴、以色列、朝鲜和越南这样的国家。卢旺达是一个意识形态化了的国家。在卢旺达，权力是贯彻一套思想的手段，或者至少可以说，是某一特定领地实际统治机构的统治手段。

在第一章，我们已经论述了比利时是如何将一个充斥着权宜与伪科学的种族意识形态的国家，重建为一个新传统主义国家。相较于冯·格岑伯爵于 1894 年第一次所见的卢旺达，这种新传统主义的卢旺达到 1945 年已经现实得多了。有趣的是，1959 年胡图人的"民主革命"不但没有改变那种种族意识形态的主要特质，而且加上了新的标识。图西人依然是远方来的"外国入侵者"。此时，这种观点还意味着，图西人事实上不可能被视为公民。在卢旺达这种新意识形态看来，曾经庄严且强有力的图西人政府则是一个残忍、实施种族压迫的专制政权；原本为"本土农民"的胡图人，他们遭到了高人一等的入侵者的奴役，此时则成为卢旺达仅有的合法居民。胡图人在人口上占大多数，这也就意味着，现在的胡图人政府不但自动地取得了合法性，而且在本质上也是民主政权。

正如第一个版本的意识形态给一小部分图西贵族世系对普通图西人和胡图人的统治带来合法性一样，新意识形态也是当时社会精英统治胡图族农民大众和被剥夺了很多权利的图西人群体的有用工具。两种情况惊人的相似。在 1931 至 1959 年期间的新传统主义卢旺达，普通图西族大众以属于"高贵族群"为傲，但是除了优越感之外，他们并没有获得其他什么特殊好处。现在轮到胡图人犯错了。绝大部分胡图人认为现在当政的是胡图人政府，他们，即各山头上的普通农民在一定程度上是权力分享者了。在这两个历史进程中，族裔精英们都赞成并强化了其支持者的幻象。在构建前一种种族意识形态的过程中，比利时人曾起到推动作用，但后来也不再相信和赞赏它了。现在是外援者，他们曾强化了"多数民主统治"，也是他们，后来又不再认为他们对卢旺达的援助是理所当然的了。如果说这两种意识形态有一个连接点的话，那么这个连接点就是天主教会。过去，天主教会曾赞赏图西人并支持图西人的统治，现在则又赞赏胡图人并支持胡图人的统治。在这两种情势中，天主教会认为是（也有大量的解释）天意，并认为天意让它在卢旺达建立天主教社会上迈出了重要的一步。①

卢旺达人在这种精神环境下，所有的事都被细致地管控起来，卢旺达政治清明，秩序良好。农民勤劳，生活朴素，且也应该对社会上层以及前来帮助的白人援助者感恩戴德。卢旺达几乎没有出现犯罪行为，娼妓间或被集中起来接受再教育。尽管人口迅速增长，但教会还是反对任何人口控制措施，并取得了成功。比利时依然是卢旺达的主要外援捐助国。与此同时，德国、美国、加拿大和瑞士也对卢旺达充满兴趣。② 这些国家对卢旺达政府对待外援捐助国的态度，以及卢旺达整体社会秩序环境很是满意。在某种意义上，这也可以理解。凯纳牧师曾有过真实的观察：

（20世纪80年代早期）我们过去总是将社会环境近乎田园

---

① 从这一点上来说，仔细阅读天主教赞助的《对话》（*Dialogue*）颇有意思，其卢旺达语姊妹刊《基尼亚马特卡》（*Kinyamateka*）在20世纪80年代变得更具有批判性。

② 卢旺达被瑞士列为援助对象国之一，并位于首位。

化的卢旺达，和伊迪·阿明后混乱不堪的乌干达、图西人实行
种族隔离的布隆迪、走"真正非洲社会主义"道路的坦桑尼亚
以及独夫民贼蒙博托统治下的扎伊尔加以比较，我们觉得卢旺
达政权有着诸多可取之处。①

　　不过，问题是，这种可取之处建立在极端危险的意识形态基础
之上。胡图人重新塑造出来的卢旺达文化意识形态，不但导致了
1959 年至 1964 年的暴力冲突，而且存活了下来。统治阶层只有通过
全面的经济调节才能维持得住这种稳定局面。国家就像一台小心运
转的机器，但本质上却很伪善。教会就像一个总工程师。如果有人
停下脚步，细心来听，就会听到平静表象下暴风雨即将来临的轰鸣
声。1976 年，前总统卡伊班达死于监禁，很可能是典狱长饿死了
他。② 1974 年至 1977 年期间，安全部门的头子，塞内斯特·里曾德
（Théoneste Lizinde）及其领导下的杀手，杀害了 56 人，绝大部分都
是卡伊班达政权的显要人物，但也包括一些并无过错的律师和商人，
只是因为这些律师和商人因为这个或那个原因惹得他们不高兴而
已。③ 1974 年至 1977 年期间，死于监禁中的人还包括前国际合作部
部长奥古斯丁·姆亚内扎（Augustin Muyaneza，在卡伊班达政权最后
几个月期间，他还对一名法国记者说："我们的法国朋友要认识到这

　　① Herbert Keiner, op. cit.
　　② 1994 年 7 月 4 日笔者在基加利对一位前公职人员的采访。饿死而不是杀死卡伊班
达，似乎源于哈比亚利马纳总统的迷信和恐惧：他曾以血宣誓效忠前国家元首；如果他真
的让前总统流血的话，那么自己就会遭到危害。
　　③ Chronique d'Amnesty International, no. 118（December 1985）。这些谋杀之所以被曝
光，是因为 1980 年 4 月里曾德试图推翻哈比亚利马纳总统的政权，进而与哈比亚利马纳
政权闹僵了。此后，里曾德被多年关押在监狱里。1985 年，里曾德遭到突审，进而让人
们见识到了哈比亚利马纳政权背后的血腥斗争。

样一个事实：我们国家绝对没有浪费和贪腐"），① 但他的具体死亡时间，无人知晓。至于他的死因，也不确定，有人说他是被活埋的，也有人说他是被人用锤子砸脑袋砸死了。不过，这样的事情通常都是保密的，也从来不会让外援捐助国知道。

哈比亚利马纳政权的很多朋友，后来惊愕地看到 1990 年至 1994 年的暴力升级，甚至都不敢相信。对他们来说，针对基加利的批评，无论是什么，都是不怀好意的，都是出于对全国发展革命运动称之为狂热复仇主义者（*féodo – revanchards*）的同情。这些所谓的狂热复仇主义者也就是"蟑螂"恶魔们，他们潜伏在阴暗处，伺机突袭那个最为诚实的、基督教小国卢旺达。在卢旺达的意识形态中，杀人具有正当性。这很是令人震惊，也限制了卢旺达人展开反思和自我批评的能力。一些人，像我们前文所引的凯纳牧师，他们发现在卢旺达人的个体思想信仰中，存在着一种重估过去传统的勇气。另外一些人，或受到了同情"民主"立场的影响，或受到了同情"民主"立场的误导，他们拒绝接受这种说法，即那些似乎"正直"的朋友迄今依然具有不当的道德倾向，也不能认识到自己过去的错误，并继续否认其现在所面临的现实的本质。② 在极特殊的情况下，正如

---

① 'Le Rwanda, pays des vertes collines', *Le Monde*（1 March 1973）.

② Pierre Erny, *Rwanda* 1994, Paris：l'Harmattan, 1994。这本书正是反映那种心境的最好例证。厄尼（Erny）教授的书，充满了对人道沦丧的哀叹、对哈比亚利马纳政权的维护，并认为卢旺达爱国阵线就像是闯进了伊甸园的撒旦。厄尼教授似乎也认为，国际特赦组织受控于共济会（Freemasons）。这在"虔诚"的人看来，共济会所言并非是那么回事。由于明显缺乏普世政治的正当性，笔者认为，凯纳牧师和厄尼教授，这两个亲哈比亚利马纳的基督徒，他们在立场上的差异可能与各自的信仰关系密切。相较于罗马教会，新教历来具有更强烈的、独立的道德自省和自我批评倾向。不过，在这里，新教与全国发展与民主革命运动政权在历史上并没有多少联系。有一点值得记住，即 1989 年 12 月，当罗马要求基加利主教，即文森特·恩森吉尤姆瓦主教（Mgr Vincent Nsengiyumva）辞职时，他已是全国发展与民主革命运动中央委员会的委员了。

我们将在第 8 章所论述那样，这种立场甚至影响到一些正直的基督教非政府组织，以及其他常与欧洲基督教民主党派有着密切联系的诚实个体，几乎让他们忽视了屠杀，并在"帮助难民"的旗帜下持续支持全国发展革命运动。这种修正后的卢旺达意识形态已经潜藏着出现上述情形的可能性，这种可能性就像一条毒蛇，还在蛋壳里没有出生。直到 1988 年，如果我们从政府行为来看，不要考虑意识控制的话，哈比亚利马纳政权大体上也还算是非洲最不糟糕的政权之一。

危机

在 1973—1988 这十五年期间，唯一臭名昭著的插曲发生在 1980 年 4 月，前安全部门主管塞内斯特·里曾德阴谋发动政变。要是有人机械地按照马克思主义来理解的话，就应该注意到之前咖啡的高价。自从 1977 后，咖啡价格开始下滑，1980 年后咖啡价格曾回升，但最后在 1986 年时最终出现了价格崩溃。同样地，锡的世界价格很快就随着咖啡价格的下滑而崩溃了（1984—1986 年），也导致了卢旺达采锡业的倒闭。由于 1982—1983 年的锡弥补了咖啡价格下滑所造成的损失，卢旺达外汇收入中锡的比例上升到了 20%（咖啡曾占到 75%，后来渐渐地降到了 50% 左右）。作为第二波冲击的锡价格下滑给卢旺达造成了沉重的打击。[①]

有人会说，政治稳定几乎会沿着这些价格的滑动而波动。卢旺达是一个非常贫穷的国家，它建立在农业的可持续发展上，且从农

---

① République Rwandaise, *Mémoire presenté par le Rwanda à la Deuxième Conférence des Nations Unies sur les Pays les Moins Avancés*, op. cit. , p. 3.

民那里直接汲取的剩余价值少之又少。对掌控政权的精英们来说，他们的富裕生活主要有三个来源：咖啡和茶叶出口、曾经的锡出口以及从外援中捞取一点。由于前两项出口收入有相当大的比例用来维系政府的运转，因此到了 1988 年，财政缩水使外援成为救命稻草。由此，争夺这一特殊资源的竞争开始加剧，而外援是由政府高层直接把控着。随着资源的萎缩和国内权力斗争的加剧，互相竞争的政治团体在卡伊班达政权后期所达成的君子协定也就成为一纸空文了。

事态变得糟糕起来的第一个迹象是 1988 年 4 月斯坦利斯拉斯·马尤亚（Stanislas Mayuya）上校被谋杀了。马尤亚是哈比亚利马纳总统的密友，也曾风传他会上位，可能是当副总统，以后做接班人。这对哈比亚利马纳政权主要政治派别——先是在基加利被称为"夫人党"（*le Clan de Madame*）后来又称为"阿卡祖"（Akazu）① 来说是个凶兆。"夫人党"，其名称就揭示出，该派别是由总统夫人家族成员及其亲信组成。该派别的主要成员是总统夫人的三个兄弟，皮埃尔－塞雷斯汀·卢瓦加非利塔（Pierre－Célestin Rwagafilita）上校、普卢台斯·兹吉朗伊拉佐（Protais Zigiranyirazo）和塞拉费恩·卢瓦布库姆巴（Séraphin Rwabukumba），总统夫人堂兄埃列·萨加特瓦（Elie Sagatwa）以及亲信劳伦·塞卢布加（Laurent Serubuga）与劳埃尔·姆邦纳巴伊（Noël Mbonabaryi）。大量不那么重要却是铁杆门客追随着他们，其中就有塞内斯特·巴戈索拉（Théoneste Bagosora）上校，他后来才扮演重要角色。"夫人党"之所以在事件中起到如此重要作用，是因为三个特殊的原因。

第一，从卢旺达政治传统来看，全国发展革命运动的胡图政权

① 意为"小房子"。在前殖民时期的卢旺达，"小房子"是国王宫廷内院的称呼。

是从格雷戈瓦·卡伊班达和图西族的老国王那里继承下来的。统治者需要有追随者来充当他的耳目。权力结构之外的人绝对效忠于他，且国王可以无须咨询便自行其是。国王耳目挑选于国王所属的尼津亚氏族和"外戚"阿巴贝加氏族。当然，这里面不乏反叛、阴谋和倒戈之类，这也是佛罗伦萨宫廷的家常便饭。正如我们已经论述的那样，胡图氏族主要处于图西族政治统治秩序之下，他们一般不会被用来担当此责，因为他们只从国王耳目那里得到了很少的许诺。在胡图共和国内，地方主义取代了氏族分化（clanism）。卡伊班达总统挑拨各种力量互相争斗，但往往主要，甚至就是依靠吉塔拉马人。当然，在每个"地方力量"内，也会按照明确、更为细化的地域来建立小集团（sub - units）。

第二，从这个角度来看，哈比亚利马纳总统也有个麻烦。他在1973 年创建的"第二共和国"最初就是在北方人对帕梅胡图党的南方人复仇过程中诞生的。① 然而，一旦内阁位置、经济机会和国外奖学金明显优先照顾北方人的时候，北方人之间就开始互相争夺，想知道谁会得到更多。总统与其妻想让吉塞尼省人比外交部长卡西米尔·比齐蒙古（Casimir Bizimungu）和公共建设事业部长约瑟夫·恩兹卢雷拉（Joseph Nzirorera）所领导的鲁亨盖里集团得到更多好处。因此，鲁亨盖里小伙子们被迫要屈服于他们在吉塞尼的堂兄弟们。事情到这还不算完结。优先次序还要看身份。论到这，总统也没有什么优势可言。哈比亚利马纳总统出身于卡拉戈（Karago）镇，但

---

① 甚至可以说，事情还不仅仅如此。它是一次历史复仇，是边缘化的、愤怒的胡图人、反保王党人的一次复仇。历史学家费迪南德·纳希马纳（Ferdinand Nahimana）也如此认为，即是北方人的复仇。北方人感觉像是二等公民一样，忍了太久了。1993—1994 年期间，一旦权力下放，他们便开始了疯狂而极端的大屠杀。

他也不是什么"大人物"，也就是说，不是出身显贵。事实上，长期以来有个说法，说的是总统祖父或是从乌干达基杰奇（Kigezi）省或是从扎伊尔的基伍省迁移过来的外来户。从很多方面来看，哈比亚利马纳是靠自己而获得成功的人。虽然哈比亚利马纳成了胡图人的"国王"，领地的最高保护人，但他并没有直接向其效忠的依附者。

第三，总统夫人的情况也不同寻常。阿加瑟·坎曾加（Agathe Kanzinga）是布施如人，也是北方胡图阿巴亨扎（Abahinza）世系的女儿。这些世系曾统治多个独立公国，其统治一直延续到19世纪末，有的甚至延续到20世纪20年代。她和她的家族以所属世系为傲，该世系庞大且远近闻名。因此，总统依赖其妻氏族和依附者来充当其耳目。总统夫人权势颇大，以至于得了一个广为所知的外号"坎乔盖拉"，让人会想起穆辛加国王那个可怕的母亲，也是国王背后的实际掌权者。哈比亚利马纳在很多方面都依赖于妻子与妻子家族，他本人也渐渐地成为其妻子、妻子家族的傀儡，最终受害者。①20世纪80年代末，由于经济的萎缩，围绕争夺掌控权而展开的政治竞争变得更为激烈，哈比亚利马纳似乎要考虑马尤亚上校来做接班人，这对"夫人党"是一个重大威胁。在权力变得比之前更为重要的时刻，"夫人党"可能会失势，因为马尤亚是总统自己人（为数不多的一个②）。"阿卡祖"强势人物之一，塞卢布加上校组织了对

---

① 关于这点，参见 Jean Shyirambere Barahinyura, *Le Général – Major Habyarimana* (1973 – 1988). *Quinze ans de tyrannie et de tartufferie au Rwanda*, Frankfurt – am – Main：Izuba Verlag, 1988, p. 143。尽管这是一本政治小册子，但揭示了一些高层内幕。

② 关于这一点，阿劳艾斯·恩塞卡里杰（Alois Nsekalije）上校是一个颇为有趣的例子。他是总统的密友，也是同乡，长期担任内阁部长。然而，他最终还是被排除于权力之外，因为他对哈比亚利马纳夫人所属氏族没有任何贡献。同样地，埃利·萨加特瓦（Elie Sagatwa）上校的命运也很有意思。他出生于哈比亚利马纳夫人所属的氏族，但后来他又站到对立面去了。

马尤亚的谋杀行动。实施刺杀的警卫后来又在监狱中遭到了谋杀，负责此案的检察官在调查期间也遭到了谋杀。

马尤亚事件是个导火索，引爆了火药桶。不久，众多氏族彼此争斗。1989 年，国家财政预算削减了 40%，而削减的主要领域是社会服务。① 这让农民苦不堪言，他们已经背负着各种赋税（水费、健康税以及学费等），且"乌姆干达"越来越多。这种"义务劳动"看上去越来越像是强迫劳动，尤其体现在农民被迫要在与政权关系密切的私人土地上义务劳作。土地问题也日益变得棘手。人口过多到了关节点上，辅助性食物供给越来越多，但也使国家变得严重依赖于变幻无常的气候。1988—1989 年的一场小旱灾造成了卢里干尼扎（ruriganiza）饥荒，饿死了约 300 人，成千上万饥民不得不为寻找食物跑到了坦桑尼亚边界。政府在这个问题上实施新闻管制。安全主管奥古斯汀·恩杜瓦耶祖（Augustine Nduwayezu）直率地向比利时记者宣称："记者不要写一些激怒高层的文章。"② 在这种氛围下，关于土地抢夺的描述尤其激起了农民的不满：

> 由于控制着国际资助的发展项目，国家最高层受惠于他们过去用来养牛的土地。这种指责很具有鼓动力，并最终使民众失去了对政权的信心。失去民心就是从那时开始的。③

---

① André Guichaoua, *Le Problème des réfugiés Rwandais*, op. cit., p. 11.
② 当然，1988—1989 年饥荒应归咎于卢旺达农业的极度衰落。多年来，森林砍伐，水土流失，人口增加，施肥和作物难以挑选，影响了卢旺达农业的发展。然而，食品市场和价格政策也难辞其咎。参见 Johan Pottier, 'Taking stock: Food marketing in Rwanda (1982–1989)', *African Affairs*, no. 92 (1993), pp. 5–30.
③ André Guichaoua, *Le Problème des réfugiés Rwandais*, op. cit., p. 12.

在这里，吉沙瓦教授未点名的就是盖贝卡（Gebeka）项目。该项目由世界银行资助，并很快就成了一个大丑闻。据负责该项目的经理所说，[①] 整件事就不光彩。吉斯瓦蒂（Gishwati）森林是卢旺达最后几个原始森林之一，由于清地而遭到了野蛮砍伐，为了开启乳品业而被用来饲养从欧洲进口过来的外国奶牛。虽然土地与资金都是属于公众的，但这个发展项目的收益则在卢旺达政权"大佬"与欺诈世界银行的侨民之间进行瓜分，后者对该项目进行了投资。1959 年的"民主革命"意味着胡图人可以获得土地与牛，这具有特殊意义，但盖贝卡项目是对这一理想的沉重打击。

政府试图通过伪善的道德做派装帧专制与财政上的丑闻：基加利的妓女（*femmes libres*）被反复召集起来，并被送到卢瓦马加纳（Rwamagana）"再教育"中心；[②]在内政部长的支持下，激进的反堕胎天主教教徒袭击了药品店、销毁避孕套；在大街上抓捕城市无业青年，不分青红皂白地认为是"匪帮"（*abanyali*），剃个光头送到了"再教育"中心；一些贫民窟被认为窝藏"犯罪分子"而遭到一定程度上的毁损。这些措施几乎没有效果，也肯定无法抑制政治上的紧张关系。1989 年 8 月，批评政府在修路项目上的腐败之后，议员费雷库拉·恩伊拉姆塔拉姆比娃（Félecula Nyiramutarambirwa）被一辆卡车碾压过去。她是布塔雷人，并被认为在那里纠结反对派力量。同年 11 月，西尔维奥·辛达姆比维（Silvio Sindambiwe）神父，

---

① 1994 年 8 月 2 日在巴黎与笔者的私人谈话。在揭露盖贝卡项目中的腐败后，为了免遭不测，该经理不得不让家人（军中任职）来做保镖。

② 参见 Le Monde（20 July 1983 and 29 April 1984）。在这些抓捕中，有一些是出于对某些妓女（她们遭人忌恨）的个人报复。1984 年，为了让其秘书从拘押中释放出来，美国大使不得不威胁说要离开卢旺达。

一名自由表达声音、直言不讳的记者，曾大胆写过政府某些令人怀疑的行为的文章，也死于一场暗中操作的"交通事故"。其他曾试图报道这些事务的记者则遭到逮捕。① 1990 年 4 月，哈比亚利马纳总统去了巴黎，后来于 6 月出席了在拉波勒（la Baule）召开的法非峰会。② 当时的密特朗总统正关注非洲的"自由"政治发展，想将经济援助与政治民主化挂钩，③ 并规劝哈比亚利马纳在卢旺达实现多党制。该建议很快就被采纳。哈比亚利马纳一直坚定地强调全国发展革命运动在政治上的垄断地位，但他立即就宣布支持多党制（1990 年 7 月）。不过，他个人立场似乎只是做做样子而已。无论如何，这并没有阻止 33 名知识分子签署了一份要求立即推行民主化的宣言（1990 年 8 月）。民众的怨言充斥在千丘之间。6 月，布塔雷的学生因为非政治原因出现了骚动，其中一名学生被枪杀。学生们很快就发现他们的运动得到了响应并扩散开来。④ 到 1990 年早秋，卢旺达政治陷入了一场严重且蔓延开来的危机。

---

① Amnesty International，*Republic of Rwanda：a spate of detentions and trials in* 1990 *to suppress Fundamental Rights*，London：A. I.（October 1990）.

② 在过去的 15 年里，由于法国提供了比利时无法提供的经济支援，尤其是军事保护，法国已经慢慢取代了比利时，成了卢旺达的监护国。1975 年，巴黎与基加利签署了一项军事合作和训练协议（但不是防卫协议。因此，1990 年 10 月的法国干预是非法的），且法国常常会加大经济援助力度。1990 年，卢旺达有 400 多名法国援外人员，且在卢旺达的援助国中，法国排名第二，仅次于比利时（援助金额为 3720 万美元）。（经合组织的数据，转引自 Economist Intelligence Unit，*Rwanda：Country Profile*，London：EIU，1993，p. 18。）

③ 密特朗总统在拉波勒市的演讲支持民主化。由于担心由此带来的负面效应，密特朗总统在接下来的 18 个月里又改变了自己的政策。关于法国对非政策中的困境，参见 Antoine Glaser and Stephen Smith，*I'Afrique sans Africains*，Paris：Stock，1994。

④ 鲁亨盖里校园开始罢课，进行声援，且多次举行过支持活动。

卢旺达爱国阵线准备战争

这场危机推动了在乌干达的卢旺达爱国阵线的进犯筹备。首先，在 1990 年夏，卢旺达两个有影响力的人逃离了出来，会见了卢旺达爱国阵线的领导人，并与他们讨论了卢旺达的情势。图西族富商瓦林斯·卡杰古哈克瓦（Valens Kajeguhakwa）和前公职人员胡图族的巴斯德·比奇蒙古（Pasteur Bizimungu）说法一致：卢旺达政治制度处于崩溃边缘，外部强有力的冲击将会促之终结。这些年轻的图西族流亡者现任职于全国抵抗军，此时正在准备进攻卢旺达。[①] 对他们来说，这一说法无疑是个好消息。

其次，基加利政府某些清楚图西人进犯计划的部门认真想过应对方式。创建于 1989 年 2 月的卢旺达移民问题特别委员会（*Commission Spéciale sur les problèmes des émigrés Rwandais*）一度停止了活动，但在 1990 年 5 月，该委员会重新启动，并与更早期创建的卢旺达—欧加登难民问题联合部长委员会（*Comité Ministériel Conjoint Rwando – Ougandais sur le Problème des Réfugiés*）合并。1990 年 7 月，该委员会第三届会议起草了一份文件，选出了访问乌干达的卢旺达政府代表，并挑选出在 11 月执行遣返任务的人员名单。这种新举措对卢旺达爱国阵线来说是个不好的预兆。要是难民们觉得他们可以不要打仗就能返回卢旺达的话，卢旺达爱国阵线就可能失去难民们的支持。因此，卢旺达爱国阵线在 11 月这个最后期限前加速了备

---

① 外国媒体在报道卢旺达时的论调也加强了这一印象。参见 'Rwanda fin de règne'，*Africa Confidential*, vol. 30, no. 21（20 October 1989）；Marie – France Cros, 'Une ambiance de fin de règne', *La Libre Belgique*（31 October 1989）；François Misser, 'Rwanda：Death and Intrigue', *The New African*（February 1990）。

战。全国发展革命运动政府内的极端分子给了卢旺达爱国阵线机会，因为这些极端分子为了一劳永逸地解决反对力量正需要一场战争。对此，卢旺达爱国阵线一无所知。

促使卢旺达爱国阵线加快行动的第三个因素是卢旺达国内的政治运动。签署八月宣言的知识分子正忙于发动反对党的力量。鉴于 7 月的演讲和法国在背后施压，哈比亚利马纳不能无限期地拖延多党制的执行，这会使卢旺达爱国阵线失去施展公关的最好机会，也就是说，卢旺达爱国阵线反对的是一党制的独裁专制政府。

时机成熟了。1988 年年初，卢旺达爱国阵线民兵渗透到全国抵抗军的核心部门，以便让他们在关键时刻采取坚决行动。主管全国抵抗军训练部的穆斯图（Musitu）司令是卢旺达人，一直在暗中协助。担任军警主管的塞缪尔·坎耶梅拉（Samuel Kanyemera，又叫卡卡［Kaka］）司令是卢旺达人，80% 从事电脑服务的雇员、卫生部门主管彼得·班因加纳（Peter Banyingana）、负责军事安全的执行主管兼卢旺达爱国阵线领导人保罗·卡加梅（Paul Kagame）也都是卢旺达人。然而，对招募过来的普通士兵来说，最大的骄傲是弗雷德·鲁维吉耶马少将在被解除了总司令职务后加盟了过来。不像卢旺达爱国阵线其他领导人都是冷冰冰的政治人物个性，鲁维吉耶马是一个热情、讨人喜欢的人。鲁维吉耶马广受普通士卒爱戴。九年来，他与士兵们同甘共苦，是战士中的战士。当他加入了卢旺达爱国阵线的时候，全国抵抗军中所有说卢旺达语的军士都准备追随他。①

---

① 　与后来卢旺达政府宣传内容截然相反的是：在卢旺达爱国阵线中，几乎没有非卢旺达人的全国抵抗军士兵。在战争期间，作者只遇到过一个非卢旺达人士兵。他是一名来自穆索萨（Musoga）的士兵，也是一名卢旺达军官的随从。为什么他会在这里？他回答说："自 1982 年，我就跟着他到处跑。在这里，我怎么能不跟着他？"

1990 年 7 月，鲁维吉耶马下了进攻卢旺达的决定，并在欧洲和北美的图西族侨民群体中开展募资。[①] 6 月份，保罗·卡加梅则被送到美国去接受训练，为了不引起注意，卡加梅也接受了这一安排。[②] 此次密谋最大的缺陷简直滑稽：鲁维吉耶马要解释为什么不担任总司令了，还要去调动军队。鲁维吉耶马将军解释说，总统要他负责组织军队阅兵工作以庆祝乌干达独立日（10 月 9 日）；鲁维吉耶马名气太大，与每个人关系都好，以至于没有人去向政府核实这一解释是真是假。

---

① Catharine Watson, op. cit. , pp. 13 – 14.

② 就是这一插曲，引发了一个散播很久的传言，即"卢旺达爱国阵线曾受训于美国人"。卡加梅少将在美国总共就待了三个半月。在去利文沃斯堡前，他就已是一名经验丰富的斗士了。在美国军事训练计划中，一度有 9 到 10 名说卢旺达语的全国抵抗军军官参加，同时还有人数更多的、来自乌干达不同部落的随行官员。1990 年 10 月 1 日，战争打响了。花了好几天时间，美国中央情报局和美国国务院才得知，卢旺达爱国阵线的一名领导人就身在美国。然后，两个机构电联利文沃斯堡，要求调出这名领导人的资料。（1994年 9 月 9 日在华盛顿特区对前美国国务院官员的采访。）

第三章 内战与外部干预（1990年 10月—1991年7月）

卢旺达爱国阵线袭击与内战的初始阶段

1990年10月1日，周一，下午两点半，一群约50人的武装分子冲出卢旺达在卡吉通巴（Kagitumba）边界哨所的灌木丛，向卫兵开火，射杀一人后旋即展开了战斗。数分钟内，百余名身着乌干达军服的士兵加入到袭击者中间，并越界进入卢旺达境内。内战由此拉开了。此时，全国抵抗军还有约4000名说卢旺达语的人，其中的2500名卢旺达爱国阵线①士兵加入此次行动。② 他们由弗雷德·鲁维吉耶马总司令、亚当姆·瓦斯瓦（Adam Wasswa）中校、五大干将〔彼得·班因加纳、克里斯多夫·班因耶兹（Christopher Bunyenye-zi）、塞缪尔·坎耶迈拉、保罗·卡加梅③和斯蒂芬·恩德嘎塔（Ste-

---

① 这是入侵者对其武装部队的"官方"称呼。事实上，这个名称很少被使用。人们用"卢旺达爱国阵线"涵盖其政治和军事分支，我们也将遵从这一惯例。

② 卢旺达爱国阵线创始人蒂托·卢塔雷马拉（Tito Rutaremara）的估计。（1992年7月11日，在卡巴莱对蒂托·卢塔雷马拉的采访。）

③ 卡加梅少校不在其中。当时，他身在美国。

phen Nduguta）〕以及约 150 名其他各级军官领导。这也反映出说卢旺达语人此时在全国抵抗军中的地位开始下降，尤其是在军官阶层，因为全国抵抗军只有约 50 名说卢旺达语的中校和约 250 名少校。这支侵略军配有相当数量的军备，包括重机枪、迫击炮、BM-21 多发火箭筒、无后坐力步枪和俄式轻型机关炮。穆塞韦尼总统的一些警卫甚至还偷来了总统专属的广播通信器材。这些警卫后来回想此事时，像孩童般那么欢欣，也显得有些窘迫。然而，他们没能偷来重炮或装甲军备。由于料想战争不会是持久战，他们所带的燃料和弹药也有限。迎战他们的是卢旺达武装部队（Forces Armees Rwandaises，FAR），规模不大，但配有法国人提供的潘哈德（Panhard）装甲车、重炮和一些小羚羊（Gazelle）直升机。在战斗的最初几天里，由于突袭效果，卢旺达爱国阵线得以推进 60 公里，直到加毕罗（Gabiro）。然而，此时的他们已经远离乌干达，堪培拉政府很快就在西部地区设置路障，以防止全国抵抗军有士兵开了小差加入到卢旺达爱国阵线的队伍。有些士兵也因此被抓了起来。全国抵抗军也要对付相当大数量（约 3000 人）的图西族普通难民。这些难民在得知袭击后，狂热且无序地涌向边境。要让这些难民回到乌干达可不是一件易事。

对这些袭击者来说，他们很快就发现事情开始变得糟糕起来。第一个重挫就是魅力超凡的卢旺达爱国阵线领导人弗雷德·鲁维吉耶马总司令在袭击的第二天就死亡了。他的死亡，不但长期秘而不宣，而且有多种说法。根据一种说法，在一次关于军事策略的争吵后，弗雷德·鲁维吉耶马被其副手即班因嘎纳少校杀死。班因嘎纳及其好友班因耶兹少校赞同突袭基加利，而鲁维吉耶马则主张一种谨慎的做法，建立游击根据地，在政治和军事上渐进式瓦解哈比亚利马纳政权。按照这种说法，在卡加梅少校的命令下，卢旺达爱国阵线军事法庭对班因嘎纳和班因耶兹进行了审判，并加以处决。① 当时的基加利政权散布的就是这种说法，且法国人也谨慎地赞同这一说法。不过，这种说法也有很多矛盾之处。其中就有涉及心理学领域的一个矛盾之处。在乌干达籍的说卢旺达语人中，鲁维吉耶马就是一个传奇，漫长且卓越的军事生涯、个人魅力、全国抵抗军最高长官以及对前线士兵的亲切态度，都让他广受爱戴。是否有人敢谋杀他，是值得怀疑的，而谋杀者在杀害他后还能存活几分钟，这就更值得怀疑了。这种说法的第二个可疑之处是，在鲁维吉耶马被谋杀一事公开之后，杀害"弗雷德老总"——民众对他的尊称的凶手还活着且可以自由活动。乌干达记者特迪·塞兹－切耶曾于 1990 年 10 月 5 日在卢旺达境内采访了彼得·班因嘎纳少校，且发现他主管事务较多，也深受部属拥戴。② 最后，关于这种说法还有第三个矛盾的地方。相较于其他非洲游击运动组织，如厄立特里亚人民解放阵线（EPLF）或苏丹人民解放军（SPLA），卢旺达爱国阵线最高领导层后来并没有出现过私斗的传闻。如果"弗雷德老总"被其下属杀害，肯定会爆发派系间的斗争。值得质疑的是，弗雷德的战友本来至少可以阻止这种说法的散布。

　　事实上，真相似乎显得平淡无奇的多，即鲁维吉耶马死于战场

---

　　① 1991 年 1 月 28 日，在坎帕拉法国大使馆对一名外交人员的采访。
　　② 参见 Teddy Ssezi–Cheeye，'Encounter with Rwanda rebels in the bush'，*The Weekly Topic*，no. 41（19 October 1990）。塞兹－切耶不可能会支持乌干达境内的卢旺达爱国阵线。再怎么说，他也不是支持穆塞维尼的人。当时，他在给一家与全国抵抗运动左翼关系密切的独立报纸写稿子。后来，他创办了一份报刊，专门揭露丑闻，刊名为《乌干达秘闻》（*Uganda Confidential*），谴责乌干达政权内真实的或是想象的经济贪腐。

上诡异而又常见的危险。鲁维吉耶马站在一个山头上，用双筒望远镜查看撤退的卢旺达政府军的时候，一个正在撤退的士兵掉转头来，一枪命中了鲁维吉耶马。事实上，鲁维吉耶马也是那天卢旺达爱国阵线唯一的伤亡者。此事引起了阵线领导层的惊慌，他们担心人们绝不会相信此事的真相。此外，鲁维吉耶马之死也会有损于军队的士气。他们决定对鲁维吉耶马之死秘而不宣，后来又不得不公开承认，但将死因解释为鲁维吉耶马踏到了地雷。这种解释更没有说服力，并引起了人们的猜疑。①

无论真相为何，鲁维吉耶马之死对卢旺达爱国阵线来说是一个沉重的打击，并影响到了进军的步伐。卢旺达武装部队很快就从最初的震惊中恢复了过来，尤其是在法国政府迅疾伸出援手之后。10月7日，卢旺达正规军发起反击，并于9日夺回了加毕罗——他们后来又丢了加毕罗，10月23日再次夺了回来。由于陷入常规战，又没有必要的装备，卢旺达爱国阵线开始后退。然而，撤退很快就转变为溃退，且很多人也离散了。身在美国的卡加梅少校接到电话后，火速回国，但看到的只是不断升级的混乱。就在此间，彼得·班因嘎纳和克里斯多夫·班因耶兹以及其队伍中了政府军的埋伏，也身亡于此次埋伏（10月23日）。到10月末，双方就没有了"战斗前线"，最后一批卢旺达爱国阵线的士兵要么返回乌干达，要么就在阿卡迦拉国家公园避难。在作战期间，卢旺达爱国阵线军力损失惨重，一方面是由于战场上的伤亡；而另一方面则是由于有更多士兵离散了。一些离散的士兵饿死于阿卡迦拉国家公园。10月30日，基加利当局假模假式地宣布"战争已经结束"。第二天，卢旺达爱国阵线曾

———————
① 在战争初期，政府军还没来得及埋地雷。

短暂地占领了瓜图纳（Gatuna）边界哨所。此举更多的是一种孤注一掷的抗争，而非精心谋划的军事行动。此时，保罗·卡加梅已经接管了卢旺达爱国阵线的军事领导权。对他来说，占领瓜图纳是"持久的人民战争的开始"，一场长期斗争的开始，且延续了四年，见证了哈比亚利马纳总统之死及其政权的垮台，也让卢旺达爱国阵线历经一系列重大事件后夺取了权力，其中就包括第二次世界大战后第二大规模的大屠杀，绝大多数幸存者不得不流亡国外。

回过头来，早期的进犯总体说来是一种莽撞的冒险，且回避了一个基本问题：约韦里·穆塞韦尼总统在多大程度上知悉此事，且对这个事件的真实态度是什么？答案并不是唯一的，① 有两种说法：乌干达官方的说法（"我们的善意诺言遭到一些狡猾的阴谋者的破坏"）和基加利宣传口径的说法（"这是一次有计划的入侵，得到了乌干达政府的支持，且要在大湖区建立一个图西人国家"②）。这两种说法都站不住脚。穆塞韦尼总统及其安全顾问即使不知道确切的进犯时间，那么至少也会知道其大概的计划：第一，如此重大的密谋策划不可能做到滴水不漏；第二，此举的领导者还是穆塞韦尼总统最亲密的朋友之一；第三，乌干达境内（以及世界其他地方）的

---

① 有关此问题的详细论述，参见 Gérard Prunier, 'l'Ouganda et le Front Patriotique Rwandais' in André Guichaoua（ed.）, *Enjeux nationaux et dynamiques régionales dans l'Afrique des Grands Lacs*, *Université de Lille*：Faculté des Sciences Economiques et Sociales, 1992, pp. 43 – 49。

② 这一言论发表在 République Rwandaise, Ministère des Affairs Etrangrès et de al Coopération Internationale, *Livre Blanc sur l'agression dont le Rwanda a été victime à partir du 1er oçtobre* 1990, Kigali, January 1991。

卢旺达流亡者的政治活动已众所周知。① 两种说法本身都是为了减缓压力。到 20 世纪 80 年代末，进犯卢旺达的谣言已成家常便饭，绝大部分人也不再认真对待之（除了卢旺达安全部门，我们后来将要论述到）。在这个问题上，能接受的解释是，此举是一种迫不得已的抉择，既是一种威胁，也是基加利当局、国际红十字会、联合国难民署与乌干达政府间谈判的讨价还价的砝码。② 然而，即便穆塞韦尼总统不相信袭击是迫在眉睫之事，可他为什么又会容忍其武装部队内部有个卢旺达人的小圈子？个中缘由有多个。第一，这一方面是很少为人所提及的，即，要是不到一个重要的政治军事摊牌的关口，他也无法阻止卢旺达人小圈子的形成。说卢旺达语人在全国抵抗军中的地位，乌干达西部地区甚至在堪培拉说卢旺达语人业已形成的社会、政治和婚姻纽带，说卢旺达语人在各级行政与军事部门中的存在，要是对他们采取公开的打压，所有的这一切就会成为一种极难应对的潜在危险。20 世纪 80 年代末期，乌干达北部和东部地区的局势几乎一直动荡不已，与此同时，政府也在打击乌干达人民民主军（UPDM）游击部队、艾丽丝·拉奎娜神秘组织的残余分子［这两个组织主要是从阿乔利（Acholi）部落招募兵力］、伊特索人（Iteso）为主的乌干达人民军（UPA）以及游荡的、配有 RPG－7 火箭筒和重型机关枪的卡拉马琼人（Karamajong）窃牛团伙。邻国肯尼亚的丹尼尔·阿拉普·莫伊（Daniel Arap Moi）总统并不喜欢乌干

---

① 1990 年 10 月 1 日，穆塞韦尼总统正在美国参加联合国儿童基金会会议。动身前，穆塞韦尼依然请求鲁维吉耶马及其战友按兵不动，与哈比亚利马纳总统展开谈判。这并非出于对基加利政权的同情（事实上，他非常讨厌哈比亚利马纳），而是出于担心进攻给乌干达带来的影响。（1992 年 7 月，在坎帕拉对一名乌干达公职人员的访问。）

② 笔者也曾有此错误判断。1990 年 10 月 1 日的入侵行动彻底粉碎了这一错误判断。

达的这个"革命"政权，且有些担忧。对这些反叛组织，他竭尽所能地给予支持。有鉴于此，穆塞韦尼总统不可能蓄意与另一个国家为敌，尤其是一个能深刻影响西部安科勒稳定大局的国家。安科勒既是卢旺达流亡者的聚集地，也是其政府的主要支持力量之一。

穆塞韦尼容忍卢旺达爱国阵线在全国抵抗军中的活动，还有一个原因。穆塞韦尼非常清楚，哈比亚利马纳总统对此也了然于胸，即所谓的进犯威胁仅仅只是为了软化哈比亚利马纳在未来难民问题谈判上的立场。这一点不难理解，却是一个错误的盘算。除了在私人关系的范围内，哈比亚利马纳总统根本就不打算接受难民返回。但是，正如一本法国出版物后来所评论的那样：

> 哈比亚利马纳总统知道即将到来的进犯……为了肃清国内的反对势力，他也在利用此点。在这个几乎完全被当局所控的小国，每个人事实上都在当局和一党的直接监控之下。要说安全机构没有留意到即将展开袭击的反叛力量，这是无法令人信服的。[1]

正如后来卢旺达悲剧的旁观者所能观察到的那样，这不是一场两方博弈，而是一场三方博弈。博弈方包括谋求持存的哈比亚利马纳政权、为获得承认而斗争的国内反对派以及以某种方式实现回国的图西族流亡者。在借助外部威胁来打压国内反对派上，哈比亚利马纳手中握有一张王牌——法国人担心其在非洲大陆的地位受到"盎格鲁－撒克逊"的吞噬，可能就是这一点，让哈比亚利马纳决定

---

① 参见 *Afrique Défense*（January 1991. p. 23）。这份现已停办的月刊，并非一份普通杂志。它与法国国防部有着密切关系。杂志中的"文章"事实上几乎都是在重述法国军事报告内容。因此，这份杂志的立场也就反映出法国军方对特定国家的立场。

不惜冒险，拒绝通过正式谈判来避免可能的侵犯。① 我们已经论述过，难民回国问题谈判的"无望"也是促使卢旺达爱国阵线迅速展开行动的原因之一。正如卢旺达的历史悲剧所常常展现出来的那样，极端主义是王道，不是你死就是我亡，协调对立方利益从来就不是卢旺达的历史传统。还有一个参与者就是法国。作为卢旺达政治意义上的保护国，法国也没有扮演调停者的角色。哈比亚利马纳认为巴黎会在任一事件上支持他，此想法确实没错。

外部干预

进犯时机显然是精心挑选出来的，因为相关领导人都不在国内。穆塞韦尼和哈比亚利马纳都在纽约，出席联合国儿童基金会主办的一场讨论第三世界儿童问题的会议。弗朗索瓦·密特朗（François Mitterrand）正在对阿曼苏丹国进行国事访问。法国总统的外访可能是巧合。卢旺达爱国阵线很可能是利用乌干达和卢旺达总统都不在国内的空当，以便自己能更自由地展开行动。反过来，对穆塞韦尼和哈比亚利马纳来说，外访又会成为一种借口，彼此都震惊却又毫不知情。后来，在一次快入场的时候，当时在纽约的乌干达总统代表团中的一位高级成员向作者坦陈道：②

> 半夜时分，我们被一通电话唤醒，被告知孩子们已经越过边境。总统非常不安。我们知道他们要做什么，只是我们没有

---

① 究竟谈判有无可能，无人知晓。然而，哈比亚利马纳政权坚决拒绝谈判。1990年夏，基加利政府特使本要前往乌干达，筹建一个"难民代表团"，进而启动难民遣返进程。然而，他们却被告知"不必着急"。（1993年6月10日，在坎帕拉对卢旺达大使馆一位外交人员的采访。）

② 在坎帕拉的采访（1992年某日）。

想到他们这么快就行动了。由于我们身处国际场合，此事确实令人窘迫不已。

在从阿曼飞回巴黎的途中，密特朗总统才得知此事。密特朗几乎立刻就下了决定。在与国防部长路易·若克斯（Louis Joxe）和外交部长罗兰·杜马（Roland Dumas）作了短暂协商后，密特朗就下令派遣部队支持卢旺达武装部队。① 10 月 2 日，身在纽约的哈比亚利马纳与爱舍丽宫的非洲小组通了电话。这位卢旺达国家元首对法国人的态度非常不安。在持续不到十分钟的谈话中，爱舍丽宫主管非洲事务办公室的总统之子让－克里斯多夫·密特朗（Jean－Christophe Mitterrand）对哈比亚利马纳的回答平淡无奇，只是一再鼓励，② 并补充道："哈比亚利马纳，那个老家伙，我们会给他派一些人过去。我们也会帮助他摆脱困境。无论如何，整件事要在两三个月内结束。"

第二天，卢旺达外交部部长卡西米尔·比齐蒙古（Casimir Biz-imungu）抵达巴黎，得到了雅克·佩尔蒂埃（Jacques Pelletier）的接见。③ 为了防止引起卢旺达前殖民国家不满，卢旺达已经与布鲁塞尔签署了协议。虽然 1975 年的军事培训、技术合作协定并非是防卫条约，但法国立即就确认要进行军事干预。10 月 4 日，星期四，法

① 1993 年 10 月，在巴黎对一名法国外交部官员的采访。

② 笔者当时就在谈话现场。非洲事务小组（*Cellule Africaine*）隶属法国总统府。在非洲事务决策方面，非洲事务小组具有高度独立性，由总统本人直接领导。这一特殊机构的存在，反映出非洲在法国政治生活中的特殊地位。

③ 合作部（Ministry of Cooperation）通常又被称为"非洲部"。它主要涉及"某一类国家"，如前法属非洲国家。其他一些国家（大多数为法语国家）也在这一类国家当中，其中就有卢旺达。尽管法国外交部（常称为"奥赛站台"［Quai d'Orsay］）在理论上面向所有国家，但它也默认非洲事务小组与合作部才是非洲事务的主导者。

国外籍军团第 2 伞兵团（2éme régiment Etranger parachutiste）驻中非共和国的支队（150 人）从班吉飞到基加利，迅速占领了机场附近的重要据点。比利时人很快随之而至，布鲁塞尔派遣了 400 名伞兵来到卢旺达。近些年来，法国和比利时对扎伊尔总统蒙博托·塞塞·塞科（Mobutu Sese Seko）越来越冷淡。蒙博托看到了这个献殷勤的机会，也派出了几百名隶属于总统特别师（DSP）的士兵。不同于欧洲军队，扎伊尔士兵立即展开了与卢旺达爱国阵线的交锋。

然而，对卢旺达政权来说，这远远不够。法国与比利时军队的非战状态，给人们留下一些想象的空间。10 月 4 日到 5 日的夜间，为了让法国与比利时认识到事态的严重性，卢旺达当局导演了一出"敌军"进攻基加利的大戏。从凌晨一点钟开始，首都基加利就传出了枪声，枪声密集程度或高或低地延续到早晨七点左右。不过，奇怪的是，枪林弹雨之后，竟然没有一个伤亡者，且建筑物也很少遭到破坏。国际媒体被蒙在鼓里，①且法国大使乔治·马特（Georges Martre）及时地汇报了"首都激战"，也让巴黎采取了卢旺达当局想要的决定。几天后，虽然卢旺达政府在基加利（以及省会，只是相较之下，程度要轻一些）开展大规模的逮捕行动，且农村地区的屠杀平民消息也被泄露了出去，但是法国军队人数只增加到了600 人。②

论述至此，我们不免产生了一个疑问：究竟是什么原因让法国

---

① 可参见 1990 年 10 月 6 日的《世界报》。许多资深观察家很快就识破了这一骗局。之所以设局，主要是出于为大量逮捕行动提供个说法（参见 Filip Reyntjens, *l'Afrique des Grands Lacs en crise*, Paris：Karthala, p. 94）。

② 关于姆塔拉地区大屠杀的报道，最先见于 1990 年 10 月 5 日的比利时晚报（*Le Soir*）。

派出军队到一个遥远非洲国家来保护一个摇摇欲坠的独裁政权，让这个政权能挺过难民武力回国的冲击？随着战斗的发展，事态越来越恶化，法国的盟友走向崩溃并开始疯狂地进行大屠杀，这个没有答案的问题也就变得越来越难以回答。当然，要想找到这个问题的答案，也非易事。正如一个有点发蒙的美国记者指出的那样，[①] 在既有的法国—非洲政治文化中，"问题不是法国在干涉时要解释什么，而是什么情况下法国对干涉不做解释。"在曾统治过非洲的原殖民列强中，法国无论是在国内还是在非洲，一直具有在其感到必要时动用军事力量强化对非政策的意愿与政治活动空间。直到卢旺达爆发大屠杀的时候，法国也没有受到以人道主义为由进行干涉的任何指责。通常来说，老套的"国家利益"说法就已经足够了。事实上，在 1994 年 6 月再次派军事力量返回卢旺达的时候，法国感到有必要在"人道主义"的说辞中给自己找个出兵的理由，这确实是一个信号，反映出法国干涉意愿的减弱，以及巴黎对整个事态的发展开始感到不安。在派遣军队到基加利问题上，法国无须找这样的一个借口，法非"特殊关系"就已经足够了。

　　自从戴高乐让非洲殖民地实行"自决"公投，启动全球战略调整后，法国自视为一只老母鸡，屁股后面跟着一窝温顺的黑鸡仔。对法国来说，前非洲殖民地并不是像其他国家那样的"外国"，而是"大家庭的成员"，因此总统办公室设立了特殊部门。该部门也因此会在某些搞乱的小鸡仔需要帮助的时候提供一些特别经费。这也就是法国所谓的"咱家后院"（le pré carré）。当然，整个操作过程并非

① John Darnton, 'France in Africa: why few raise a fuss', *International Herald Tribune*, 27 June 1994.

都是不偏不倚的。其中也有一些物质回报，但也不像是现存第三世界马克思主义者所说的那样，"剥削那个黑色大陆"，而是将非洲当作洗钱工具。标价较高的政府合同交给了那些值得信任的朋友，原本的公共资金也转到了私人手中翻云覆雨。一些法国政党也通过这种模式而得到一定的资助，政治盟友得到了"回报"，那些忠诚的非洲人也得到了他们的那一份。这是一个宝库，但那些在选举中失利的人就被排斥在外了。一般的旁观者可能会错误地认为，这些钱是维系关系的黏合剂。其实，真正的黏合剂是语言与文化。巴黎的非洲后院之所以还是后院，是因为所有的小鸡仔都围在法国这只老母鸡的身边。法国的政治精英和法属非洲在很大程度上是休戚与共的。这种休戚与共有着很多内容：旧有记忆、① 共享的物质利益、自我感觉良好、流言蜚语和桃色事件。简而言之，可能除了葡萄牙外，这种共同文化在其他前殖民国家中是找不到的。

当然，这种亲密关系也有大敌，这就是"盎格鲁－撒克逊人"，就像是伊甸园里那条嘶嘶作响的蛇，也就是现在的英国人。在法国，每个人都知道，英国人是最坏的敌人。英国人活活烧死了圣女贞德（Jeanne d'Arc）。英国人在 1763 年从法国手中偷走了加拿大和印度。英国人将拿破仑流放到大西洋南部的一个小礁岛上。英国人还于 1940 年在米尔斯克比尔（Mers－el－Kebir）击沉了法国舰队。最糟糕的是，英国娘们长得难看，英国食物令人作呕，行为举止根本就谈不上文明。

---

① 1945—1960 年期间，许多"独立的"法属非洲国家的未来政治家被选入法国议会。一些人甚至曾担任内阁部长，并且所有人都在第四共和国变动不已的政治中发挥了重要作用。除了吉布提独裁者哈桑·古莱德·阿普蒂敦（Hassan Gouled Aptidon）尚在世外，这一代非洲政治家都已经去世了。然而，这在法国留下了一种风气和怀旧情愫。直到今天，总统办公室的非洲事务小组依然负责非洲总统家族的医疗救助、第一夫人的大采购，并曾释放一名被巴黎警察抓到的有盗窃癖的总统亲属。

英国总是在与法国作对，不幸的是，他们通常还会得手。而当下，英国势力大减，也不再像之前那样能威胁到法国了，但是英国人已经在四个大陆上广撒恶种，"盎格鲁－撒克逊人"无处不在。

作为一个概念，"盎格鲁－撒克逊人"既模糊又特别清晰。任何一个讲英语的人都可以称之为"盎格鲁－撒克逊人"。事实上，北欧人，如斯堪的纳维亚人和荷兰人都是名义上的"盎格鲁－撒克逊人"，因为他们常常能说一口流利的英语。① 当然，一般而言，"盎格鲁－撒克逊人"是白人，但也不完全如此。就如后来能看到的那样，约韦里·穆塞韦尼绝对就是"盎格鲁－撒克逊人"威胁的化身：因为一个"盎格鲁－撒克逊人"就是威胁法国的说英语的人。例如，在南太平洋，反对法国核试验的新西兰人就是"盎格鲁－撒克逊人"。为了打击帝国主义威胁，生态考察船就得炸沉。在加拿大，"盎格鲁－撒克逊人"端坐在渥太华的权力宝座上密谋对策，因为要是幸运的话，魁北克将会很快脱离他们的控制。② 在纽约，恶魔般的盎格鲁－撒克逊文化活动分子谋划推广汉堡包来对抗法国料理，要将伊迪丝·琵雅芙（Edith Piaf）改编成拉普（rap）版音乐。盎格鲁－撒克逊人要灭了法国，也就是说，要灭了法国文化。他们威胁着法语和法国人的日常生活，他们要让法国彻底地"盎格鲁－撒克逊"化。看看法国小孩吧：他们反戴着棒球帽，滑着滑板，喝着可

---

① 笔者是法国人，可显然也是一名"叛徒"，因为笔者在用英语写作。学者、军官和政治家，不同领域的人都曾明确地对笔者如此说道。似乎，只有记者没有受到指责。原因可能是，他们沉溺于具有全球影响的盎格鲁－撒克逊文化，沉溺于英文写作而无法自拔。

② 不幸的是，与"盎格鲁－撒克逊人"的长期联系，已对魁北克人的政治立场产生了影响，甚至让魁北克人都变异了。法国人私下议论派驻到卢旺达的联合国将军罗密欧·达莱尔的时候，极尽挖苦之能事，说他是"两面派"，既然讲法语，就应对法国有"特殊担当"。

口可乐。这听上去有些荒唐，可事实上却是如此严肃，如此糟糕之事，以至于只有幽默才能拉小现存的代沟。整个症候，为了便利起见，我们不妨称之为"法绍达综合征"，① 且在今天也是法国政治讨论的话题。这就是法国之所以如此迅速、如此深卷到不断发展的卢旺达危机的主要原因，事实上也是唯一的原因。

从"法绍达综合征"来理解，整个世界就是法国与"盎格鲁－撒克逊人"展开文化战、政治战和经济战的战场。在这场战争中，没有和平的可能，任何平息都是暂时的妥协；只有交战的一方取得彻底的胜利才会终结这场冲突。事实上，法国人已经知道肯定会失利，但他们将为了"体面"（*la beauté du geste*）而继续战斗。在这场斗争中，法国学术界和语言净化部门是重要的抓手，② 法语非洲国家自然也是重要盟友。在联合国里，法语非洲国家往往会站在法国一边，同样也不喜欢"盎格鲁－撒克逊人"。③ 因此，搞好与这些国

---

① 法绍达（Fashoda）是位于苏丹南部的一个小村落。1898 年马尔尚（Marchand）少将率法军向东推进，基奇纳勋爵（Lord Kitchener）率英军向南行进。两军在法绍达相遇。开普敦－开罗（Cape－to－Cairo）与达喀尔－吉布提（Dakar－to－Djibouti）的梦想发生了激烈碰撞。结果差点没引发一场欧洲战争。更详细的介绍，参见 Darell Bates，*Encounter on the Nile：the Fashoda incident of* 1898，Oxford University Press，1984。米尔斯克比尔海战后，一部表达法国民族主义立场的作品发表于维希政权时期，参见 Général Baratier，*Fachoda. Souvenir de la Mission Marchand*，Paris：Grasset，1941。

② 因为在语言问题上的立场而吹捧自己的内阁部长，法国可能是世界上唯一一个国家（一些阿拉伯国家也像法国那样痴迷于自身语言的纯净）。1994 年，时任文化部长的雅克·杜彭（Jacques Toubon）试图让议会通过一部法令，禁止在特定环境中使用外语词汇；要是在科研会议上，法语不是主导语言，那么也要切断公共基金的支持；限制电影片名中使用英语词汇。令他懊恼的是，宪法委员会认定此部法令违宪，因为它与 1958 年宪法前言，即人权宣言内容有冲突。

③ 典型的两个例子：加纳将国内问题归咎于多哥，"盎格鲁－撒克逊人"勾搭喀麦隆。还有一个例子值得一提，即利奥波尔德·塞达尔·桑戈尔（Léopold Sedar Senghor，塞内加尔前总统、法兰西学术院著名院士），充分反映出法国的语言痴迷及其"非洲情结"（African Connection）。桑戈尔常被称为"（法语）语言教科书"（Agrégé de Grammaire）。面对"盎格鲁－撒克逊人"多年来的卑劣行径，现在有一个黑人，如此地热爱法语，甚至都成了"语言教科书"，这对法国人来说，不啻于一种心理慰藉。

家之间的关系就显得很有必要。最重要的是，要为这些国家提供大量财政支持，也要保证这些国家独裁者的权力。戴高乐总统以及历届法国总统都谨慎地执行这一政策。这一政策虽然简单，但就政策目标而言，却很有效。

以此论之，1990 年 10 月 1 日来自乌干达的一伙叛军入侵卢旺达，明显就是"盎格鲁－撒克逊人"要扰乱"我们大家庭"成员的一次阴谋。如果我们不想看到这种灾难的可怕蔓延，我们就需要立马进行阻击。反应必须迅速且毫不含糊。这也明确地向其他法语非洲国家传递出信息：不要在意"民主"与"人权"。在 1990 年的拉波勒（La Baule）法非峰会上，法国总统在演讲中为了迎合公众，但你们不必真的把它们当回事。无论你们发生什么状况，我们都会支持你们。法语非洲国家对这一信息心领神会。对于法国政府在卢旺达问题上的迅速反应，好几个法语非洲国家元首私下里表达了支持立场。^① 因此，大家庭内部和谐，值得"信赖的"法籍非裔人的介入也获得了支持。在干预问题上，社会党政府与戴高乐主义者的反对派之间也达成了一致意见。

一个只生产香蕉、咖啡业也日渐萎缩的遥远小国，其独裁政权也病入膏肓。然而，法国甚至没有提出政治改革要求就给予了支持。这种盲目的担责注定会带来灾难性结果。随着局势的恶化，卢旺达领导人坚持相信，无论卢旺达做什么，法国总会支持他们。然而，这种信心来源并没有确切的缘由。

尽管深陷两难境地，比利时认为并没有盲目地支持哈比亚利马纳政权的必要。卢旺达境内比利时侨民较多（约 1700 人），只要那

---

① 1990 年 10 月 10 日，在巴黎对一位法国总统府非洲事务小组组员的采访。

里出现潜在的安全威胁，比利时派军队过去是一种本能的反应。然而，几天后，怀疑的声音就开始出现了。在卢旺达的比利时侨民并没有受到威胁，政治问题却开始明确显现：大规模的逮捕、屠杀平民的新闻、法国不管基加利政权的行为如何坚定给予支持的立场、哈比亚利马纳总统拒绝就紧急状态的根源给予正式解释①，所有的这些因素使比利时政治家们开始质疑干预行动。然而，当时的争论很快就沿着比利时国内政治的分化而发生变化。多年来，哈比亚利马纳政权是基督教民主党国际（International Christian Democratic Movement）的心头肉。在 10 月 1 日，它就开始支持哈比亚利马纳政权。在比利时，基督教民主党的支持［弗拉芒利益党（Flemish）也给予了一定的支持］几乎就是对法语自由党（francophone Liberal）反教权立场的天然反应。② 10 月 18 日，为了调解地区紧张关系，比利时首相维尔弗里德·马尔滕斯（Wilfried Martens）、外交部部长马克·伊斯肯斯（Mark Eyskens）飞赴东非会晤了哈比亚利马纳、穆塞维尼和莫伊总统。回到比利时后，他们却面临着一场规模不大不小的政治风暴。持续的争论很快就让他们确信，鉴于干预所能带来的和平前景极其不确定，国内政治所承担的代价太高了。因此，10 月 27 日，布鲁塞尔宣布要在 11 月 1 日前从卢旺达撤军。在宣布这一决定的同时，布鲁塞尔还向法国、荷兰和德国发出呼吁，请求它们组织和运输一支非洲维和部队到卢旺达。这也是众

---

① 哈比亚利马纳总统宣布（*Le Soir*，30 October 1990），"只要叛乱武装撤出卢旺达领土，他就同意与其展开会谈"。这意味着：首先，他不会与叛乱武装进行谈判；其次，叛乱武装很大程度上受到外界（即乌干达）操控，叛乱武装没有权利站在卢旺达的土地上。协商解决问题，貌似开局不利。

② 关于这点，参见 Filip Reyntjens, *l'Afrique des Grands Lacs en crise*, op. cit. , pp. 101 – 103。

多此类的无效计划中的第一个，旨在让西方国家有各种中立借口，规避任何责任。

战争文化的形成

鉴于卢旺达在 10 月入侵前就已出现紧张的政治局面，政府可能会借由"图西封建势力威胁"而动用战争手段，再次形成在民主运动前所出现的那种同仇敌忾。基加利受到的是一次虚假的袭击，但作为借口，政府展开大规模逮捕。① 很快就表明，逮捕对象并不是卢旺达爱国阵线的支持者（为数很少，甚至警察也不全部知悉），而是不分青红皂白地席卷到受过教育的图西人、持有反对立场的胡图人、权力精英名单手册中的任何一个人（甚至包括他们的朋友和商业伙伴：逮捕常常是结束债务关系的一种手段）以及其他非洲国家的居民。其他非洲国家的居民主要是扎伊尔人和乌干达人，大部分都是小商贩。一般而言，他们对于解决财政困难是有好处的。② 拘禁环境非常糟糕，人们像牲畜被赶进一些屋子里，但压根就容纳不了那么多人；有时，好几天也没有吃的喝的。打骂、偷盗和强奸乃家常便饭；有些被拘禁者只是因为做了什么惹得醉醺醺的卫兵不高兴的事，就被活活打死。③ 很多人都相信，10 月 4 至 5 日那夜的虚假袭击是

---

① 10 月 9 日，司法部承认逮捕了约 3000 人。很快，这一数字增长至近 1 万。其中，一些人被一直关押到 1991 年 4 月。几乎没有人受到指控，也没有人受到审讯（参见国际人权联盟［Fédération Internationale des Droits de l'Homme，以下简称 FIDH］等，*Rwanda. Violations massives et systematiques des Droits de l'Homme depuis le 1er Octobre* 1990，Paris，1993，p. 14）。

② 参见 Véronique Kiesel，'Une épuration qui ne vise pas les Tutsi'（*Le Soir*，9 October 1990）；Filip Reyntjens，l'Afrique des Grands Lacs en crise，op. cit.，pp. 95 – 96。

③ 1994 年 6 月 12 日在巴黎对 L. M. 的访问。L. M. 是一名大学教授，图西人。他在 10 月 6 日被关押起来，且被关押了约一个月。

真的，他们期望卢旺达爱国阵线的士兵在某个时候袭击基加利。每个人都绷紧了神经。士兵们威胁说，要是卢旺达爱国阵线进入基加利，他们就会毙掉所有的拘禁者。在北部，军队在加毕罗附近作战，扎伊尔"盟军"则像敌军一样，对卢旺达平民烧杀抢掠，并造成大的破坏。哈比亚利马纳不得不要求蒙博托总统撤军。全国发展革命运动积极分子发现，全国到处都是奸细。司法部长希尔多雷·姆基亚纳马（Theodore Mujyanama）宣布："那些被捕者，其罪行铁证如山……就是释放也不意味着他们就是清白的。"

阿尔丰塞 – 马里埃·恩库比图（Alphonse – MarieNkubito）被认为过分倾向于自由主义，因此被一名强硬派分子取代。在国家广播电台上，国防部长号召民众"进行大搜查，并抓捕潜入分子"。这种屠杀许可立即在穆塔拉（Mutara）地区产生了影响。一些被击败的卢旺达阵线士兵事实上就避难于此。10 月 11 日和 13 日，估计有 348 名图西平民遭到屠杀，基比利拉地区（Kibilira）有 500 多所房屋被焚烧。① 没有一个受害者是卢旺达爱国阵线的士兵或平民支持者，那里似乎也没有一个卢旺达爱国阵线的支持者。几乎在每个地方，屠杀都是由地方政府组织和领导的，这种模式后来变得极其普遍。在一次记者招待会上，当有记者问到这些情况的时候，哈比亚利马纳回答道："平民？如果他们不卷入战斗中，我们为什么要去杀害平民？民众并没有发生叛乱。每个人都服从统治。"回想起来，最后一句（真实的一句）尤其使人寒心。

---

① 参见 FIDH, *Rwanda*, op. cit., pp. 18 – 22，和 Association Rwandaise pour la Défense des Droits de la Personne et des Libertes Publiques（以下简称 ADL），*Rapport sur les Droits de l'Homme au Rwanda*，Kigali，1992，pp. 101 – 116。法国媒体早在 10 月 16 日就报道了此事（让 – 埃莱娜［Jean Hélène］在《世界报》说："难民纷纷指责军队犯下的屠杀罪行"）。

法军在卢旺达的行动（代号为"北风"[Noroit]）似乎并没有过多地受到平民人权状况的影响。10 月 6 日，周五，法国总理米歇尔·罗卡尔（Michel Rocard）在法国 TF1 电视频道宣布："我们已经派出军队来保护法国人，此外，别无他求。这是一次高度机密的任务，也是共和国的责任。"这可能是一份富有勇气的声明，却并非事实。因为，法国已经在几天内撤出了所有侨民，[①] 可法国士兵依然驻扎在那里。尽管法军没有直接卷入战争[②]，但他们承担了多项任务，不但协助卢旺达武装部队奔赴前线，而且还鼓舞他们的士气，并提升卢旺达武装部队作为一部战斗机器的效率。法军负责机场的防卫和后勤（大量武器与装备输入进来），并护卫政府的直升机。一旦需要，法军就会转移这些直升机，部署火炮位置和弹药供给，并确保广播通讯的安全。此外，法军还承担其他任务，如指导卢旺达军队的安全行动（包括对拘押的可疑分子的审讯），甚至还协助设置路障。[③] 对于参加"北风"行动的人员来说，他们在卢旺达的目标是清晰的：由于没有陆军直接参战，他们需要竭尽所能地协助卢旺达武装部队在对入侵的卢旺达爱国阵线作战中赢得胜利。

---

① 那些渴望回去的人，被允许于 1990 年 11 月前返回卢旺达。尽管战斗局限于卢旺达最北部地区，且那里并没有法国侨民，但一直到 1993 年 12 月，即法国撤军时，法国还是在打着"保护法国公民"的旗号。

② 至少是没有正式卷入。1992 年 6 月，即笔者到比温巴附近的卢旺达爱国阵线占领区进行调研的时候，该地区恰好遭到卢旺达政府军的炮击。在避难处，卢旺达爱国阵线士兵可以收听到卢旺达武装部队的广播。他们可能在无线电中相当清晰地听到军官下达炮击的命令。那些军官的法语，明显不带非洲当地人的口音。

③ 他们的问题往往比较粗鲁，因为在大部分时间里只是简单而直接的询问："你是胡图族还是图西族？"，这在平民中引起了普遍不满（1994 年 6 月 6 日，在卡巴莱对卢旺达爱国阵线文职官员罗歇·卢蒂加加 [Roger Rutikanga] 的采访）。关于法国军官对战俘的审讯，马特雷·埃里克·吉莱（Matre Eric Gillet）在任务报告中曾有所提及。马特雷·埃里克·吉莱是一名布鲁塞尔律师协会的人权律师，曾于 1991 年 8 月 12—20 日在卢旺达进行调查（参见 *Africa Confidential*，22 October 1991）。

他们对战争局势的认识很简单。法军过来就是为了协助一个盟国抵御外来侵略军。所谓的人道主义救援只是一种掩饰。整个事件背后的是"英国人"（Brits），① 甚至还包括通过其盟友穆塞韦尼之手施加影响的"美国人"（Yanks）。② 事实上，整个事件非常有趣，就是通过代理人来与"盎格鲁－撒克逊"周旋并控制局势，但无须进行一场大战。真真切切的战争状态，也是军事训练的一个契机。上帝保佑，我们即将赢得胜利，因为我们的士兵是最好的，且卢旺达武装部队士兵训练有素，装备精良，且士气正旺！他们也有一个好的前景。虽然立场保守，但自从阿尔及利亚战争（1954—1962年）、与右翼独裁主义有着政治上的暧昧关系之后，法军完全听命于共和国。可能也是历史上的第一次，此时的军官完全赞同民主观念，即只有民主才是一个政权具有合法性的制度形式。与此同时，军队还出现了一股强劲的古典共和主义倾向，这种古典共和主义可以追溯到法国大革命和法兰西帝国时期的战争，并决心为法治和秩序而斗争。是的，要的就是共和主义与民主，而非"血腥政治"（pas le bordel）。就是这些意识形态上的认识，促成了法军并不复杂的政治主张。法军完全适应于其所认识的卢旺达政治现实，并以此作为战争的理由。对参加"北风"行动的军人来说，哈比亚利马纳对局势的看法完全言之有理，且卢旺达同僚也从不疲于复述。1959年的"社会革命"（有点像是1789年的法国大革命，因此是一次具有强烈合法性的革命）把"贵族"赶下台。很多"贵族"逃到国外，此时又成为"流亡者"。这与法国大革命期间的情况颇为相似。这些

---

① 这是一个过时的法国俚语词汇，即"英国人"。
② 这也是一个过时的法国俚语词汇，即"美国人"。

"流亡者"现正试图卷土重来，要再次夺取权力。与我们法国的情况一样，那些"贵族"也有敌视人民新政权的外国支持者。因此，在卢旺达的法军就像 1792 年反抗普鲁士（Prussians）和"流亡者"的革命斗士。可能有点不切实际的是，毕竟这里是非洲，历史发展具有滞后性。至于哈比亚利马纳政权是民主政权的证据，法军完全同意下面的观点，即由于胡图人占到全国人口总数的 85%（且在非洲，所有事情都带有部落特征），因此胡图人政权就是民主政权。①胡图人反对者只是那些想"制造麻烦"（*foutre le bordel*）的野心家，打着"民主"的幌子来取代现政府和中饱私囊。因此，正如我们将要论述的那样，这种对反对力量的简单认识已经广为承认与接受。这里面既有真实的一面，也受到了与法国人有着长期接触的全国发展革命运动骨干和卢旺达武装部队军官的影响。

　　法军的战友们，即卢旺达武装部队很快就不再是卢旺达爱国阵线袭击时候的那支规模小，但非常专业和有纪律的军队了。图西人的进犯引起了全国发展革命运动胡图族精英的恐惧，这种恐惧远远超过理性的范围，且一定程度上也是自找的。就像我们将要论述的那样，很多胡图族反对派深感不安，进退维谷。这种恐惧使得胡图人像发了疯似的奔赴军队。1990 年 10 月 1 日，卢旺达武装部队只有5200 人，到 1991 年中，军队人数增长到 1.5 万，1991 年年底则到了3 万。到了 1992 年中阿鲁沙和平谈判启动的时候，卢旺达武装部队的人数达到了 5 万。当然，在两年的跨度内军队人数增加了十倍，

---

　　① 这种从族群角度对"民主"的简单理解，在非洲政治中得到广泛认同，特别是那些在卢旺达境内的外国侨民团体中。这些外国侨民赞赏卢旺达政权的良好法治记录、通信基础设施方面的高效管理以及对白人的顺从。灵魂与金钱，若不冲突，那也是一种民主（参见 'Manifeste des 101 expatriés pour soutenir le régime', *Le Soir*, 22 October 1990）。

这也带来了几个问题。第一个问题就是武器，但很容易就得到了解决：法国供应所有的需求，或是直接供应，或是我们后来看到的那样，通过安排外国合同来加以解决，主要是埃及和南非。第二个问题是人员本身的问题。一些理想主义者加入"反对封建势力的斗争"，但绝大部分人是为了能有个吃喝①和抢掠的机会，因为报酬实在太少，且发放时断时续。志愿者主要是无地农民、城市失业人员，甚至是一些外国流浪汉。② 他们只接受过很少的教育，或者没有接受过教育，因此加大了军队训练的难度。然而，作为一支非洲军队，卢旺达武装部队在绝大多数战争中都具有较高的专业水准。一般而言，军官能作为，且纪律严明。虽然也有不堪，有时也有粗暴的时候，但卢旺达武装部队几次打败过伊迪·阿明时期的乌干达军队，或是自称扎伊尔军队的杂牌匪帮。1992年年底，当第一次停火，关于强迫复员的不同说法甚嚣尘上并导致军队发生骚扰且纪律涣散后，卢旺达武装部队的军纪最终开始失序。然而，卢旺达武装部队依然作战勇敢，甚至在击退敌军方面也能保持团结。从某种程度上说，这种效率是政治上的必然结果，颇为有趣：相较于一些肆意抢掠和屠杀平民的其他非洲军队，可以说卢旺达武装部队在对民众犯下暴行的时候具有极其特殊的特点，即他们是在有序地施暴。

军队人数增加所带来的最后一个问题是财政压力。1990至1992年期间，军费预算的增长超过了所有的部门，即使法国尽了最大努力来弥补差额，但赤字依然在增加。国际社会并非漠不关心。甚至在"盎格鲁－撒克逊人"把持的国际货币基金组织也决定通过特别

---

① 每名战士每天2瓶啤酒，按照当时卢旺达的标准，也算非常奢侈了。
② 1992年6月，在比温巴附近，笔者遇到了一个被卢旺达武装部队抓获的肯尼亚籍战俘。

提款权（*SDR*）给卢旺达提供 3066 万法郎（约 4100 万美元）的贷款。[①] 然而，所有的这些依然是杯水车薪。1991 年 5 月，尽管卢旺达政府对所有行业开征一项税率为 8% 的"团结税"（solidarity tax），但到 1991 年中，财政赤字估计约为 230 亿卢旺达法郎（1.88 亿美元）。

卢旺达爱国阵线的重组

到 1990 年 11 月初，卢旺达爱国阵线几乎彻底崩溃了。弗雷德·鲁维吉耶马、彼得·班因嘎纳、克里斯多夫·班因耶兹以及数百名军士的死亡，沉重地打击了卢旺达爱国阵线，游击运动也偃旗息鼓了。一些士兵藏身于阿卡迦拉国家公园。在那里，好几个人竟活活饿死。[②] 与此同时，卡伊塔雷（Kayitare）上尉和恩杜古塔（Nduguta）少校领导的一支队伍向南推进到卢苏莫 – 卡扬扎（Rusu-mo – Kayonza）公路，但发现被完全切断，与北方的卢旺达爱国阵线主力军失去了联系。卢旺达爱国阵线高层也陷入混乱状态。匆忙从美国返回的保罗·卡加梅最后决定：在卢旺达武装部队完全触及不到的地方，重组剩余军力，隐藏起来并坐等时机。只要他还活着，就会发起重击。卡加梅请求穆塞韦尼总统让其部队回到乌干达，并获得了许可。一旦在夜间徒步越过边界，卢旺达爱国阵线部队就在清晨前返回卢旺达。卢旺达爱国阵线部队的幸存者在夜间完成了这

---

①　*Africa Economic Digest*（6 May 1991）.

②　为了在宣传上把事情说到极致，政府支持者指责说，这些卢旺达爱国阵线士兵目的是破坏生态和旅游产业。参见 Jean Rumiya，' La guerre d'Octobre，Une aggression préméditée pour la reconquête du pouvoir' in François – Xavier Bangamwabo *et al.*（eds），*Les relations interethniques au Rwanda à la lumiére de l'agression d'Octobre* 1990，Ruhengeri：Editions Universitaires du Rwanda，1991，pp. 209 – 222。

项艰苦卓绝的长征，并开始攀爬到维龙加火山群的高寒地区。① 他们在那里休整了约两个月，也没有展开过活动。那里环境异常艰苦，海拔约 5000 米。由于衣衫单薄，好几个士兵被活活冻死。然而，卡加梅少校②成功地利用休整期，付出了极大的牺牲完成了卢旺达爱国阵线的重组。

卡加梅的第一项任务就是强化领导层。哈比亚利马纳的旧僚，后来在流亡过程③成为关键性人物的亚历克西·卡尼亚伦圭（Alexis Kanyarengwe）上校，加入了卢旺达爱国阵线，并被推举为主席。卢旺达爱国阵线让一个胡图人担任名义上的领导人，当然会在政治上有好处，但就卢旺达爱国阵线内部（以及外部）的图西人/胡图人关系而言，也会带来很多问题。我们在后文中将回过头来讨论这些问题。

除了卡尼亚伦圭上校和其他一些人外，卢旺达爱国阵线的领导层都是图西人，从乌干达被驱逐出来的人在其中被委以重任。副主席帕特里克·马津帕卡（Patrick Mazimpaka）是一位聪明的、年轻的地理学家。他在乌干达长大，曾在加拿大学习，为了加入卢旺达爱国阵线而返回卢旺达。弗兰克·穆加姆贝基（Frank Mugambage）上校也是如此，他后来成为卢旺达爱国阵线仅次于卡加梅的第二号军事领导人。卢旺达爱国阵线秘书长塞奥盖内·卢达森瓦（Théogéne Rudasingwa）具有"乌干达"血统。不知疲倦的财政委员阿奥尔西亚·因乌姆巴（Aloysia Inyumba）也一样，她在坎帕拉运作着一个遍

---

① Catharine Watson, 'War and Waiting', *Africa Report*, Nov. /Dec. 1992.

② 后来，卡加梅授予自己少将军衔，更多地是为了与其在整个组织的领导职位相匹配。

③ 卡尼亚伦圭上校曾参与 1980 年 4 月里曾德发动的政变。

及全世界的筹资网络。情报委员威尔逊·卢台希雷（Wilson Rutays-ire）、社会事务委员安·盖亨盖伊雷（Ann Gahengayire）、难民事务委员克莉丝汀·奥穆托尼（Christine Omutoni），甚至包括青年与体育委员弗兰克·特加（Frank Tega）都在乌干达长大。这不可避免地带来了一些问题，因为卢旺达爱国阵线会按照兵员来源地产生分化。战斗核心百分百地是"乌干达人"，沿着地理界线的分化则更为严重。加入卢旺达爱国阵线的志愿者们遍及世界各地。图西族说卢旺达语的离散人士，一开始人数很少，后来人数就多得多了。1990 年年底，第一批过来的是布隆迪的流亡群体。接着，来自扎伊尔、坦桑尼亚甚至包括异常遥远的如布拉柴维尔、布鲁塞尔和纽约等志愿者也陆续抵达。对于流亡在外的青年人来说，卢旺达爱国阵线就像是一个磁场。他们没有亲眼见过卢旺达，但所有人都在成长过程中听说过这块父辈们不断梦到的富饶之地。终有一天，他们会返回卢旺达。就像 1945 年欧洲年轻的犹太复国主义者一样，他们也无法确认，究竟是无法还是不愿面对如下事实，即生活在那块土地上的其他人却认为这些散居海外者无权进入，且要将新来者赶出门外。

尽管兵源分化，但是卢旺达爱国阵线还是有来自乌干达之外的主要领导人。其中就有第二副主席丹尼斯·波立希（DenisPolisi）。此人在 1973 年屠杀期间逃到了布隆迪；加斯帕德·恩伊因肯迪（Gaspard Nyirinkindi）也来自布隆迪；雅克·比霍扎加拉（Jacques Bihozagara）放弃了布琼布拉（Bujumbura）的工作，成为卢旺达爱国阵线驻布鲁塞尔的欧洲代表；卫生委员埃米尔·瓦马希拉博（E-mile Rwamasirabo）博士，1973 年逃亡到了比利时，但他没有眷念欧洲的生活，后来到了乌干达的姆拉戈医院（Mulago hospital）从事医学工作；蒂托·卢塔雷马拉（Tito Rutaremara）曾是巴黎左岸学者，并在巴黎生活了十多年，后来以哲学家的身份加入了卢旺达爱国阵线。虽然这些人备受尊重，但他们事实上并不能抗衡乌干达核心骨干团体。①

早期招募的流亡者成员让卢旺达爱国阵线平均教育水平变得很高：几乎所有士兵都上过小学，约有一半上过中学，近20%的成员上过大学。这让卢旺达爱国阵线成为具有最高教育水平的游击力量，世所罕见。② 随着后来战事的发展，卢旺达境内的一些年轻人，有的人入伍时就是一个孩子，导致卢旺达爱国阵线的高水准有所下降。这些新兵加入卢旺达爱国阵线，或多或少是为了自卫，因为随着冲突的发展，少数派的图西人日益缺乏安全感，也遭到越来越多的迫害。到1991年年初，卢旺达爱国阵线兵力达到5000多人，到1992年年底，兵力几乎达到1.2万人，当1994年4月卢旺达大屠杀开始的时候，其兵力可能已经超过了2.5万。不过，在那个时候，募兵方式已经发生了很大的变化。

卢旺达爱国阵线的经费以及战士都来源于散居海外的图西人。这种方式非常类似于全世界犹太人群体给复国主义提供的支持，也类似于流亡在外的厄立特里亚人对人民解放阵线的支持。说卢旺达

---

① 正是这一点（而且仅仅是这一点），法国人认识到"盎格鲁－撒克逊人"的影响确实存在，且影响不小。即使在1992年后，大部分卢旺达爱国阵线战士并非说英语，可领导层依然是"乌干达人"。当然，这些划分只有一定的道理，但那些人并没有觉得有这方面的问题。

② 参见 Catharine Watson, 'War and Waiting', op. cit。1992年6月，这位作者在卢旺达遇到一些年轻士兵。这些士兵向她认真地问到一些大学同事的健康状况。士兵们似乎非常熟悉这位作者及其同事的作品。这种较高的教育水平也是卢旺达爱国阵线具有较高战斗效率的原因之一，另外一个原因就是现居核心领导层的前全国抵抗军军官在乌干达战场上所获得的军事经验。

语的图西人，从坎帕拉到布鲁塞尔，从巴黎到金沙萨，为了"这一事业"，都在竭尽所能地提供帮助。其中，最主要的支持来自在加拿大和美国的流亡者群体，因为这些人最为富有，但是非洲更大范围、穷困得多的图西人群体也给予了小部分的支援。还有一些资金来自卢旺达商人，他们曾与卢旺达政权有矛盾，并希望以后能补偿他们的损失。例如，图西人瓦林斯·卡杰古哈克瓦（Valens Kajeguhak-wa）就是这种情况。此人曾是卢旺达国家石油公司的经理。还有，曾担任基加利商业委员会主席的胡图人塞拉斯·马亚姆贝雷（Silas Majyambere）也提供了支持。他们的支持，主要是出自现实的经济考虑。然而，就是把所有的、通过不同渠道筹集起来的经费放在一起，卢旺达爱国阵线也不能说经费充足。它的海外代表往往生活简朴，领导人则是能省就省。相较于其他几个非洲游击组织，其领导人一般都把行动经费揣进自己腰包，而卢旺达爱国阵线则从来没有过关于经费不当使用的传闻。

卢旺达爱国阵线最后一个问题就是武器弹药。卢旺达爱国阵线士兵从全国抵抗军那里带来数量不少的武器弹药，但也需要提供武器给不断增加的新兵，这些新兵往往没有弹药。在开始进犯到 1992 年中，卢旺达爱国阵线在与政府军激战中打出的弹壳，简单估算一下，也远远超过了他们从乌干达所带来的总量。[1] 因此，其他弹药是从哪里弄来的呢？显然，随着战争的发展，卢旺达爱国阵线军备需求也在不断增长，这部分可以在国际武器市场上得到解决，[2] 但是卢旺达爱国阵线长期依赖于它与乌干达之间的联系。具体的供应途径

---

[1] 资料来源：法国国防部，1992 年 4 月。

[2] 20 世纪 90 年代初期，苏联解体导致国际武器弹药价格猛跌，缺乏资金的苏联成员国将大批武器弹药推向了市场。

不清楚，但在某种程度上是多元化的。尽管穆塞韦尼与卡加梅交情甚深，且对卢旺达爱国阵线的事业表示同情，但是穆塞韦尼强烈地感受到了经合组织国家的不快以及法国的敌意，也不得不谨慎行事，尤其在那个时期，当时乌干达60%的外汇都来自国际援助。因此，穆塞韦尼并没有给卢旺达爱国阵线的朋友提供大量的直接援助，就像1983至1991年期间埃塞俄比亚人曾帮助苏丹人民解放军（SPLA）那样，穆塞韦尼并没有任何承诺，而是寻找其他途径。通过原先在全国抵抗军中的关系，卡加梅少将及其同事获得了老战友的帮助。在姆巴拉拉（Mbarara），一位全国抵抗军的军官几乎就向我承认了：

> 我不但在反对奥博托，而且后来还在北方与那些老兄们并肩作战过。在攻打艾丽丝·拉奎娜时候，一位老兄救过我的命。当他们没有弹药过来找我时，难道你想让我拒绝他们吗？①

全国抵抗军的行动消耗不了那么多的武器弹药，军库中的储备也日益减少。当世界银行要求全国抵抗军大幅削减兵力的时候，由于军人复员，多余的武器流向了南方，只是没有证据而已。②

卡加梅少将在将其军队带进维龙加火山地带的苦寒高地时，心里想着两件事：10月灾难性失利后，静候时机和重组军队；准备突袭鲁亨盖里。对卢旺达爱国阵线来说，鲁亨盖里诱惑不小。第一，鲁亨盖里的地理位置。鲁亨盖里是他们可以集中兵力而无须分散来进攻的唯一省份。在卢旺达武装部队展开报复前，卢旺达爱国阵线

---

① 1992年6月12日笔者的采访。
② 事实上，在困难时期，即1993年8月4日《阿鲁沙和平协定》的签订直至1994年4月6日大屠杀爆发，正是这些重要装备资源，卢旺达爱国阵线才得以重新武装起来。

有足够多的时间撤离或做好应对；第二，鲁亨盖里也是现政权的心脏地带，所谓的重要"福地"。攻击鲁亨盖里，将会使全国产生一种不安全感。民众会认为，游击力量甚至可以打击得到最好保护的目标；第三，鲁亨盖里还有一个卢旺达境内最大的监狱，关押了1000多人，很多人都是政治犯。其中就有塞内斯特·里曾德。此人自1980年就被关押起来，也是对哈比亚利马纳知根知底的人，尤其是前总统格雷戈瓦·卡伊班达及其下属的死因。里曾德是在最大安全保障下被关押的，看守他的狱卒得到指令，要是里曾德逃跑的话，可以即时击毙。

1991年1月23日，卡加梅正式进攻鲁亨盖里，立即引起恐慌一片。当监狱向基加利打电话汇报袭击的时候，基加利命令监狱立即处死所有在押犯。犯人们已经从狱卒那里得知了等待着他们的命运，且他们也确信监狱即将要下手。[1] 然而，一名军官，查尔斯·乌维霍雷耶（Charles Uwihoreye）上校拒绝执行枪杀命令，从而拯救了这些囚犯。当卢旺达爱国阵线进攻监狱的时候，这些在押犯乘机逃跑了出去。[2] 其中，也有里曾德上校。尽管此人过去有令人质疑之处，但卢旺达爱国阵线很快就将他纳入麾下。游击武装占领了监狱所在城镇一天，并在政府增援部队到来之前撤退了。除了释放了在押犯，

---

① 1994年8月12日在巴黎对L. M.的采访。1990年10月，即在卢旺达爱国阵线攻击后的第一次拘禁潮中，L. M被捕，然后被释放，再然后又无由头地遭到逮捕。主要罪行似乎就是因为他是一名图西族大学教授。卢旺达爱国阵线将他从狱中解救了出来，但他拒绝加入游击力量。政府给了他自由，后来他到法国求学深造。他的整个家族（妻子、孩子们、父母和旁系亲属等约20人）都在1994年4月被杀害了，只有15个月大的女儿被邻居抱走，并被带去了布隆迪。

② 乌维霍雷耶上校后来被逮捕，经过假模假式的司法程序后，被判入狱一年。在假释期间，他逃到海外寻求避难，并公开揭发逮捕他的原因（参见 The New African，November 1992；Africa Confidential ［French version］，11 November 1992）。

卢旺达爱国阵线还获得相当多的军事装备，更重要的是，此次袭击给整个卢旺达带来了心理与政治上的震撼。此次袭击清晰地传达出：即使卢旺达爱国阵线按照常规军事方式无法获胜和在某处难以站稳脚跟，但它具有值得认真待之的军事能力，未来任何政治改革都必须要考虑到它的存在。

多党政治的出现

就卢旺达内部政治形势而言，卢旺达爱国阵线的进犯不啻为一个巨大的外部灾难。此时的卢旺达已处在变革的边缘。要是哈比亚利马纳总统希望通过 10 月大量逮捕来恫吓赞成民主的反对派，那么可以说他失算了。大肆逮捕所带来的效果就是促使双方强化解决问题的立场。反对派认为，为了阻止这种专制在战争时期成为一种"常态"，他们必须快速地推进政治变革；而在全国发展革命运动这边，其核心骨干已经在抱怨总统的"软弱"，并开始宣布胡图族的民主人士为"同谋"（*ibyitso*），即亲卢旺达爱国阵线的第五纵队。正如我们后来看到的那样，这显然不是事实，但这种指责带来了可怕的后果。

无论如何，在内战正酣的时期，从已经有三十年的独裁统治转向民主政治注定是一段不寻常的历程。第一个"独立党派"是由基加利商业委员会前主席塞拉斯·马亚姆贝雷在流亡过程中创立的，此人也曾是哈比亚利马纳的老友，且曾一度与卢旺达爱国阵线来往密切。1990 年 11 月 9 日，即卢旺达爱国阵线进犯一个多月后，塞拉斯·马亚姆贝雷在布鲁塞尔创建了卢旺达人民民主同盟（Union du

Peuple Rwandais，简称 UPR①）。他的第一份文件，②并没有提出政治
纲领，而是展开猛烈的批判：先是回顾了近些年来各种各样的政治
暗杀事件，接着又抨击政府腐败、新闻恫吓和肆意抓捕等。尽管他
揭露的内容绝大部分都是真实的，但这份文件的整个基调（作者将
自己描述为"卢旺达和全世界最受欢迎的经营者之一"）的影响以
及作者的生命都极其有限与短暂。③

　　可能是自认为能以某种交易来对付这些对手，哈比亚利马纳总
统在 1990 年 11 月 11 日发表了一次充满自由精神的演讲，每个人都
能在此演讲中找到自己满意的地方。④ 对胡图族反对派来说，卢旺达
很快就会实行多党制，并在 1991 年 6 月举行宪法投票。对关注于卢
旺达爱国阵线宣传的图西人来说，哈比亚利马纳在演讲中承诺要在
未来认同问题和其他官方文件中删除有关族群方面的内容。⑤ 对外国
人来说，哈比亚利马纳总统称赞了结构调整计划（Structural Adjust-
ment Plan，SAP），并认为结构调整计划对卢旺达经济来说是一件极
好的事情。12 月 28 日，国家综合委员会（National Synthesis Commis-
sion）出版了国家宪章的第一稿，该宪章揭示出卢旺达政治运行机制

_____

　　① 此处疑为拼写错误，应为 Union Démocratique du Peuple Rwandais，简称 UD-
PR。——译者注
　　② 'Déclaration de M. Silas Majyambere，industriel，à l'attention de tout le peuple Rwan-
dais brisé par le pouvoir dictatorial du Président Habyarimana Juvénal et sa clique'（1990 年 11
月，布鲁塞尔，无出版机构，无日期）。
　　③ 一年后，马亚姆贝雷就丧失了政治改革的决心（有人说，基加利方面给了他某种
承诺），并移居坎帕拉。在那里，由于出售不属于自己的卡车，马亚姆贝雷官司缠身。随
后，他宣布要开一家超市，最后却携带比利时合伙人的资金，消失得无影无踪。
　　④ 参见基加利周刊 La Relève（16 November 1990）。
　　⑤ 两周后，即 11 月 25 日上午，内政部长在卢旺达广播中亲自宣布：官方文件中有
关族群方面的内容，将会保留下来，不会删除。事实确实如此。在 1994 年 4—5 月那些恐
怖的日子里，数千人因此而命丧黄泉。

的开放性。①

　　1990 年冬季，卢旺达充满着变革的气氛，反对派召开了一系列秘密会议。然而，1978 年宪法的第 7 条依然有效，该条在法律上对一党制国家给予了认可。民众对民主依然持谨慎立场，尤其会回想起 1988—1989 年期间的有选择性的屠杀。最后，1991 年 3 月，237 名反对派人士决定站出来，并出版一份名为"呼吁重建共和民主运动（Mouvement Démocratique Républicain，简称 MDR）"的文件。② 虽然这并不是什么新鲜事，但从卢旺达历史的角度来看，这种声音很有意思。帕梅胡图党曾与 1959—1961 年针对图西人的屠杀有着很大的干系，所谓的共和民主运动党（当时的名称为民主运动党）也只是加上一个词，彰显出更为正式的形象而已。1973 年哈比亚利马纳政变后，卢旺达民主运动－帕梅胡图党被宣布为非法政党。该党在吉塔拉马地区存在严重的两极分化，一个是卡伊班达的故乡；一个是北部的鲁亨盖里。随着时间发展，该党得到了大量民众的支持，尤其是在卢旺达民主运动—帕梅胡图党的两个基地。这一点在 1991 年 3 月的"呼吁重建共和民主运动党"文件中体现得非常明显，这份文件以动人的语句来描述该党的先驱者们：

　　　　卢旺达民主运动—帕梅胡图党是一个代表普通大众的政党。它从没有背离过民主与共和的原则：尊崇多党制，党派选择自由，各个层级的自由选举和明确的分权。

　　事实上，这只是该党一厢情愿的说辞。该党没有通过宪法程序

----

　　① *La Relève*（28 December 1990）。宪章草案从未进行表决。然而，六个月后，基于 1978 年宪法第 91 条而进行的宪政改革最终废除了独裁统治。
　　② 发表在 *Le Démocrate*（March 1991）。

宣布自身是一个合法政党，也曾排斥异己，并在内部选择了总统候选人，在行为表现上几乎与哈比亚利马纳的全国发展革命运动一样的不宽容。旧有的吸引力主要来自地区性的情感。在卢旺达，地区性的支持是强有力的力量。自从 20 世纪 80 年代末卢旺达经济萎缩后，地区斗争进入到决战阶段。北方人开始内斗，吉塞尼操纵集团与鲁亨盖里团体之间展开争斗。吉塞尼／布施如男孩得到了哈比亚利马纳夫人的支持，且通常都会赢得争斗的胜利。阿卡祖（反对特权集团的外围圈子）的骨干成员都来自该地区。因此，共和民主运动不但成为追求抽象"民主"的一个组织，而且也在反对吉塞尼阿卡祖的过程中重建了过去卡伊班达的地区联盟。在新出版的政党列表中，共和民主运动 30% 的支持者来自吉塔拉马，17% 的支持者来自鲁亨盖里。[1] 由此可见，地区联盟的重建来自 1959 年反图西人革命的驱动力，此时则又被用来反对现政权，即西北部胡图人的重要支持力量。然而，为了既能利用过去团结，又能在同时摒弃自身背负的恶名，带有暴力意涵的帕梅胡图党改名为共和民主运动党，且它的联盟者也要温和一些。值得一提的是，约在一年后，共和民主运动党内部形成了一个更具有种族倾向的派别，该派别选择使用帕梅胡图党的名称，以此彰显其与正在分裂的共和民主运动党的不同倾向。

不过，卢旺达民主运动—帕梅胡图党的回归并没有得到整个反对力量的支持，尤其是更具有自由倾向的布塔雷省民众。布塔雷在殖民时代的名称为阿斯特里达，在比利时殖民时代曾为行政首府。卢旺达第一个大学就坐落在布塔雷，知识分子汇聚于此，并认为基

---

① Filip Reyntjens，*l'Afrique des Grands Lacs en crise*，op. cit. ，p. 106.

卢旺达危机：大屠杀史

加利人就是暴发户，而哈比亚利马纳政权在鲁亨盖里创建的北方大学则是个冒牌货。布塔雷掺杂着旧有卡伊班达政权的记忆，一直是族群关系相对平和的地区。在布塔雷省，图西人占大多数，因此也没有发生过任何特殊事件。带有恶意的反图西人倾向的共和民主运动党并不受待见，布塔雷在4—5月间成立自己政党，名为社会民主党（Parti Social Démocrate，简称PSD），并成为第二大反对党的活动中心。如果说共和民主运动党有宽泛意义上的民粹主义倾向的话，那么新成立的社会民主党则带有中左倾向，支持者主要有教师、公务人员和各行各业职员。

1991年春，第三大反对党自由党（Parti Libéral，简称PL）成立了。该党是代表城市利益的政党，得到了商人的支持。按照欧洲政治来说，该党大体上带有中右倾向。由于没有特殊的地方性利益，该党成员散布于卢旺达全境，且很快就吸引了大量图西族富人。由于该党在族群问题上明显持自由主义立场，它也得到那些民族身份模糊的群体，如"胡西人"（Hutsi，跨族际夫妻所生的后代①）或有跨族际婚姻背景的人的支持。正如自由党领导人兰德瓦尔德·恩达森瓦（Landwald Ndasingwa）常说的那样，"我是一个图西人，我妻子是加拿大白人。几个孩子嫁娶了胡图人。事实上，我们都对这种所谓的族群关系感到厌烦。"这种开放立场很有吸引力。当然，一般而言，比起普通大众，甚至是反对人士，这种立场在有着城市文化背景的自由党骨干中间更有典型性。正如我们在下一章中将要详细论述到的那样，反对党压根就不见得会在族群问题上持有自由主义

---

① 卢旺达是一个以"父系"为主的社会，跨族际夫妻生下的孩子属父亲的族群。然而，在城市的受教育人群中，情况并非如此。跨族际夫妻生下的孩子通常会考虑父母家族哪方更强势，从而选择"图西族"或"胡图族"身份。

· 138 ·

立场，对待卢旺达爱国阵线立场则又是另外一回事。

1991 年年初，第四大反对党基督教民主党（Parti Démocrate Chrétien，简称 PDC）成立了。它其实是一个基督教民主组织。由于天主教教会一直坚定支持哈比亚利马纳总统，且全国发展革命运动一直得到基督教民主党国际（Christian Democratic international）的支持，所以基督教民主党的组建过程异常艰难。在卢旺达，教会与政治间的博弈清晰明了：完全支持现政权，以换得较为开放的民族政策和在社会、教育甚至财政上的自主权。尽管卢旺达教会后来在政治上与执政党拉开了距离，但基督教民主党国际依然如故。基督教民主党国际依然邀请全国发展革命运动商务部部长弗朗索瓦·恩扎巴希马纳（François Nzabahimana）作为卢旺达官方代表参加了 1991 年 11 月它在布鲁塞尔召开的会议。[①] 在这样的环境下，作为反对党的基督教民主党难以给自己找到政治空间，但是它依然在不屈不挠地试图如此坚持下去。

1991 年 4 月 28 日，全国发展革命运动召开了一次特别会议，修改了法律条款，接受了多党制。6 月 10 日，卢旺达颁布了一部新宪法，允许了好几个政党的存在。一周后，一部规范政党活动的法律被投票通过了。到 7 月初，所有现存的反对党开始按照官方程序进行了登记。7 月 5 日，为了表现出与时俱进的态度，全国发展革命运

---

① *Africa Confidential*，22 November 1991. 基督教民主党和天主教会持有亲胡图人立场，无论那些胡图人是谁，可能是出于"社会的大多数"的原因。胡图人民解放党（PALIPEHUTU）极端分子也出席了布鲁塞尔会议。两周后，他们在布隆迪发动了数次恐怖袭击。另一方面，领导卢旺达白衣神父会（White Fathers）的比利时传教士杰夫·弗莱热尔（Jeff Vleugel）神父，他曾向卢旺达爱国阵线的士兵如此说："一群十三四岁的孩子。那些头目们发给他们武器，冷血地将他们送上了一条不归路。"（Provincial Letter, dated 19 March 1991）

动的党名又加了一个"D"字母，变成了"全国发展与民主革命运动"（Mouvement Révolutionnaire National pour le Développement et la Démocratie）。卢旺达似乎已经做出了自己的选择，并踏上了民主之路。全国上下一片乐观氛围，只是有些为时过早。

第四章　迈向民主的荆棘之路*（1991年7月—1992年6月）

民主化问题

在哈比亚利马纳总统眼里，民主党派的存在很大程度上只是一种装饰。在新宪法颁布之后，新生的民主党派首先认识到了这一点，自从哈比亚利马纳1990年7月5日发表著名演讲，宣布接受多党制之后，他的主要观点并没有发生多大的变化。哈比亚利马纳对民主的理解似乎就是，可以存在一些赶时髦的"民主"党派，但全国发展与民主革命运动依然按照以往模式继续执政，整件事只是为了取悦法国而已。为了达到此目的，哈比亚利马纳多次采取了拖延策略。支持大量没有多大影响力的小"反对党"的诞生：卢旺达社会党（Parti socialiste Rwandais，简称PSR）、民主工党联盟（Rassemblement Travailliste pour la Démocratie，简称RTD）、卢旺达革命党（Parti Révolutionnaire du Rwanda，简称PARERWA）以及其他各种形形色

---

*　该标题引自欧文·格斯亨伯格（Irving Gershenberg）一篇论述乌干达1966年"革命"的文章，参见'Slouching towards socialism：Obote's Uganda'，*African Studies Review*，vol. 15，no. 1（April 1972），pp. 79 – 95。

色的政党。其中，甚至还有一个绿色政党（PECO），一个名为伊斯兰民主党（Parti Démocratique Islamique，简称 PDI）的穆斯林政党，① 还有一个名称怪异的政党——妇女与下层阶级运动（Mouvement des Femmes et du Bas – Peuple，简称 MFBP）。共计有十个政党。在 1993 年 3 月②哈比亚利马纳总统决定动用它们来阻止和平谈判进程之前，这些党派压根就没有在卢旺达实际政治中发挥过积极作用。

然而，1992 年 3 月，民主化道路上的第十一个政党诞生了。这个政党的诞生给未来的灾难埋下了伏笔，它就是保卫共和国联盟（Coalition pour la Défense de la République，简称 CDR）。该党是一个持有激进种族主义立场的胡图人政党，属于全国发展与民主革命运动的右翼，旨在清除全国发展与民主革命运动和政权中对待卢旺达爱国阵线立场"软弱"的分子及其带有民主倾向的帮凶（ibyitso）。建立保卫共和国联盟是卢旺达政治中一个非同寻常人物的设想。此人名为让·希伊拉姆贝雷·巴拉辛尤拉（Jean Shiyirambere Barahinyura），受过很好的教育，先是留学于苏联，后又求学于联邦德国。1988 年，他出版了一本反对哈比亚利马

---

① 卢旺达有一个规模不大、错综复杂的穆斯林群体，当中既有本国人也有外国人。乔斯·哈米姆·卡格伯（José Hamim Kagabo）曾有过很好论述，参见 José Hamim Kagabo, l'Islam et les 'Swahili' au Rwanda, Paris：Editions de l'Ecole des Hautes Etudes en Sciences Sociales，1988。

② 参见第五章。

纳、深刻揭露丑闻的手册。① 出版这个手册主要是因为其妻子的缘故。巴拉辛尤拉的妻子伊玛库雷尔·姆卡姆盖玛（Immaculée Muka-mugema）由于牵连到 1980 年的里曾德/卡尼亚伦圭政变而判了六年刑。尽管用词过激，但这本手册搅动了 1990 年前的卢旺达政治，作者本人也成了卢旺达政治人物。1990 年年末，巴拉辛尤拉曾加入了卢旺达爱国阵线。由于缺少知名的胡图族成员，卢旺达爱国阵线没有细究其立场就接纳了巴拉辛尤拉。后来，巴拉辛尤拉谴责卢旺达爱国阵线是一个图西人享有特权的组织，没有给胡图族成员充分的权力，他退出了卢旺达爱国阵线。

在不为人知的情况下，巴拉辛尤拉决定与哈比亚利马纳政权合作，后来到了基加利。在基加利，朋友众多，他创建了保卫共和国联盟。② 该组织的领导人，诸如让－博斯库·巴拉亚圭扎（Jean－Bosco Barayagwiza）和秘书长马丁·布克亚纳（Martin Bucyana）都是疯狂的、激进的胡图族极端分子，但他们缺乏能力，也没有多少

---

① Jean Shyirambere Barahinyura, *Le Général－Major Habyarimana. Quinze ans de tyrannie et de tartufferie au Rwanda*, Frankfurt－am－Main：Izuba Verlag, 1988. 这本书的出版过程：为阻止这本书在海外出版，波恩的卢旺达使馆既威胁又贿赂，软硬兼施。后来，一个法国人联系了巴拉辛尤拉。这位法国人自称皮埃尔·吉勒恩（Pierre Gilleron），任职于巴黎总统办公室的非洲事务小组。早前，确有一个名叫吉勒恩的人曾在爱丽舍宫工作，效力于克里斯琴·普劳特（Christian Prouteau）少将领导下的反恐小组。而克里斯琴·普劳特与法国反恐精锐小组（GIGN）负责人保罗·巴里尔（Paul Barril）来往甚密。1983 年，巴里尔被迫离任，又因涉嫌篡改证据而离开军队。1986 年，吉勒恩也离开了爱丽舍宫。此时的前主管巴里尔已发了大财。他与吉勒恩一起创立了"特别事务"公司。在第七章，我们将会论述巴里尔与哈比亚利马纳家族之间的关系。然而，吉勒恩电话联络过巴拉辛尤拉，这件事本身至少意味着，他，极有可能与巴里尔早在 1990 年 1 月就开始效力于哈比亚利马纳政权了。那时，吉勒恩正在阻止这本书出现于法国。（这里的部分叙述，参见 *Africa Confidential*, 9 March 1990。）

② 1992 年，巴拉辛尤拉出版了第二本书：*Rwanda. Trente－deux aus aprés la revolution sociale le 1959 Frankfurt－am－Main：Izuba Verlag. 在这本书中，他猛烈攻击卢旺达爱国阵线是"恐怖分子和杀人犯"。这本书封面用的是保卫共和国联盟党旗的颜色。

知识。正是因为这个政治圈子，米勒·科林斯自由广播电台（Radio Télévision Libre des Mille Collines，简称 RTLMC。该电台在大屠杀期间起到推波助澜的作用）的记者后来才得以加入该党。与保卫共和国联盟有着密切交往的哈桑·恩盖泽（Hassan Negeze）主办了一份名为《觉醒报》（Kangura）的卢旺达语报纸。这份报纸，粗制滥造，但在政治上相当有鼓动性。该报纸的法文版《人民来信》（Le Courrier du Peuple）侧重揭露丑闻，发行量小，但矛头指向的是那些带有自由主义倾向的反对派人物。不幸的是，这些指责很容易就不攻自破，因为主要的反对派人物并没有大的过错，独裁制度几乎注定处在风雨飘摇之际，正如差不多同一时期的东欧人所认识到的那样。共和民主运动领导人主要由那些与哈比亚利马纳或阿卡祖有过个人恩怨的人、由于支持民主立场而遭到抨击的人以及抨击财政丑闻的人所组成。前内政部长托马斯·哈班纳巴奇泽（Thomas Haba-nabakize）和前议会发言人萨德·巴加拉加扎（Thadde Bagaragaza）此时都是共和民主运动的名人，也在执政党全国发展与民主革命运动中长期任职。共和民主运动党主席福斯汀·特瓦吉拉蒙古（Faus-tin Twagiramungu）曾长期（1977—1989 年）担任卢旺达国际运输公司（Société des Transports Internationaux Rwandais，简称 STIR）的总经理。该公司是一个半官方公司，垄断了卢旺达所有的国际航运业务。因此，它一直给外国运输公司（主要是从蒙巴萨过来的肯尼亚公司）发放允许途经卢旺达境内的准许证，并征收运单5%的税。特瓦吉拉蒙古曾被指控发放价格低廉的准许证而收受贿赂，甚至曾一度被逮捕。在他看来，此事出于政治迫害而非经济上的不端。①

　　1982 年，社会民主党秘书长费里西恩·加塔巴兹（Félicien Ga-tabazi）曾担任难民（被乌干达驱逐出境）紧急救援项目经理，因被指控借职务之便，中饱私囊，遭到了逮捕。尽管如此，社会民主党的领导人总体上很少受到公开指责。除加塔巴兹外，其他党员，如塞恩内斯德·加法兰加（Théoneste Gafaranga）、费里西恩·恩干戈（Félicien Ngango）和前农业部长费雷德里克·恩扎姆布拉姆巴霍（Frédéric Nzamburambaho）都是正直之士。

　　从道义上看，反对力量最大的缺陷可能是掌控自由党的贾斯汀·穆根兹（Justin Mugenzi）。此人是真正的杀人犯，因杀妻于 1976 年 3 月被判处终身监禁。1981 年 12 月，哈比亚利马纳总统赦免了他，让他获得了自由。在不堪的过往中，最糟糕的是他还因腐败问题而臭名昭著。他曾利用政治关系从半官方机构借款却拒不偿还。1993 年春，由于他的反对党身份，贾斯汀·穆根兹被迫偿还政府债务，试图利用联合内阁之机谋求商务部长一职，因为这样他就有机会清除其欠下的账簿（欠基加利市政当局 1200 万卢旺达法郎、欠卢旺达发展银行［Banque Rwandaise de Développement］3.19 亿卢旺达法郎）。② 他最终得逞了，不过是在其政治立场发生变化之后，这一点我们将在下一章中加以论述。

　　这些令人窘促的事件可能会让人对持有民主立场的反对力量产生不良印象。反对力量（包括社会民主党其他人）中有许多正直之

---

　　① 这一说法并非一点道理没有。因为，要是阿卡祖成员犯了同样错误，可能就会没事。

　　② 参见 *Le Courrierdu Peuple*，6 – 13 May 1993。在 1993 年，美元与卢旺达法郎官方汇率为 1 美元兑换 144 卢旺达法郎，而实际交易价为 1 美元兑换 182 卢旺达法郎。

士，而普通好斗人士中的正直之士则更多。事实上，卢旺达民主化主要有两方面的阻碍：权力机构对任何真正民主化的举措坚决抵制；大部分反对党领导层的自私贪欲。中间力量则是那些真正的改革者和全体选民，只是他们总是处于权力之外。民主化激发了民众较高的期待，并促进了市民社会的良性发展。强有力、组织良好的人权组织得以出现。① 一些斗士冒着个人风险收集了不少报告，这些报告对于全国形势给予了清晰、确凿的分析。几乎只需一夜工夫就会诞生一家有活力的出版机构，所刊登的内容都在维护各自的政治观点：《卡马拉姆帕卡》（*Kamarampaka*，得名于 1961 年 9 月 25 日起草的独立宣言名）是全国发展与民主革命运动的喉舌。更为激进的姊妹出版物为《同道报》（*Interahamwe*），该名称那时并没有后来的屠杀意涵；能干的西克斯博尔特·穆萨姆加姆弗拉（Sixbert Musamgamfura）主办的《民族报》（*La Nation*）和《前进报》（*Isibo*），则支持共和民主运动——特瓦吉拉蒙古派的主张；《太阳报》（Le Soleil）是社会民主党的报纸；《觉醒报》传播保卫共和国联盟的种族主义观点。安德雷·

---

① 最早的组织是卢旺达人权保护协会（Association Rwandaise pour la Défense des Droits de l'Homme，简称 ARDHO），该协会得到了前检察总长阿尔丰塞-马里埃·恩库比图的支持，且与社会民主党关系密切。伊曼纽尔·恩特兹马纳（Emmanuel Ntezimana）和莫妮克·姆加瓦马里亚（Monique Mujawamaliya）领导的卢旺达人权与公共自由保护协会（The Association Rwandaise pour la Défense des Droits de la Personne et des Libertés Publiques，简称 ADL），于 1991 年成立，与共和民主运动关系密切。因诺森特·马兹姆帕卡（Innocent Mazimpaka）领导的基督教人权保护联盟（Ligue Chrétienne de Déffense des Droits de l'Homme，简称 LICHREDOR），与天主教教会关系密切。在这些组织中，胡图人占绝大多数。查尔斯·沙姆奇加（Charles Shamukiga）领导的进步志愿者协会（Association des Volontaires du Progrés，简称 AVP），大部分成员为图西人，与自由党关系密切。该协会中的说卢旺达语人，主要是图西人，他们同情卢旺达爱国阵线。在比利时佛拉芒非政府组织的友善劝说下，这些非政府组织建立了一个协调委员会，名为卢旺达人权保护协会联合委员会（Comité de Liaison des Associations de Défense des Droits de l'Homme au Rwanda，简称 CLAD-HO）。

卡梅亚（André Kameya）出版的《新卢旺达报》（*Rwanda Rushya*）公开同情卢旺达爱国阵线游击武装；《自由报》（*Le Libéral*）支持自由党的主张；后来还出现了一些报纸，《民主和平报》（*Paix et Démocratie*）和其后的《尤姆朗奇报》（*Umurangi*）则为了共和民主运动内部反特瓦吉拉蒙古的不同派别，论战不休。

　　甚至，长期默默地与政权保持合作的天主教会，[①] 此时的立场也更为大胆。之所以如此，主要是因为连续两任持有自由主义立场的教皇特使，即莫兰迪尼（Morandini，1985—1990 年）与 1990 年后的圭塞佩·贝尔特娄（Giuseppe Bertello）。这两人在梵蒂冈洞悉卢旺达教会政治问题、边缘化文森特·恩森吉尤姆瓦主教（Mgr Vincent Nsengiyumva，两位教皇大使还给这个主教起了个别名，即萨德·恩森吉尤姆瓦主教［Mgr Thaddée Nsengiyumva］）的过程中起到了重要作用。在一份大胆且富有新意的文件中，[②] 卢旺达主教就教会及其与政权间的亲密关系展开了深刻的自我批评。接着，主教又声讨了目前的政治局势，"暗杀现在已经司空见惯了"，政府抵制民主化进程，绝大部分反对党都是机会主义者，没有人认真考虑如何与游击武装达成和平协议，也没有人就真正的社会罪孽展开争论，这些罪孽掩

---

　　① 事实上，这是一个需要仔细辨析、极其重要的论断。1990 年前，卢旺达政府只能容忍《基尼亚马特卡》（*Kinyamateka*）或者《对话》（*Dialogue*）这样的天主教期刊的存在。这些期刊是知识阶层探讨政治话题的唯一阵地。然而，统治阶层的这种容忍也是换来的，即教会要求农民屈从于全国发展与民主革命运动。

　　② 参见 Mgr Thaddee Nsengiyumva, *Convertissons – nous pour vivre ensemble dans la paix*, Kabgayi, 40 pp.（mimeo），December 1991。这个出版物的标题，似乎自相矛盾，容易引发争论（为了能和平共处，我们需要改变信仰［改信基督教］）。事实上，从道德的视角来看，这是就卢旺达宗教局势而得出的一个清晰明了、近乎绝望的评价。一百年来，基督教徒改变了宗教信仰，这个国家已经天主教化而不是基督教化了。总的来说，尽管宗教仪式还有，但宗教精神已经丧失了。1994 年 4—5 月之后，教会的表现就悲剧性地说明了这一点。那时，教徒们听从当局的指令，在教堂内屠杀同胞。对民众来说，这显然是一种"道德践踏"。

藏在所谓的政治措辞之下，即缺乏教育公正，忽视了农民的生存条件。正是这份措辞激烈的文件使得持有保守主义立场的卢旺达天主教会公开与恺撒①断绝了关系。

在这种氛围中，通向民主所迈出的每一步都会面临着顽固的、保守的现政权的压制。现政权依然控制着经济，并享有特权。"民主人士"并不都是真正的民主人士，但他们得到大部分民众的支持。对民众来说，民主意味着和平，不再有政治腐败，意味着政府在财政监管上的责任以及民众意见表达的自由。

第一场斗争围绕新内阁的组建问题。新政党建立了反对党协商委员会（Comité de Concertation de l'Opposition），提出了众多明确的要求：

——全国发展与民主革命运动要实现去制度化，不仅仅体现在口头上，也体现在实践上。也就意味着，哈比亚利马纳总统要辞去党主席的职务。这也暗示着，废除一党专政，平等地对待所有政治力量；②

——解散国会，召开一次全国会议；

——开放视听媒体。在一个像卢旺达这样的国家里，60%的民众没有读写能力，仅有的一家自由出版社只为那些具有读写能力的、应该已经有了政治意识的民众服务。视听媒体是一个极其重要的战场，但政府依然绝对垄断：它的新闻报道是通过广播来向山里农村地区传播。允许持有极端主义立场的米勒·科林斯自由广播电台

---

① 指的是哈比亚利马纳。——译者注
② 例如，战争期间的军事宵禁，实行区别对待。全国发展与革命民主运动干部有特别通行证。不论是白天还是晚上，他们都能在全国各地走动。然而，因党务出差的反对党的激进分子，他们在遇到路障时就会受到阻挠，甚至被警察拘留。

（不存在其他任何一家持有更温和立场的媒体）"自由存在"，只能使事情变得更糟。

这样的规划也只有一个新的、持有中立立场的内阁才能得以实现。事实上，1991 年 10 月 13 日，哈比亚利马纳总统请司法部长希尔维斯德·恩桑兹马纳（Sylvestre Nsanzimana）组建一个新内阁。恩桑兹马纳是个温和派，卡伊班达时期一直担任内阁部长，后来选择离开卢旺达内政开始外交生涯，并担任非洲统一组织（Organisation of African Unity，OAU）副秘书长。回国后，恩桑兹马纳于 1991 年 2 月取代了强硬派人物塞奥多雷·穆亚纳马（Théodore Mujyanama），担任司法部长，并通过谨慎安排，释放了 1990 年 10 月被捕的一大批人。在此环境下，恩桑兹马纳可能尽了自己最大努力，但他对拘押者的自由立场，使他与全国发展与革命民主运动的强硬派拉开了距离。他被要求来组建全国发展与革命民主运动新内阁，这又立即让他与全体反对党拉开了距离。由于缺乏独立的影响力，恩桑兹马纳不过是哈比亚利马纳总统的工具而已。内阁组建很快就陷入泥潭，反对派提出参与政府的前提条件是进行全面改革，而总统试图不做任何根本变革，只是想让反对派参与到一个温顺的、一如惯常的"新"内阁。

1991 年 11 月 17 日，主要反对党（共和民主运动、社会民主党与自由党）签署了一份备忘录提交给了总统，细陈了政府在进一步民主化道路上的阻碍（找这些党派积极分子的麻烦、借助政府控制的广播与电视来为全国发展与革命民主运动做宣传、利用政府机构以及其他便利设施帮助全国发展与革命民主运动候选人做宣传等）。他们还抱怨说，尽管立法通过了多党制，但地方政府——所有的地方政府都由全国发展与革命民主运动把控着——依然认为好像国家就只有一个政党似的，并指责地方政府不能区分作为公职人员与作为全国发展与革命民主运动积极分子之间的责任差异。这份备忘录还第一次提及，在一次会议后，全国发展与革命民主运动"武装组织"袭击了共和民主运动的支持者，造成十人受伤，其中一人还被砍刀砍掉了一只手。最后，备忘录请求召开一次全国会议来真正推进民主化进程。为了进一步表达立场，同一天，反对党协商委员会还召集1万名积极分子和支持者在基加利进行了游行示威，反对全国发展与革命民主运动的权力垄断地位，支持全国会议的召开。一周后，全国发展与革命民主运动展开还击，2万人在首都街道上进行游行示威，高喊口号，反对召开全国会议。恩桑兹马纳内阁宣誓就职（1991年12月30日）使事情变得更糟，因为除了有一名基督教民主党成员担任副部长之外，内阁中就没有一位反对党成员担任部长职位。1992年1月8日，基加利街头有5万人游行示威反对新内阁，布塔雷与吉塔拉马也有成千上万人走上街头。政府下令禁止原定于1月15日的新的游行示威计划，非法的游行示威者遭到了警察的袭击与逮捕。民主化进程虽然正式写入法律，但在实践中阻碍重重。

政治进程中的战争与暴力

需要提醒的是，这场政治斗争并不是发生在正常的环境下，国家已经陷入了有限内战之中。1991年3月29日，经扎伊尔协调，政府与卢旺达爱国阵线在恩塞莱（N'sele，金沙萨［Kinshasa］附近）签署了停火协议，但该协议并没有对限制军事行动产生任何作用。

在冒险袭击鲁亨盖里之后，卢旺达爱国阵线再次撤退，在北部比温巴省开展常规的"打了就跑"的游击斗争。低烈度的斗争停停打打，每一方都没有绝对的优势。在法国的长期支持下，卢旺达武装部队占了上风，但也无法阻止卢旺达爱国阵线的持续袭击，甚至都封闭不了通向乌干达的公路，加图纳（Gatuna）依然处在游击武装的控制之下。① 出乎卢旺达爱国阵线预期之外，当地的胡图族农民并没有对卢旺达爱国阵线"解放"自己表现出什么热情，他们逃离了游击活动区域。约有 10 万人直接跑到了南方。之后，1992 年年初，当卢旺达爱国阵线在比温巴附近地区的斗争获得更多优势之际，更多的农民却开始逃离。移居者人数达到了 30 万。

比起战争来，卢旺达国内的政治暴力更使民众人心惶惶。1991年 1 月，巴格圭爆发了新一波的屠杀。该地位于卢旺达的西北部，1990 年 10 月，即穆塔拉发生屠杀事件时期，该地区爆发了多次集体暴力行为。1991 年 1 月 27 日，屠杀再次以类似的方式爆发了，② 表面上是针对卢旺达爱国阵线占领鲁亨盖里而展开的报复。金尼吉镇（Kinigi）镇长③萨德·加萨纳（Thaddée Gasana）开展对巴格圭镇④数名屠杀者的报复行动，据称伤亡者在 30—60 人之间。在接下来的数天内，屠杀蔓延到了鲁亨盖里以及加塞科（Gaseke）与吉西耶

---

① 由于陆地交通被封锁，卢旺达此时所有来往蒙巴萨的运输，都不得不借道坦桑尼亚，选择了一条更远、更难走、成本更高的线路。

② FIDH, *Rwanda*, op. cit., pp. 27 – 41, and ADL, Rapport, op. cit., pp. 117 – 134.

③ Bourgmestre 得名于古代比利时行政体系。该词指的是负责管理一个行政区域（比县要次一级）的（任命而非选举的）官员。这样的官员直接向中央政府负责。卢旺达有145 个这样的行政区域。

④ 巴格圭人是一个图西族分支。一直到现在，巴格圭人依然还在因循祖制，过着田园生活。他们非常贫穷，甚至比其他普通卢旺达村民还要穷。由于土地压力及行政渎职，巴格圭人的传统牧场日益减少。为了能维持生计，他们已经开始缓慢地向城镇和乡村迁移，在城镇和乡村里做些临时工。

（Giciye）镇。该地区位于布施如心脏地带，所谓的政府支持来源地，即"福地"。暴力活动的消息缓慢且添油加醋地传到了其他地区。接着，屠杀在1月初向西蔓延到了卡纳马（Kanama）、卢维雷雷（Rwerere）和吉塞尼，且一直延续到3月中旬。虽然有组织的屠杀在3月中旬停止了，但骚扰和谋杀巴格圭人和其他图西人的事件还在不断发生，一直到1991年6月左右。就在这个时候，当局允许潜在的受害者可以自愿离开该地区。接着，绝大部分人都逃到了他们认为更为安全的基加利。虽然受害者的总数不清楚，但再怎么低估，也应该有300人，高估的话约有1000人。受害者的尸体被就地埋葬在几个没有任何标识的墓穴里。

1992年3月初，随着政治斗争的加剧，布格塞拉地区爆发了又一轮的屠杀。① 这次屠杀主要是由于自由党传单中的"发现"，即自由党号召图西人站起来，去屠杀他们的胡图族邻居。据说，这份传单是由一个人权组织在内罗毕（Nairobi）发现的。以政府向胡图人发出警告的形式，五个广播播音员反复提及这份传单。开始于3月4日的这场屠杀，是以"自卫"的幌子进行的。② 屠杀一直延续到3月9日，估计造成300人死亡（官方数据确认为182人）。警察与司法部门展开行动，466人因涉嫌参与屠杀而遭到逮捕，但迫于上层的压力又秘密地释放了他们，也没有追究他们的任何责任。当发现散发罪恶传单的党派分子是公职人员后，希尔维斯德·恩桑兹马纳所

---

① FIDH, *Rwanda*, op. cit., pp. 42 – 47, and ADL, Rapport, op. cit., pp. 193 – 234.
② 参见《比利时自由报》（*La Libre Belgique*）1992年3月9日版。自由党的辩词称，之所以发出此类煽动性号召，是因为自由党内有许多图西人的缘故。据传，这个罔顾事实的辩词出自费迪南德·纳希马纳之手。费迪南德·纳希马纳是一名大学教授，也是一个胡图族激进分子。

做的只是给予他们行政训斥。①

这些屠杀已经发生，且又反复出现。与此同时，除了规模较小外，这些屠杀具有 1994 年 4—5 月种族大屠杀的所有特征。我们不得不在此分析一下，弄清楚屠杀是如何进行的。所有的屠杀有一个共同的特点，即它们是由讨论"敏感"问题的政治会议推动的。这些会议经过精心设计，似乎都在鼓动当地农民，让他们认识到他们要杀的人是大敌卢旺达爱国阵线的同谋，即卢旺达爱国阵线现实的或潜在的同盟者。这些会议通常由地方当局支持召开或有地方当局参与，当地农民对他们也较为熟悉；不过，他们通常也会邀请基加利"重要人物"出席，以此来提升会议的庄重感与官方性。关于"敏感"问题的决定通过之后，审批命令迟早会下达，或是直接来自基加利的内政部，或是来自省长。然后，相关人员被召集参加一次特殊的集体工作会议（umuganda）。"umuganda"是个农业常用词。镇长通常会在"umuganda"上谈谈"清除灌木丛"。有趣的是，这里的用词似乎就是即将到来的屠杀的委婉说法和隐喻。好像把真相说的过于直白就会令人难以接受似的。官员与农民之间脆弱和尴尬的关系使即将到来的血腥现实不可能被说得过于暴露。无论如何，农民在准备暴力行动，而暴力程度取决于客观形势。镇长有时会拒绝执行血腥任务，制止屠杀。② 然而，通常情况下，镇长及相关责任人还是会毫不犹豫地加以执行。因此，有些镇长，如坎曾泽

---

① *Jeune Afrique*（19 – 25 March 1992）and *Africa Events*（May 1992）. 这让总理声誉扫地。

② 参见 FIDH, *Rwanda*, op. cit. , p. 39。国际人权联盟引用了卡尤耶镇（Kayoye）镇长的例子。这个镇长没有实施屠杀，而是调动乡村警察进行安抚。乡村警察确实没杀人。

（Kanzenze）的费德雷·卢瓦姆布卡（Fidéle Rwambuka）、基本戈（Kibungo）的雷米·盖特特（Rémy Gatete）都因为热衷于屠杀而臭名昭著。他们乐此不疲，从中获利颇丰。然而，正如其对手，勇敢的国内和平捍卫者一样，他们似乎并不是规则的制定者，居于规则制定者之外。参与屠杀的绝大多数镇长似乎在执行任务时，就像对待政府交代的任何其他工作一样，他们既没有热情也不加以拒绝。普通农民的心态也是一样。

当然，对这些杀戮行为，也有其他的说法。政府总是在尽力减少屠杀，并将这些屠杀归咎于"民众正义的怒火"，是他们自发地展开对图西人的袭击。这也就意味着，图西人是罪有应得，因为他们都同情卢旺达爱国阵线。然而，这种"自发的民众暴力"并没有得到很多目击者的证实。①

其他说法，通常来自那些坚信罪恶的哈比亚利马纳政权破坏胡图人—图西人兄弟情谊的人，② 他们认为这些屠杀纯粹是"民兵"所为。虽然随着时间的推移，这种说法越来越得到证实，屠杀呈现更有序，更多民兵参与的特点，但这种说法似乎过于简单化了。1990 年 10 月穆塔拉屠杀、1991 年年初到 1993 年年初巴格圭人的屠杀以及 1991 年 11 月穆拉姆比（Murambi）屠杀都是由地方当局组织普通农民所为。甚至在后来，当民兵确实起到重要作用之后（主要

---

① 在布格塞拉大屠杀期间，1992 年 3 月 10 日，意大利的安东尼娅·洛卡特利（Antonia Locatelli）修女因为极力声讨政府而惨遭杀害。在她被害的前两天，她曾多次给巴黎的法国国际广播电台打电话，抗议政府对大屠杀的陈述。她说，她在该地区生活 22 年了。可以非常肯定的是，大屠杀并不是一时冲动、愤怒的群众所犯下的罪行。她还说，有几个刽子手，她以前从未见过。这些人都是乘坐政府公车从外面来到了这里。（1992 年 3 月 12 日，在巴黎对法国国际广播电台一名工作人员的采访。）

② 例如，卢旺达爱国阵线的官方说法。然而，卢旺达爱国阵线干部的说法通常更接近于事实。

是在 1992 年 3 月的布格塞拉屠杀），当地农民依然每次都有参与。一直到 1994 年 4—5 月种族大屠杀，农民也都参与了进去。

这如何解释？这是一个难以回答的问题，也没有统一的答案。对一些欧洲评论家们来说，[①] 问题很简单：非洲"部落"之间存在"宿怨"，周期性屠杀是其本性使然。但是，这种解释无法解释"部落"为什么会突然互相间展开屠杀，也无法解释这些杀戮行为为什么会突然结束。有识之士往往不赞成无政府状态的解释。自由派知识分子（研究非洲的大多数学者）更倾向于将这些暴力行为的出现，归咎于政治或经济上的原因（或是两方面的原因），并倾向于认为"部落"只是恶势力的一种包装而已，只是人们不再敢直呼这种恶势力为"帝国主义者"。

事实上，非洲部落暴力问题非常复杂，且没有两起暴力事件完全一样。这并不意味着，这些暴力事件就没有共同的原因；换个思考方式，可能更有意义，即暴力（无论什么样，非洲暴力问题肯定有经济、社会、文化和政治上原因）为什么通常会呈现出部落形式而非"纯粹"的政治形式？[②] 答案是，即使部落不存在，那么它们也会被发明出来。在一个不具有读写能力的人占据大多数的世界中，绝大部分人的视野都会局限于一隅，所谓的意识形态也都是外国人

---

① 例如，雅克·德·巴林（Jacques de Barrin）在《世界报》（*Le Monde*，3 January 1986）第一版上发表的关于东非国内冲突的文章。

② 欧洲文化决定了欧洲人对暴力的认识。相较于不那么"高级的"（noble）暴力，如部落骚动、政治暴力，尤其是在明确意识形态背景下的政治暴力（西班牙内战期间的情况就是最极端的例子）更具合理性，也更易于被接受。以此观之，带有强烈族群背景的前南斯拉夫内战，令欧洲人如梦初醒，羞愧难当。前南斯拉夫内战中出现的屠杀方式也同样如此。在 1994 年 4—5 月卢旺达种族大屠杀期间，新闻记者总是坚持认为，受害者是被砍刀杀死的，似乎刀刃比子弹更能凸现大屠杀的惨烈。罗马军队和欧洲中世纪骑兵用刀剑杀人，可并没有人想着要谴责他们。新闻记者没有意识到，砍刀杀人反映的是经济水平，而不是文化上的野蛮。

刻意给当地知识分子准备的稀奇古怪的玩意儿，团结至多也只是体现在有着密切互动的小群体内。反过来，这种正面（或负面）的群体情感受到精英们的操纵。这些精英为了控制有限，甚至不断减少的财政、文化和政治资源而展开斗争。卢旺达就是一个典型的代表。卢旺达统治精英在政治生存斗争中操纵现有的"族群"关系。屠杀并不是一种必要的手段，只是更宽泛意义上的政治斗争方式之一而已。其他的方式还有战争、贿赂、外交、宪法操纵和宣传。

引发人们争议的问题还有："在这种形势下，普通农民是如何被操纵的？"这里并没有一个明确答案。由于这种操纵也可以被称为是一个政治的（几乎就是军事的）动员过程，我们必须要认识到，尽管一些情势具有可比性，但动员模式会由于时空的不同而呈现出非常大的区别，并且一切都取决于这个国家的文化、历史、地理与传统。换句话说，虽然追究起来，某些地方所出现的动员模式具有相似的普遍性原因，但利比里亚屠杀、苏丹内战、索马里无政府状态与卢旺达种族大屠杀都是独立的案例。要理解这些案例，我们需要对此进行细化研究，而不能用一刀切的方式来加以宽泛的解释。

在卢旺达，正如我们在第一章论述到的那样，政治性大屠杀能如此有组织地展开主要有以下几个原因。① 这里，我们要回头来看，并将其中原因正式列举出来：

——回溯到脱离德国与比利时殖民时期的尼津亚王朝，卢旺达政治传统体现为统治当局的有组织与中央集权化，以及要求民众无

---

① 例如，有些事在索马里几乎就不可能出现。尽管血腥，但索马里冲突属于战争范畴，平民是战争的间接受害者。文化上，索马里并不比卢旺达更优越。只是在索马里，个人主义至上，平民不可能发生如此有组织的大屠杀。这里要提个醒，评论家们在对"非洲"高谈阔论的时候，似乎把非洲当作是铁板一块。

条件服从。从这点来看，哈比亚利马纳总统是旧有时代国王的直接继承者。

——绝大部分人都是文盲。鉴于其威权传统，民众往往会相信当局所告知的一切。但民众所知道的一切都是非常不靠谱的。卢旺达爱国阵线图西族的战士被描述成来自另一个世界的怪兽，他们长着尾巴、犀角、蹄子和尖耳，还有在黑暗中会发光的红眼睛。要是有人成为他们的同谋，也就注定会变成魔鬼。①

——在"农村"，犯罪已是一种司空见惯之事。屠杀是集体工作，砍人是"清除灌木丛"，杀戮妇孺则是"斩草除根"。"以农民为本的农业发展"，这个表述开始流行，它具有可怕的双重意涵。从深层意涵上说，这会带来另一领域内的正义：所有将要被屠杀的人都拥有土地，有的还拥有牛群。一旦他们死了，就会有人得到这些土地和牛群。在一个贫穷且人口日益密集的国家里，这是一个不容忽视的刺激因素。②

因此，有人（带有某种简化的取向）就大屠杀参与者的心理动机做出如下归纳：我们聪明的政治当局给我们下令（我们被要求服从这些命令），因此我们要像除草那样去除掉那些人（危险的恶魔）。完成这项艰难却必需的工作，我们就会得到回报，得到我们急需的物质利益。

---

① 以此观之，值得注意的是"魔鬼"的双重指涉：一方面指的是欧洲基督教对魔鬼的刻板印象，另一方面指的是非洲巫术。这就是恩森吉尤姆瓦主教"改信基督教"的由来：基督教的形象存在于善恶对比的简略画（simplified pictures）中，但人们对善恶辨别并没有多深的理解。

② 参见 David Waller, *Rwanda: Which way now?*, London: Oxfam, 1993。戴维·沃勒简略、切实地论述了普通农民由于缺乏土地而出现的心理——经济压力。鉴于这本著作完成于大屠杀前几个月，不禁更是令人唏嘘不已。

当然，这里有个前提条件，也是一个基本事实：恶魔般的他者（Evil Other）绝对没有人性与现政权具有绝对合法性。第一章曾论述过"多数民主的意识形态"使这两方面都没有问题。当想到这种意识形态影响的时候，欧洲人可能觉得害怕。他们会反思这种政治心理的意涵。第二次世界大战期间，正是这种政治心理使德国纳粹党得以从所谓的"文明"社会中清除了550万犹太人，约100万吉卜赛人，其他包括同性恋者、弱智、混血儿、地下抵抗斗士以及各种社会异见人士等约100万人。在此过程中，当地民众并没有多少抗议，有时还会积极支持。①

不管如何，卢旺达权力结构试图动用暴力来阻止任何一种真正的民主化形式，暴力的使用并不仅仅体现在大屠杀上。从某些方面来说，屠杀会带来好处，但从其他角度来说，则不尽然：由于共同的罪恶，屠杀会强化群体内的团结，会激发民众对卢旺达爱国阵线及其同谋的自发性仇恨。就软化卢旺达爱国阵线立场上，屠杀也是一种策略。② 然而，出于其他目的，卢旺达也出现了其他形式的暴力。1992年3月初，卢旺达开始出现恐怖主义袭击。有人曾两次向在基加利公交停靠站的人群扔了手榴弹。第一次造成了5人死亡，第二次造成了1人死亡，并造成34人受伤。5月2日，一辆出租车

---

① 值得注意的是，在卢旺达大屠杀期间，大部分欧洲人（包括西欧人）对二战前犹太人的认识几乎还停留在中世纪的印象中。一个犹太老先生告诉笔者：20世纪30年代，这位老先生是个推销员。在途经法国中部时，一位村民面带窘色，要他脱下鞋子，看看他长的是脚，还是蹄子。老先生脱了鞋后，这位村民得意扬扬地对其妻子说道："你看！我告诉过你的！牧师简直就是胡说八道！"同样，笔者从卢旺达爱国阵线士兵那里多次听说过，这些士兵曾不得不向胡图族农民证明，他们没长尾巴，也没长蹄子。

② 在20世纪60年代"蟑螂"袭击期间，这已是惯常做法。很多图西人——最杰出的图西人——被逮捕，然后被逐一杀死。通过国外的朋友和家人，不幸消息很快就会传到"蟑螂"领导人那里，接着战事就会平息下来。（1993年6月15日在基加利对卢旺达广播电台记者让－马里埃·维昂内·西吉罗［Jean－Marie Vianney Higiro］的访问。）

遭到炸弹袭击，造成 4 人死亡。人们曾讨论过这些袭击的背后黑手，一些人认为袭击是卢旺达爱国阵线所为，[①] 依据是现场发现的俄式和中式的军备。这个证据似乎可以证明卢旺达爱国阵线确实卷入了袭击，因为卢旺达武装部队使用的是法国军备。不过，这也有问题。首先，因为卢旺达武装部队也从埃及购买武器，而埃及也生产俄式和中式军备；其次，卢旺达武装部队也曾在前线缴获过卢旺达爱国阵线的军备，可能也会将之付诸他用；再次，1993 年年初，法式爆炸物也开始在类似袭击中被使用。[②] 无论如何，这里面的政治逻辑是清晰的：没有组织声称负责的恐怖袭击都会归咎于卢旺达爱国阵线。这对政府来说有如下好处：卢旺达爱国阵线再次被描述为特别野蛮的恶魔；那些不相信此类袭击是卢旺达爱国阵线所为的胡图族反对力量就成为与卢旺达爱国阵线一样的货色；要是不采取措施加以阻止的话，整个民主化进程就会滑向无政府状态；另一方面，卢旺达爱国阵线本可以从这些袭击中得到的好处也难以得到。

新的多党制内阁与和平谈判的开始

对于政府动用暴力，反对派政治家普遍感到无能为力。正如社会民主党主席费里西恩·加塔巴兹说的那样，"（在民主化进程中）每次遇到困难，政府就会煽动部落间暴力，也总是用内战威胁来为

---

① 参见斯蒂芬·史密斯（Stephen Smith）在《解放》（*Libération*，1994 年 7 月 29 日）上的文章中所引用的法国宪兵队报告。后来，凶手的作恶手法变为在马路上埋地雷。不知何故，尽管亲政府的北方靠近卢旺达爱国阵线的活动区域，但地雷主要埋放在动乱的南部。

② 第一次出现于靠近尚古古省的基拉姆博（Kirambo）屠杀中。在这次屠杀中，除了恐怖袭击外，还出现了针对图西族妇女、带有选择性的强奸（1993 年 6 月 13 日在基加利对《前进报》主编西克斯博尔特·穆萨姆加姆弗拉的采访）。

现状辩护。"①

　　1992 年 1 月，反对力量组织 5 万人走上街头，抗议恩桑兹马纳的全国发展与民主革命运动政府。布格萨拉屠杀与近期的恐怖袭击正是对这种反对力量所展现出来的新式民众动员能力的回应。然而，面对这种不断升级的民众压力，阿祖卡的一些成员认为，要遏制反对力量的势头光靠暴力本身是不够的，除非实施更大范围、更高程度的暴力。形势异常紧张。3 月 14 日，哈比亚利马纳总统被迫与反对派联合力量签订一份具有历史意义的妥协协议：要建立一个真正的联合内阁来取代恩桑兹马纳内阁，总理一职将由最大的反对党（共和民主运动）来挑选；要与卢旺达爱国阵线展开和平谈判，召开全国大会的原则性问题也达成了一致意见。

　　4 月 7 日，在迪斯马斯·恩森吉亚雷姆耶（Dismas Nsengiyaremye，共和民主运动成员）总理的领导下，新内阁成员宣誓就职。全国发展与民主革命运动有史以来第一次与其他党派分享权力。严格来说，这并不是一种屈服。全国发展与民主革命运动在 20 个内阁职位上占据了 9 个，包括国防部［詹姆斯·加萨纳（James Gasana）］、行政部［普罗斯伯·姆吉拉内扎（Prosper Mugiraneza）］、内政部［福斯汀·姆亚泽萨（Faustin Munyazesa）］和交通部［安德列·恩塔盖如拉（André Ntagerura）］。不过，反对派也得到了其他一些重要部门职位：波尼费斯·恩古林兹拉（Boniface Ngulinzira，共和民主运动成员）担任外交部长，阿加瑟·乌维林吉伊马娜（Agathe Uwilingiyimana，共和民主运动成员）夫人担任教育部长，马尔科·卢岑内拉（Marc Rugenera，社会民主党人）担任财政部长，斯坦利

---

　　①　1992 年 3 月 14 日《世界报》上的采访文章。

斯拉斯·姆博纳姆佩卡（Stanislas Mbonampeka，一位非常无能的自由党人）担任司法部长，阿吉内斯·恩塔马亚里罗（Agnés Ntamaby-aliro，自由党秘书长）担任商务部长。统计下来，共和民主运动占据了四个席位（包括总理席位），自由党与社会民主党各占三个席位，基督教民主党则占了一个席位。

新内阁勇气可嘉，开始纠正当局一些明显不公之处。新任教育部长阿加瑟·乌维林吉伊马娜废除了所谓的"配额政策"。这种政策可以让政府挑选不同族群（即图西族或胡图族）学生，甚至在实践中，政府在胡图人群体内还按照生源地来挑选学生。她取缔了这一政策，代之以简单且相对公平的入学考试。① 臭名昭彰、权势熏天的秘密机构中央情报部（Service Central de Renseignements，简称 SCR）被肢解了，其机构被分割给了四个不同的部门。表现较差的省长被撤职，取而代之的是反对党成员。为了取得更好的地区平衡，来自西北部"福地"的省长比例也有所下降。司法越来越走向独立，事实上司法部曾大胆地宣布总统过去的一些指令是违宪的。卢旺达新闻办公室（Office Rwandais d'Information，ORINFOR）② 主任，极端主义分子费尔迪兰德·纳希马纳也被撤职了。出于对 1991 年 6 月宪法的遵守，哈比亚利马纳总统辞去了在武装部队中的最高职务。

---

① 1994 年 4 月，乌维林吉伊马娜女士被杀。与之后出版的一些判断相反，乌维林吉伊马娜是胡图人。内阁中唯一属于图西族的部长是劳动和社会事务部长兰德瓦尔德·恩达森瓦（Landwald Ndasingwa，自由党人）。关于"配额政策"的影响，有人曾做过辩护，但较为牵强。参见 Eustache Munyantwali, 'La politique d'équilibre dans l'enseignement', Laurien Uwizeyi-mana, 'La politique d'équilibre ethnique et regional dans l'emploi' in François – Xavier Bangam-wabo et al., Les relations interethniques, op. cit., 分别在第 300—307 页和第 308—322 页。

② 卢旺达新闻办公室是一个负责新闻报道和广播电台监管的半官方机构。新任的信息部部长帕斯卡尔·恩登杰吉霍（Pascal Ndengejeho）是社会民主党人，他并不赞同保卫共和国联盟纳希马纳之流的政见。

　　然而，这些变化依然不够，政治形势依然紧张。4月和5月，就在新内阁宣誓就职期间，全国范围内发生了数起恐怖袭击事件。与过去一样，没有人宣称对这些袭击行为负责。袭击造成22人死亡，100多人受伤。全国发展与民主革命运动成员的公职人员每次都驳回来自反对派部长的命令。中央情报部秘密地进行了重组，并与后来所谓的"零点网络"（Zero Network）暗杀团展开合作（参见第5章）。费尔迪兰德·纳希马纳重新拿起了在大学的教鞭，静候即将到来的机会。就民主人士，尤其是其中一些正参与到政治游戏中的人而言，留给他们的时间已经不多了。

　　1992年年初，由于全国发展与民主革命运动不得不放弃独裁政体，卢旺达呈现出一种新形势。前全国发展与民主革命运动政府商务部长弗朗索瓦·恩扎巴希马拉（François Nzabahimana）、恩基科·恩森吉马拉（Nkiko Nsengimana）与伊曼纽尔·加菲斯（Emmanuel Gapyisi）组建了和平民主倡议（*Initiative Paix et Démocratie*），该组织将自己定位为走"中间道路"的独立力量，与政权、反对派都保持一定的距离。该组织的倡议人试图通过签名运动来支持他们的倡议，其目标是征集到10万人的签名，但无果而终。然而，他们在政治中依然体现出一种新倾向。自从卢旺达新闻办公室对其作为进行了充分回应后，该组织在政府中显然不乏朋友，且通常坚决反对反对派的倡议。尤其是加菲斯，很快就在平淡无奇的卢旺达政治圈子中成为魅力人物。加菲斯充满活力，睿智且接受过良好的教育。近几年，作为一名工程师，他一直在海外工作，因此他在很多方面都迥异于卢旺达绝大多数政治家。他曾加入过共和民主运动，不过仍被视为政坛新秀。他的口头禅是：哈比亚利马纳政权已经腐朽；1959年"社会革命"

的"原则"依然有效；彻底改变政权，民主开放并不需要反对"社会多数"意识；在过去的三十年里，每个卢旺达人都接受教育，要尊重这种意识。正如政权一直提示的那样，这意味着剩下来的民主反对派事实上就是卢旺达爱国阵线的第五纵队。对政权中的特定群体来说，这是个绝好消息，因为他们希望继续维持对政治的实际控制，但也认识到卢旺达至少也需要一些表面上的小变革，哈比亚利马纳总统确实已经走到头了。

在危难之际，法国拯救了这个需要变革的政权，但"旨在保护法国公民安全"而实施的干预活动过去 18 个月后，法国又是什么态度？人们可以毫无夸张地说，法国依然完全地、盲目地及无条件地支持哈比亚利马纳总统及其圈子。1992 年 3 月，布格塞拉屠杀为公众所知之后，法国大使乔戈斯·马尔垂（Georges Martre）拒绝加入经合组织国家外交代表在基加利的一个代表团。这个代表团要面见哈比亚利马纳总统，并表达他们对新一轮暴力活动的关切。① 该代表团的领导人是美国和加拿大大使，典型的"盎格鲁 - 撒克逊"阴谋。

就军事来说，在爱丽舍宫最高层的直接指示下，武器和弹药继续不断地输送到卢旺达。然而，大规模的武器弹药输入也给胡切恩（Huchon）将军带来一些麻烦。胡切恩将军主持卢旺达合作部在巴黎的军事项目。卢旺达高级官员希望能将大量致命性装备运送到基加利。为此，胡切恩将军不时要去参加战略物资出口部际委员会

---

① 当时，基加利外交界流传着一个笑话，说马尔垂大使不是法国驻卢旺达大使，而是卢旺达驻法国大使。哈比亚利马纳总统非常感激马尔垂大使。当马尔垂大使准备离任时，哈比亚利马纳总统甚至亲自向密特朗总统写信咨询，马尔垂大使能否继续留在基加利。在反对党泄露给外国媒体的一封信中，密特朗总统的回复是，马尔垂的任期可以延长六个月，但法国公务员退休制度不能让马尔垂再继续留下来了。

（Interministerial Committee for War Material Exports）会议进行游说。[①]事实上，困难如此之大，以至于卢旺达也开始寻找其他解决方案。1992 年 3 月，法国政府通过利奥内信贷银行（Crédit Lyonnais）做担保，为卢旺达从埃及进口武器承担财政风险。卢旺达从埃及的进口总额为 600 万美元。[②] 后来，法国代理公司充当中介人，促成了卢旺达与南非签署金额为 590 万美元的供应合同。[③] 法国的介入并不完全只停留在武器运送方面，还直接触及地面行动。事实上，法国军队完全控制了反游击行动。领导法国军事行动的乔列特（Chollet）中校曾一度成为焦点人物。媒体在一份泄露出来的卢旺达政府文件中发现，政府让他来全面指挥行动。[④] 乔列特躲避了一段时间后，把卢旺达武装部队的指挥权转交给了其得力助手莫林（Maurin）中校。[⑤] 以此看来，1992 年 5 月中旬法国合作部长马塞尔·德巴尔热（Marcel Debarge）对基加利的访问，更像是检视行动进展而非居中

---

① 1992 年 3 月 30 日在巴黎对法国外交部一名驻外工作人员的秘密采访。

② 1992 年 5 月 25 日，《非洲信札》（La letter du Continent）揭露了这宗交易。然而，直到人权观察组织公布相关内容，这件事才引起了广泛关注。参见 Arming Rwanda: The arms Trade and Human Rights Abuses in the Rwandan War, New York, January 1994。这份报告将埃及人的合同作为一个附录刊印了出来。谨慎起见，或是为了保护信息提供者，人权观察组织并未透露交易银行。然而，《非洲信札》不但给出了银行名称，而且揭露了准确的交易金额。1993 年 3 月立法选举之后，法国议会中占多数的新保守派开始调查里昂信贷银行（Crédit Lyonnaise）。结果发现，里昂信贷银行就像奴隶一样，听从于社会党政府，并且有过许多出于政治动机而没有正当商业理由的交易。银行账户亏损超过 90 亿美元，银行总经理让·伊夫·哈伯尔（Jean Yves Haberer）被解雇了（参见 Martine Gilson and Claude Soula, 'Crédit Lyonnais. une facture de 50 milliards', Le Nouvel Observateur, 29 September – 5 October 1994）。

③ 这直接违背了 1984 年 12 月 13 日通过的联合国第 588 号决议，决议禁止各国从南非进口武器。此外，当时的南非还因为种族隔离政策受到了国际制裁。具体金额倒是其次，重要的是它提供了一个比较基准。1981—1988 年期间，卢旺达共计购买了 500 万美元的军事装备（参见 Human Rights Watch, Arming Rwanda, op. cit., p. 22）。

④ 参见 La Libre Belgique, 21 February 1992。

⑤ Stephen Smith, 'Dans le plus grand secret. La France fait la guerre au Rwanda', Libération, 11 June 1992.

调停。①

　　事实上，尽管实施暴力行动，但是事情的发展并不完全有利于政权的强硬派。为了贯彻 3 月 14 日决定组建联合政府的协议，政府首先开始了与卢旺达爱国阵线的谈判。5 月 24 日，外交部部长波尼费斯·恩古林兹拉在坎帕拉与卢旺达爱国阵线副主席帕特里克·马津帕卡进行初步接触，并宣布 6 月份将在巴黎开始直接谈判。这一消息立即就引起了数次暴力事件。5 月 30 日，反对派和全国发展与革命民主运动青年翼走向街头，或是支持既定的和平进程，或是斥之为背叛。在随后的冲突中，有 7 人死亡。第二天，在得到普通老百姓与地方政府的支持下，吉塞尼与鲁亨盖里发生了兵变。此次兵变也受到了谣言的影响。有谣言说，和平将会带来大规模的裁军，复员军人将去开垦沼泽地。这些军人也抱怨说，尽管特别"团结税"给政府带来了 3 亿卢旺达法郎，但他们的工资发放依然时断时续。他们直接要求现金支付，在遭到拒绝之后，军人暴跳如雷，到处闹事，打死 27 人，打伤约 100 人。卢旺达武装部队增援部队花了数天才恢复了秩序。

　　与此同时，反对派也做出了激进的抉择。不惜冒着被扣上叛徒帽子的风险，反对派成员决定直接与卢旺达爱国阵线进行会晤。6 月 6 日，一个由共和民主运动、社会民主党与自由党成员组成的代表团

---

　　① 一些人认为，法国政府成了卢旺达主要的军事和经济援助国，向卢旺达施加压力，推动民主化进程（1994 年 6 月 13 日在日内瓦对前全国发展与民主革命运动成员、国防部长詹姆斯·加萨纳的采访）。然而，法国所施加的压力一直都不大，军事制裁也从没有付诸实践。法国军方认为，它有义务在卢旺达政权与卢旺达爱国阵线之间的斗争中支持前者。因此，无论如何，法国当局都难以施加什么压力（1992—1994 年间在巴黎对一些法国军官的采访）。1992 年 6 月担任法国总统非洲事务小组主管的布鲁诺·德莱（Bruno Delhaye）告诉笔者（1992 年 10 月 13 日），参与北风行动的一个军事将领曾对德莱说，抛弃哈比亚利马纳政权，就是"极端的叛国行为"。

抵达布鲁塞尔进行会谈。第二天，在第一次认识到政治同盟或曰政治伙伴愿意放弃动用暴力手段来对付他们后，卢旺达爱国阵线领导层宣布武装斗争已经结束，从现在往后，斗争将是政治上的。6月6日，双方在巴黎就"和平进程的技术性安排"达成一致，之后不久，真正的和平谈判在坦桑尼亚阿鲁沙正式开始。7月14日，停火协定签署，和平似乎即将来临。

胡图人／图西人背景下的强硬派、民主派与斗士

和平谈判暂且不论。我们要讨论是，在这种致命性的图西人／胡图人二元分化背景下，哈比亚利马纳政权、民主反对派与游击力量三方之间复杂博弈的规则。第一，这里存在一个全球性的悖论，即几乎所有对这一问题的陈词滥调既可以说是对的，又可以说是错的。例如，尽管卢旺达政权的意识形态都是基于妖魔化图西人，将图西人描述为完全无法接受的半个外国人，但在1973年后，哈比亚利马纳总统事实上是图西人的保护者，在其统治的20年内也并没有加害于图西人。由于其"贱民"地位，图西人尽管在政治上失了势，但他们可以从商致富。实际上，比起独立的强势的胡图族商业阶层，一个富有的图西族商业阶层对总统更为有利。胡图族商业阶层有政治野心，最终也会受到这种野心的驱动。

另一个悖论是，虽然民主反对派和卢旺达爱国阵线游击力量都在与一个共同的敌人做斗争，即一个维系了20年的独裁政权，且还在竭尽全力地阻止任何形式的政治或社会变革，但它们远非盟友，至少在战争的头两年里是这样的。共和民主运动在早期宣传文件中依然将卢旺达爱国阵线描述为"蟑螂"，是一支代表顽固封建势力的

武装，不接受 1959 年革命尤其是 1961 年 9 月 25 日公决（*Kamaram-paka*）所体现出来的人民意志。[1] 同样的，尽管卢旺达爱国阵线有着"进步的"意识形态，但成员（甚至外部的支持者）中，也有相当数量的图西种族中心主义者。对他们来说，胡图人就是一群卑微的、落后的农民。

在某种程度上，图西人／胡图人问题对卢旺达爱国阵线来说是一种刻意躲避的盲点问题。卢旺达爱国阵线的主要领导人，不但诸如鲁维吉耶马或保罗·卡加梅少将这样的著名领导人，而且其他诸如帕特里克·马津帕卡、塞奥盖内·卢达森瓦和弗兰克·穆加姆贝基这样的不太知名的核心领导人，清一色地都是"乌干达"政治圈中的人物。他们的政治生涯都是在乌干达，即 1981—1986 年期间全国抵抗军的斗争中开始的。这种经历深刻地影响到他们的政治观点。他们都在某种程度上吸纳了后毛泽东时代具有某种温和民粹主义色彩的政治哲学，并将这种哲学应用到了乌干达政治—部落战争中。他们在那些充满暴力与混乱的年代里得到的经验教训也有点说不清。一方面，部落主义在理论上是一种绝对邪恶的东西，"进步人士"应不懈地与之斗争；由于一次又一次地见证了充满破坏性的非洲部落冲突，这进一步地坚定了他们避之唯恐不及的决心。然而，他们在那时也认识到，要是没有一个团结、值得信任的部落核心力量及配套网络，将要取代"原始部落主义"旧政权的新"革命"政权在实践中也会没有出路，危险重重。

---

[1] *Analyse de la situation actuelle du Rwanda et perspectives d'avenir. Esquisse d'un projet de société pour le Rwanda de demain*, Kigali, January 1992. 关于卢旺达爱国阵线的论述在这份文件的第 29 页。此处提到的公决，只是帕梅胡图党用来向比利时人施压，加速独立进程的手段而已。公决也能给在政治上排斥图西人的做法塑造合法性，因为它体现了"民主"。

他们的政治理想是成为约韦里·穆塞维尼这样的人物。正是穆塞维尼，将和平带入了乌干达那片苦难深重的土地。穆塞维尼所谓的"具有广泛代表性政府"，是基于部落政治的聪明构建。它向所有以及任何想要加入的部落力量开放。但是，在"参与者"（享有荣耀与特权）与"掌权者"（通常并没有那么多的荣耀与特权，但具有实际决策权）之间也存在某种微妙的等级关系。在前者团体中，任何人都有可能；在后者团体中，主要有两类人：部落最核心人物与数量有限的、来自其他部落但总统认为他们能在心理上超越部落局限性的朋友。这样的选举让领导层既有安全感又能得到民众支持。在此基础上，穆塞维尼总统可以将拒绝"草根部落主义"（gross tribalism）与部落政治核心结合起来。

从宽泛意义上来说，卢旺达爱国阵线的路线具有类似性：决策权掌握在乌干达图西族难民核心圈子手中，选择一部分"外人"，包括一些值得信任的胡图人，然后建立一个更广泛的、表面上"多种族"的领导层以赢得民心。这样，反部落主义的担子就交付给了部落精英们，且以同样方式将创建共产主义、无阶级社会的任务交付给"无产阶级的先锋们"。无论能否实现目标，反部落主义的部落精英将会追寻这一理想，而其社会心理取向就不会是一个公开的问题。由于是孤军奋战，这注定是一段艰辛的历程。一方面，在胡图族反对派看来，卢旺达爱国阵线是一个图西人组织，因此哪怕是信任它，也必须要慎重对待之。作为卢旺达爱国阵线胡图族骨干分子，像巴斯德·比齐蒙古、塞思·森达绍恩加（Seth Sendashonga）这样的人虽然得到尊重，但与卢旺达爱国阵线的最终目标还保有一定的距离。几乎没有胡图人，无论是接受过还是没有接受过教育的胡图人愿意仿效他们并加入卢旺达爱国阵线。①

　　另一方面，在战前的流亡者群体中，保守的右翼力量（有时也包括拥护君主制者）也有重要的影响力，② 且他们比卢旺达爱国阵线内那些活动在乌干达境内的"进步人士"还要激进些，他们在等待时机。他们，尤其是那些活动在布隆迪境内的人，并没有耐心去接受"乌干达人"的"社会平等"理论。

　　从卢旺达政权角度来说，图西人组织、并且后来持续对卢旺达共和国政府，那个"多数民主"政府发动军事袭击的事实，似乎使得胡图族温和派（他们确实存在）变得迷茫起来，也开始沉默不语，却激怒了持有暴力倾向的极端主义力量。回过头来看，这自在情理之中，但也只是因为他们取得了"胜利"，哪怕代价是灾难性的。哈比亚利马纳政权存在各种势力，最终仍能掌控的只有最为极端的阿卡祖。这在某种程度上是因为图西族的卢旺达爱国阵线的存在。卢旺达爱国阵线就像是一块同性相斥的磁石：胡图族温和派确实不喜欢现政权及其独裁，可一旦他们在反对的立场上走得过远，就会担

---

　　①　然而，卢旺达爱国阵线也有少量胡图族战士。20 世纪 20—30 年代，一些胡图族农民为了逃避残酷的比利时殖民统治，移居到乌干达寻找经济机遇。卢旺达爱国阵线内的胡图族战士就是那些移民的后代。在 1982—1984 年期间，乌干达对说卢旺达语人进行迫害。胡图族移民以及西部说卢旺达语的图西族难民，都成了奥博托政府的打压对象。因此，一些人加入了全国抵抗军，并在后来又跟随说卢旺达语的图西族战友加入了卢旺达爱国阵线。

　　②　以此观之，我们有必要参考 François – Xavier Bangamwabo and Emmanuel Rukira-makuba, 'Le vocabulaire et le discours des Inkotanyi et de leurs alliés' in Franois – Xavier Bangamwabo et al., *Les relations interethniques …*, op. cit., pp. 223 – 68。尽管有强烈的反卢旺达爱国阵线倾向，他们的语言和分析都非常精彩，并且相当令人信服地证明了人们对于当代卢旺达现实主义流亡文学状况的短视和无知，但这也反映出这本书的局限性。这本书几乎完全建立在移民出版物（*Impuruza*，*Huguka*，*Le Patriate* 和 *Isangano*）基础之上。1990 年 10 月 1 日，卢旺达爱国阵线的行动表现使大部分出版物都显得不合时宜了。当然，这并不意味着，充满怀旧情愫的图西人至上者不会在未来返回到卢旺达政治中心。

心被扣上"援助与支持敌人"的帽子，而其活动也就往往陷入半瘫痪状态。同样地，正如我们将要在下一章论述的那样，通常也可能会出现"既不站在哈比亚利马纳一边，也不站在卢旺达爱国阵线一边"的情况，加菲斯就已经开始这样做了，但这种情况注定会在族群立场上走向极端主义（如果不是更多的话），而非站在现政权一边。"反对"立场就会颠倒过来，抨击哈比亚利马纳总统对待卢旺达爱国阵线和图西人"过于软弱"。或许有人会说，1993 年年末，带有极端种族主义倾向的保卫共和国联盟已经成为反对党，而反过来，反对党的一些人士则变得比过去的全国发展与革命民主运动更带有种族主义倾向。①

在政治上，卢旺达爱国阵线从这种极端主义转向中获益颇多。理由很明显，卢旺达爱国阵线特别需要将其敌人恶魔化。在每个"乌干达的"卢旺达爱国阵线士兵脑海中有几个等式，即全国发展与革命民主运动＝乌干达人民大会党，哈比亚利马纳＝奥博托，卢旺达爱国阵线＝全国抵抗军。② 换句话说，"胜利是属于我们的"。就部分现实而言，将乌干达过去机械地应用到卢旺达未来并不合适。在这些士兵心中，所谓的不同之处就在于游击力量与政权的支持度

---

① 在为支持哈比亚利马纳政权做辩护时，法国人就是如此说道。乔治·马特的继任者、法国大使让－菲利普·马劳德（Jean－Philippe Marlaud）的言论就有此暗示。1993 年，马劳德宣布："我们身处一个战争国家。尽管发生了战争，但卢旺达已经在推行民主了。虽然有诸多缺陷，但卢旺达在走向民主化"（引自 Human Rights Watch, *Arming Rwanda*, op. cit., p.36）。最能反映出当时法国当局对卢旺达的官方立场是菲利普·德克拉内（Philippe Decraene）的文章，参见 Philippe Decraene, 'Impasse militaire, diplomatique et politique au Rwanda', *Marchés Tropicaux*, 9 April 1993。在这篇文章中，哈比亚利马纳总统被描述为"一个温和的民主派……一些胡图族极端分子的粗俗和过激已经玷污了哈比亚利马纳总统的形象"。多年来，德克拉内夫人一直是密特朗总统的私人秘书。她的丈夫也是密特朗总统非洲事务的非正式顾问之一。这一背景也使相关说法变得更加值得玩味。

② 在后来的战争中，卡加梅＝穆塞韦尼。

而已。例如，卢旺达爱国阵线主要是个图西人组织，且图西人在卢旺达人口中比例不到 15%，而全国抵抗军得到了乌干达南部、西部班图人部落的支持，到 1985 年，全国抵抗军几乎得到了全国一半人口的支持；奥博托是个暴君，甚至在尼罗语部落那里，其支持率也一直在下降；而哈比亚利马纳总统在真正民主选举中赢得了胜利，一直到 1991 年年初都没有遇到太多的麻烦——这些情况被视为"亲政府宣传"的结果。①

令人啧啧称奇的是，卢旺达爱国阵线一直如此乐观地、不切实际地认识其所处的政治形势，却将很多原本错误的判断变成了现实。哈比亚利马纳政权确实成了一种暴政，卢旺达爱国阵线也确实成为卢旺达过渡到民主国家的唯一希望，政府的种族极端主义立场最终使自由派胡图人加入了卢旺达爱国阵线的队伍。然而，这些情况的出现没有一项是在计划之内。恰恰相反，就是在所有其他希望都已破灭，极端主义分子在政府内势力上升之际，冥冥中犹如天启，卢旺达爱国阵线的战争目标最终为民众所接受，而卢旺达爱国阵线从未曾预料到这一点。

这就是卢旺达爱国阵线在卢旺达形势中从未获得如此重要地位的原因。它的八点纲要对卢旺达爱国阵线本身的角色就已经足够了。菲利普·瑞恩特恩斯曾这样描述卢旺达爱国阵线的八点纲要，"在战前，这些观点并不新颖，也没有在卢旺达有过广泛的讨论，哪怕是在全国发展与革命运动内部"。② 它的功能仅仅只是占领先机，预防在卢旺达爱国阵线内部出现公开的拥护君主制度主义者或持有种族

---

① 1990—1994 年间，笔者在欧洲、肯尼亚、乌干达及卢旺达同卢旺达爱国阵线干部的私人谈话。

② Filip Reyntjens, *l'Afrique des Grands Lacs en crise*, op. cit., p. 93.

优越论者。它要维持组织目标的纯洁性，将政治争论引导到正确的方向。就这一点而言，它无懈可击。哈比亚利马纳政权是在毫不知情的情况下自己上的钩，也不明白国际舆论的形成过程。国际舆论（目前所了解到的，或是关心卢旺达的公共舆论）很快就想当然地认同了图西族游击力量的活动，认为他们代表了贫穷的受压迫者、逃离故土（那里的独裁政权剥夺了他们的与生俱来的权利）的难民，不得不为了民主和社会平等而斗争。卢旺达爱国阵线的八点纲要压根就不是一个问题。占领了这样一个道义高地，取证的重担就从游击力量转移到了政府的肩上。由于最基本的人权问题，哈比亚利马纳政权明显失去了过去曾有的受尊重地位。几乎就没有人静下心来自问，人权与政治是不是一回事，受害者是不是都是无辜的，敌人的罪恶本质是不是一成不变的。

1991 年 1 月，就在卢旺达爱国阵线临时占领鲁亨盖里期间，一个图西族老人对一个将他"解放"的年轻的游击战士说道："你们是要权力吗？你们会得到的。不过，我们都会死的。你们这么做，值得吗？"这个问题值得一问，但在 1990 年年末，情况可能就会不同。此时，保罗·卡加梅正竭力将卢旺达爱国阵线从一个互不相识的流亡者组成的队伍，转变为一个高效的战争机器，而他也曾思考过未来的前景。从某种意义上，这很正常。所有行为都有因有果。在这样的情势下，要是人们不能想的久远一些，最终可能就是以死亡而告终。然而，鉴于胡图人/图西人这一历史难题（比利时殖民者以及其他因素共同制造出来的历史迷思）的特殊性，任何一次军事行动，都不啻一头公牛闯进了瓷器店。卢旺达爱国阵线的领导人在开展行动的时候，他们一定心怀政治理想。对此，我们没有理由去怀疑其真实性。然而，他们的"乌干达式"政治理性、笃信道义与政治上的正义性，这些都似乎让他们低估了非理性迷思的影响以及他们将要面临的，也包括那些可能会潜伏在卢旺达爱国阵线本身的恐惧与仇恨。

每个人都在神话中前行。[①] 对哈比亚利马纳政权的胡图族种族优越论者来说，卢旺达爱国阵线就是进入伊甸园里的大毒蛇。在伊甸园里，勤劳、敬神、守法的"社会大多数"百姓和睦相处，过着田园般的生活。而对那些经历过乌干达革命战争的、身经百战可依然天真的斗士来说，他们自视为正义之师。多年来，"他们的"国家为篡位者劫持。在良善百姓的支持下，他们要伸张其与生俱来的权利。这也必将得到百姓的赞同与拥护。要是百姓不如此，那肯定是因为政府对他们洗脑了。

我们想说明的是，真相确实有点复杂难辨。不过，这也不打紧。迷思要比其所意欲呈现的现实更有影响力。这两个孪生、互相对立的迷思，在纳粹大屠杀后人类最大的灾难中开始纠缠和斗争。

---

① 甚至包括白人。卢旺达和布隆迪，这两个恶魔般的东非孪生国，犹如迷宫，迷思穷出，危如累卵。图西人和胡图人充满了爱恨情仇，成了冤家对头。两个国家族群病态关系，如此之严重，以至于在这两个国家里的大多数外国专家或是"身染重疴"，或是彼此指责：不是给胡图人洗脑了，就是给图西人的仇恨感染了。关于彼此间的论争，参见René Lemarchand，'l'Ecole historique franco – burundaise une école pas comme les autres'，*Canadian Journal of African Studies* vol. 24，no. 2（1990），pp. 235 – 248；Jean – Pierre Chrétien，'Burundi，le métier d'historien – querelle d'école?'，*Canadian Journal of African Studies*，vol. 25，no. 3（1991），pp. 450 – 467。尽管笔者并不是真正的卢旺达专家（对这些头衔有一定的免疫力），不过笔者此刻可能也已被传染。一旦这本书出版了，肯定会有人指责笔者已受到了传染。殖民主义的罪恶与非洲人灵魂深处的幽暗、经济与政治的制约、既是杀人犯又是受害者、既是受害者又是杀人犯、古代口述传统的矛盾解释等，所有的这一切都会呈现在本书中，比比皆是。在我们自己文化的某个幽暗角落里，萦绕着我们的胡图人/图西人二分法可能与摩尼教善恶观密切相关。犹如数个世纪前，索罗亚斯德教（Zoroastrian）离经叛道者潜入中世纪基督教，我们不得不选边站。

第五章　持久的阿鲁沙和平谈判（1992年7月—1993年8月）

经济形势[①]

到 1992 年年中，战争让本已陷入危机的经济雪上加霜。出口一直维持在 890 万卢旺达法郎（1990 年则为 920 万卢旺达法郎），而进口则从 2300 万飙升到 3800 万卢旺达法郎。为了弥补支付赤字，卢旺达政府只能大量动用外汇储备。1991 年，卢旺达外汇储备为 1.101 亿美元，而 1993 年则下降到了 5670 万美元。在战争爆发前，卢旺达外债已经开始飙升。卢旺达 1986 年外债为 4.522 亿美元，1990 年外债则增加到 7.362 亿美元，1993 年则增加到 10 亿美元。卢旺达国债增速更快，从 1990 年的 6.678 亿卢旺达法郎增加到 1992 年的 13.702 亿卢旺达法郎，也就是说增速为 105%，几乎全部用来购买军备。同期，国防部预算从 3.155 亿卢旺达法郎增加到 8.885 亿

---

　　① 除非特别注明，本章所有数据来源于国际货币基金组织和经合组织，转引自 Economist Intelligence Unit, *Rwanda: Country profile*, London: EIU, 1993。

卢旺达法郎，增速为 181%。①

　　这种巨大消耗使卢旺达法郎迅速贬值。可在之前，卢旺达法郎一直相当坚挺。

表 5 - 1　　1987—1993 年卢旺达法郎的平均汇率变化（译者注）

年份	1987	1990	1991	1992	1993
平均汇率（卢旺达法郎兑美元）	79.7	82.6	125.1	133.3	144.0

　　其中，1993 年的数据是理论数据。因为到了 1993 年，每个人都是在黑市中兑换。在黑市中，当时的汇率为 182 元卢旺达法郎兑换 1 美元。

　　尽管战争迅速地吞噬了国家资源，但是卢旺达政府在 1990 年还是同意了世界银行的结构调整计划。在这一点上，卢旺达并没有受到战争的影响。因此，作为同意结构调整计划的第一步，卢旺达法郎在全国局势变得紧张之前贬值了 40%。为了对付战争爆发后通货膨胀压力，卢旺达法郎在 1992 年 6 月又一次地贬值了（14.9%）。在当时的情势下，结构调整计划中无法实施的就是减少公共机构就业岗位。单单军队就使其他部门相形见绌，依然在突飞猛进地扩充。1993 年年初，为了履行责任，卢旺达政府启动了大量、重要的私有化进程，最为突出的就是电力公司（Electrogaz）。它是卢旺达最大的国有公司，有 3400 名职工，但亏损金额达 5800 万美元。在新的管理中，1990 年曾短时期担任总经理的巴斯德·比齐蒙古（Pasteur Bizimungu）完全背离了哈比亚利马纳总统：比齐蒙古提升了电价，解

---

　　① Filip Reyntjens，*l'Afrique des Grands Lacs en crise*，Paris：Karthala，1994，p. 117.

聘了 2000 多名靠政治关系进入公司的工人，并给那些不付电费的机构与个人断了电，包括政府部门。卢旺达还成立了"国家资产公司"，用来管理非私有制公司，并考虑在以后处理这些公司。

这是一剂猛药，要是在十年前实行，或许会有作用。然而，由于咖啡价格下跌和战时经济危机，结构调整计划只会让业已崩溃的经济雪上加霜。

和平及其阻碍

阿鲁沙停火协定的签署，得到了普通大众的广泛欢迎，却让极端主义的胡图人政权的支持者错愕不已。几天内，全国发展与民主革命运动部长们就开始拒绝参加内阁会议，且具有强烈保守主义倾向的吉塞尼与鲁亨盖里两省爆发了反对恩森吉亚雷姆耶总理的示威游行。① 由于感受到了支持者的不悦，哈比亚利马纳总统于 8 月 17 日通过广播发表了长篇讲话，试图解释并阐明和平的必要。总统直接对其担心的追随者说道：

> 我们的阿鲁沙谈判小组得到了全面的授权……因此，谈判小组所采纳的立场不再是临时性的……这也就是我认为卢旺达人民可以得以安心的原因。我们必须小心行事，确保任何单个行动都不会导致我们国家走向我们不想遇到的危险境地。②

这里的用词有着潜台词。"临时性立场"，哈比亚利马纳指的是

---

① 英国广播公司（BBC）国际新闻摘要（Summary of World Broadcast，此后简称 SWB），转引自基加利广播电台 1992 年 8 月 4 日和 5 日的广播。

② SWB, Radio Kigali, 17 August 1992.

总理恩森吉亚雷姆耶与外交部部长恩古林兹拉所持有的立场。两者都是反对派成员，且这两人在对待卢旺达爱国阵线的立场上都被全国发展与民主革命运动强硬派视为"嫌疑分子"。强硬派也一直怀疑哈比亚利马纳总统在实行"出卖"政策，为了取得与"敌人"之间的理解和保住位子而在一些核心问题上准备接受妥协。当然，所谓的核心问题指的是 1959 年革命的"社会大多数"原则，确保胡图人在社会生活各个方面都居于主导地位甚至更大的主导地位，对权力的垄断性控制，即允许忠诚的党内人士在过去的 20 年把控经济。挑战这些核心问题就会"导致我们国家走向我们不想遇到的危险境地。"对政权中的强硬派来说，问题是在和平与政治多元化成为常规后如何避免这些危险。最终，答案是非常激进的：不顾国际舆论，①要是新发展确实威胁到现状，所谓的新发展就要被扑杀与打倒。

8 月 18 日，卢旺达爱国阵线广播电台穆哈布拉广播（Radio Muhabura）对前一天总统的长篇讲话回应道，总统在支持和平进程上并无诚意，且事实上也给在阿鲁沙的内阁代表制造了障碍。这只是一种轻描淡写式的说辞。同一天，政府代表团与卢旺达爱国阵线就建立"多方过渡政府"（即卢旺达爱国阵线也被纳入）达成了协议。

---

① 1992 年年中，国际社会对卢旺达问题的关切不应被夸大。法国谨慎且坚定地支持哈比亚利马纳政权，而其他经合组织国家对卢旺达问题并不感兴趣。美国宣布说："我们与卢旺达关系良好……并没有证据显示，军队或政府其他部门存在有组织的侵犯人权行为。"（US Department of Defense and Department of State, *Congressional Presentation for Security Assistance Programs*, *Fiscal Year* 1993, Washington DC, 1992, p. 291, 转引自 Human Rights Watch, *Arming Rwanda*, op. cit., p. 21.）除了比利时（熟知卢旺达和哈比亚利马纳政权，且日益感到不安），只有德国政府疏远了与卢旺达之间的关系。甚至 20 世纪 70—80 年代曾热情赞赏哈比亚利马纳政权的基督教民主联盟（CDU），此时也改弦易辙。费尔迪兰德·纳希马纳离开卢旺达新闻办公室后，调任卢旺达驻德使馆文化部门。然而，对于纳希马纳作为外交代表的任命，德国政府拒绝加以接受。

四天后，基布耶（Kibuye）地区就开始了"种族"屠杀。① 暴力活动再一次地呈现出有组织性，且被逮捕的绝大部分屠杀者都是全国发展与革命民主运动成员或其党羽。社会民主党主席谴责了这些屠杀行为，可他反被保卫共和国联盟斥责为奸细。

阿鲁沙"和平"谈判已经在继续，但气氛越来越紧张。在一定程度上，这要归咎于总统派系（保卫共和国联盟积极分子此时对总统越来越不满），他们感到自身在阿鲁沙没有话语权。他们认为恩森吉亚雷姆耶内阁只是在自我把玩。具体来说，他们认为，第一，他们没有被咨询过。虽然现在是分权的内阁，但阿鲁沙的"政府"代表团似乎就像是反对派代表团一样；第二，在与卢旺达爱国阵线讨论未来政府内阁安排上，代表团并没有请示基加利；第三，代表团所持有的原则立场并不是选举过渡议会的原则立场，且这一原则立场在卢旺达爱国阵线席位问题上是一种无法容忍的让步。②

在阿鲁沙，与卢旺达爱国阵线代表团（巴斯德·比齐蒙古、塞奥盖内·卢达森瓦和帕特里克·马津帕卡）进行谈判的是外交部部长恩古林兹拉、国防部长加萨纳与皮埃尔－克莱弗·坎亚卢舍基大使（Pierre－Claver Kanyarushoki，驻坎帕拉）。在外派使节中，皮埃尔－克莱弗·坎亚卢舍基大使是个强硬派分子。由于皮埃尔－克莱弗·坎亚卢舍基大使似乎不能推进其立场，塞奥内思德·巴戈索拉

① 关于详细内容，参见 ADL，Rapport，op. cit. pp. 235－264。这份报告写于屠杀（8月26日）前期，只提到造成 12 人伤亡。屠杀共计造成 85 人死亡，200 多人受伤，500 多座房屋被焚烧，5000 多人无家可归。

② SWB，Radio Kigali，20 October 1992. 在过渡议会席位上，卢旺达爱国阵线赞成提名，而非选举。因为，卢旺达爱国阵线认为，通过合法或非法的手段，全国发展与民主革命运动依然具有足够的影响力，能赢得大部分选票。与此同时，其他席位也会被胡图族反对党瓜分一空，留给卢旺达爱国阵线的席位所剩无几。

上校（此人后来做了大屠杀的组织活动）常常奔赴阿鲁沙，留意局势的发展。巴戈索拉上校从不发言，但会记住每个细节。就在 1993 年 8 月签署最后和平协议前，詹姆斯·加萨纳由于担心生命安全避难于瑞士。外交部部长恩古林兹拉则没有那么谨慎，最终成为 1994 年 4 月第一批罹难者。当然，皮埃尔 - 克莱弗·坎亚卢舍基大使安然无恙。

10 月 18 日，保卫共和国联盟极端分子走上街头示威游行，反对通过谈判的方式来推进和平进程。值得注意的是他们呼喊的口号："感谢密特朗总统"、"感谢法国人民"、"卢旺达广播自由"、"总理及其政府滚出去"与"我们要更具有代表性的内阁"。对总理的敌意，并不出人预料。不过，"更具代表性的内阁"则是新提法。① 该口号指涉的是哈比亚利马纳当时的反民主做法，即试图借助一些无关痛痒的小政党围剿共和民主运动、社会民主党和自由党反对派。进入哈比亚利马纳计划中的政党有卢旺达社会党、绿色政党、伊斯兰民主党和卢旺达人民民主同盟，这四个 1992 年成立的小党与全国发展与改革民主运动现在要求参与到所有的决定、要在阿鲁沙都有代表、要在未来过渡内阁中都有席位。在随后的几天，为了破坏和平谈判，它们在卢旺达爱国阵线比温巴控制线一带展开了小规模交火。和平谈判戛然而止。

至于"卢旺达广播自由"的口号，主要是基于如下事实而提出的。卢旺达广播记者感受到气氛的变化，并展现出一种独立意识，即使播放的新闻对政权特别不利，也会报道局势的真实进展。就是在这个时候，保卫共和国联盟极端分子开始考虑有必要拥有属于自己的广播电台。更具有谋略性的是表达对法国人民与密特朗总统本

---

① 四天后，即 1992 年 10 月 22 日，哈比亚利马纳将之公之于众。

人的感激。不过，道理也很简单。法国一直暗中全方位地支持保卫共和国联盟。甚至在阿鲁沙谈判刚开始的时候，法国就增援了 150 人，且一直维持到停火前。这可以在法国在卢旺达的军事行动中得到证实。这一行动是一项应急计划，"以防事态有变"。至于当时的其他一些决定是否都与巴黎的政策保持全面一致，① 我们就不得而知了，但其他一些决定肯定是有的。法国教官在军事训练，尤其是在比戈圭（Bigogwe）突击营的候选人上的监管很是不力。理由可能是这样的，即当时的卢旺达武装部队军纪渐渐松懈，法国军事行动不得不既要面对良莠不齐的新兵，同时又希望提高他们的军事训练水平。然而，这样做所带来的结果，可能也没有认识到这一点，即法国训练出来的全国发展与革命民主运动与保卫共和国联盟军事人员，臭名昭著的联攻派民兵（Interahamwe）和连心派民兵（Impuzamugambi）后来组织并领导了 1994 年 4—5 月的种族大屠杀。②

其他一些示好姿态则肯定不是无心之果。如，由于让 - 博斯科·巴拉亚圭扎（Jean - Bosco Barayagwiza）的书信以及支持法国干预的签名运动，密特朗总统办公室对这位持有极端主义立场的保卫

---

① 一名法国上校曾在笔者面前夸夸其谈，说到了行动日期，各部门之间的协调等。在卢旺达的法军可能为 1100 人，而法国在新闻媒体中只承认有 600 人（巴黎，1993 年 4 月 11 日）。在此期间，一些东非问题专家（参见 Jean - Pierre Chrétien, 'Le régime de Kigali et l'intervention française au Rwanda – sortir du silence', *Bulletin du CRIDEV*, no. 105 ［Feb. – March 1992］）最早意识到，法国干涉卢旺达正在从暗中转到台面，扩展到了媒体。参见 Stephen Smith, 'La guerre secréte de l'Elysée en Afrique de l'Est', *Libération*（11 June 1992）；Jean - François Dupaquier, 'La France au chevet d'un fascism africain', *l'Evènement du Jeudi*（25 June 1992）。

② 法国一直拒绝这一指责，且法国的否认更多是出于愤慨而非具体证据（例如，合作部长米歇尔·罗辛在 1994 年 5 月 30 日接受法国国际广播电台的采访）。不过，也有一些接受过军事训练的人给出了与上述指责完全相反的证言（参见 Frédéric Filloux, 'Rwanda. Un ancien des escadrons de la mort accuse', *Libération*, 21 June 1994）。然而，在卢旺达，这一指责一直存在。密特朗总统还被起了绰号 "Mitterahamwe"。

共和国联盟领导人表示"感谢"。① 无论如何，对卢旺达极端主义媒体来说，事态是清楚的，在反对"图西封建势力"的斗争中巴黎是坚定的盟友。在《觉醒报》著名的一期中，保卫共和国联盟的记者哈桑·恩盖泽（Hassan Ngeze）发表了"胡图十戒"，杂志封底就刊登了密特朗总统的官方照片，并配有卢旺达语标题"患难见真情"。②

谈判与极端主义的抬头

事实上，尽管一直假装在行动上支持哈比亚利马纳总统和反对哈比亚利马纳总统的敌人，但保卫共和国联盟和全国发展与革命民主运动的强硬派渐渐地开始公开反对总统了。这也反映出阿卡祖内部关系日益紧张起来。在阿卡祖内部，哈比亚利马纳夫人及其兄弟总是一意孤行，也日益怀疑目睹的一切是总统新的"中间路线"。总统也知道这一点，也知道随着与卢旺达爱国阵线达成真正和平越来越近，军事政变的危险就越来越大。

1992 年 9 月至 1993 年 1 月期间，阿鲁沙谈判最初涉及分权安排。令人惊奇的是，分权安排的谈判进展非常顺利；卢旺达爱国阵

---

　　① 信件发自总统办公室，日期为 1992 年 9 月 1 日，上面有布鲁若·德莱（非洲事务小组主管）的签名。这封信寄送给让-博斯科·巴拉亚圭扎（时任卢旺达外交部政治处主任）。几天后，在一次私人会谈中，德莱佯装对总统的致谢感到突然。事情果真如此，且让-博斯科·巴拉亚圭扎真实的政治立场不为爱舍丽宫所知的话，那么人们不禁会产生疑问，在基加利的法国大使究竟传出了什么样的政治报告。

　　② Kangura，no. 6（December 1990）."胡图十戒"是一个充满种族主义色彩、反对图西人的对话，其中说道（第 8 戒）胡图人"不要对图西人抱有同情之心"，还说道（第 10 戒）"1959 年社会革命，1961 年公投以及胡图人的意识形态必须要教授给各阶层每一个胡图人，要广泛宣传。"关于《觉醒报》现象（Kangura phenomenon）的讨论，参见 Jean - Pierre Chrétien，' Presse libre et propagande raciste au Rwanda '，*Politique Africaine.* no. 42（June 1991）pp. 109 - 120。

线同意让政治上日益走下坡路的哈比亚利马纳担任总统；争论较多的是过渡时期究竟要维持多久（最后设定在 18 个月），关于内阁本身也有过多次复杂的讨价还价。然而，自 1993 年 2 月开始的创建一支新军的谈判则困难重重。卢旺达政府最初要将卢旺达爱国阵线 20% 的士兵纳入未来的国家军中，但是所有人都知道卢旺达爱国阵线将不会接受如此低的比例，卢旺达武装部队领导层也对这一比例忧心忡忡。① 恩森吉亚雷姆耶内阁一就职，总统就要求新总理和国防部长詹姆斯·加萨纳（全国发展与革命民主运动温和派）就重组武装部队最高领导层准备一份计划，目的是要剔除那些最为坚决的极端分子。1992 年 6 月 6 日，重组工作开始。劳伦·塞卢布加（Laurent Serubuga）、波纳温切尔·布雷盖亚（Bonaventure Bure-geya）、皮埃尔－凯勒斯汀·卢瓦加费利塔（Pierre－Celestin Rwaga-filita）和波提恩·哈基兹马纳（Pontien Hakizimana）等上校从岗位上退了下来。相对温和的德奥拉提亚斯·恩萨比马纳（Deogratias Nsabimana）上校担任总司令，另一个相对温和的马塞尔·加森兹（Marcel Gatsinzi）上校成为军校校长。不过，掌控准军事性质的农村警察部队的恩丁迪里伊马纳（Ndindiliyimana）上校，肯定不能称之为温和派。国防部长加萨纳剔除掉极端分子塞奥内思德·巴戈索拉上校。② 巴戈索拉与"夫人党"走得很近，与卢旺达最有权势的

---

① 恩盖泽种族主义对话的第 7 戒坚称"武装部队必须要掌握在坚定的胡图人手中"。绝大多数卢旺达武装部队军官由衷地赞同这一点。

② 从某种意义上说，哈比亚利马纳总统一直将国防部长作为一个调节阀。一旦极端分子恼怒不满，他就会说加萨纳擅做主张，以此来取悦于内阁中的新反对派。在军队极端分子的持续威胁下，国防部长加萨纳最终在 1993 年 8 月阿鲁沙和平协议达成前逃离了卢旺达。后来，巴戈索拉上校成了大屠杀的主要组织者。（1994 年 6 月 13 日在日内瓦对前国防部长詹姆斯·加萨纳的采访。）

哈比亚利马纳夫人及其三个兄弟关系也较为亲密。① 不过，他常常也会自行其是，并自认是当总统的材料。他一直处心积虑，却并没有当上卢旺达武装部队的总司令，暗下里痛斥内阁。他也知悉早些年卢旺达武装部队军官们曾从事过毒品买卖。不过，据传，他也是其中的一个受益者。由于阿卡祖中的强硬派成员遭到了清洗，巴戈索拉在其所处的集团内变得更加重要。加萨纳被迫延迟一年退休，并让巴戈索拉担任国防部后勤署主管。由于这一职位，巴戈索拉可以让其网络中的人得知军队的所有动向。

　　卢旺达军队中的一些动向被泄露出来了，并成为丑闻。1992 年10 月 2 日，在参议员威利·库耶柏斯（WillyKuypers）的支持下，菲利普·雷因津斯（Filip Reyntjens）教授在布鲁塞尔的比利时参议院举行了一次新闻发布会。② 在发布会上，菲利普·雷因津斯教授揭露了一个诨名为"零点网络"的准军事组织，该组织是按照拉丁美洲模式组建起来的一个暗杀团。根据数份证据显示，这个暗杀团曾参与过 1992 年 3 月的布格塞拉屠杀，并挑起了多次政治性屠杀事件。该组织成员既有离职士兵，也有全国发展与革命民主运动的民兵，武器都是军队提供的。雷因津斯教授提供的暗杀团名单几乎就是阿卡祖的名单：哈比亚利马纳夫人的三个兄弟和公共工程主管、③ 埃利·萨加特瓦（Elie Sagatwa）上校、总统私人秘书（娶了总统的一个妹妹）、军事情报 G2 部门主管、总统卫队司令、行政机构的几个

---

① 参见第二章。

② 参见其油印备忘录，'Données sur les Escadrons de la Mort'，Brussels，9 October 1992。关于暗杀团的其他资料，参见 François Misser，'Inquiry into death squads'，*The New African* January 1993）；FIDH，*Rwanda*，op. cit.，pp. 78 – 84。

③ 在 3 月的布格塞拉屠杀中，公共工程部门的皮卡车被用来运送部分民兵到屠杀现场。

高层，当然也包括任职于国防部的塞奥内思德·巴戈索拉上校。卢旺达官方并没有对雷因津斯、库耶柏斯的披露进行过否认。不过，几天后，卢旺达爱国阵线广播提及了这个"持续的传闻，即有人在酝酿一个新计划，要不分青红皂白地屠杀卢旺达平民……要是真的发生，我们的武装不可能会袖手旁观。"①

　　这可能是大屠杀计划第一次在那个时候被披露了出来。可以肯定的是，大屠杀计划还没有发展到组织阶段，这些计划可能只是局限于头脑最为发热的保卫共和国联盟和联攻派民兵中的极端分子。不过，可能就在1992年最后几个月内，强硬的阿卡祖开始考虑通过大规模屠杀绝大部分图西人和所有知名的胡图族反对派的支持者来"解决"分权问题。对阿卡祖来说，这个方案是有吸引力和可行的。1992年年初的某个时候，军队中产生了一个"子弹"（Amasasu）秘密会社。这个会社的成员为具有极端主义倾向的军官，他们认为无须太多的战斗力就可以对抗卢旺达爱国阵线。就是这个秘密会社的成员，开始将武器发放给了保卫共和国联盟和全国发展与革命民主运动极端分子组织起来的民兵。他们也可能是卢旺达武装部队征兵计划与民兵的协调人。对此，法国军事行动小组似乎并不知情。这些人与"零点网络"青年串联在一起。

　　1992年年末，后来参与大屠杀的主要人物发现他们在政府机构中前途暗淡。卢旺达武装部队有秘密会社，极端主义政党有民兵，秘密组织有暗杀团。然而，所有这一切只是显摆力量而已，屠杀规模相对较小，希望通过零星的谋杀与屠杀能带来政策的改变，希望反对党在恐惧中屈服。哈比亚利马纳总统陷入全面危机之中，军队

---

　　① SWB，Radio Muhabura，25 October 1992.

也在朝着与卢旺达爱国阵线展开全面战争的方向推进。换句话说，在半独裁政权内，他们只是半生不熟的、极端的独裁主义者。哈比亚利马纳构建了一个天衣无缝的社会与政治体系，公民权受到了严格控制。不过，这个社会还是享有（有限的）自由的。从这一点上来说，他还只是个半独裁主义者。可是，这帮从旧秩序中脱胎出来的极端分子，他们要通过绝对的恐怖来获得绝对的权力。当卢旺达民众想要自由，扩大业已具有的、有限的开放程度的时候，极端分子不仅握紧拳头，而且要彻底打垮对手。极端分子现在所梦想的方式就是通过大规模屠杀来进行激进的政治重整。要想取得成功，唯一的方式就是得到胡图族农民大众的绝对支持。取得胡图族农民大众的支持，就得让农民认识到，他们别无选择，只得屠杀恶魔，保护自己。这个恶魔是抽象的，也存在于绝大多数普通老百姓的家门口。要想实施大屠杀计划，极端分子就得完成两件事：一是要给自己披上合法的外衣，因为卢旺达文化中有服从权威的传统；二是要给老百姓灌输一种强烈、全面的恐惧，让他们担心恶魔所带来的致命变化。毕竟，农民既轻信于人，又很天真，且两年的冲突与政治混乱已经让他们折腾不已。

从短期来看，极端分子要应对的迫切之事是，如何阻止国内与阿鲁沙已经不断推进的和平进程。全国发展与民主革命运动不断抗议在谈判中没有发言权。[①] 与此同时，保卫共和国联盟的抗议方式则更为激进。他们在街头示威游行，并与共和民主运动、社会民主党一道并肩作战。[②] 从哈比亚利马纳的角度来说，他坚持认为，现在内

---

① 　SWB, Radio Rwanda, 28 October 1992.

② 　Ibid. , 30 October 1992.

阁中的最大反对党应该要与其他小反对党会谈，并加以认真对待。他也提议进行选举，但该提议遭到了反对党的拒绝，原因也很显然。在这些提议无果后，哈比亚利马纳非常恼怒，撤销了在阿鲁沙政府代表团的授权，指责代表团"越权"①。11 月 15 日，哈比亚利马纳在鲁亨盖里老家发表讲话。在此次讲话中，总统进一步地称 7 月停火协议为"一纸空文……政府没有必要加以尊重。"② 在阿鲁沙，外交部长兼政府代表团团长波尼费斯·恩古林兹拉失望地宣布："全国发展与民主革命运动的言论一直互相矛盾。一方面，它假装着支持和平谈判；而另一方面，它又一直在破坏谈判。它必须要做出选择：要不支持谈判，要不就反对谈判。"③ 就此，僵局已经形成。哈比亚利马纳总统展开回击。在一次毫无效果的调停努力期间，他在布琼布拉会晤了穆塞维尼总统，并宣布道："卢旺达有 16 个反对党，可政府只有 5 个反对党……其他反对党也都要加入政府。"④

　　1992 年 12 月和 1993 年 1 月期间，示威游行此起彼伏，或是支持阿鲁沙谈判，或是谴责阿鲁沙谈判。所有的游行示威都在反对派与保卫共和国联盟、联攻派民兵的街斗中结束。与往常一样，在这样的局势下，强硬派试图通过极端的种族暴力活动来打破僵局。

①　SWB，Radio Rwanda，3 and 6 November 1992.
②　这次讲话用的是卢旺达语，国家广播电台并没有转播。哈比亚利马纳总统后来否认曾就阿鲁沙协议发表过这些言论。然而，好几个人将这次讲话录音了下来，引发全国上下的讨论。
③　SWB，Radio Rwanda，16 November 1992.
④　Ibid.，22 December 1992. 哈比亚利马纳总统似乎算错了。除非将全国发展与民主革命运动也算上，否则就"只有"15 个反对党。进入政府的，有 4 个而非 5 个反对党。不过，哈比亚利马纳记不清，也情有可原。大部分卢旺达人甚至都不知道有诸多小反对党的存在。哈比亚利马纳总统于 11 月 11 日创建了增进民主联盟（Alliance pour le Renforcement de la Démocratic，简称 ARD），重组了全国发展与民主革命运动、保卫共和国联盟、社会民主党、卢旺达革命党和绿党。不过，该联盟只是停留在纸上。

1992 年 11 月 22 日，全国发展与民主革命运动吉塞尼支部副主席，党内有影响力人士的雷昂·穆盖塞拉（Léon Mugesera）对卡巴亚专区（Kabaya *sous - préfecture*）的党内民兵说道："反对党与敌人勾结，让比温巴省落入'蟑螂'之手①……他们密谋打击我们的武装部队……就这点而言，事态已经很清楚了：'任何一个人，只要用卑劣的手段来削弱武装部队的士气，就会不得好死。'我们还在等什么？……怎么处置这些正在把孩子送到卢旺达爱国阵线去的奸细们（蟑螂）？为什么我们不清除这些家庭？……我们必须要负起责任来，去清除这些败类……1959 年，我们犯了致命错误，让他们（图西人）逃了出去……他们属于埃塞俄比亚，我们要直接将他们送到那里，扔到尼亚巴隆哥河（Nyabarongo，此河向北流）。我必须要强调这一点。我们必须要行动了。将他们都清除出去！"②

几天后，穆盖塞拉在基比里拉（Kibilira）镇又发表了内容一样的演说。1990 年 10 月，该镇曾发生过屠杀。③ 反对党（自由党）的司法部长斯坦利斯拉斯·姆博纳姆佩卡指控穆盖塞拉煽动种族仇恨，并批准了对他的逮捕令。穆盖塞拉避难于军营。由于惧于军队的保护，警察不敢追捕他。由于倍感受挫，姆博纳姆佩卡辞去了司法部长一职。在这个节骨眼上，哈比亚利马纳总统非常乐于见到一个没有部长的司法部，一直到 1993 年 6 月才找到个继任者。

穆盖塞拉曾极力煽动激进行动的地区迅速展开了回应，开始了暴力活动。甚至一些全国发展与革命民主运动成员也不愿看到眼前的这一切。与穆盖塞拉非常熟悉的大学教授，全国发展与革命民主

---

① 20 世纪 60 年代冲突期间，图西族游击力量被称为"蟑螂"。
② FIDH, *Rwanda*, op. cit., pp. 24 - 25.
③ 参见第三章。

运动中央委员会前成员让·卢米亚，在一封写给穆盖塞拉的信中指责穆盖塞拉"公开呼吁谋杀……目的就是为了发动一场种族与政治清洗运动。"他还说道："与其他很多卢旺达人一样，我希望出于政治目的而实施谋杀的时代一去不复返。"① 不幸的是，他错了。谋杀行动已经弓在弦上了。

1992 年 12 月末至 1993 年 1 月初，卢旺达出现了零星的暴力活动，十余人死亡，数百人被迫背井离乡。当国际调查团于 1 月 7 日抵达卢旺达监督人权状况后，暴力活动有所减少。镇长们公开宣布，在调查团逗留期间，暴力活动将会受到限制。一旦调查团离开了，暴力活动将会再次出现。② 1 月 9 日，谈判双方在阿鲁沙签署了一份关于分权的协议。根据这份协议，在未来扩大过渡政府（Broadened Base Transitional Government，简称 BBTG）中，全国发展与革命民主运动有 5 个内阁职位，卢旺达爱国阵线也有 5 个，共和民主运动有 4 个，社会民主党和自由党各 3 个，基督教民主党 1 个。在恢复和平与稳定，可以进行选举的时候，过渡议会就要组建运行，全国发展与革命民主运动、卢旺达爱国阵线、共和民主运动、社会民主党和自由党各主要政党均有 11 个议会席位，基督教民主党有 4 个，而 11

① Filip Reytjen, *l'Afique des Grands lacs en crise*, op. cit. , p. 120. 让·卢米亚（Jean Rumiya）曾写过一本关于比利时在卢旺达殖民统治的书，我们在第一章曾提及过。他是一位全国发展与民主革命运动成员，好辩之士，也曾是那本我们已经引用过的、带有宣传性质的作品的撰写人之一。参见 François – Xavier Bangamwabo *et al.* , *Les relations interethniques*, op. cit。

② 该调查团成员来自：国际人权联盟（Fédération Internationale des Droits de I' Homme，巴黎）、非洲观察（Africa Watch，伦敦）、非洲保护人权联盟（Union Interafricaine des Droits de I' Homme，瓦加杜古［Ouagadougou］）和人权与民主发展国际中心（Centre International des Droits de la Personne et du Développement Democratique，蒙特利尔［Montreal］）。此次访问诞生了一份我们曾多次引用过的报告，参见 FIDH, *Rwanda*。1 月 21 日，就是调查团离开卢旺达的那天，镇长们又开始了杀戮。（1994 年 12 月 14 日在伦敦对一名调查团成员的采访。）

个小反对党在共计 70 个席位中各占一个席位。由于局势极其复杂，这一做法多少还算公平，但对全国发展与革命民主运动和保卫共和国联盟的极端分子来说是无法接受的，他们认为他们在卢旺达政治得到应有的地位后，这种安排就会是一种阻碍。1 月 19 日，全国发展与革命民主运动和保卫共和国联盟组织暴力式的示威游行，反对上述的协议安排。1 月 21 日，全国发展与革命民主运动秘书马修·恩吉如姆佩兹（Mathieu Ngirumpatse）宣布，无论协议签不签字，全国发展与革命民主运动都反对这一安排。同一天，国际人权委员会调查团离开了卢旺达。正如镇长们所预言的那样，暴力活动立即席卷了整个西北部地区。

极端主义民兵组织，或是独自行动，或是在当地民众和卢旺达武装部队人员的支持下开始了杀戮、虐待囚犯和放火烧屋。暴力活动持续了约 6 天，直到 1 月 26 日，估计有 300 人死亡。这种乱象给整个地区带来了心理上的创伤。① 阿鲁沙的一些协议被搁置了下来。2 月 8 日，卢旺达爱国阵线部队决定不再遵守停火协定，在比温巴附近展开了袭击。

二月战争及其后果

卢旺达爱国阵线的进攻获得了成功，卢旺达武装部队溃不成军。卢旺达武装部队之所以无法抵抗，主要是因为自 1992 年 5 月兵变之后，卢旺达武装部队的新兵士气低落，军纪涣散。随着政府财政恶化，正规军的物质生活条件更加糟糕。矛盾的是，正规军虽是政权

---

① Africa Watch，*Beyond the Rhetoric*：*Continuing Human Rights Abuses in Rwanda*，London. June1993，pp. 4 – 5.

的柱石，可停火与和平来临之后军队就成了无用和多余之物。在随后的几个月内，军队日益沉溺于纵酒与骚扰百姓。这与一些民兵正在逐渐实施的种族暴力活动完全不同。近来，一个广受欢迎、立场温和的天主教出版物以辛辣的笔调描述了他们：

> 士兵是不安定的最大祸根。只要他们喝醉了，他们就会肆意妄为：射杀民众，洗劫房屋，强奸女孩和妇女……如果要让公众对武装部队还有那么点信心，我们就得去约束士兵。普通老百姓曾通过各种方式支持过战争，而士兵现在掉转枪口，开始对付起他们的衣食父母来了。百姓已经受够了，拿起传统武器来保护自己。多个地方都发现了士兵的尸体。①

在绝大多数其他国家中，正规军与百姓之间这种可怕的关系尤其会让游击战争受到欢迎和取得成功。然而，卢旺达种族矛盾如此对立，以至于胡图族农民在图西族"解放者"到来前就大规模逃离了。在1990至1992年战争期间已经迁移出去的30万人再次逃离了迁居地，与新难民们一道开始向南逃难。2月末，逃难人数估计有60万，② 到3月初，人数约为86万。③ 卢旺达爱国阵线的进攻势不可当。人们普遍担心，卢旺达爱国阵线会暴风般地迅速占领首都。

---

① *Kinyamateka*, *no.* 1983, *December* 1992, *pp.* 10 – 11. （转引自 *FIDH*：*Rwanda*, *op. cit.*, *p.* 59。）

② *Le Monde*, 24 February 1993.

③ *Libération*, 8 March 1993. "二月战争"爆发后三个月，笔者曾访问过卢旺达爱国阵线占领区，发现卢旺达爱国阵线的生活安静得令人可怕。卢旺达爱国阵线士兵并没有抢掠。在一些房子里，桌子旁边放着几把椅子，盘子里还有发了霉的饭菜。民众匆忙中逃了出去，都没来得及吃完这最后一顿。卢旺达爱国阵线说，有一个地区，只留下了1800名胡图族农民。可在战争前，那里约有80万胡图族农民。民众的逃难并非因为鲁亨盖里及其附近的屠杀（并没有立即为人所知），而是因为内心的恐惧，即胡图族农民认为（被鼓励这样认为）卢旺达爱国阵线是"封建恶魔"。

卢旺达爱国阵线显然实施过诸多暴行。在卢旺达爱国阵线于 3 月 8 日占领的鲁亨盖里，卢旺达爱国阵线杀了 8 名文职人员及其 9 名亲友，其中有些是儿童。虽然其中的一个死者，即基尼吉（Kini-gi）镇长萨德·加萨纳（Thaddee Gasana）在几天前曾下令实施对巴格圭人的屠杀，但其他人并不见得确凿有罪，且无论如何，其妻儿是无辜的。这些人似乎死于对近期屠杀的报复。虽然没有像鲁亨盖里那样有明显的证据，但其他地方也有枪杀事件的说法。[1] 这些杀戮是故意为之，还是出于卢旺达爱国阵线士兵对近期屠杀的愤怒，答案并不清楚。然而，这些恶行让基加利持有自由主义立场的胡图族反对派对卢旺达爱国阵线留下了可怕的印象，也带来了严重的政治后果。

对于卢旺达爱国阵线的袭击，法国的反应非常激烈：巴黎认为卢旺达爱国阵线的袭击是无端的侵犯。乔戈斯·马尔垂大使曾向到访卢旺达的国际人权委员会调查团中的一位法国成员说道，西北部地区的屠杀"纯属谣言"。[2] 法国情报机构对外安全总局（Direction Générale des Services Extérieurs，简称 DGSE）指责乌干达对卢旺达爱国阵线的进犯提供了支持，另外还指责游击力量放火焚烧村庄，并说"在那些地方发现了大量坟墓"。[3] 政府军在撤退的时候是如何在敌方不断扩展的领地上发现了大量坟墓？这并没有任何解释。对外

---

① Africa Watch，*Beyond the Rhetoric*，op. cit.，pp. 23 - 25. 1993 年 6 月 14 日在基加利对卢旺达广播电台记者、反对派人士让 - 马里埃·维阿尼·希吉罗（Jean - Marie Vianney Higiro）的采访。根据这两个信息来源，卢旺达爱国阵线在二月的杀戮人数在 50—200。

② Stephen Smith，'Massacres au Rwanda'，*Libération*，9 February 1993.

③ 法新社（Agence France Presse，简称 AFP），1993 年 2 月 16 日。

安全总局在不断传递假情报，且以各种形式出现在好几家法国报纸上。① 一般而言，这种假情报将死灰复燃的战争视为新战争（公众并不见得还会想得起来这个遥远国家前几年所发生的事），并将之视为外国人的入侵战，卢旺达爱国阵线只是伪装下的乌干达人。几天后，一场卢旺达爱国阵线实施的"屠杀"被幸运地"发现了"。② 假情报所发挥的作用是，给法国介入战争奠定舆论基础。新增的300人部队飞赴卢旺达，且为卢旺达武装部队提供了大量弹药。

在重新干预卢旺达问题上，法国坚持认为：

> ……法国支持阿鲁沙谈判，支持卢旺达政府与反对派就建立过渡内阁达成协议……无论如何，就是因为我们军队的存在，世界银行和其他捐助机构的代表才会留在基加利。我要提醒一句，我们军队之所以在那里，只是为了保护我们的公民。③

重新爆发的战斗就是因为卢旺达政权蓄意破坏法国"支持"的协议而引发的。然而，这一事实显然没有谈及。法国"支持非洲各个地方的民主化"（对此，只有几个居心不良之人质疑过）。至于1月的屠杀，它"只是狂热分子所为，要没有法国人训练的宪兵（*Gendarmerie*）在各个地方施救，毫不犹豫地对暴徒开枪，情况会变

---

① 例如参见 'l'Ouganda envahit le Rwanda. Mitterand nous cache une guerre africaine', *Le Canard Enchaîné*, 17 February 1993；'Selon les Services de Renseignement français, les rebelles bénéficieraient du soutien de l'Armée Ougandaise', *Le Monde*, 17 February 1993。

② *Le Monde*, 21 February 1993. 此次"屠杀"被认为发生于雷贝罗（Rebero）难民营。一些神父（由于与卢旺达政权的长期联系，他们通常非常敌视卢旺达爱国阵线）前去核实，结果没有发现任何屠杀痕迹，难民已经撤离了。神父们在广播中听说，那些难民已经被"屠杀"了。由于担心军队真的会展开屠杀，神父们便配合宣传，把发现结果隐匿了下来。

③ 1993年2月17日，合作部长马尔卡·德巴尔热（Marcel Debarge）在《世界报》上的访谈。

得更糟。"①

　　尽管法国的介入具有模糊性（也是适度的），但有一个好处：防卫基加利。虽然卢旺达爱国阵线不承认，但它有可能会去突袭占领基加利。基加利要是出现动荡，就会导致大屠杀，丧失了通过谈判寻求政治解决方案的任何可能性。然而，可悲的是，法国局限于此目标也有弊端，一旦基加利成为安全地带，巴黎而非后来的军队就会依赖于政治方式解决而使整个危机陷入沉闷而又无果的境地，阿鲁沙和后阿鲁沙的魔咒就会在暗中酝酿，直至每个人都卷入其中。

　　2 月 20 日，卡尼亚伦圭上校在比温巴单方面宣布停火。此时的卢旺达爱国阵线军队已经进发到离基加利北部约 30 公里的地方。在袭击首都前的关键时刻，游击力量停止了进攻。这里面有着重要的原因。一方面，法国极有可能会帮助哈比亚利马纳总统防卫基加利，法国部队可能会参战。与法国军队直接进行军事对抗，对卢旺达爱国阵线来说显然是危险的；另一方面，卢旺达爱国阵线分支机构也从首都带回了情报，即进攻基加利也会给胡图族民众带来负面的心理和政治影响。每个人，包括最为坚决的反对派都准备决一死战。哈比亚利马纳总统可能会得到民众的广泛支持。进攻基加利可能会让卢旺达爱国阵线多年来的政治努力付之一炬。② 因此，枪炮熄火了，③ 政治和外交再次走上前台。然而，重新燃起的战斗毕竟带来了太大的影响。

---

　　① 1993 年 2 月 15 日，爱舍丽宫非洲事务小组主管布鲁诺·德莱从基加利回来后与笔者的谈话。
　　② 1993 年 6 月 13 日，在基加利对记者西克斯博尔特·穆萨姆加姆弗的采访。
　　③ 零星的战斗延续了两个星期，直到 3 月 5—7 日卢旺达爱国阵线与卢旺达政府在达累斯萨拉姆举行会谈。

2月28日，法国合作部长马塞尔·德巴尔热抵达基加利，很快就要求反对党与哈比亚利马纳总统就反对卢旺达爱国阵线问题上"建立共同战线"。从巴黎的角度来说，利用胡图族各个阶层来反对图西族的卢旺达爱国阵线都可以理解，但法国部长的公开言论却是震撼的。在这一族群关系紧张的氛围中，且在最近几周内还发生过屠杀的情况下，基于种族而建立"共同战线"的呼吁几乎就是呼吁开始种族战争。介入卢旺达危机中的一些法国官员似乎在以更加粗糙和更加令人猜疑的方式将冲突扩展到更大范围上。在另一篇有着对外安全局背景的文章中，人们会看到："在卢旺达，人道主义组织几乎都受到盎格鲁－撒克逊人的控制，因此也都是亲乌干达分子。"① 因此，这里的等式就是"乌干达＝盎格鲁－撒克逊人＝卢旺达爱国阵线"。当然，这里还有意含着另一个等式："卢旺达＝法国＝'共同战线'＝胡图人"。不过，"共同战线"并没有问题，因为就在同篇文章中，哈比亚利马纳总统被认为是一个"温和派"。

对卢旺达政府中的胡图族反对党来说，整个局势就是一场灾难。它们以中立的立场派出了一个代表团到布琼布拉会晤卢旺达爱国阵线，试图修补关系。此次会议整整持续了一周（2月25日至3月2日），并发表了一份公报进行呼吁：持续的停火；"外国军队"（即法国军队）撤离；恢复在阿鲁沙的和平谈判；卢旺达境内逃难民众返乡；对屠杀负有责任的人进行司法惩处。

然而，哈比亚利马纳总统正忙于建立"共同战线"。就在布琼布拉会议结束的那一天，哈比亚利马纳总统在基加利召开了一次"全国大会"，在全国发展与革命民主运动和保卫共和国联盟的基础上，

---

① Frédéric Pons, 'Tango â Kigali', *Valeurs Actuelles*, 1 March 1993.

不但邀请了十个小反对党中的七个党，① 而且邀请了政府中四个反对党（共和民主运动、社会民主党、自由党和基督教民主党）的代表与会。这次会议几乎就是针对布琼布拉会议议程而召开的，会议的结果是：

　　——谴责"卢旺达爱国阵线——'蟑螂'（inkotanyi）"通过军事力量来夺取权力；

　　——感谢武装部队"英勇"作战，确保给予他们全面支持；

　　——欢迎法国军事力量的存在；

　　——谴责乌干达对卢旺达爱国阵线的支持；

　　——要求部长委员会、总统和总理三方进行"协调"。

这太荒谬了。就在同一天，四个政党的一组代表在基加利谴责同样来自这四个政党在布琼布拉的另一组代表。这种荒谬也反映出反对党内部的政治斗争，而这种斗争是"二月战争"造成的。

对此时合法且成员主要是胡图人的反对党来说，卢旺达爱国阵线2月8日的袭击给他们造成了真正的心理伤害。最大反对党主席福斯汀·特瓦吉拉蒙古、非正式领导人，甚至迪斯马斯·恩森吉亚雷姆耶总理都曾认为卢旺达爱国阵线是一个温和的政治力量，只是希望流亡在外的图西族难民们能重新获得所有的政治和社会权利。尽管卢旺达政权一直将卢旺达爱国阵线描述成试图通过武力夺取权力的嗜战封建势力，但胡图族反对派逐渐接受了相对温和的共和民主运动对卢旺达爱国阵线的看法，将卢旺达爱国阵线所谓的恶毒征

---

① 伊斯兰民主党、绿色政党、民主工党联盟、民主党、卢旺达革命党、妇女与下层阶级运动外加 PPJR – Ramarwanda 这个民间团体中一个未知名成员。会议文件中宣称，此次会议是在卢旺达主教会议、卢旺达新教理事会的倡议下召开的。

服者形象视为宣传编造的产物。可现在，突然地，哈比亚利马纳政权似乎很是在理，且又很是危险。卢旺达爱国阵线确切的袭击背景不清楚。游击力量的官方称，他们是为了阻止西北部的屠杀而发动的袭击。可是，那里的屠杀在遭到卢旺达爱国阵线进攻前两周就已经停止了。因此，卢旺达爱国阵线破坏停火协议只有两个原因。要让人们相信卢旺达爱国阵线的说法是真诚的，那么就可以这样来解释，即面对卢旺达政权持续不断地破坏阿鲁沙谈判，卢旺达爱国阵线愤怒了。然而，要是人们不相信这种正面的解释，那么就会认为卢旺达爱国阵线的愤怒程度让他们开始试图夺取权力了。这种对卢旺达爱国阵线动机的怀疑对胡图族反对派产生了极大的影响。一方面，卢旺达政权最为坚决的反对派开始担心他们过去太天真了，他们的行动是一种冒险，胡图人军事独裁政权打倒了，取而代之的是一个图西人军事独裁政权；另一方面，那些真正的、基本上不可能妥协的痛恨图西族的人，以及那些认为可以从民众对图西族的痛恨中得到政治好处的政客们会形成一个"新反对派"，既反对哈比亚利马纳又反对图西人。加菲斯几乎在一年前就曾如此做了，没有成功的原因是时机不成熟。现在，这一情况再次出现了，且给卢旺达带来更为深远的影响。

3月1日，共和民主运动执行秘书，且与共和民主运动主席福斯汀·特瓦吉拉蒙古有着私人恩怨的多纳特·穆雷戈（Donat Murego）发表了一份奇怪的公报。在公报中，多纳特·穆雷戈坚决支持法国军队在卢旺达的存在，并补充说法国军队的存在"绝不会直接或间接支持隐退下来的朱韦纳尔·哈比亚利马纳业已垂死的政权，且共和民主运动将会继续竭力与该政权做斗争。"两天后，在支持哈比亚利马纳总统倡议的会议上，多纳特·穆雷戈代表共和民主运动再次提出了上述立场。这可以称之为策略性举措，且所有的反对党都有此类似立场。在一次哈比亚利马纳支持下的会议上，自由党派出的代表是老练的政治家斯坦利斯拉斯·姆博纳姆佩卡，此人是自由党主席贾斯汀·穆根兹的竞争者。基督教民主党派出的代表为加斯帕德·恩伊因肯迪，此人则是基督教民主党创建者让－内波姆塞内·纳因兹拉（Jean－Nepomucene Nayinzira）的挑战者。社会民主党代表保罗·塞克尤古（Paul Secyugu）是个并不怎么知名的人物，却是哈比亚利马纳能从社会民主党拉拢过来的最好人选。在恩扎姆拉姆巴赫（Nzamurambaho）、加塔巴兹和加法兰加（Gafaranga）的领导下，社会民主党依然保持团结，充满凝聚力。然而，自由党、基督教民主党，尤其是共和民主运动则都是一盘散沙。哈比亚利马纳支持下的这次会议，旨在分化反对党。会后二十四小时内，四党"官方"领导①就发布了一份公告，指责各党代表"既没有得到授权也没有权力去进行谈判"。事实上，除了社会民主党外，整个反对派已经分裂了。一派认为应与卢旺达爱国阵线寻求合作以反对现政权；另一派则将卢旺达爱国阵线视为敌人，现政权也在与之斗争（不过，可以与现政权建立临时性的同盟关系）。

这种分化给两个政治集团提供了绝好的机遇。第一个政治集团是所谓的"保卫共和国联盟派"即保卫共和国联盟的官员和暗中力量（"零点网络"、全国发展与革命民主运动联攻派民兵，军队中的极端分子）。前者在明处，后者则暗潮涌动。他们虽然与总统圈子中

---

① 共和民主运动的福斯汀·特瓦吉拉蒙古、社会民主党的费代里克·恩扎姆拉姆巴赫（Fédéric Nzamurambaho）、自由党的贾斯汀·穆根兹和基督教民主党的让－内波姆塞内·纳因兹拉，很快就被称为"主席集团"，因为这些人都是各自政党的主席。

的阿卡祖，甚至与阿卡祖中成员有着紧密的联系，但是已经对总统的最终解决方案失去了信心。在他们看来，哈比亚利马纳应对卢旺达爱国阵线 2 月 8 日袭击的立场要更加强硬。他们开始列出了那些"国家叛徒"的名单，那些叛徒都要去死。总统本人可能也考虑过这些人的名单。3 月 9 日，保卫共和国联盟发表了一份措辞激烈的公告，谴责近期签署的达累斯萨拉姆停火协议：

> 朱韦纳尔·哈比亚利马纳先生，共和国总统，赞同一份明显损害卢旺达人民利益的协议里的内容。这已经清楚地显示出，朱韦纳尔·哈比亚利马纳先生，共和国总统对国家利益并没有更多的关注，维护的是其他利益。（达累斯萨拉姆停火协议）是一份叛国协议……保卫共和国联盟庄严地发出号召，号召支持者、政治民主力量以及卢旺达武装部队断然拒绝这份迪斯马斯·恩森吉亚雷姆耶总理、朱韦纳尔·哈比亚利马纳总统已经接受的协议。

3 月 27 日，保卫共和国联盟宣布退出增进民主联盟，以此表明自己转变为反对党的身份。不过，这是一个"新的反对派"，反对总统，但更反对此时在政府中的原有反对派。

受益于反对派分裂的第二个政治集团是加菲斯及其朋友。3 月份，加菲斯积极活动，恢复了 1992 年的和平与民主"俱乐部"，开始从各党中招募人员，旨在发起一次反哈比亚利马纳和反卢旺达爱国阵线运动。在多纳特·穆雷戈和弗罗德瓦尔德·卡拉米拉（Frodwald Karamira）的支持下，加菲斯在共和民主运动内部组织起一个原帕梅胡图党团体。姆博纳姆佩卡带来了一些自由党人和基督教民主党的卢胡姆里扎（Ruhumuliza）。十个小反对党对此也感兴趣，但它们坐等观瞧谁是胜利者。加菲斯想做的并不是要建立一个新党，而是要向"人民大众"（*rubanda nyamwinshi*，即胡图人）发出一种新的"实质性民主"声音，传达一种"共同意识"，形成一种多党联合的运动。这实际上是德巴尔热部长呼吁的"共同战线"的体现，且哈比亚利马纳总统似乎都没能实现此目标。由于民众既厌烦了哈比亚利马纳政权，又担心卢旺达爱国阵线及其反对派"盟友"，这场新运动立即在公共舆论中广受追捧。① 作为政治上的一只老狐狸，哈比亚利马纳总统感受到了这种新风向，很快就拉近了与"老"反对党的关系。这从表面上看似乎是自相矛盾的，但实际上也是符合逻辑之举。在哈比亚利马纳看来，"新反对派"最为危险，因为它日益受到支持，而在目前已经削弱的"老反对派"的威胁则要小得多。

在争夺民心的宣传战中，暴力或调停已成为焦点。3 月 9 日，曾于 1 月份来到卢旺达的国际人权委员会调查团编写的报告出版了，并立即在法国成为一个政治丑闻。② 哈比亚利马纳总统写了一封七页纸的公开信，否认了绝大部分指控，尤其否认了暗杀团的存在。③ 3 月末，恩加拉马（Ngarama）坟墓群被发现有 134 具尸体。卢旺达爱国阵线与卢旺达政府之间就此拉开了指责与反击的舆论战。卢旺达政府称这些尸体是死于卢旺达爱国阵线枪口下的受害者，而卢旺达

---

① 参见 Emmanuel Gapyisi，'La fin d'un régime et la fin d'une guerre'，*Paix et Démocratie*，April 1993，pp. 11 – 13.

② 参见 Laurent Bijard，'Les charniers du Réseau Zéro'，*Le Nouvel Observateur*，11 March 1993。

③ 有趣的是，更知内情的迪斯马斯·恩森吉亚雷姆耶在这封信上签了名。这也是总统与"老反对派"达成和解的一个迹象。

爱国阵线则说这是政府的老坟墓群，只是临时性地出现在那里。① 在一些主要城镇，尤其是在基加利，暴力活动已经成为家常便饭。军队给联攻派民兵和连心派民兵输送越来越多的武器，让它们肆无忌惮地杀害图西人和"老反对派"的支持者，或只是用这些武器来解决个人恩怨。② 卢旺达经济陷入一片混乱。由于卢旺达爱国阵线在通往坦桑尼亚的公路上埋下地雷，卢旺达的通信也变得越来越糟糕。难民也是大问题。为了给来自北部的逃难者提供食物，联合国世界粮食计划署组织起多次粮食空运。世界粮食计划署用汽车从蒙巴萨运来了大量粮食，然后雇用了俄罗斯伊尔76（Ilyushin 76）运输机将粮食从恩德培（Entebbe）空运到基加利。空运线路就没有中断过，每天运输的粮食达到数百吨。根据达累斯萨拉姆停火协议，卢旺达爱国阵线试图让难民回到北部故土，可卢旺达武装部队中途拦截了那些从卢旺达武装部队控制领地前往游击力量控制地区的难民群体。这只是难民迁移的开始。1994 年夏，难民迁移达到了顶峰。全国有一半人口都在逃难路上，在正处于崩塌的政府、卢旺达爱国阵线以及法国"绿松石行动"部队的控制地区之间往返穿梭。

　　1993 年 5 月 18 日，加菲斯开车回家，在开门的时候遭到射杀。

---

① *Le Monde*，30 March 1993. 此时，卢旺达爱国阵线已经遵照达累斯萨拉姆停火协定，撤退到 2 月 8 日前的所在位置。因此，在侵袭前，恩加拉马处在政府控制之下；在1993 年 2 月 10 日—3 月 20 日期间，恩加拉马处在卢旺达爱国阵线控制之下；接着，恩加拉马又处在政府的控制之下。

② 在二月危机期间，法国武器供应规模非常大，甚至都到了卢旺达武装部队开始在市场上再次出售手榴弹的程度。1993 年 6 月，笔者在基加利附近的一个市场上，亲眼看到一些手榴弹和梨子、芒果一起卖。一位警察阻止了笔者拍照，并告诉笔者，"拍这些照片，可不好"。参见 Stephen Smith, 'Dans Kigali, chronique de la terreur quotidienne', *Libération*, 22 March 1993。

五颗子弹打穿了他的胸部。这次谋杀事件立即使卢旺达政治陷入混乱。第二天，卢旺达就出现了一份未署名的传单，指责共和民主运动对加菲斯的暗杀，但并未给出详细解释。20 日，另一份传单出现了，这份传单指控特瓦吉拉蒙古和卢旺达爱国阵线实施了暗杀。21日，第三份传单又出现了，同样也没有署名，将矛头指向了图西族商人、人权活动家查尔斯·沙姆基加（Charles Shamukiga）。所有的这些指控都是粗制滥造的谎言，旨在转移民众的视线，将谋杀圈定在共和民主运动的内部斗争。然而，几乎没有人相信。虽然加菲斯对共和民主运动主席特瓦吉拉蒙古来说是一个威胁，但特瓦吉拉蒙古不可能轻易就能雇用到专业杀手去执行暗杀，特瓦吉拉蒙古既没有个人关系也没有社会关系能做到这一点。显然，要加菲斯人头的人不是保卫共和国联盟就是哈比亚利马纳总统的朋友。要是保卫共和国联盟的话，那么唯一的动机是竞争。加菲斯的论坛和保卫共和国联盟都在争取相同的选民支持。然而，这并不符合实际：加菲斯的立场与保卫共和国联盟不同。加菲斯认为极端主义是正常的，甚至是值得尊重的，这并不符合保卫共和国联盟的情况。即使在与加菲斯合作的同时又存在竞争关系，保卫共和国联盟还是需要加菲斯的。因为，加菲斯的个人声望、友善且务实的立场对极端分子来说是一种吸引力，要不然他们就会离乱哄哄的保卫共和国联盟而去。正是由于加菲斯的存在，保卫共和国联盟曾一度被认为是异想天开的极端主义的主张已经有了一定的接受度了。要是加菲斯真的不利于某个政治群体的话，那么它就是全国发展与革命民主运动的主流人士、人数不少的胡图族种族优越论者以及持有种族主义立场的官员。如果阿鲁沙能达成一份和平协议的话，加菲斯的位置将极其有利："我没有签署，甚至我都不赞成，但我务实且理性：我会给一次机会。可我的选择并不盲目：这一机会要能真正保护人民大众、我的胡图族乡亲父老的利益。"与此同时，恩森吉亚雷姆耶总理和哈比亚利马纳总统内斗正酣，可能会两败俱伤。出现这种情况的可能性很大，因此政治人物近期都蜂拥到加菲斯阵营中去了。加菲斯之死改变了一切。"新""老"反对派之间出现了一种新形势，两派都在激烈地反对哈比亚利马纳总统。

此时，吊诡的是，哈比亚利马纳总统能从加菲斯之死中得到好处的唯一手段，那就是签署和平协定，与"真正"或"老"反对派继续纠缠。在过去的几个月内，哈比亚利马纳总统逐渐陷入了腹背受敌的境地，一方面那些过去一直斥责其专制独裁的人在攻击他，另一方面新的"温和派"又在抨击其软弱。虽然新"温和派"现在群龙无首了，但要危险得多。与"老"反对派结盟，可以为哈比亚利马纳总统赢得时间，这也是总统迫切需要的。总统会扭捏而且清楚地表现出协议是在他极不情愿的情况下签署的。接着，时间就会起作用：利用敌人内部注定会出现的不和与矛盾，哈比亚利马纳总统就可能会在几个月内恢复他与"反对派"之间的关系。当然，这期间可能还会使用暴力手段，但也会协调，不过所谓的协调都是说起来容易做起来难。在扎伊尔，蒙博托总统已经这样做了许多年了，至少历经十多次的下台，不过现在依然手握大权。保卫共和国联盟实在太幼稚了。他们只是在特殊环境下的可加以利用的暴徒而已，压根就不懂得政治手腕。此时，通往某种和平的大门已经打开了。

得来不易的和平

6 月初，政府代表团同意了一份关于难民遣返的协议。难民遣返曾一度是个重大的政治问题，而该议题在此时的政治议程根本就算不上什么。然而，由于另一个更为重要的问题出现，这份协议并没有签署。所谓更为重要的问题是总统在卢旺达武装部队的人员构成上的立场。二月战争后，哈比亚利马纳不再接受将 20% 的比例分给卢旺达爱国阵线，现在所能接受的比例为对政府军有利的 40：60。谈判中的焦点是军官人员的分配比例。卢旺达爱国阵线希望的是五五开，而哈比亚利马纳总统则希望军队继续掌控在原政府军的手中。哈亚利马纳总统心里已经有了对新军的合适安排，也不会让出某些关键性的职位。谈判一拖再拖。令恩森吉亚雷姆耶总理恼怒的是，他成了双方的替罪羊。① 恩森吉亚雷姆耶总理对极端分子日益严重的威胁语气感到担心不已，也不知道总统究竟葫芦里卖的什么药。在一封公开信中，恩森吉亚雷姆耶总理对哈比亚利马纳总统进行了指责：

> 现在，为了重启战争，恐怖组织准备袭击各派政治家，并在全国制造混乱。换句话说，你似乎要找个途径，自己不签署和平协议，又可以迫使当前内阁下台。这样，你就可以提出要组建另一个主张战争的内阁，并再次挑起冲突。这样，你就可以保住你现在作为卢旺达共和国总统的所有权力和特权。（1993年 7 月 6 日）

---

① 1993 年 6 月 14 日，阿鲁沙代表团宣布，协议将在 19 日签署，总统也会出席。笔者当时就在基加利。对此，民众普遍欢迎，这并没有什么问题。然而，19 日过去，什么事也没发生，民众的情绪降到谷底。

恩森吉亚雷姆耶总理的说法非常接近于正在形成的政治现实，不过有一点依然具有不确定性——极端分子并不见得就是哈比亚利马纳总统的拥护者。在这些极端分子中，有些人是被免职的军人，如卢瓦加非利塔上校和塞卢布加上校，他们现在坚定反对总统。关键人物是哈比亚利马纳夫人。直到那时，她还是在支持或操纵其夫。不过，她所信任的兄弟此时则有立场上的变化，更倾向于激进主义。换句话说，"大清洗"充满诱惑，却又危险。虽然总统不知是否会赞同或领导"大清洗"，但"大清洗"越来越有实施条件了。

通过建立一个名为"胡图强权"（Htutu pewer）的非正式、类似俱乐部的组织，"新反对派"实现了自我重建。卢旺达民众称之为"强权"（les power）。其支持者主要是过去加菲斯网络中的成员：多纳特·穆雷戈和弗罗德瓦尔德·卡拉米拉领导的共和民主党内的帕梅胡图党力量、一些不得志的社会民主党人和基督教民主党的卢胡姆里扎及其友人。自由党出现了巨大变化。在加菲斯被暗杀前几天，斯坦利斯拉斯·姆博纳姆佩卡曾成为手榴弹袭击的目标。斯坦利斯拉斯·姆博纳姆佩卡似乎天生就成为不了英雄人物，他决定在当时动荡的政治环境中不伸头。因此，他的位置为强硬派贾斯汀·穆根兹所取代。此时的穆根兹已经有了一个特殊职位。他从总统圈子中已经捞取了大笔金钱，[①] 且很快就被当时的新内阁安排在商务部门任职，这也是穆根兹长期想要得到的位置。由此可见，虽然穆根兹成为自由党中"强权"派[②]的领导人，但他显然不再是个反对派了，而

---

① Kanguka，no. 78，1 July 1993。1994 年 6 月 27 日，在巴黎对一名前卢旺达自由党人的采访。

② 这里指的是卢旺达自由党内亲加菲斯派别，即支持"胡图强权"或"强权"组织的自由党人。——译者注

是充当了哈比亚利马纳针对"强权"组织的发言人，脚踏两条船（half in and half out）。然而，无论如何，他已经与"老反对派"决裂了，自由党中的反哈比亚利马纳派依然掌控在兰德瓦尔德·恩达森瓦的手中。由于所有的图西族自由党人都站在恩达森瓦一边，因此自由党的分裂还带有族群特征。①

　　新成立的米勒·科林斯自由广播电台在舆论战线上也存在穆根兹的"脚踏两条船"立场。作为保卫共和国联盟知识分子思想的产物，米勒·科林斯自由广播电台于 7 月开始了广播。在上一年，由于新联合内阁开始在阿鲁沙与卢旺达爱国阵线进行谈判，保卫共和国联盟极端分子日益不满于卢旺达广播滑到了自由主义一边。他们认为，国家广播电台的记者是机会主义分子，背叛了"正义事业"，向反对派献媚。作为一个"独立"电台，米勒·科林斯自由广播电台得到批准并开始广播，它是忠诚的电台。然而，米勒·科林斯自由广播电台在忠诚于胡图人事业的同时，也有条件地忠诚于哈比亚利马纳总统。米勒·科林斯自由广播电台有自己的套路，也很有效率，它借助街头俚语、下流玩笑以及好的音乐去传送种族分子的立场。在大屠杀期间，听众称之为公开号召展开更多血腥屠杀的"吸血鬼广播"。然而，人们还是如痴如醉，继续收听该电台的广播。虽然人们不相信那些听起来轻松的玩笑，但米勒·科林斯自由广播电台还是公然挑战了人们最为珍视的人类价值。对米勒·科林斯自由广播电台的着迷也扩展到了卢旺达爱国阵线的战士中间。比起穆哈布拉广播电台（"灯塔广播"，这是卢旺达爱国阵线自己的"政治准

---

　　①　因此，为了避免成为打击对象，很多图西人脱离了自由党，加入了社会民主党。在"强权"发起的风暴中，社会民主党处境要好得多。

确"、更具有说教性的电台），这些战士更喜欢收听米勒·科林斯自由广播电台。①

1993 年 7 月 17 日，共和民主运动政治家、前教育部长阿加瑟·乌维林吉伊马娜担任新内阁的总理。该内阁得到哈比亚利马纳总统的授权，签署了和平协议。② 乌维林吉伊马娜夫人是福斯汀·特瓦吉拉蒙古的选择，因为他不想让自己在谈判的最后阶段劳心伤神，更愿意作壁上观。不过，他的这一选择曾与总统本人有过商量。这件事在共和民主运动内部的反特瓦吉拉蒙古派中引起了轰动。反特瓦吉拉蒙古派动用一切可能的手段来阻止特瓦吉拉蒙古在签署和平协议后成立的扩大过渡政府中担任总理，且穆雷戈－卡拉米拉集团推出让·卡姆班达（Jean Kambanda）为共和民主运动的总理候选人。尽管共和民主运动政治局中有四分之三的成员以及绝大部分地方党代表都反对特瓦吉拉蒙古，但特瓦吉拉蒙古还是在 7 月 20 日厚颜无耻地自诩为扩大过渡政府的总理。共和民主运动呼吁召开大会来阻击特瓦吉拉蒙古，确认卡姆班达的候选人资格，但无果而终。③ 反特瓦吉拉蒙古派决定孤注一掷，于 7 月 23 日扣押了乌维林吉伊马娜夫人，迫使她写了一份辞职信，并立即公之于众。然而，乌维林吉伊

---

① 1994 年 7 月 28 日，在日内瓦对记者福斯汀·卡加梅（Faustin Kagame）的采访。福斯汀·卡加梅是图西人，卢旺达爱国阵线在 1994 年 4 月初曾救过他的命。因此，他不可能会暗地支持米勒·科林斯自由广播电台。由于散布仇恨言论，米勒·科林斯自由广播电台成为卢旺达悲剧中最有趣的政治和媒体现象。

② 各个政党间的权力职位分配，与恩森吉亚雷姆耶内阁中的分配完全一致：全国发展与民主革命运动 9 个，共和民主运动 4 个（包括总理），社会民主党 3 个，自由党 3 个，基督教民主党 1 个。

③ 基加利省拒绝筹办此次会议。全国发展与民主革命运动激进分子与会议代表们打成了一锅粥。这显然有些怪异，因为特瓦吉拉蒙古激烈反对哈比亚利马纳总统，而共和民主运动中的穆雷戈－卡拉米拉派则站在哈比亚利马纳一边。然而，正如我们曾论述过的那样，哈比亚利马纳此时已经从现实政治的角度考虑了，至少是临时性地在运用迂回战术。

马娜夫人在第二天通过广播告诉全国民众所发生的一切，并宣布她无意辞职。她继续担任总理一职。就在同一天，穆雷戈、卡拉米拉以及群情激奋的共和民主运动大会撤除了特瓦吉拉蒙古党主席职务，特瓦吉拉蒙古拒绝接受这一决定。共和民主运动公开分裂了。前党主席只得到了很少一部分共和民主运动成员的支持。

此时，所有人都疲惫不堪。政治言论几乎荒诞不经。胡图族种族优越论者对哈比亚利马纳总统大放厥词，而此时的总统正在与希望看到他下台的自由派进行交易；在阿鲁沙，卢旺达爱国阵线的胃口与日俱增；极端分子几乎公开处于备战状态；口头上互相为敌的政治家其实来自同一个党派，且就在同一个内阁中肩并肩地落座；公众对于"民主"闹剧越来越不齿。在所有政党中，只有腐败金的分配似乎是公平的。一家独立媒体机构写道："此时的政党关心的是赚钱。"①

1993 年 8 月 4 日，阿鲁沙举行了庄严的和平协议签署仪式。出席仪式的有卢旺达总统朱韦纳尔·哈比亚利马纳、坦桑尼亚总统阿里·哈桑·姆维尼（Ali Hassan Mwinyi）、乌干达总统约韦里·穆塞韦尼、布隆迪总统梅尔希奥·恩达达耶（Melchior Ndadaye）和扎伊尔总理福斯汀·比林杜瓦（Faustin Birindwa）。法国只派达累斯萨拉姆使馆中的一名外交人员出席了仪式。协议具体涉及未来的扩大过渡政府、全国过渡议会（National Transition Assembly，简称 NTA）、统一武装部队以及其他众多事项。尽管协议上的条款具体而详细，但仪式出席者都明白，他们所签署并正在庆祝的这份协议极其脆弱。一幕结束了，另一幕又将拉开了。

---

① Le Flambeau no. 13, 20 September 1993, 转引自 Filip Reyntjens, l'Afrique des Grands Lacs en crise, op. cit., p. 125。在同一页上，雷捷恩引用了好几篇卢旺达报纸上的文章。这些文章都比较理性，出版于 1993 年 8—11 月期间。

第六章　大屠杀前纪事（1993 年 8 月 4 日—1994 年 4 月 6 日）

等待联卢援助团

阿鲁沙和平协定包括诸多内容。随着过去十二个月谈判的推进，阿鲁沙和平协定最后尘埃落定了。

　　——最初的停火协议签署于 1992 年 7 月 12 日；

　　——确定扩大过渡政府名额分配的分权协议签署于 1992 年 10 月 30 日和 1993 年 1 月 9 日；

　　——关于难民遣返的协议签署于 1993 年 6 月 9 日；

　　——武装部队整合协议签署于 1993 年 8 月 4 日。

要是没有善意，协议上的所有内容都将是一纸空文。可最缺的，就是这样的善意。

扩大过渡政府由严格框定的政党（四大反对党、全国发展与革命民主运动和卢旺达爱国阵线）联合组成，内阁人数不但在之前就确定下来，而且每个内阁职位也有具体的分配：总理一职属于共和民主运动、内政部长一职属于卢旺达爱国阵线、国防部长一职则归全国发展与革命民主运动，等等。包括总理职位，内阁共有 22 个部长职位，所有的决定需要得到三分之二的赞成票。这也就意味着，任何一个决定要想生效，就需要卢旺达爱国阵线（占据五个部长职位）、全国发展与革命民主运动（也占据五个部长职位）和共和民主运动（占据四个部长职位）共计 14 张票的支持。这听上去是一个不错的设计，所有决定都会受到竞争的限制，而不会让决定成为在赞成票上的互相间交易。

由于扩大过渡政府在理论上具有绝对的权力，它的瘫痪也就意味着整个国家的瘫痪。扩大过渡政府几乎剥夺了总统的所有权力，①负责制定和贯彻律法；对内阁的不信任需要获得三分之二投票；由于全国过渡议会由扩大过渡政府中的四大政党代表（外加小反对党代表）组成，全国过渡议会不大可能会去责难扩大过渡政府。作为在如此紧张局势下的产物，协议几乎是各方在被迫的情况下接受的，没有任何力量占据主导地位。结果是，这个谨慎、互相牵制的整个机制无法超越互相间的敌意，建立在有限的共识基础之上。似乎没有人知道机制如何在实践中运行。

签署于 8 月 3 日的军队整合协议是互相间妥协的最后一项内容，过程也最为艰难。在军队人数构成上按照有利于卢旺达武装部队的 60∶40 比例分配，军官按照 50∶50 比例分配，还有一个原则，即在一个既定的军队单位内，担任最高领导两个职务（司令与副司令）不能只由一方把持。要是司令员是卢旺达爱国阵线，那么副司令就

---

① 根据阿鲁沙系列协议，总统权力只是共和国的象征：总统颁布律法，但无权修改和废除律法。总统不但没有任命文职官员的权力，而且也没有提名的权力。总统的"全国讲话"必须要得到扩大过渡政府的允许。

应该来自卢旺达武装部队。反之亦然。除了在上述军事单位内存在"安哥拉式"的紧张关系外，还有一个问题，那就是军队裁员问题：新军队设定在2万人，可卢旺达武装部队有4万人，卢旺达爱国阵线有1.5万人（两者数字都被低估了）。菲利普·雷因津斯计算得出，军队裁员的财政支出至少要2亿美元（士兵与士官每人需要10万卢旺达法郎，高级军官每人需要50万卢旺达法郎），[1] 没有人知道从哪里弄到这笔钱。

最困难的是，贯彻协议还取决于复杂多变的外部条件：建立一支国际军事监督部队。卢旺达爱国阵线在这一点上非常强硬：它要让法国军队离开，由一支联合国部队来取而代之。直到那个时候，国际社会对卢旺达危机的介入程度还比较有限。二月战争后，非洲统一组织曾建立了中立军事观察团（Groupe des Observateurs Militaires Neutres，简称 GOMN），借以监督达累斯萨拉姆停火协定的落实情况。这个组织由约60名非洲军事观察员组成，它能很好地展开工作，但无法在政治上给卢旺达施加影响。1993年6月23日，为了促进阿鲁沙谈判顺利进行，减轻卢旺达政府对卢旺达爱国阵线在乌干达重新武装起来的担心，联合国根据第846号决议组建联合国乌干达-卢旺达观察团（United Nations Uganda – Rwanda Observation Mission，简称 UNUROM）。[2] 可在阿鲁沙协议签署后，签约双方要求联合国部署一支中立军队监督部队来确保阿鲁沙协议的真正落实。1993年9月25日，联合国秘书长原则上同意了，并根据第872号决

---

[1] Filip Reyntjens, l'Afrique des Grands Lacs en crise, op. cit., p.255.

[2] 联合国乌干达-卢旺达观察团搭建缓慢，且在阿鲁沙协议签署后才得以成行。由于是一次针对边界的正式管控任务，观察团效率极低。笔者1994年就在加图纳（Gatuna）和卡吉通巴（Kagitumba），可以对此加以证实。

议，在 10 月 5 日组建了联卢援助团（United Nations Assistance Mission to Rwanda，简称 UNAMIR）。接着，联合国就展开了外交咨询，看看哪些国家愿意派军队到联卢援助团。当然，鉴于卢旺达爱国阵线的敌意，法国被排除在外。①

哈比亚利马纳总统同意签署阿鲁沙和平协议，并非出自本意，不意味着卢旺达在政治上翻开了新的一页，也不意味着卢旺达民主化新进程的开启。那只是他的权宜之计，他想要的是赢得时间，顶住反对派各种力量的压力，并可以争取到外援。

阿鲁沙签字典礼之后，为了评估地区形势，哈比亚利马纳总统首先去了乌干达，要摸一摸穆塞维尼的想法（1993 年 8 月 31 日）。这次访问简直就是一场灾难。乌干达总统坚决要求卢旺达遵守阿鲁沙协议。他还邀请了好几位卢旺达爱国阵线领导（保罗·卡加梅、卡尼亚伦圭上校、蒂托·卢塔雷马拉和巴斯德·比齐蒙古）过来，希望哈比亚利马纳能与他们在非正式场合谈一谈。然而，哈比亚利马纳反应冷淡，对穆塞维尼的客人压根就不予理睬，差点酿成了外交事件。② 几天后（9 月 4 日），哈比亚利马纳去往布隆迪，会晤了刚在几个月前当选为总统的梅尔希奥·恩达达耶。哈比亚利马纳要求恩达达耶阻止卢旺达爱国阵线在布隆迪北部的卢旺达图西族难民中招募兵员。然而，恩达达耶总统表现谨慎。他担心这位饱受争议

---

① 作为阿鲁沙协议的一部分，卢旺达爱国阵线将派出一个由 600 人组成的营部，开赴基加利，以保证卢旺达爱国阵线政治家的"安全"。9 月 29 日，卢旺达爱国阵线宣布，只要法国军队在基加利，它就不会派出人员进驻首都（SWB, Radio Rwanda, 30 September 1993）。

② SWB, Radio Muhabura, 30 September 1993；1994 年 7 月 4 日，在姆林迪（Mulindi）对卢旺达爱国阵线总统候选人巴斯德·比齐蒙古的采访。关于去乌干达会晤哈比亚利马纳总统一事，卢旺达爱国阵线这几个人坚持说是哈比亚利马纳通过穆塞韦尼总统邀请他们过来的，但哈比亚利马纳总统最后变卦了。

的客人要是在首都进行国事访问，会给布隆迪选举后难得的脆弱和平带来麻烦，因此哈比亚利马纳没有去布琼布拉，而是乘直升机直接到了布隆迪北部的恩戈兹（Ngozi）。此次会晤毫无建树。哈比亚利马纳希望在面对"图西人的傲慢"的时候能看到"胡图人的团结"，可他所见到的是一个谨慎而又温和的政治家。尽管恩达达耶总统决定不让布隆迪难民卷入卢旺达危机，可并不愿意给哈比亚利马纳一张哪怕是空白的政治支票。

国内情势仍在不断发酵。人们每天都能体会到政治上的变化，很多人都急于在新的政治秩序形成前清理账务。由于全国发展与革命民主运动强硬派担心扩大过渡政府会切断其外汇交易渠道，大量的金钱被转移出卢旺达。他们也担心丧失对经济机构的控制。总统的人也忙于在扩大过渡政府接管前将众多官方或半官方企业以低廉的价格卖给朋友。① 那些要交给卢旺达爱国阵线的各层地方行政机构、部门机构也都换了领导人。② 根据阿鲁沙协议，难民可以自由迁移，但在他们试图向北迁往卢旺达爱国阵线控制地区的时候还是会遭到卢旺达武装部队的阻拦。③

在一些事情的处理上，方式更为野蛮。在卢旺达好几个地方，

---

① 理由是，在结构调整计划框架下遵从世界银行建议。

② 按照阿鲁沙协议，所有地方当局，无论是省、专区还是区，都必须要换人。有趣的是，在可能会被清除出政治舞台的问题上，全国发展与民主革命运动的担心有些被夸大了。9月，在非军事区，即既不在卢旺达武装部队，又不在卢旺达爱国阵线控制下的地区，基尼希拉（Kinihira，位于比温巴）和基拉姆博（Kirambo，位于鲁亨盖里）的几个专区与区举行了几次镇长选举。选举结果都是全国发展与民主革命运动的人当选。当然，该地区一直以来都支持哈比亚利马纳政权。然而，这也表明，在自由、公平的选举中，全国发展与民主革命运动可能不再是全国性的了，但在某些地区依然会表现强劲。

③ 在1993年10月2日的一封信中，卢旺达爱国阵线主席卡尼亚伦圭上校抗议道："这些做法既违反阿鲁沙协议的精神，又违反阿鲁沙协议的条款。"他的抗议得到了最高法院院长约瑟夫·卡瓦卢干达（Joseph Kavaruganda）的支持。然而，这也意味着，大屠杀开始后，卡瓦卢干达必有杀身之祸。

一些 1990 年后曾组织和参与过屠杀的人或是被受害者友人与亲戚或是被掌权的上层直接杀掉。后者担心屠杀者可能会由于说得太多而暴露自己。南方出现了好几次谋杀，可能是出于对屠杀的报复。8 月 21 日，臭名昭彰的坎曾泽（Kanzenze）镇长费德雷·卢瓦姆布卡（Fidéle Rwambuka）遭到了暗杀。10 月中旬，卢旺达爱国阵线在西北部地区也执行了一系列的谋杀。他们可能是为了报复巴格圭屠杀，或是出于对联攻派民兵激进分子清除内部温和派成员的报复。

面对不断恶化的政治环境，"反对"党变得混乱不堪。保卫共和国联盟公开呼吁与共和民主运动强权派和分裂势力建立联盟关系。自由党由于在阿鲁沙协议中被同意列入内阁名单，此时已成为各派争取对象。① 问题就出于谈判期间所达成的共识。内阁职位虽然按照政党来进行分配，但同一政党内部有不同团体都声称有代表权，且都纷纷推举出不同的内阁候选人，内阁职位究竟由谁担任呢？当然，这个问题没有答案。尽管总统和极端分子并不在同一政治战壕中，

---

① 1994 年 6 月，前国防部长詹姆斯·加萨纳在日内瓦给了笔者这份非正式名单。具体如下：卢旺达爱国阵线占 5 个部长席位，包括新设的副总理。具体人员为雅克·比霍扎加拉、巴斯德·比齐蒙古、塞思·森达绍恩加、伊马库莱·卡约姆巴（Immaculée Kayumba）夫人、约瑟夫·卡拉米拉（Joseph Karamira）上校。全国发展与民主革命运动的提名候选人为：安德鲁·恩塔盖如拉、普罗斯伯·姆吉拉内扎、费尔迪南德·纳希马纳、波利娜·恩伊拉马胡胡科（Pauline Nyiramashuhuko）夫人和奥古斯丁·比齐马拉，都是强硬派。社会民主党的提名候选人为：费代里克·恩扎姆拉姆巴赫、费里西恩·加塔巴兹和马克·卢干内拉（Marc Ruganera）。这份名单并没有被同意，因为社会民主党还是保留了旧政权内的名额。基督教民主党的提名候选人为让-内波姆塞内·纳因兹拉，但这一提名受到基督教民主党内强权派的挑战，他们希望加斯帕德·卢胡姆里扎取而代之。共和民主运动提名福斯汀·特瓦吉拉蒙古为"总理人选"，此外还提名了其他人选：迪斯马斯·恩森吉亚雷姆耶、阿加瑟·乌维林吉伊马娜夫人和波尼费斯·恩古林兹拉。迪斯马斯·恩森吉亚雷姆耶的立场很模糊，正与"强权"派走得越来越近，且遭到其他人的激烈反对。自由党的提名候选人贾斯汀·穆根兹和阿吉内斯·恩塔马亚里罗，都是"强权派"人士，另一名提名候选人兰德瓦尔德·恩达瓦本来应允与前两者一道进入政府，但后来与所有"老反对派"支持者（绝大部分都是图西人）都脱离了自由党。

但这些不同候选人名单还是会直接提交到总统和极端分子手中。[①] 就是在这种紧张的氛围中，又传来了梅尔希奥·恩达达耶总统被暗杀的新闻。

恩达达耶之死：震动及其影响

要理解恩达达耶被杀对卢旺达政治局势的影响，我们必须要记住一点，即卢旺达和布隆迪自独立后就是一个跷跷板的两端。这两个国家几乎有着相同的历史，社会结构类似，互相间不断地、几乎就是被迫式地相互影响，彼此的期望、灾难和转型注定会投射到对方国家。1959—1963年的卢旺达屠杀引起了布隆迪图西人的恐惧，并导致布琼布拉建立了图西人占主导地位的政治体系。20世纪60年代末卢旺达胡图人的躁动再次引起了布隆迪的不安，并导致1972年布隆迪图西族极端分子为了防止胡图族精英发起运动，开始大规模地杀害胡图族知识分子。反过来，正是1972年布隆迪的恐惧又导致格雷戈瓦·卡伊班达总统1973年在卢旺达煽动起对图西人的迫害，以便维系其摇摇欲坠的独裁统治。这也为哈比亚利马纳发动政变铺平了道路。接着，在1988年，卢旺达支持了激进的布隆迪胡图人激进运动帕利佩胡图（Palipehutu），并引发了恩太加/马兰加拉（Ntega/ Marangara）叛乱和镇压。这让皮埃尔·布约亚（Pierre Buyoya）总统确信，他应该要对布隆迪种族独裁统治进行彻底的变革。1988—1993年间的布隆迪民主化进程极富勇气，也让哈比亚利马纳

---

① 一篇文章曾很好地总结了这一局势，并起了个有预见性的标题，参见 Marie - France Cros, 'Il est minuit, Messieurs', *La Libre Belgique*, 4 October 1993。

在卢旺达的独裁统治显得越来越落伍，岌岌可危。①

　　梅尔希奥·恩达达耶是一名胡图族工程师。1993 年 6 月 1 日，在一次自由和公正的选举中，他以 64.8% 的选票当选为布隆迪总统。一个月不到，恩达达耶领导的布隆迪民主阵线（Frodebu party）就于 6 月 29 日以 71.4% 的选票获得了共计 81 席中的 65 个议席。他的图西族对手，前总统皮埃尔·布约亚真诚地接受了选举结果，并顺利地移交了权力。此后，尽管胡图族激进分子缺乏耐心，图西族极端分子倍感挫折，且都造成了很大的麻烦，但是恩达达耶总统还是力挽狂澜，国家沿着温和的路线在发展，且在最大程度上消解了紧张局势的影响。接着，1993 年 10 月 21 日，恩达达耶总统遭到了激进的图西族军官绑架，并被带到了军营，随即被谋杀。恩达达耶是布隆迪历史上第一位胡图族总统。他的死引起了胡图族同胞的极大愤怒，也让他们备受挫折。然而，当局并没有对民众的心理进行平复，好几位部长和很多地方行政官员怂恿胡图族直接对当地的图西族农民进行报复。与此同时，内阁中的好几位成员遭到政变未遂者杀害，其他成员则先是逃到法国使馆避难，后又避难于湖边的一个救济营中。即便在救济营中，这些内阁成员依然手足无措，没有平复民众的怒火（需要承认的是，这样做也具有危险性）。几天后，为了恢复秩序，图西人控制的军队开始强有力地介入了进来。

---

　　①　关于这一进程的更详细论述，参见 Jean – Pierre Chrétien，'Hutu et Tutsi au Rwanda et au Burundi'，pp. 129 – 165，in Jean – Louis Amselle and Elikia M' Bokolo（eds），*Au coeur de l'ethnie*，op. cit. ；关于两国关系的情况，参见 René Lemarchand，*Rwanda and Burundi*，op. cit. ；关于独立初期的暴乱局势，参见 Jean – Pierre Chrétien，'Pluralisme politique et équilibre ethnique au Rwanda et au Burundi'，pp. 51 – 58，in André Guichaoua（ed.），*Enjeux nationaux et dynamiques régionales dans l'Afrique des Grands Lacs*，op. cit. ，这本书还讨论 20 世纪 90 年代早期的情况；关于近些年来的情况，参见 Filip Reyntjens，*l'Afrique des Grands Lacs en crise*，op. cit. 。

反图西人的屠杀和反胡图人的军队杀戮共导致 5 万人死亡，图西人约占 60%，胡图人约占 40%。估计有 15 万图西人逃到军队控制的城镇，他们在那里才有安全感，并成为国内的无家可归者。与此同时，约有 30 万胡图人越过边界线逃到周边国家，主要是卢旺达。①

这些事件对卢旺达产生了相当大的影响。当然，不同的政治行为体会有不同的理解。对激进的胡图族团体，无论是保卫共和国联盟还是"胡图强权"来说，布隆迪所发生的这一切就是图西人背信弃义的明证，且强化了他们的决心，即不惜一切代价（最极端者甚至要以预防性的大屠杀为代价）来抵制阿鲁沙和平协议。我们在第 5 章已经提及的"大清除"、"种族问题的最终解决方案"等观念在 1992 年年末的时候已经在极端分子中间广为传播。不过，正是恩达达耶总统被谋杀，让保护共和国联盟及其同谋确信现在就要行动起来。他们深知，恩达达耶之死在卢旺达引起的震动可以让他们得到很多质朴或立场摇摆的群众的支持。他们在阐释局势的时候，几乎就以圣经般的口吻来说明形势的紧迫。他们渲染胡图人将会失去特权（理性的层次），也会失去生命（心理层次），甚至会失去整个世界（神性的层次）。他们的广播电台，米勒·科林斯自由广播电台掀起宣传浪潮，不断地提及"多数人民主"、"图西封建势力奴役"的恐惧以及语意不明的"行动呼吁"。问题被严重误解了，而对应的回应则是一个刻意、有组织的和冷血的政治动员。多年来，这种政治妄想一直存在，可在此前都只是少数人的臆想，也只局限于保卫共

---

① Commission Internationale d'Enquête sur les Violations des Droits de l'Homme au Burundi depuis le 21 October 1993, *Rapport final*, Brussels, July 1994.

和国联盟、"零点网"、阿马萨苏派（Amasasu）积极分子以及杂牌的民兵。由于恩达达耶之死，先发制人而不是被杀，就成了大部分卢旺达人的共同选择。这令"反对党"中的"强权派"喜出望外，他们可以装作是"温和派"，然后是在难以容忍的威胁下，才做出了"正义的、极端主义"选择。布隆迪胡图族总统之死和成千上万胡图族难民的涌入，带来了令人恐惧的故事，也传来了图西族军队的屠杀讯息。[1]其给卢旺达所造成的心理影响也给卢旺达业已超过负荷的政治气候带来了巨大的负面影响。借着民众的震动与恐惧，"胡图强权"更倾向于保卫共和国联盟和全国发展与革命民主运动的强硬派。它们整合在一起，在卢旺达政治生活中扮演着一个新角色。[2]保卫共和国联盟摆脱了"最终解决"极端种族主义者的孤立处境，尽管还没有得到绝大多数人的支持，但现在已经为农村地区所熟知。可以肯定的是，在这个时期，极端分子被广泛接受，甚至可以给全国发展与革命民主运动地方当局下达指令，说话的时候也是以政府当局的口吻说出，好像他们本身就是政府一样。

恩达达耶总统被暗杀所造成的震动，如果说有助于胡图族种族优越论者团结起来，推动背后的仇恨渐长的话，那么对"旧反对派"来说则意味着双重警示：第一，他们类似于布隆迪民主阵线，并认识到机制变革的脆弱性，暴力随时都会让无论是选举还是谈判这样的温和路线所取得的成果荡然无存；第二，他们自视为被迫与图西族武装集团合作的胡图族政治力量，可卢旺达爱国阵线二月进犯又

---

[1]　当然，他们会忽视自己在军队干预前针对图西族农民的屠杀。
[2]　1993 年 10 月 23 日，在一次旨在"支持布隆迪人"的公开大会上，共和民主运动领"强权派"领导人弗罗德瓦尔德·卡拉米拉（Frodwald Karamira）宣布道："胡图人要团结起来，反对反民主图西人所带来的危险。"这正是保卫共和国联盟的一贯立场。

让他们深感不安。那些"蟑螂"的目标究竟是什么？他们对阿鲁沙谈判还会感到满意吗？他们会想要独占权力吗？在什么样的情况下胡图族反对派将会成为很快就被抛弃的特洛伊木马？布隆迪的悲剧让旧反对派充分认识到自己的虚弱：与卢旺达爱国阵线和胡图种族优越论者不同，他们没有枪。稳健温和的恩达达耶总统之死令人寒心，也提醒那些没有武装力量的人，要是极端分子认为时机成熟并决定展开行动时，他们将无力抵抗。

卢旺达爱国阵线的态度也比较模糊。它发表了一份公报，既对恩达达耶总统遇害一事，也对随后的暴力活动进行了谴责。然而，这种反应很正常：作为一个自封的"民主"组织，它并没有对一个广受民众爱戴的当选元首之死表达出真正的愤怒。更糟的是，卢旺达爱国阵线的一些人对胡图族总统之死公开表现出欢欣雀跃。在坎帕拉，布隆迪的几个政变失败者，如果说没有得到官方的政治庇护的话，至少也得到了欢迎，并被允许继续留下来，且生活富裕。① 卢旺达爱国阵线利用其在那里的关系为他们提供支持。这种态度很是暧昧，至少对基加利胡图族民主反对派来说如此。因此，卢旺达爱国阵线的立场并没有减轻他们的担忧。受到恩达达耶之死影响的最大团体是哈比亚利马纳总统及其卫队。与民主反对派完全不同，哈比

---

① 他们是贝尔纳·布萨科扎（Bernard Busakoza）少将、西尔维斯特·恩加巴（Sylvestre Ngaba）中校、保罗·卡马纳（Paul Kamana）中校、其他五名官员以及两名军士。卡马纳中校被说成是杀害恩达达耶总统的凶手。1993 年 10 月末至 1994 年 2 月初，他们待在坎帕拉，被卢旺达爱国阵线视为座上宾。然而，在此期间，他们的存在给穆塞韦尼总统带来了政治麻烦，于是被告知要出去度假。在扎伊尔待了一段时间后，他们又秘密返回乌干达，但最终于 1994 年 11 月底被逮捕了起来。在本书写作的时候，他们依然在等待被引渡回去，但布隆迪目前政治局势未明，要是他们回去，无论对政府还是对反对派来说，都是块烫手山芋。（1994 年 7 月 7 日，在坎帕拉对乌干达记者的采访；*Le Monde*，25 November 1994；1994 年 12 月 14 日，在英国阿什伯纳姆宫［Ashburnham Place］对菲利普·雷捷恩的采访。）

亚利马纳总统第一个想到的就是：在面对暴力的时候，机制安排实
在是太脆弱了。然而，他与受害总统不同，布瓦约总统与恩达达耶
总统都是理想主义者。权力就是权力，把权力付诸纸面并不安全。
这也坚定了哈比亚利马纳总统抵制阿鲁沙和平协议的决心。一旦他
将实际权力交给敌人，谁能保证他的命运？他可能会因为 1990—
1993 年的屠杀而遭到审判，甚至也可能会就 1990 年前的政治谋杀而
遭到质询，也可能会因公共资金的动用而遭到质询。可那时他就没
有武器来保护自己了；另一方面，胡图族的种族优越论者过去是总
统的支持者，现在则认为哈比亚利马纳已经不能真正维护胡图族大
多数（*rubanda nyamwinshi*）的利益，尤其是胡图族的种族优越论者
的利益。作为总统，他依然可以和敌人做交易，但这种交易并不靠
谱。整个阿卡祖，甚至一度是政权的地方受益者也缺乏能力来保护
胡图族大多数的利益。他们人数太多了，也走得太远了，已经无法
回头了。此时的他们认为，已经别无选择，只得寻找更为激进的解
决方案。恩达达耶总统所属政党极端分子认为总统过于温和，而总
统又与公开作乱的图西族敌人保持距离因而抛弃了他。哈比亚利马
拉总统的情况也是这样，他也认识到保卫共和国联盟和"胡图强权"
在军队内部有内线，随时都可能会抛弃他而寻求一种更激进的方式。
哈比亚利马纳在军队部署上权力极其有限，各个方面都会对他造成
威胁。无论出于什么目的考虑，赢取时间是一种生存战略。

卢旺达民众震惊于恩达达耶总统之死，并发起了普遍的示威游
行。这些示威游行立即被全国发展与民主革命运动强硬派、保卫共
和国联盟以及"胡图强权"极端分子加以利用。各个省份都出现了
卢旺达爱国阵线的同情者遭到杀害、针对图西人的零星杀戮行为，

一些被认为不值得信任的联攻派民兵也被清算了。① 旧有的个人恩怨开始以血腥杀戮来解决。② 就是在这种氛围中，阿鲁沙协议条款开始慢慢地推进和落实。

第一批联卢援助团的部队于 11 月抵达基加利，③ 卢旺达爱国阵线的一个 600 多人的营也于同期抵达。10 月底决定撤军的法国军队此时正在撤离卢旺达。④ 12 月 28 日，卢旺达爱国阵线未来的三个部长，即雅克·比霍扎加拉、保罗·卡加梅和巴斯德·比齐蒙古也到了基加利。权力移交显然没有任何理由可以加以拖延了。然而，共和民主运动—强权派（MDR - Power）和自由党—强权派（PL - Power）依然坚决反对内阁接纳"老反对派"、前同一政党的同志。没有人可以绝对有力地证明谁是某个具体政党的负责人，进而有权为政府去选出党派候选人。候任总理福斯汀·特瓦吉拉蒙古绝望地宣布道："我在等着共和国总统停止对共和民主运动和自由党的干预，进而我们可以继续推进和落实在阿鲁沙所达成的各项机制安排。"⑤ 在这种混乱的情况下，来自喀麦隆的联合国特使雅克-罗格·波尔-波尔（Jacques - Roger Booh - Booh）也感到有些失落。他试图不偏不倚，且曾一度强烈批评哈比亚利马纳总统有意耽搁拖

① 仅在 1993 年 11 月，布塔雷省就有 20 人被杀，基加利省有 13 人被杀。在布塔雷镇附近，一个地雷就炸死了 11 人。没有人声称对此负责（*Le Monde*，5 December 1993）。

② 就在这一时期（11 月），在为电影《迷雾中的大猩猩》（*Gorillas in the mist*）工作的记者卡利斯特·库利萨（Calixte Kulisa）被杀了。他曾是黛安·福西（Dian Fossey）谋杀案的目击证人。在黛安·福西谋杀案中，哈比亚利马纳夫人的兄弟普罗泰·兹吉兰伊拉佐（Protais Zigiranyirazo）有很大的嫌疑（参见 Nicholas Gordon，*Murders in the mist：Who killed Dian Fossey?*，London：Hodder and Stoughton，1994）。

③ 提供人员最多的三个国家为孟加拉、加纳和比利时。

④ *Le Monde*，13 October 1993.

⑤ SWB，Radio Rwanda，17 January 1994.

延（确实如此），① 但后来他又支持了保卫共和国联盟的要求，并将他们纳入政府中来，这又激怒了卢旺达爱国阵线和民主反对派。总的来说，联合国给人的印象是，它认为这种困境只是一种"技术问题"，随着人员和物资的到来会神奇般地解决。虽然联合国并不知道应该采取何种政策，但在 1 月 6 日还是决定再派 1000 名蓝盔军来支援联卢援助团。

武器已经被分发给了极端主义的民兵，这已是路人皆知的事实。卢旺达爱国阵线常常谴责说"在海外购置武器就是为了发动战争"，② 联合国试图寻求一个最后机会，召开一次有全国发展与革命民主运动和卢旺达爱国阵线参加的会议。然而，这样的会议在这个时候已经没有作用了。想参加这样会议的全国发展与革命民主运动骨干，要不是那些不再能掌控局势的中间路线力量，要不就是那些只想赢取时间的极端分子。卡加梅少将在失望中离开了基加利，又回到了姆林迪。1 月 30 日，巴斯德·比齐蒙古对哈比亚利马纳总统发出警告，要是阿鲁沙协议的落实情况没有推进的话，卢旺达爱国阵线可能会单方面中止停火协议。事实上，在乌干达的帮助下，卡加梅正忙于重新武装工作，为新兵寻找轻武器。卡加梅招募的这些新兵既有图西族难民，也有鲁亨盖里的胡图人。后者之所以加入，主要是因为卡尼亚伦圭上校就是鲁亨盖里人。③ 然而，比齐蒙古的威

① SWB, Radio Rwanda, 3 January 1994.
② SWB, Radio Muhabura, 29 January 1994.
③ 事实上，自从 1993 年 3 月停火后，卡尼亚伦圭上校就一直从其老家招募年轻人，这样既能增强卢旺达爱国阵线实力，又能发展他本人在机构中的政治基础。卡尼亚伦圭实际上并没有军权。尽管他是卢旺达爱国阵线的主席，但他并不是卢旺达爱国阵线部队的人，领导卢旺达爱国阵线武装部队的是卡加梅少将。（1993 年 6 月 14 日，在基加利对福斯汀·特瓦吉拉蒙古的采访。）

胁事实上只是口头上的，哈比亚利马纳总统对此清楚。由于联卢援助团的存在，卢旺达爱国阵线承担不起挑起战事的罪责。

按照计划，权力移交要在 1 月 10 日前完成，但又再次被延期了。17 日，联合国安理会失去了耐心，发表了一份公告。公告说，只有各竞争性政党就阿鲁沙协议的执行安排达成最低限度的一致意见，联合国在卢旺达的行动才可能继续展开。就在同一天，联卢援助团在基加利发表了一份更简明的公报，呼吁所有政党禁止军事训练项目和业已开始的"大量武器分发"。① 比利时外交部长威利·克拉斯（Willy Claes）随后飞赴基加利，并告诉哈比亚利马纳总统说国际社会援助也开始失去了耐心。第二天，威利·克拉斯会晤了联合国特别代表波尔－波尔。波尔－波尔告诉他说，在目前状况下，联卢援助团已经无法阻止武器分发给平民的行为，卢旺达已经公开这么做了。② 就在他们会谈的时候，基加利街道上的游行示威如火如荼，并造成 5 人死亡，十余人受伤。联合国希望扩大过渡政府如期在 2 月 22 日举行就职仪式，进而给业已陷入困境的协商进程带来转机。2 月 21 日，共和民主运动中的特瓦吉拉蒙古派举行公开集会，支持扩大过渡政府的就职仪式，但遭到对立的共和民主运动—强权派的袭击。基加利陷入暴力，并造成 8 人死亡，多人受伤。晚上 11 点左右，社会民主党秘书长费里西恩·加塔巴兹在开车回家时，遭到一名身份不明的枪手射杀。此次暗杀，与约一年前针对加菲斯的暗杀如出一辙。

---

① *Le Monde*, 19 February 1994.

② SWB, RTBF, 19 and 20 February 1994.

悬崖边缘

加塔巴兹遭到谋杀，等于发出了一个信号。极端分子再次成功地拖延将权力移交给扩大过渡政府。不过，这一次，极端分子几乎开启了事态的大爆发。与社会民主党其他领导人一样，加塔巴兹是一名尼扬杜加人（umunyanduga），南方人怒火中烧。不幸的是，保卫共和国联盟主席马丁·布克亚纳（Martin Bucyana）当时正在南方旅行。愤怒的社会民主党支持者在布塔雷袭击了马丁·布克亚纳所乘的轿车，并动用私刑处死了他及其司机。反过来，此事又引起了保卫共和国联盟的报复。23 日和 24 日，基加利出现了暴动，激烈程度几乎接近于内战，造成了 35 人死亡和 150 人受伤。[1] 对于这些事件，卢旺达爱国阵线保持了缄默。不过，卢旺达爱国阵线也作了简单的回应：三派势力想通过杀害加塔巴兹，拖延权力移交。他们是：贾斯汀·穆根兹派，他们想边缘化兰德瓦尔德·恩达森瓦，恢复自由党在政府中的席位；总统本人，准备动用一切手段拖延扩大过渡政府的搭建；保卫共和国联盟派，他们反对整个民主化进程。[2]

22 日，哈比亚利马纳总统实际上已经去了全国发展议会（Conseil National du Développement，简称 CND，即议会大楼），并宣布："卢旺达爱国阵线和社会民主党代表没来，两名总理，现任和候任总理，以及宪法法庭主席也都没来。"[3] 对当前的暴力形势，哈比亚利马纳并没有任何评论，只是归结说，这些权力移交的参与者是在

---

① SWB, RTBF, 23 February 1994.
② SWB, Radio Muhabura, 22 February 1994.
③ SWB, Radio Rwanda, 23 February 1994.

"拒绝民主"，并"呼吁卢旺达民众不要泄气。"（最后一句究竟是不是伤感的幽默，这要留给听众来判断了。）联合国难民署驻卢旺达特别代表米歇尔·穆萨利（Michel Moussali）警告说，要是政治僵局无法打破的话，卢旺达会有爆发"屠杀"（bloodbath）的危险。在新闻发布会上（2月23日），哈比亚利马纳总统被迫谈及由于人们不冷静而造成的难以掌控局面，充当起善人说道：

> 我们有两个总理。一个是业已不再运转的政府的总理，另一个是还没有成立的政府的总理。……商谈和讨论之后，我不知道要再怎么做了。要是有人脑袋比我聪明的话，请建言。

显然，没人会建言献策。危机慢慢缓和了。为了能在暂停下来的骚动中，像蒙博托那样求得生存，哈比亚利马纳又一次地发起了新一轮循环：拖延、操纵、否认和仓促地提出解决问题的假方案。比利时派国防部长莱奥·德尔克鲁瓦（Léo Delcroix）来到卢旺达，并告诉哈比亚利马纳说："比利时不能无限期地坐等过渡机构的组建。"① 这种威胁并不正当，似乎也没有给哈比亚利马纳造成困扰。3月16日，一名茶叶园经理，其妻子和三名雇员在从基尼希拉（Kini-hira）开车路过非军事区时遭到伏击，被杀身亡。全国发展与民主革命运动和卢旺达爱国阵线，互相指责对方要为此次袭击负责。事实上，此事或许并不是双方中任何一方所为。此时的联攻派已经自行其是了。

至此，保卫共和国联盟傲慢地拒绝参与到阿鲁沙协议中所要组建的政府，并为阻止新政府组建进程找到了一个新途径。它拒绝在

---

① SWB, Radio Rwanda, 10 March 1994.

全国过渡议会中只占有一个席位，并要求签订一部《全国议会种族法》（National Assembly Code of Ethics）。这当然激怒了反对党。反对党展开回击说，保卫共和国联盟与民主机构水火不容。因此，哈比亚利马纳总统开始支援保卫共和联盟。要是没有保卫共和国联盟的参与，他就拒绝权力移交。又一次地，形势陷入僵局。接着，哈比亚利马纳宣布放弃这一立场，并宣布他将于 3 月 25 日移交权力。然而，3 月 25 日，权力依然没有移交，又被拖延到第二天。第一，由于哈比亚利马纳希望过渡政府不但要容纳保卫共和国联盟，而且要接纳一名伊斯兰民主党代表（此人提交一份提案，要取代另一名伊斯兰民主党在全国过渡议会中的席位）。第二，一名卢旺达民主运动议员也提出了针对另一名卢旺达民主运动成员的提案，反对后者的席位资格。第二天，问题没有得到解决，权力移交再一次地被拖延至 3 月 28 日。

　　整件事就像是一出漏洞百出的喜剧。不过，卢旺达民众都认为哈比亚利马纳的日子就快到头了。他可能会再出一两个幺蛾子，对手们（既贪心，又吵闹）可能也会再让他拖延几次，但结果是可预见的。不过，3 月 28 日又遭遇拖延之后，[①] 外部压力增大了起来。联合国特使波尔 – 波尔、教皇特使、所有参加阿鲁沙协议签署仪式的大使、坦桑尼亚的调解人联合向卢旺达各党发出正式呼吁。甚至从未深入涉及卢旺达事务的俄罗斯，也过来支持这种外交施压，并在 3 月 29 日发表一份声明，"对过渡机构未能运转表示遗憾"，并承诺"支持所有有助于过渡机构运转的努力"。4 月 2 日，波尔 – 波尔

---

　　① 此次借口为伊斯兰民主党和共和民主运动未来席位候选人难产。总统办公室主任伊诺克·卢希吉拉（Enoch Ruhigira）也够天真的了，他承认说"要是保卫共和国联盟的问题解决了……其他问题又将会出来。"（SWB，Radio Muhabura，28 March 1994。）

就即将要在纽约接受检查的联卢援助团预算发出警告说，联卢援助团要是恢复的话，就要附加"苛刻条件"。4月3日，德国大使以欧洲名义呼吁要立即调查加塔巴兹和布克亚纳的死因，并郑重要求哈比亚利马纳落实阿鲁沙协议的条款，并表达了他对卢旺达长期没有政府的关切。更重要的是，他还暗示道，要是官方继续默许暴力发生，就要停止援助：

> 欧盟对卢旺达，尤其是首都及其周边地区日益升级的不安全局势深表关切，并对武器扩散发出警告，希望揭露一些媒体在阻碍全国和解上扮演了不可接受的角色。① 欧盟重申，只有各党派尽快落实阿鲁沙协议条款，欧盟对和平进程的支持才会有成效。②

很显然，哈比亚利马纳总统不能长久抗得住这种外交压力。4月4日，联合国秘书长布特罗斯·布特罗斯－加利（Boutros Boutros － Ghali）在一份提交给安理会的报告中，威胁说如果阿鲁沙协议没能很快得到落实，就要"重新考虑"联合国在卢旺达的存在。甚至地区"恐龙"，③ 蒙博托·塞塞·塞科"元帅"也认为，他必须要给出了一些"父亲式"的建议，将哈比亚利马纳和布隆迪临时总统西普里安·恩塔里亚米拉（Cyprien Ntaryamira）叫到其在扎伊尔北部戈巴多莱（Gbadolite）的住所。在随后的公报中，主要讨论的议题是

---

① 清晰地指向米勒·科林斯自由广播电台的煽动广播。
② SWB, Radio Rwanda, 3 April 1994.
③ 这是比利时记者写蒙博托传记时用的标题。参见 Colette Braeckman, Le Dinosaure, Paris：Fayard, 1982。

"确保地方公共安全的途径与方式"。①

　　紧张的局势、暴力、持续的外交压力，都回避了一个问题：人们当时知道即将要到来的灾难吗？由于是事后诸葛，这个问题被反复提及。尤其是在弗朗索瓦－格扎维埃·韦尔沙夫（François – Xavier Verschave）的强烈措辞中，法国被指控为大屠杀的"帮凶"。② 正如我们在下章要论述的那样，一些人已经知道了"死亡名单"，一些公共人物，如前中央银行经理让·比拉拉（Jean Birara）就曾向外国政府发出过警告。然而，真正能感受到暴力即将而来的是卢旺达人，这种感受能力深存于说不清道不明的民族文化中。卢旺达人将阿鲁沙协议与大屠杀爆发之前的时期恰当地称为"游离期"（*Igihirahiro*，徘徊或不确定期）。

　　所谓"胡图人文化"一直在重复同样内容，即在卢旺达历史中，图西人本质上就是恶人，迷惑人的"叛徒"，需要"警惕"。③ 米勒·科林斯自由广播电台不断在向其听众提醒说，"很快，人们就不得不爬上屋顶"④，图西人就是恶魔，"我们上学的时候就已经知道这点"。一时间，谣言四起，空气中弥漫着不祥之兆。这听上去就是恶魔般宣讲。对西方人——尤其是笛卡尔式的法国人——来说，人们确实难以将如此模糊的文化暗示与当时已经在密谋中的恐怖联系起来。

---

　　① SWB, Radio Rwanda, 5 April 1994.

　　② François – Xavier Verschave, *Complicité de Génocide? La politique de la France au Rwanda*, Paris：La Découverte, 1994.

　　③ 以此观之，流行歌手西蒙·比肯迪（Simon Bikindi）的作品非常不错。在诸如歌曲"有点清醒"（*Akabyutso*）、"农民之子"（*Bene sebahinzi*）中，他天才般地揭示出卢旺达历史和文化中的张力与偏见。

　　④ 通常也是放武器的地方。

非洲政治家可能会对这种局势有更好的觉察。地区领导人与哈比亚利马纳做了最后的会谈。4月6日，哈比亚利马纳飞赴达累斯萨拉姆，会晤了坦桑尼亚总统阿里·哈桑·姆维尼、肯尼亚副总统乔治·萨托提（George Saitoti）、布隆迪总统西普里安·恩塔里亚米拉和乌干达总统约韦里·穆塞维尼。这是一次地区性会议，主要议题本是布隆迪局势。然而，讨论很快就转到了卢旺达，指责哈比亚利马纳拒绝落实阿鲁沙协议。穆塞维尼和阿里·哈桑·姆维尼率先发难。甚至是恩塔里亚米拉，哈比亚利马纳的"胡图族兄弟"，本应会同情哈比亚利马纳，但最终还是开腔，出于策略考虑，也谴责卢旺达总统恶化了布隆迪安全局势。哈比亚利马纳深陷于一片责难之中，要是他不遵守阿鲁沙协议，就会吃不了兜着走。穆塞维尼陪着有些颤抖的哈比亚利马纳回到机场，并郑重要求哈比亚利马纳尊重他的意见。①静候在机场的总统专机是一架白璧无瑕的、服役四年的猎鹰50（Falcon 50）。机组成员是三名法国人。这架专机是弗朗索瓦·密特朗总统送给卢旺达的礼物。由于深感疲惫，自己的螺旋桨飞机速度较慢且不如猎鹰50舒适，恩塔里亚米拉总统便请求哈比亚利马纳能捎上他。当时的决定是，两国元首先飞赴基加利，然后等哈比亚利马纳下机后，再飞赴布琼布拉。从基加利到布琼布拉只有二十五分钟的航程。等恩塔里亚米拉在布琼布拉下机后，猎鹰再飞回基加利。然而，人算不如天算。当地时间下午八点三十分，就在猎鹰50要在暮霭中着陆基加利机场的时候，两枚火箭弹从机场外发射过来。飞机被打个正着，坠落到哈比亚利马纳家的花园，立即陷入一片火海，机上人员无一幸免于难。悬崖边缘的卢旺达就此坠入深渊。

----

① 1994年7月6日，在坎帕拉对穆塞韦尼总统的采访。

第七章 大屠杀与战火重燃（1994 年 4 月 6 日—6 月 14 日）

哈比亚利马纳总统死亡之谜

截至本书付梓之时，究竟是谁杀死了哈比亚利马纳总统，甚或是他为什么被杀，人们依然无从知晓。要是我们接受法律格言"罪魁祸首是受益人"（*Fecit qui prodest*）的话，那么，在某种意义上，谁有谋杀动机谁就可能是谋杀者。人们有不同的说法，我们按照可能性从小到大的顺序逐一加以分析。最怪诞的说法出自比利时记者科莱特·布里克曼（Colette Braeckman）。她写道，特援部队（Detachement d'Assistance Militaire et de l'lnstruction，简称 DAMI）的两名法国士兵射落了哈比亚利马纳总统的飞机。在 1993 年 12 月特援部队离开的时候，法国人并没有完全撤除该部队的武装。[①] 她没有给出法国为什么希望哈比亚利马纳死亡的原因，不过她提到她的信息来

[①] Colette Braeckman, 'l'avion rwandais abattu par deux Français?', *Le Soir*, 17 June 1994. 该作者在其著作中拓展了她的观点。参见 *Rwanda*, *Histoire d'un génocide*, Paris: Fayard 1994, pp. 188 – 197。

自比利时调查团的发现。这个比利时调查团是为了查明比利时十名士兵被杀的确切背景而成立的。[①] 后来，布里克曼女士曾说法国在卢旺达南部的"绿松石行动""试图保证法军出入，抢回卢旺达武装部队落下的先进武器装备"。有鉴于此，她的说法非常不靠谱。[②] 法国当局中没有一个部门想让这个老盟友死去，也没有任何好处，尤其是法国特工，他们是哈比亚利马纳最为坚定的支持者。

第二个不靠谱的说法最初是由驻金沙萨的卢旺达大使埃蒂雷·森盖盖拉（Etienne Sengegera）提出的，且后来哈比亚利马纳集团里的好几位成员都相信这一说法：哈比亚利马纳的飞机是由联卢援助团的比利时士兵射落下来的。[③] 为了证实其说法，这位大使说道："有部分比利时人出于我们并不知道的原因在支持卢旺达爱国阵线。我们不妨做一个地缘战略分析并会发现，卢旺达并非比利时人盯上的唯一一个国家。"他还道出了一个真实的情况，即机场周边地区，包括火箭发射的马卡萨山（Masaka Hill），是由联卢援助团的比利时士兵在巡视（他忘记了一点，即卢旺达总统卫队也参与该地区的巡视）。他还明显地捏造了一些说法。例如，有人在战场上发现了与卢旺达爱国阵线共同作战的白人士兵的尸体。他还声称卢旺达武装部队抓获了三个比利时火箭筒炮手。可当被问及这三个士兵的下落时，

---

① 参见本章"1994 年 4 月第二周"这一节。第二天，比利时首相让－卢克·德阿纳（Jean－Luc Dehaene）反驳了布里克曼的观点，他说委员会无法确认法国人与总统飞机被射落一事是否相关。

② 尽管这个说法荒唐，但也有真实的一面。1993 年 12 月，在支援卢旺达武装部队以防不时之需的法国部队撤离后，有 40—70 名法国军事顾问秘密地留了下来（法国国际广播对法国合作部长米歇尔·罗辛［Michel Roussin］的采访，SWB，1994 年 5 月 30 日）。然而，只是为了撤离几十名侨民，根本就没有必要采取"绿松石"这样大规模的行动。这些侨民自己就可以很容易地离开卢旺达。至于说先进武器装备，对哈比亚利马纳来说，压根就没用。这只是布里克曼的臆想。

③ SWB, *Voix du Zaïre*（Kinshasa），20 April 1994.

他说道"他们立即就被愤怒的卢旺达士兵枪决了"。这是个好借口，可以不必提供一些重要的证据。

与法国一样，哈比亚利马纳总统之死对比利时政府来说也没有什么好处。不过，在这两个不靠谱的说法中，有一个重要内容：发射火箭的人被好几个目击者描述为白人。在飞机坠落几分钟后，有人看见射击者开车离开了马萨卡山。虽然没有人看到他们发射火箭，但他们极其匆忙地离开就证明了一点，即他们在逃离现场。当然，他们并没有向任何人出示过护照，也没有人试图阻拦。因此，他们的身份完全就是个谜。这里面有个可靠的推断，即火箭炮手是白人，布里克曼女士和森盖盖拉大使并不是完全在说胡话。然而，问题并没有解决，依然需要解释。在当时，没有一个欧洲国家政府有理由想看到哈比亚利马纳总统死亡。①

第三个说法，也是更有趣的说法，即总统飞机是卢旺达爱国阵线射落的。有趣的是，这个说法最初出自于乌干达民主联盟（Uganda Democratic Coalition）。乌干达民主联盟是一个以美国为活动中心的乌干达流亡团体，是一个汇集了所有反穆塞韦尼者的大杂烩。这个组织主要由希望尼罗特人在乌干达占据主导地位的北方人组成，但也有一些前民主党成员的保守人士。在乔治·布什总统执政期间，乌干达民主联盟与美国共和党右翼走得很近，不过它也有几乎病态的仇美情绪。克林顿当选总统后，由于美国支持"马克思主义者"约韦里·穆塞韦尼，乌干达民主联盟开始指责美国人的背叛。哈比

---

①　这并不能说，发射火箭弹的就一定不是白人。它只是表明，即使是白人发射的，那么他们并非得到欧洲国家政府授意。

亚利马纳总统死后不久，在散发给外国使节和记者的一份文件中，①
乌干达民主联盟指责美国训练卢旺达爱国阵线游击分子的鲁莽之举，
并指责美国"要搞乱布隆迪、乌干达、扎伊尔、安哥拉、肯尼亚、
加纳、埃塞俄比亚和其他非洲国家"，暗中默许了对哈比亚利马纳总
统的暗杀行为。美国国务院下设的负责非洲事务的副助理国务卿普
鲁登斯·布什内尔（Prudence Bushnell）、中非局局长阿琳·伦德尔
（Arlene Render）和五角大楼内主管人道主义和难民事务的副助理国
防部长帕特里夏·欧文（Patricia Irvin），这三人被指责"在暗杀事
件中是独裁者穆塞韦尼和卢旺达爱国阵线领导人的同谋"。

　　这一版本的说法很快就被众多阿卡祖成员或支持者拾起②，尤其
是哈比亚利马纳夫人及其颇有争议的特别顾问、前上尉保罗·巴里
尔（Paul Barril）。20世纪80年代早期，这位职业宪兵曾是法国反恐
精锐小组的主管。这个小组与总统办公室的反恐小组曾常常展开联
合行动，而后者则是由亦师亦友的克里斯琴·普劳特少校领导。这
种关系使保罗·巴里尔在动荡局势下凌驾于法律之上，也最终因参
与统治者内部斗争而被剔除出军队。由于与哈比亚利马纳家庭之间
的关系，巴里尔在很大程度上成为调查总统之死的不二人选。1994
年5月6日，巴里尔与总统遗孀签署了一份文件，"负责总统被谋杀
一事所有必要的调查"③。早在1990年1月，巴里尔就是哈比亚利马
纳家的密友和商业伙伴，因此从那个时候起，巴里尔和其朋友皮埃

　　① Uganda Democratic Coalition，*Who are behind the Rwanda Crisis*?，Langley Park，MD，12 April 1994.

　　② 参见乌干达民主联盟文件的译文，这篇译文被列在杂志的封面。参见 Marie - Roger Biloa，'Le complot' in *Africa International*，no. 272（May 1994）。

　　③ Hervé Gattegno and Conrinne Lesne，'Rwanda . l'énigme de la Boite Noire'. *Le Monde*. 28 June 1994.

尔－依夫·吉勒隆（Pierre－Yves Gilleron）一道开办"特别事务"公司，① 这也就不足为奇了。② 两人共享着商业合同。1993 年年底，保罗·巴里尔在布隆迪担任梅尔希奥·恩达达耶总统的安全顾问。鉴于 1993 年 10 月 21 日布隆迪总统被谋杀，巴里尔的建议肯定不是万无一失。巴里尔在布隆迪总统被谋杀前一天就跑到了基加利。在基加利，他与流亡到卢旺达的布隆迪胡图族部长联系紧密。这些部长属于布隆迪民主阵线极端势力，他们主张"对得逞的政变进行打压"（可理解为"对总统谋杀展开报复，屠杀图西族少数"）。③ 这些极端主义者，如让·米纳尼（Jean Minani）部长就通过米勒·科林斯自由广播电台和保卫共和国联盟极端主义者的电台宣传他们的呼求。巴里尔当时显然并不是在为这些胡图族极端分子工作，却与他们有着联系。由于巴里尔与哈比亚利马纳夫人的协议，巴里尔于 1994 年 6 月 28 日出现在法国电视二台（Fr 2）一点新闻中，并提出

① 参见 Hervé Gattegno, 'Les mission impossible du capitaine', *Le Monde*, 23 August 1994；巴里尔的公司，浮夸地起了个名，叫"秘密有限公司"（Secrets Inc.）。吉勒隆是法国反间谍机构国土安全管理处（Direction de la Sécurité du Territoire, 简称 DST）的前雇员。

② Jean Shyirambere Barahinyura, *Le Général – Major Habyarimana. Quinze ans de tyrannie et de tartufferie au Rwanda*, Frankfurt – am – Main：Izuba Verlag, 1988. 这本书的出版过程：为阻止这本书在海外出版，波恩的卢旺达使馆既威胁又贿赂，软硬兼施。后来，一个法国人联系了巴拉辛尤拉。这位法国人自称皮埃尔·吉勒恩（Pierre Gilleron），任职于巴黎总统办公室的非洲事务小组。早前，确有一个名叫吉勒恩的人曾在爱丽舍宫工作，效力于克里斯琴·普劳特（Christian Prouteau）少将领导下的反恐小组。而克里斯琴·普劳特与法国反恐精锐小组负责人保罗·巴里尔来往甚密。1983 年，巴里尔被迫离任，又因涉嫌篡改证据而离开军队。1986 年，吉勒恩也离开了爱丽舍宫。此时的前主管巴里尔已发了大财。他与吉勒恩一起创立了"特别事务"公司。在第七章，我们将会论述巴里尔与哈比亚利马纳家族之间的关系。然而，吉勒恩电话联络过巴拉辛尤拉，这件事本身至少意味着，他，极有可能还有巴里尔早在 1990 年 1 月就开始效力于哈比亚利马纳政权了。那时，吉勒恩正在阻止这本书出现于法国。（这里的部分叙述，参见 *Africa Confidential*, 9 March 1990。）

③ 参见 Eric Laurent, 'Barril accuse les "terroristes" du FPR', *Libération*, 29 June 1994。

了很多指控。第一，总统飞机是由"卢旺达爱国阵线恐怖分子"击落的。之所以有此指控，是因为巴里尔曾调查过飞机驾驶舱语音记录仪，里面包含的信息可以佐证。为了支持他所提出的指控，巴里尔还展示了一个装有从记录仪中取出的黑色电线金属盒。据巴里尔的说法，那个记录仪是由英国利顿公司（Litton）制造的。第二，他还调查了卫星图片，这些"拍摄于谋杀当晚"的图片显示，"有大量卡车从乌干达驶向卢旺达，目的是袭击政府军。"第三，他声称，造成总统身亡的火箭发射于马萨卡山，"该地区处于卢旺达爱国阵线控制之下"，他还找到了发射架。最后，他声称听过一些磁带录音。这些录音是卢旺达武装部队与卢旺达爱国阵线的谈话。从录音中，人们可以听到"带有比利时口音、讲英语的欧洲人"的声音。

这一情况令人觉得有些奇怪。这位前上尉显得极其兴奋，并坚持认为卢旺达当时的杀戮行为"只是信息错误"。然而，在 1994 年 6 月底，这样的言论着实令人惊讶。在做出这些指控的时候，巴里尔自信满满。然而，在他所有的陈述中，有两点并不准确。第一点，人们很容易就能发现：火箭确实是从马萨卡山发射的，但当时该地并不在卢旺达爱国阵线的控制之下。直到数个星期后，即基加利爆发全面战斗后，该地才落入卢旺达爱国阵线的手中。哈比亚利马纳总统遇袭身亡的时候，总统卫队在负责该地区的巡逻任务，而卢旺达爱国阵线的一个营兵力驻扎在数公里之外的议会大楼，即全国发展议会大楼内。卢旺达爱国阵线的这个营直到 5 月 7 日遭到迫击炮袭击后才撤离了驻扎地。① 从可能性的角度来看，卢旺达爱国阵线部

---

① 1994 年 6 月 22 日，在巴黎对雅克·比霍扎加拉的采访；1994 年 6 月 15 日，在日内瓦对福斯汀·卡加梅的采访。

队要想开进由联卢援助团和总统卫队巡视的地区而不被发现，这是极其困难的。即使开进了，卢旺达爱国阵线的这个营也可能会携带对空导弹，[①] 也可能会在后来的激战[②]中面临重创，因为它在进入首都前并没有带入重武器。

对没有专业技术知识背景的人来说，第二个不准确的地方就难以发现了。这就涉及那位前上尉作为证据展示的那个金属装置。事实上，这个金属装置要比驾驶舱语音记录仪小，而且这种装置是由松德斯特兰德（Sundstrand）公司而非利顿公司制造的，利顿公司后来发表的声明也证实了这一点。巴里尔在电视中展示的那个物件最有可能的是一个自动导向仪，肯定反映不出射击者的信息。后来，据达索航空公司（Dassault Aviation）透露，虽然驾驶舱语音记录仪是选配装置，但那架专机压根就不适合安装这一装置。在后来的几天里，巴里尔声称的"证据"都拿不出实物来，无论是火箭发射架、卫星照片还是带有比利时口音讲英语的磁带。哈比亚利马纳夫人曾宣称要对其丈夫之死负责的某些政党发起诉讼，但后来似乎忘得干干净净。

因此，问题是：假如保罗·巴里尔明知如此，为什么他要有意在电视上发出这些不确凿的声言呢？巴里尔似乎是那种喜欢在公众

---

① 1990年10月，卢旺达爱国阵线从乌干达携带了三枚SAM-7防空导弹。在战争初期，有两枚导弹击中目标，打落了一架塞斯纳（Cessna）轻型运输机和一架小羚羊直升机。第三枚导弹没有击中目标。要在那时获得新导弹，就得要到武器市场上购买。这非常困难，但并非完全没有可能。

② 在后来的战斗中，重创确实发生。600人组成的营队有250人丧生。

视线中出现的人，可他的公开出现很少会没有深意。① 他在电视上的出现，或是出于在意识形态上对激进的胡图强权的支持，或是出于对正义的伸张，但这两种情况都疑点重重。因此，我们只得做出不同的假设。

这位法国反恐精锐小组的主管从事的是隐蔽的"安全"工作。在这个领域，他的很多朋友之前都是正规军人，可后来都成为发了大财的人。要是我们还记得那些证言，即有人在4月6日夜晚在马萨卡山发现有白人，且发射对空导弹是一件相对专业的活儿，那么保罗·巴里尔可能就知道那些射落飞机的人，以及他们代表的是哪些人的利益。他对卢旺达爱国阵线的不实指控可能是为了将人们的视线从其他一些人的身上转移开来。巴里尔认识这些人，这些人能招募到经验丰富的白人雇佣军来给哈比亚利马纳总统致命一击。要是这些人确实存在，正如我们后面要论述到的那样，他们唯一可能的雇主就是阿卡祖成员。他们在那个时候已经认定，对胡图强权来说，哈比亚利马纳总统是累赘而非支持者。

杀手的确切身份可能永远都是个谜，保罗·巴里尔是否知道也无法证实。杀手可能是雇佣军，甚至可能是那些支持卢旺达武装部

---

① 最能体现这点的例子就是，巴里尔在为一名恐怖分子司法辩护中的作用。这个恐怖分子叫伊利切·拉米雷·桑切斯（Illich Ramirez Sanchez），别名"卡洛斯"（Carlos）和"豺狼"（the Jackal）。1994年8月15日，苏丹政府将他交给了法国内政部长夏尔·帕斯夸（Charles Pasqua）。为这样一名臭名昭著的恐怖分子做辩护，实在是不易。奇异的是，几天后，即8月21日，前上尉巴里尔在法国电视上宣布：几年前，作为情报人员，他曾接到命令，要去杀掉此时担任拉米雷·桑切斯辩护律师的迈特尔·韦尔热（Maître Vergès）。韦尔热是一个著名的、饱有争议的律师，也曾在1982年"恰巧"是巴里尔伪证案的辩护律师。这次针对拉米雷·桑切斯的指控，没有物证，也没有其他证据，充满了不确定因素，"豺狼"的谋杀案看似是普通的谋杀案，似乎是把个人暴力犯罪和政府暴力相提并论了。令人疑惑的是，前情报人员飞赴过来，帮助韦尔热，就只是为了纯粹的、无私的正义？

队盟友、被误导了的特援部队成员。① 杀手可能压根就不是白人，反对上述说法、所谓的目击报告可能就是彻底的谎言，或是弄错了身份。然而，巴里尔认为是卢旺达爱国阵线所为依然站不住脚，这至少有两个原因。

第一，卢旺达爱国阵线并没有杀害哈比亚利马纳总统的政治动机。在阿鲁沙协议中，卢旺达爱国阵线已经获得很好的政治安排，也不可能期待更好的结果。哈比亚利马纳总统毕竟已经在政治上被架空，卢旺达爱国阵线的问题不是如何与哈比亚利马纳打交道，而是如何与前反对党的"强权"组织打交道。杀死哈比亚利马纳意味着内战重启，法国也可能会直接进行军事干涉。后果如何，无人知晓。从今天来看，至少可以说，卢旺达爱国阵线要取得胜利肯定是困难重重。第二，要是计划杀掉哈比亚利马纳总统，卢旺达爱国阵线就要做军事上的准备。事实并非如此。4 月 6 日猎鹰 50 被射落后，卢旺达爱国阵线并没有展开行动。相反的说法则就是编造的谎言，②一方面说平民屠杀开始了；另一方面又说总统卫队与卢旺达武装部队展开激战来做幌子。无论如何，卢旺达爱国阵线如何能在基加利做什么谋划？它在基加利只有 600 名武装人员，且只配有轻武器，如何能与至少 1.5 万人的配有装甲车和大炮的军队抗衡？直到 4 月 8 日，屠杀开始了，卢旺达爱国阵线才决定展开战事，且直到 11 日下午的时候才成功地与被困的基加利驻军会合。基加利驻军不可能像

---

① 如果法国政府知道在谋杀哈比亚利马纳密谋中有法国人卷入的话，法国的第一反应可能就是将参与者隐藏起来，以防被他人视为官方行动。然而，由于在卢旺达危机中的不良记录，法国有"罪责嫌疑"，但不合逻辑。法国政府不太可能去杀哈比亚利马纳总统，倒不是因为法国不会做这样的事，而是因为这不符合法国的利益。

② 参见 Philippe Gaillard and Hamid Barrada, ' Rwanda. l'attentat contre l'avion presidential', *Jeune Afrique*, 28 April 1994；Marie‐Roger Biloa, ' Le complot', op. cit。

宣称的那样，"袭击总统卫队"，事实上，驻军及其保护的平民能在如此环境下存活五天，这本身就是一个奇迹。[①] 因此，我们可以做最后一个，也是最有可能性的假设，即哈比亚利马纳总统是被绝望的阿卡祖成员杀害的。阿卡祖开始担心（可能知道了）总统最终会执行阿鲁沙协议条款，因此决定孤注一掷，执行你死我亡的"最后解决方案"。

从技术上看，袭击没有出现问题，因此有人看到接受过训练的雇佣军发射对空导弹也就不奇怪了。这也是认为是白人雇佣军袭击的目击者报告能说得通的原因。卢旺达武装部队只装备一种类型的导弹，即法国反坦克"米兰"（Milan）导弹。这种导弹对付车辆非常有效，但要是用来攻击空中的飞机，那就连想都不要想了。4月6日发射的导弹或是美制的"毒刺"（Stingers）防空导弹，或更可能是国际武器市场更加容易获得的俄制SAM－7或更先进的SAM－16防空导弹。无论是哪种，尽管这两种导弹都容易发射，但还是需要导弹发射者接受训练，而卢旺达武装部队唯一懂得操作的导弹就是"米兰"导弹。因此，要是发射美制或俄制导弹，就需要有其他的技术人员。[②] 就地形来说，由于负责整个地区的巡逻任务，且紧邻坎诺姆贝（Kanombe）军营，总统卫队可以找到合适的发射位置。

哈比亚利马纳总统可能被一些持极端主义立场的追随者杀害。自从1992年国防部长詹姆斯·加萨纳（JamesGasana）按照哈比亚利

---

① Faustin Kagame, 'Je n' ai pas vu le même film d'horreur que vous', *l'Hebdo*, 19 May 1994. 1994年6月15日，在日内瓦对福斯汀·卡加梅的采访；1994年6月22日，在巴黎对雅克·比霍扎加拉的采访；1994年7月5日，在姆林迪对塞思·森达绍恩加的采访。

② 一些观察家认为，猎鹰50是由火箭推进榴弹（RPG，可以针对低空目标）击落的。参见 J. F. Dupaquier, 'Révélations sur un accident d'avion qui a couté la vie à un million de personnes', *l'Evènement de Jeudi*, 1–7 December 1994。

马纳命令，除掉诸如卢瓦加非利塔上校、塞卢布加上校以及其他一些人后，这种可能性就一直存在。这些人在阿卡祖内站在哈比亚利马纳夫人一边，是"真正的西北人"，也是征服过大卢旺达的"小卢旺达"的代表人物。对总统的恼怒让他们团结起来，越来越梦想着要进行"最终解决方案"，既可以解决族群问题（杀掉所有图西人），又可以应对民主化的威胁（杀掉所有胡图族温和派）。这样的计划，也只有在像卢旺达这样管控严厉、组织良好的小国才有成功的可能，也只有强有力的军事领导才有可能去执行这样的计划。

有好几个地方都印证了"同一个阴谋的两个侧面"①，也就是说，击落总统飞机与随后发生的屠杀有着相同的起因。1993—1994年期间，基加利街头巷尾就开始谈及种族大屠杀一词。一家杂志曾冷血地刊登一个标题，"顺便说一下，图西人可以被灭绝了"。② 这样的言论并没有造成震动，甚或是惊讶。杀人名单也已经确定下来了。起初，纳入名单的人数并不多，但后来增加了不少，好几个人最终还看到过这份名单。③ 到了 1994 年年初，名单中的人数翻了一倍。保卫共和国联盟的极端分子哈桑·恩盖泽（Hassan Ngeze）在《觉醒报》上发表了文章，预言哈比亚利马纳总统将会死于 1994 年3 月，甚至还进一步地写道，杀死哈比亚利马纳的人不是图西人而是

---

① Henri Fay, 'Rwanda. Deux volets d'un même complot', *Le Monde*, 28 May 1994.

② *La Médaille Nyiramacibiri*, February 1994. 《觉醒报》在第 55 期（1994 年 1 月）说得更直接："谁能在三月战争中活下来？……在军队的帮助下，群众将会站起来。鲜血将自由流淌。"

③ 根据前中央银行行长让·比拉拉的说法（*La Libre Belgique*，1994 年 5 月 24 日）：1993 年 4 月，死亡名单上只有 500 人。1994 年 2 月 20 日，军队总司令德奥格拉蒂亚·恩萨比马拉（Deogratias Nsabimana）给他看过一份单单基加利就有 1500 人的名单，后来名单还在增加。他还说，他曾向"比利时政治高层"提及过屠杀计划，尽管有比利时驻卢旺达大使若昂·斯维南（Johan Swinnen）确认，但没人相信。

胡图人。后来，就在总统被杀的前几天，多个线索都透露出"重大事件"即将要发生。其中，最为清晰的线索是米勒·科林斯自由广播电台在4月3日星期天晚间的神秘广播："3日、4日和5日，有些人将会蠢蠢欲动。4月6日将会停顿下来，可能也有'小事'发生。7日、8日以及4月的其他日子里，你们将会看到大事。"一些人甚至曾被提前加以警告。在《自由比利时报》（*La Libre Belgique*）曾引用的访谈中，让·比拉拉说道，一位官员朋友曾在4月4日对他说"重大事件正在酝酿当中"，这位官员朋友也不知道"他在一周后是否还会活着在世"。

除了这些事前的警告外，局势发展的速度最能证明总统被杀与随后而来的屠杀之间的关联性。飞机被击落的时间约为上午的八点三十分。到了九点十五分，联攻派民兵在城镇和建筑物前设置的路障就到处可见。[①] 这是击落飞机、听到总统身亡不到一个小时后的反应，而不是为了要与卢旺达爱国阵线作战。关于1994年4月6日星期三夜晚的那几个重要小时内所发生的事情，有诸多不实之词。根据罗杰·比若阿（Roger Biloa）在《非洲国际》（*Africa International*）引用的说法，绝望的胡图人组织，只有棍棒和石头，抗击那些武装到牙齿的卢旺达爱国阵线士兵。他们喊道，"他们来杀我们了！他们来杀我们了！"[②]事实上，卢旺达爱国阵线驻军在6日晚保持高度警惕

---

① 1994年5月15日，在日内瓦对联合国难民署驻基加利代表卡洛斯·罗德里格斯（Carlos Rodriguez）的采访。晚上8点45分，一名雇员用手机打电话给罗德里格斯，告诉了他总统死亡消息。当时，罗德里格斯在美国大使的住所正与一些朋友吃晚餐。简短讨论后，所有在场的人都担心出乱子，决定结束晚宴，各自回家。9点15分，罗德里格斯走出大使住所，发现拐角处就有民兵放下的路障。

② 比若阿女士写些带有偏见的文章或可理解。她是已故总统的密友，且比若阿女士在新闻事业上曾得到过已故总统的经济支持。

地待在全国发展议会大楼厚厚的水泥墙内，与其他人一样在收听广播。虽然卢旺达广播保持中立，且在信息传播上有所限制，但米勒·科林斯自由广播电台开始直接怂恿民众展开屠杀，"为我们总统之死报仇"。在接下来的数小时内，这种怂恿变成了歇斯底里的呼吁，呼吁民众大开杀戒。人们很难相信，正常人能传播这样的消息，"你们在这个或那个地方漏掉了一些敌人。某些敌人还活着。你们必须要回到那里，去把他们干掉。"或是"墓穴还未填满，谁来做这项工作，帮助我们彻底填满这些墓穴？"①

　　显然，联攻派民兵和连心派民兵（Impuzamugambi）进入高度戒备。总统卫队也进入戒备状态，立即开进城镇，展开杀戮。② 死亡名单被分发给刽子手，这些刽子手有组织地展开抓捕，互相协调行动。除了一些街上顽童参加外，整个过程就没有自发性，每次都提前进行过充分的演习。要是"最终解决方案"组织者不知道总统飞机会发生什么的话，怎么可能会有这样高的效率？4 月 6 日到 7 日夜间所发生的事情也比较奇怪。就在这个夜间，联合国特使雅克 - 罗杰·波尔 - 波尔接到巴戈索拉上校略带紧张的电话。在电话中，巴戈索拉上校对波尔 - 波尔说道，"别担心，这是一场政变，但局势仍在可

---

　　① 笔者要提醒读者，尤其是西方读者，去看看 20 世纪三四十年代东欧反闪族分子更令人震惊的宣告。在法国，维希政府负责将犹太人驱逐到德国的官员勒内·布斯凯（René Bousquet），并向德国人抱怨说，他不想让任何一个犹太孩子留在法国，因为"他不知道怎么处理这些孩子"。德国接过了这些孩子（不满 12 岁），并把这些孩子给杀了，而之前德国人并没有这么做。参见 Pascale Froment, *René Bousquet*, Paris：Stock, 1994（第 15—17 章）。人们也应该记住，与欧洲情况一样，大屠杀组织者并非都是粗人。米勒·科林斯自由广播电台"教父"是费迪南·纳希马纳（Ferdinand Nahimana），也是一个有才华的历史学家。

　　② 总统卫队前司令莱昂纳尔·恩昆迪耶（Léonard Nkundiye）上校和当时的总司令穆皮兰亚（Mpiranya）上校，后来都成了乡村屠杀的组织者。参见 Human Rights Watch Africa, *Genocide in Rwanda*（April - May 1994）, London, May 1994, p. 6。

控范围。我们会成功，也能拯救国家。不过，卢瓦加费利塔上校和
塞卢布加上校要回到军事机构来，帮助我来处理事务。"①波尔－波
尔回答说，究竟是赞成还是反对所发生的这一切，他并没有得到授
权，但是他认为整个局势呈现出疯狂的态势。这夜的晚些时候，巴
戈索拉上校也拜访了美国大使，所传达的也是同样的话。

现在，要是我们认为射落总统飞机的人可能是其亲信的话，那
么还有一些问题需要回答：哈比亚利马纳总统在那个时候已经成为
阿卡祖的累赘了吗？阴谋策划者事实上是如何看待他们自己和行为？
杀害总统的那群人还有可能重启内战，在大规模屠杀中幸存下来仍
然统治这个国家吗？整个计划听上去就像是天方夜谭，可就是这样
实施了。事实上，一些人认为他们能以疯狂或不疯狂的方式来实施
计划。然而，考虑到当时卢旺达整个政治和文化氛围，我们也可以
从理性的角度来理解政变——种族大屠杀谋划者的想法。站在自身
的角度，他们肯定不会将他们的所为称之为种族大屠杀，他们可能
认为这是一种"自卫"。整个国家都在散布着"大多数人"抗击图
西族迫害者。② 他们肯定自视为英雄，而他们的胡图族民主反对派则
是叛徒。这也是他们后来缺乏悔意的原因所在。这种现象与其说是
玩世不恭，不如说是缺乏反思的结果。

在这里，我们也会想到第二章中曾讨论过的"胡图意识形态"。
一般来说，为了保护自己的利益一个社会群体不得不反对业已存在
的行为规范。要是没有一种意识形态能证明自身的僭越有正当性的

---

① 1994 年 5 月 24 日，在巴黎对福斯汀·特瓦吉拉蒙古的采访。
② 在《我的奋斗》（*Mein Kampf*）中，阿道夫·希特勒认为德国人是犹太人阴谋的
无辜牺牲品。后来，针对犹太人的大屠杀决定，无疑出于这种自以为是的判断，并被视为
一种正当防卫。

话，这个群体在展开行动的时候会极其困难。这种正当性证明，并不只是针对僭越群体本身，而是针对更广泛的社会层面，因为后者将最终决定这种僭越是否正当。当然，要是在道德层面上最终能获得合法性的话，那就更好了。这正是 1959 年"社会革命"传承下来的胡图族激进意识形态所要实现的目标。正如其他类似情况一样，这种意识形态也起源于特定的社会现实。通过 1959 至 1961 年所发生的事件，卢旺达胡图人的社会归属和经济地位出现了变化，迎来了社会和经济机会上的新秩序。这在卢旺达之前的历史中从未有过。然而，这种好处的获得也是以一定量的暴力活动为代价的。与其他革命一样，暴力活动可以巩固革命的成果，也会玷污革命的声誉。理论家们大胆地借助暴力活动和民众情绪，并将之神圣化。由于在人口比例中占据优势，胡图人成为卢旺达民主的切实体现。胡图人的暴力活动几乎蒙上了一层"神圣"的光环。反过来，由于占少数，图西人就成了对立面的恶魔，"封建主义者"和反民主力量。图西人的任何暴力活动都被认为是非法的。他们是失败者，也是少数派，他们应该闭上嘴，接受"多数民主力量"的垂怜。

因此，当这些图西人在胡图族叛徒（他们质疑胡图人"民主"的正当性）的帮助下要拿回权力的时候，这种绝对的威胁就需要使用绝对的手段来加以应对。杀戮就成为一种自卫行动，因为恶魔们正威胁着要破坏祥和的胡图共和国。妇女和儿童最好也要参加自卫行动。这不是战争，也没有时间去顾及先礼后兵。它关乎存亡，1959 年的错误不能再犯：要是那个恶毒的种族在那时被彻底消灭的话，他们的子孙现在就不可能会威胁到我们。话虽简单，却是实话。这是旧约中的逻辑，与其说是后现代的道德姿态，倒不如说更接近于《申命记》中的世界。

当然，将"大多数人"从仇敌手中解救出来并非完全是利他之举。卢旺达爱国阵线和胡图族反对党追求的民主化，首先意味着是一次发生在精英中的动荡。要是还有其他含义的话，它也是争夺好工作、行政权力和经济优势地位的一场斗争。那些恶毒的家伙们计划从既得利益者（old boys）手中拿走那些赚钱的（合法或非法）营生。所谓的民主只是要从正当获得者手中攫取成果的阴谋而已。这也就意味着，一旦总统开始显露出周旋于或赞同"和平与民主化"的时候，他就从保护者变成了敌人，至少成了敌人的帮凶。

1992 年年底，保卫共和国联盟极端主义者开始担心总统对胡图强权的忠诚。一些阿卡祖成员开始确信，总统准备要牺牲他们的利益以便换取总统自身未来的政治掌控。正是既有特权受到威胁，且在意识形态上倍感受挫，大屠杀计划有了在情绪上发酵的土壤。要是总统默许屠杀计划，① 总统可以继续保住领导人的位子；要是总统最终不同意，不支持"决战"（Armageddon），宁愿去执行阿鲁沙协议条款的话，那么他的命运就此终结。然而，这些阴谋者不可能会公开宣扬他们的所为。多年来，哈比亚利马纳总统一直是胡图强权的体现，胡图强权不可能会允许一个持有共同意识形态的集团去杀掉总统。这就是临时政府组建（参见下文）、不让任何人就总统罹难进行详尽调查的原因所在。总统卫队曾数天驻守在猎鹰 50（Falcon 50）残骸附近，不让法国专家进行检查。为了能找到三名法国机组成员，合作部长米歇尔·罗辛（Michel Roussin）不得不亲自过问了三次。当然，正是由于

---

① 根据几份证言，总统确实知道屠杀计划，只要有可能也会考虑这一选择。一方面，总统可能真的考虑过将屠杀计划作为备选方案；另一方面也是为了迁就这一方案的发起者。

对屠杀组织者"闭上了眼睛"，前上尉巴里尔才得以与他们达成妥协，后来修复了神奇的"黑匣子"，得到了令人震惊的讯息。

需要研究的最后一点是：密谋者真的认为他们可以实施吗？显然，他们真的认为可以，因为他们做了。然而，整个事件并没有它看上去的那样疯狂。他们希望能在外部世界，具体说就是在联合国的忍耐范围之内，他们做到了。他们希望能得到国内民众对大屠杀的广泛支持，他们也或多或少地做到了。他们希望能得到武装部队的坚定支持，除了一些例外，他们也得到了。他们希望在屠杀过程中能继续维持一定程度的行政效率，这比较困难，但他们或多或少也做到了这一点。他们希望能抵抗卢旺达爱国阵线，结果失算了。也正是卢旺达爱国阵线，击败了他们。

要是没有卢旺达爱国阵线，或者说要是卢旺达爱国阵线不能获得胜利，密谋者可能就会成功。这听上去似乎是风凉话。大屠杀后，卢旺达可能会经历一段被严厉谴责的时期；接着，联合国可能会实施（部分）经济制裁，然后会打破制裁，其中某些制裁的打破是由巴黎谨慎组织起来的；接着，又会与某些国家如叙利亚、中国或伊朗（卢旺达可以玩个小把戏，建一两座清真寺）重修关系；接着，在讨论"传统关系"的基础上，法国、比利时，可能还有德国也会重修关系。毕竟，无论屠杀与否，胡图强权并没有威胁到欧洲人的利益。谁又会记得1965年印度尼西亚总统苏哈托下令杀戮了50万的华人？或是记得苏哈托多年间在帝汶岛（Timor）屠杀了成千上万土著人？尽管获得了诺贝尔奖，昂山素季（Aung San Suu Ky）依然被软禁在家；在屠杀了成千上万要求建立一个自由社会、手无寸铁的公民之后，仰光军事独裁政权依然大权在握。

1994 年 4 月的第二周

总统飞机一坠毁，基加利所有街道就架上了军事路障，也响起了枪声。枪声主要来自两个方面，一方面是民兵与总统卫队开始挨家挨户搜寻并处决"敌人"；另一方面，一些卢旺达武装部队士兵则在阻止这种杀戮。星期四（4 月 7 日）一整天以及几乎周五一整天，卢旺达武装部队"保守派"与总统卫队之间不时展开战斗，有时甚至动用了大炮。这种斗争的原因是，卢旺达武装部队新任总司令马塞尔·加兹辛兹（Marcel Gatsinzi）中校并没有参与，而总统卫队司令姆皮兰亚（Mpiranya）中校则参与到了屠杀密谋。① 加兹辛兹上校不想让武装部队参与到"最后决算"中去。然而，他的很多下属已经展开合作了。4 月 8 日，当卢旺达武装部队决定参与到决算中去的时候，加兹辛兹上校不得不向绝大多数人的意愿屈服，与总统卫队和联攻派民兵实现和解。

屠杀的首批罹难者都是经过精心挑选的人物。其中就有总理阿加瑟·乌维林吉伊马娜。一帮愤怒的团伙在其家中袭击了她。十名比利时籍联卢援助团士兵对总理展开"保护"，总统卫队军官则要求他们放下武器。由于这十名士兵都是普通士兵，甚至都没有一名士官，他们想的就是服从和遵守指令。后来，这十名士兵被带到附近军营并遭到了杀害。与此同时，总理在家中遇害，只是得益于邻居

---

① 军队总司令德奥格拉蒂亚·恩萨比马拉上校与哈比利马纳总统一道死于飞机被袭。德奥格拉蒂亚·恩萨比马拉为密谋者所痛恨。不过，4 月 6—7 日夜间，温和派让密谋者失算了，密谋者完全不喜欢加兹辛兹，却不得不接受他为新任最高司令。密谋者花了十天才撤了加兹辛兹，让奥古斯丁·比齐蒙古将军当上了总司令。奥古斯丁·比齐蒙古是一个臭名昭著的极端分子，也是前北方阵线的司令，曾参与 1993 年 1 月巴格圭的屠杀。

的英勇，总理的五个孩子才得以保全。由于自由主义的政治立场，也因为他的死可以让宪法继承变为不可能了，宪法法庭（Constitutional Court）庭长约瑟夫·卡瓦卢干达（Joseph Kavaruganda）也遭到杀害。众多支持民主变革的牧师在基督中心遭到了杀戮。这些牧师的厨子也被杀害，只是因为他恰巧在场。被害者还有商人兼人权活动家查尔斯·沙姆基加、自由党民主派领袖兰德瓦尔德·恩达森瓦及其加拿大妻子和两个孩子。遭到杀害的还有社会民主党领袖兼农业部部长恩扎姆拉姆巴赫及其助手以及社会民主党好几名骨干，几乎清洗了社会民主党领导层。他们的同人马克·卢干雷拉（Marc Ruganera）、财政部部长约瑟夫·恩加拉姆贝（Joseph Ngarambe）以及希尔维斯德·卢维巴吉盖（Sylvestre Rwibajige）则幸免于难。备受极端主义者痛恨的《新卢旺达报》新闻记者安德鲁·卡姆维亚（Andre Kamweya）也遭到了残杀。人权活动家莫妮奎·姆加瓦马丽娅（Monique Mujawamaliya）藏身于房顶，侥幸逃脱，后来历经苦难成功地逃离了卢旺达。[①] 前外交部部长兼阿鲁沙协议谈判者波尼费斯·恩古林兹拉、情报部长福斯汀·洛克戈扎（Faustin Rocogoza）也遭到杀害。派来杀候任总理福斯汀·特瓦吉拉蒙古的杀手们，由于拿到的地址出了点小差错，就在他们搜查候任总理的邻居之际，福斯汀·特瓦吉拉蒙古才有时间爬过花园篱笆，避难于联卢援助团的部队。[②]

尽管屠杀对象清晰地指向自由派政治家和其他民主人士，但受害者并不仅仅只是名人。纳入屠杀对象的详尽、长长的名单，向外大大地拓展了。图西人被杀只是因为他们是图西人，甚至是并没有

---

① 关于她的经历，参见 Laurence Weschler, 'Lost in Rwanda', *New Yorker*, 25 April, 1994。

② 1994年5月，在巴黎对福斯汀·特瓦吉拉蒙古的访谈。

对卢旺达爱国阵线抱有同情的图西人,[①] 也就是说，他们是卢旺达爱国阵线的"同谋"。那些是民主反对派成员的胡图人或是同情民主反对派的胡图人，也在被杀之列,[②] 因为他们反对"多数民主"，已经成了真正的同谋，与图西人一个德行。由于曾评论过高级官员的腐败问题，好几个记者遇害。由于试图阻止民兵杀人，很多牧师和修女也惨遭杀戮。一些衣着光鲜，或是说一口流利法语的人，或是有轿车而又不是全国发展与民主革命运动的支持者也遭到杀害。原因是，他们的社会身份令人很自然地怀疑他们持有自由主义立场。人们常常会忽视这种屠杀的社会性特征。在基加利，联攻派民兵和连心派民兵主要是从穷人中招募成员的。一旦这些成员开展活动的时候，他们又会召集起一群更穷的人，街头上的市井无赖、卖报的、洗车的以及那些失业的无家可归者。对这些人来说，屠杀是最好不过的了。有当局的允许，他们可以肆意报复那些在政治上站错队的社会名流，他们可以几乎在没有法律核准的情况下杀人，奸淫掳掠，肆意买醉。这一切太妙了。至于操纵这一切的主子们的政治目标，才不是他们所关心的呢，他们只是过一天是一天，也知道这种情况不会持续下去。

事实上，这种屠杀在族群和社会性上并没有难以理解之处。至少在基加利，图西人通常都要比胡图人富裕。尽管胡图人掌权三十年，然而，得益于之前四十年比利时人对图西人在社会和教育上的

---

① 查尔斯·卢巴冈亚（Charles Rubagumya，一名三十来岁来自基加利的图西族图书管理员）生动地描述了此类情况。参见 'l'engrenage du génocide v écu par un jeune Tutsi', *Le Monde*, 5 August 1994。

② 要确认民众的政治立场，相对容易。在新出现的民主政治文化中，很多卢旺达人都佩戴他们支持的政治组织的徽章和党旗颜色的帽子。街坊邻居的政治立场，众所周知。

偏重，图西人依然享有较高的社会地位，经济富足。这并不仅仅指的是图西族大商人，而且意味着外国使馆、非政府组织和国际机构所雇用的当地员工也都是图西人。很多专业人员也是图西人，甚至最漂亮、价格最高的吧台小姐，大酒店经常所碰到的人也都是图西人。妒忌和政治仇恨，点燃了联攻派民兵的杀戮欲火。

政治形势极端复杂。4 月 7 日到 8 日里的夜间，巴戈索拉上校和卢瓦加非利塔上校很快就组建了公共救援委员会（Comite de Salut Public），该委员会成了临时政府，他们需要一个内阁，这样，他们和其他政变策划者就能躲在暗处，继续幕后操纵。然而，这个内阁只能是工具，要紧密贯彻他们的激进政治立场，也要转变为多党制以便取悦于外国人。4 月 9 日，议会发言人希尔多雷·辛迪库巴瓦博（Theodore Sindikubwabo）在卢旺达广播宣布了新政府的搭建。根据 1991 年 6 月宪法第 42 条解释，希尔多雷·辛迪库巴瓦博将临时代理总统职责。辛迪库巴瓦博是全国发展与民主革命运动的骨干，年迈体弱，也没有野心，操纵他并非难事。总理为让·卡姆班达。1993 年 7 月，让·卡姆班达曾在民主共和党内竞争过总理候选人，只是没有成功。政府公报宣布，新内阁由五个政党组成：全国发展与民主革命运动、共和民主运动、社会民主党、基督教民主党和自由党。从表面上来说，这确是事实，但是所有的"反对党"都是由"强权"[①] 分子充当，这些人坚决支持此时正在撕裂卢旺达社会的"最后决算"。除卡姆班达外，民主共和党的杰罗梅·比克姆帕卡（Jérôme Bicamumpaka）担任外交部部长，斯特通·恩萨姆布姆昆兹（Straton Nsambumukunzi）担任农业部部长，埃涅泽·尼特盖卡

---

① "胡图强权"（Hutu Power）后又称为"强权"（Powers）。——译者注

（Eliezer Nitegeka）担任情报部部长。恩萨姆布姆昆兹，名不见经传，而比克姆帕卡则是"强权"集团中最积极主张种族优势地位的人，其同事尼特盖卡则是 1992 年基布耶屠杀的组织者。至于社会民主党，则只有伊曼纽尔·恩达巴希兹（Emmanuel Ndabahizi）担任财政部长。此人乃平庸之辈，是社会民主党内少数"强权"支持者之一。自由党资深政客贾斯汀·穆根兹继续占据贸易部长一职，阿吉内斯·恩塔马亚里罗则担任司法部部长。这两人属于"强权"分子，而基督教民主党的加斯帕德·卢胡姆立扎（Gaspard Ruhumuliza）则担任环境和旅游部部长（鉴于当时的环境，这一任命显得太滑稽了）。内阁其他十二个职位都由全国发展与民主革命运动把持，保卫共和国联盟的支持者弗斯汀·姆亚泽萨担任最关键的内政部长一职。当然，并非所有的部长都是极端主义者。一些部长，如普罗斯伯·姆吉拉内扎（行政部部长）、前校长丹尼尔·姆班古拉（Daniel Mbangura，高等教育和文化部长）都是前内阁中坚守中间路线的人，只是被迫随波而动而已。然而，他们没有一个人曾反对过屠杀，没有一个人曾就制止屠杀表达过独立的政治甚或是人道的姿态。

在就职演讲中，新总理为政府设定了三个优先任务：制止暴力活动和抢劫行为，与卢旺达爱国阵线重启会谈，救援背井离乡者。第一项任务显然就没有执行，第三项任务就不可能完成。至于第二项任务，卡加梅少将在 8 日周五晚些时候做出了回应，他做出了斗争的决定。第二天，卢旺达爱国阵线就开始由北南下，① 然而一个新情况使得局势更为复杂。就在卢旺达爱国阵线继续南下之际，法国

---

① 在基加利，7 日下午后，卢旺达爱国阵线就遭到迫击炮袭击，随后撤离出去，并在 8 日开始反击。他们与驻扎在基米胡卢拉（Kimihurura）的部队遭遇并被击退。战斗在国家体育场、费萨尔国王医院（King Faysal hospital）继续展开。

空军飞机正在将法国士兵直接运送到基加利机场，比利时宣布派出一支部队进驻。

尽管卢旺达当时有 2519 名联卢援助团士兵，[①] 巴黎人和布鲁塞尔人——卢旺达最大两个外国移居者群体[②]——都认为联合国士兵不能保障他们的安全。事实上，正如我们已经论述过那样，联合国士兵甚至都无法保护自己。屠杀就发生在他们的眼皮子底下，而他们却没有得到授权，也缺乏装备，无所作为。

9 日早上，法国派出 190 名伞兵登陆卢旺达，这也是代号为"牧羊女行动"（Operation Amaryllis）的一部分。该行动就是要撤离所有想要离开卢旺达的外国人，并不包括卢旺达人。他们并不去干预当地的政治或安全局势。4 月 10 日周日的早上，250 名比利时士兵来到卢旺达，主要也是在日益混乱的基加利解救出比利时人。不过，比利时出兵的政治背景却有些不同。比利时外交部部长威利·克拉斯（Willy Claes）曾请求联合国调整联卢援助团的政策，允许维和士兵进行军事干预，阻止屠杀。在十名比利时籍士兵被杀后，比利时越来越倾向于干预，不过要在联合国的框架下。比利时计划要让这 250 名伞兵加入已经在那里的联合国比利时籍部队，但是巴黎坚决反对这个想法。9 日，卢旺达爱国阵线宣布，如果有必要，它将与法国展开斗争。因此，巴黎担心，鉴于法国在卢旺达过去的经历，任何形式、甚至是联合国授权下的"人道主义"干涉，都可能被误认为是

---

　　① 这些士兵来自 23 个国家，主要来自孟加拉（937 人）、加纳（841 人）和比利时（428 人）。指挥他们的是加拿大籍法国人罗密欧·达莱尔（Roméo Dallaire）。

　　② 比利时人约为 1500 人，法国人约为 650 人。可能还有 800 名来自不同国家的外国人，包括 258 名美国人。

在支持临时政府，会与卢旺达爱国阵线发生军事冲突。[1]

匆忙撤离侨民的确是一件蒙羞之事。一些图西人，爬上了开往机场的卡车，却在民兵路障处被赶下车来，就在法国或比利时士兵的眼皮底下遭到了屠杀，而这些士兵服从指令，并未做出反应。有些情况下，混血婚姻中的非洲人则不在撤离名单之列。一名嫁给图西族药商的俄罗斯妇女，泪流满面，不仅被迫要离弃丈夫，而且要恳求允许她的混血孩子登机。哈比亚利马纳政权的达官显要都聚集在法国大使馆里，绝望于当下的局势，试图逃离。然而，法国大使馆里的卢旺达籍所有雇员，绝大多数都是图西人，却被无情抛弃，等待他们的只有一死。[2] 阿卡祖核心人物，包括哈比亚利马纳夫人、她的子女、其兄弟塞拉丰·卢瓦布库姆巴（Séraphin Rwabukumba）、其兄弟的暗杀团成员阿尔丰塞·恩蒂瑞瓦姆恩达（Alphonse Ntirivamunda）以及其他极端分子，都得到了法国当局的庇护。涌向法国大使馆门口的普通人则被法国宪兵（gendarmes）推挡了回去。由于被害总理阿加瑟·乌维林吉伊马娜五个孩子寻求政治庇护遭拒，当时在场的法国非洲问题学者，里尔大学的安德烈·吉沙瓦教授不得不在转移了法国军官的注意力后，才将这五个孩子偷偷塞进了飞往巴黎的飞机。[3] 不过，法国撤离了许多圣－阿盖瑟孤儿院（Sainte－

---

① 两个月后，当法国改变想法，最终决定进行"人道主义"军事行动的时候，这个问题再次被提了出来。

② Joseph Ngarambe, 'Les responsables du massacre étaient là', Le Nouvel Observateur, 14–20 July 1994. 约瑟夫·恩加拉姆贝（Joseph Ngarambe，社会民主党人）是极少数得到法国大使馆庇护的反对派人士之一。除了他之外，也只有总检察长阿尔丰塞－马里埃·恩库比托（Alphonse－Marie Nkubito）了。阿卡祖成员认为这是他们的大使馆，因此前部长卡西米尔·比齐蒙古在看到了恩库比托后提出抗议，并问道"他在这里做什么"。至于拒绝撤离法国大使馆图西族雇员的情况，参见维卢斯特·卡伊马赫（Vénuste Kayimahe）的证词，La lettre de la FIDH, nos 548–549, 28 July 1994。

③ 1994 年 6 月，在里尔对吉沙瓦教授的采访。

Agathe orphanage，此孤儿院乃哈比亚利马纳夫人的慈善机构）的"雇员"：这些雇员是清一色的女性，她们似乎并不认识那些将要照看的孩子。飞机一着陆，她们就消失得无影无踪。以同样的方式，法国当局撤离了40多名全国发展与民主革命运动的领导成员。日后政治环境变了，这些人或许还是有用之人。

在下一步该怎么做的问题上，法国与比利时存在分歧。这种分歧立即就在机场高度紧张的对立，互相间以暴力相威胁。事实上，好几发炮弹落在法国飞机附近，"牧羊女行动"军官极度怀疑炮弹是比利时人发射的，目的就是要阻止法国飞机起飞。① 4月12日，周二，让－菲利普·马尔劳德（Jean – Philippe Marlaud）关闭了法国大使馆并撤离了。除了少数传教士和人道主义者外，如马尔克·维特尔（Marc Vaiter，他在整个基加利战斗过程中，一直让孤儿院对外敞开大门），② 其他白人都已经飞离了。整个卢旺达，白人可能不足三十人，屠杀变得更加肆意了，白人的眼色压根就不足道。

4月7日下午，屠杀蔓延到卢旺达内陆腹地。③ 好几个省份都已经展开了有组织的屠杀。屠杀消息甚至都传到了众多山头，有的通过非正式渠道，有的通过管理当局和政党组织。到了12日，政府军与从北部杀进来的卢旺达爱国阵线在基加利展开了全面激战。联卢援助团的罗密欧·达莱尔将军试图做调解人，力促交战双方达成停

① 1994年5月17日，在巴黎对法国国防部一名官员的访谈。

② 参见 Michel Peyrard, 'Le SOS de Marc Vaiter', *Paris Match*, 9 June 1994。在整个战斗过程，维特尔始终与孤儿们在一起，既保护了图西人也保护了胡图人，并总是能抵挡住民兵所要的民族名单。后来，他出版了回忆录，参见 *Je n' ai pas pu les sauvertous*, Paris：Plon, 1995。

③ 杰夫·弗莱热尔（在基加利的一名白衣神父会传教士）于1994年4月7日下午1点45分发给上级的电报。

火，但卢旺达爱国阵线似乎并不想进行任何形式的谈判。就在同一天，为了避开日益升级的战事，临时政府撤离到吉塔拉马。此举让局势变得更为混乱。继续留在基加利的"政府"力量就只有奥古斯汀·比齐蒙古（Augustin Bizimungu）将军及其部队。达莱尔将军再次试图促成停火。对此，卢旺达爱国阵线秘书长塞奥盖内·卢达森瓦在法国国际广播电台的访谈中做出了间接回应："与这些犯罪分子，没有任何谈判的可能。"① 这一回答清晰明了。战争正在喧嚣尘上，然而这又不是战争，这是一场主要针对平民的杀戮行为。屠杀平民浪潮方兴未艾，席卷了整个国家。事实上，这是一场种族大屠杀。

种族大屠杀

种族大屠杀是一个带有价值判断的字眼，也是一个悲剧性字眼，在人类历史中也极少出现。没有充分理由，种族大屠杀一词也不能加以使用。大范围、大规模的杀戮，如 16 世纪低地国家的阿尔瓦公爵（Duke of Alba）的讨伐和 20 世纪德累斯顿的轰炸，尽管令人毛骨悚然，却不是种族大屠杀，因为"最后决算"并无确切目标，杀戮者厌倦或觉得敌人已经得到了教训后，屠杀就会停止。灭掉有限人口，如 15 世纪帖木儿（Timur Leng）在撒马尔罕（Samerkand）的屠杀，近似于种族大屠杀，却不是真正意义上的种族大屠杀，因为屠杀在地理空间上是有限的。历史，尤其是远古历史中的种族大屠杀很是少见，当时的社会性行为，包括屠杀往往都不是系统性的。无疑，与这些"肤

---

① SWB, Radio France Internationale, 13 April 1994.

浅"的解释不同，卢旺达的"原始性"却是种族大屠杀的原因之一。种族大屠杀是一个现代现象——种族大屠杀需要有组织——且在未来相对会变得更常见些。尽管有着冷酷的历史传奇，罗马、阿拉伯、土耳其甚至蒙古等征服者并没有要彻底消灭掉他们所征服的人口。征服者只是要将被征服者压制在程度不一的臣服状态，最终还会或多或少地与被征服者进行融合。第一次现代意义上的种族大屠杀发生在美洲的印第安人身上，且算是"得逞"了。对亚美尼亚人（Armenians）、犹太人以及吉卜赛人的大屠杀也带有种族性。还有一种新型的、带有政治和社会特质的大屠杀，受害者和屠杀者都属于同一族群，受害者之所以被屠杀只是因为他们的社会行为被认为不符合国家的主导意识形态。此标准也适用于种族大屠杀，也就是说，屠杀有着系统的组织，且旨在彻底消灭掉目标群体 ——也就是社会或政治意义上的异端群体。斯大林在大规模屠杀"反对派"后对富农（Kulaks）的清洗就是这种模式，后来柬埔寨也发生了"政治"大屠杀。这里，我们选择使用种族大屠杀这个词，不仅仅是因为卢旺达发生的屠杀本身的严重性，而且因为其本身的组织性和选择性，也就是说要将目标群体彻底消灭掉。不是说卢旺达"落后原始"，所以才会发生种族大屠杀。事实上，恰恰相反。近年来非洲一些大规模流血冲突，无论是苏丹南方人与北方人之间爆发的近似于种族大屠杀的战争，还是 20 世纪 80 年代末 90 年代初索马里的部落战争，都不是真正意义上的种族大屠杀，因为杀戮者没有多少组织性，杀戮的目标范围太大且无序。而在卢旺达，种族大屠杀的所有前提条件都具备：组织良好的行政部门、控制严密的一小块地域范围、一个有纪律有秩序的群体、相对较好的沟通渠道以及一种置人于死地的固化的意识形态。

正如我们将要论述的那样，卢旺达种族大屠杀是一种混合类型：一方面，符合经典种族大屠杀的特点，即针对外来种族人口的系统性屠杀；另一方面，也是对政治反对派的系统性屠杀。[①] 对种族大屠杀的判断，人们可能会感情用事。这可以理解，却意义不大。为了避免这个问题，我们要对卢旺达种族大屠杀进行系统分析，并要回答一些问题：

谁是组织者？这里所谓的"组织者"，指的是那些组织暗杀团、分配武器和在较高级别上发出和传递指令的人。尽管负有重大责任，但我们这里所谓的组织者不包括诸如费迪南·纳希马纳或卡西米尔·比齐蒙古这样的精神鼓动者，也不包括那些拿起枪支或挥舞砍刀的实际杀戮者。

与任何一场种族大屠杀一样，究竟谁是下达命令的人，这不是个容易回答的问题。甚至在已经被广泛研究的德国人对犹太人的种族大屠杀问题上，尽管每个人都清楚大屠杀是如何发生的，但让大屠杀发生的确切决策机制依然没有盖棺定论。不过，在卢旺达种族大屠杀问题上，在许多政治人物都发表谈话之后，人们的质疑相对较少，但他们主要涉及的是"如何发生"而非"谁"在组织。无论

---

① 关于卢旺达大屠杀是何种类型大屠杀（genocide）的讨论，参见 Alain Destexhe, *Rwanda. Essai sur le genocide*, Brussels：Editions Complexe, 1994。"genocide"可以用来指称出于政治，而非种族原因的杀戮。对此，德泰什（Destexhe）并不赞同，并有不同的看法。政治压迫（哪怕是血腥的）与政治大屠杀之间是有区别的。与种族大屠杀一样，在政治大屠杀中，存在大量杀戮，且常常无法确认受害者是否支持反对派；刽子手的目的不是要恐吓反对派，逼迫反对派顺从，而是要从肉体上消灭反对派。与种族大屠杀一样，在政治大屠杀中，并没有什么策略与谈判可能：目标集团成员，哪怕"幡然悔悟"，也难逃一死。"罪责"是根深蒂固的，悔悟过来也无法消弭罪责。从这些标准和其他任何标准来看，卢旺达大屠杀既是政治大屠杀又是种族大屠杀。

是在人权组织的报告中，① 还是在各个政治派别的独立观察者的证言中，一些相同的名字一次又一次地被暴露了出来。②

要是断定整个屠杀行动肯定会有一个最高组织者的话，所有的信息都指向塞奥内思德·巴戈索拉上校。他既是国防部的装备处主管，又是"临时政府"的幕后推手。要是"最后决算"在协调上需要保持一致，那么似乎也就是他在发挥作用了。次之则是国防部长奥古斯汀·比齐马纳（Augustin Bizimana），他对后勤部门负有监督之责，也能对卢旺达武装部队中的摇摆分子施加影响，那些摇摆分子也就不会袖手旁观。奥古斯汀·比齐马纳的副手，主要有伞兵司令阿劳埃斯·恩塔巴库泽（Aloys Ntabakuze）上校和总统卫队司令普路台斯·姆皮兰亚（Protais Mpiranya）中校。其他在调配军事资源和民兵行动上发挥重要作用的军官还有前总统卫队司令伦纳德·恩昆迪耶（Leonard Nkundiye）中校、指挥民兵在基加利展开屠杀的帕斯卡尔·斯姆比康瓦（Pascal Simbikangwa）上尉及其副手加斯帕尔德·哈特盖基马纳（Gaspard Hategekimana）上尉。这些人的影响范围是全国性的。而在地方层次上，人们会指向恩森吉尤姆瓦上校，此人直接指挥了在吉塞尼的屠杀；姆温伊（Muvunyi）上校则指挥了

---

① 此类信息可见于各种报告中。参见 Human Rights Watch Africa，*Genocide in Rwanda* (*April – May* 1994)，op. Cit. ；African Rights，*Rwanda：Who is killing? who is dying? what is to be done?*，London，May 1994. 关于大屠杀组织者的最详尽名单，参见 African Rights：*Rwanda：Death，despair，defiance*（henceforth quoted as *Rwanda：Death*），London：African Rights，1994，pp. 97 – 100。

② 在关于屠杀组织问题上，被约谈的人有：福斯汀·特瓦吉拉蒙古、塞思·森达绍恩加、巴斯德·比奇蒙古、詹姆斯·加尊纳、丹尼斯·波立希、拉基亚·奥马尔（Rakiya Omaar），阿尔丰塞 – 马里埃·恩库比图、约瑟夫·恩加拉姆贝（Joseph Ngarambe）、让 – 马里埃·维阿尼·恩达吉基马拉（Jean – Marie Vianney Ndagijimana）、福斯汀·卡加梅以及其他希望匿名人士，还包括几名法国军官、联合国难民署官员、非政府组织人员和国际红十字会官员，出于职业原因，这些人必须要匿名。

在布塔雷的屠杀。很多文职人员也卷入屠杀中来，如全国发展与民主革命运动的秘书长约瑟夫·恩兹卢雷拉，他协调了联攻派民兵的行动；银行总裁帕斯卡尔·姆萨贝（Pascal Musabe）也是一名在全国范围有影响的民兵组织者；商人费里希恩·卡布加（Felicien Kabuga）资助了米勒·科林斯自由广播电台和联攻派民兵；尽管本人就是一名图西人，罗伯特·卡朱卡（Robert Kajuka）却当了保卫共和国联盟连心派民兵组织的领导人。在内陆腹地，地方屠杀的组织者几乎都是省长，特别毒辣的是尚古古省长伊曼纽尔·巴加姆比基（Emmanuel Bagambiki）和基布耶省长克莱门特·卡伊舍马（Clement Kayishema）。有的地方，屠杀的主要组织者可能是与军事部门并无联系的局外人，如雷米·盖特特。此人曾是比温巴省穆拉姆比市市长，大屠杀前迁居到基本戈省，在逃离到坦桑尼亚并成为贝拉克（Benaco）难民营的"难民领导人"前曾在东部地区组织过屠杀行动。

这些人的想法，就像是那些对纳粹大屠杀持"否定论"立场的历史学家的研究一样。嘴上骂着受害者，否认——甚至在最确凿无疑的证据面前——正在发生的或已经发生过的暴力行为，[1]并逃避指责。尽管受害者确实存在，但是杀戮者的身份却依然无法确定，没有定论，几乎就像不存在一般。[2]在告诉支持者的时候，绝不要说所做的事情有什么"功德"，但要暗示，如果做了那些未明说的事情，

---

[1] 例如，持"否定论"立场的法国历史学家亨利·福里松（Henri Faurisson）曾"妙语"道："在奥斯维辛，唯一被消灭掉的是虱子。"这句话，赤裸裸地否认了事实，同时又让"虱子"一词成了双关语。

[2] 5月15日，连心派民兵头子罗伯特·卡朱卡曾如此描述杀戮："这只是民众在总统死后而变得怒火中烧而已。很难说，谁应对这些屠杀负责。"（*Le Monde*，17 May 1994.）

将会大有好处。在不能说的秘密中，与听众共谋之。①

由此可见，真正的大屠杀组织者是一个小范围、组织严密的团体，是现政权中的政治、军事和经济精英们。出于意识形态和物质利益的动机，他们坚决抵制在他们看来是威胁的政治变革。其中的很多人都曾在早期小规模屠杀行动中与"零点网络"暗杀团有过合作，都持有胡图人独大的激进思想。这些人可能是哈比亚利马纳总统最亲近的人，但并不完全都是阿卡祖的核心人物。毋宁说，这场阴谋的领导人，曾与哈比亚利马纳总统走得很近，但又与哈比亚利马纳总统保持了一定距离。总的来说，他们似乎与阿卡祖的"另一派"走得更近，即哈比亚利马纳夫人和"夫人党"。从他们在实施屠杀过程中所展现出来的效率来看，可以推定事前曾有过精心策划。② 大屠杀的效率令人毛骨悚然，与其他大屠杀一样，要是不具备两方面的条件，这种效率就不可能如此高：招募大量杀手的能力；获得很多人，可能全体民众中的绝大部分人的道义上的支持和许可。

谁是杀戮者？首都与内陆省份的情况并不相同。在基加利，事态发展很快。杀戮者聚集在一起。早在 6 日夜，总统卫队就开始展开处决行动。在 6 日夜间，总统卫队开始实施杀戮，并在不到 36 个

① 5 月，"临时总统"塞奥多雷·辛迪库巴瓦博在基布耶的一次讲话中，庆贺"局势恢复了平静……因为所有麻烦制造者都被解决了。"

② 媒体提供了证实。参见 Jean – Philippe Ceppi, 'Comment le massacre des Tutsi a été orchestré au Rwanda', *Le Nouveau Quotidien*, 13 April 1994；Jean Chatain, 'Des survivants de l'opposition accusent', L'Humanité, 9 May 1994；Jean – Philippe Ceppi, 'Témoignages de rescapés du Rwanda', *Libération*, 9 May 1994；Keith Richburg, 'A carefully organized massacre', *International Herald Tribune*, 9 May 1994；（作者匿名），'Le massacre organisé', *Jeune Afrique*, 12 – 18 May 1994；Jean Chatain, 'Rwanda. Rukara tente de revivre', *L'Humanite*, 18 May 1994；Marie – France Cros, 'Nous avons été entraînés pour éliminer tous les Tutsi', *La Libre Belgique*, 24 May 1994；Alain Frilet, 'Kigali, l'enfer de l'église Sainte – Famille', *Libération*, 17 June 1994。这里列举了如此多的信息来源，是要彻底驳斥依然有市场的观点，即大屠杀是"愤怒的农民"所实施的"自发暴力"。

小时内就成功清洗了绝大多数"重要目标"——政治人物、记者和人权活动家。总统卫队约有 1500 人，足以在较短时间内让首都变得恐怖异常。然而，总统卫队立即就要求联攻派和连心派民兵们提供援手。这些民兵一直就在等着这一刻的到来。

这些民兵往往——尽管并非总是如此——出身于下等阶层。兄弟情谊、较高的经济收益甚至还有一种政治理想，让他们受到一些中等阶层年轻人的追捧。全国民兵估计约有 5 万人，[①] 几乎相当于正规武装部队的力量。他们装备简单，配有一些 AK47 步枪、大量手榴弹以及斯瓦希里语称为"庞加"（*panga*）的尖刀或砍刀。[②] 很多民兵都接受过军事训练。前文我们也已经论述过，这些军事训练通常是法国人提供的。在基加利，他们架起了路障，并参与到挨家挨户的搜查。他们也充当起处决者的角色。在一些居住区，一些当地人也会兼职当起了联攻派民兵，或是出于抢掠别人家，或是出于相反目的，即为了被认为是"一名民兵"，进而可以保护自家免遭抢掠。[③] 总的来说，民兵纪律松散，尤其体现在新招募进来的民兵身上。这些新民兵往往就是街头混子，成日里酗酒。在战争后期，这些民兵成了土匪武装，政府当局重新招募人员并希望瓦解这些土匪武装。

---

① 参见已经提及的对让·比拉拉的访谈：*La Libre Belgique*，24 May 1994。

② "庞加"和锄头是东非最为常见的农业用具。在"罗戈"和田间地头，农民随手拿着砍刀并没有特别的恶意。然而，根据《非洲信札》（*La letter du Continent*，1994 年 6 月 16 日），东非最大"庞加"和其他农业用具生产商，即希宁通公司（Chillington company）在当地分公司，在 1994 年 2 月卖出的砍刀，比 1993 年一年卖出的砍刀都要多。民兵有武器，不过只有比较简陋的武器。这些民兵的主子们很清楚，要是计划得逞，大屠杀结束，必然要恢复秩序，就要解除武装。在解除武装上，拿砍刀的比拿枪的要容易对付得多。

③ Florence Aubenas, 'l'éxil doré des profiteurs Rwandais au Zaïre', *Libération* (30 July 1994).

　　直到大屠杀末期，无论是在首都还是在内陆腹地，杀戮者都受到中央政府文职官员，如省长、市长和地方议员的控制。① 正是他们，接收基加利的指令，动员地方宪兵队和联攻派民兵。要是遭到太多抵抗，他们就会下令让农民加入进来，并寻求卢旺达武装部队的支援。只有一个人不执行屠杀命令，那就是让－巴普蒂斯特·哈比亚利马纳（Jean－Baptiste Habyarimana，与前总统哈比亚利马纳没有亲属关系），布塔雷省省长，也是卢旺达唯一的图西族省长。两个星期过去了，布塔雷省什么事情也没有发生。愤怒于这种"不作为"，临时政府总统辛迪库巴瓦博（政府中少数布塔雷人之一）来到布塔雷，发表了一次煽动性演讲，要求并督促处在"沉睡中"的民众展开暴力行动。4 月 20 日，省长换成了极端主义者希尔威恩·恩迪库马纳（Sylvain Ndikumana），总统卫队士兵从基加利乘直升机来到布塔雷，屠杀随即展开。

　　屠杀所展现出来的效率，见证了卢旺达地方当局的执政水平和贯彻指令的能力。如果地方当局没有盲目地执行基加利的命令，很多人的生命就会得到拯救。当然，这也会给未来政府带来诸多问题。未来政府，几乎所有地方行政机构都将面临反人类罪的指控。一个行政机构准备屠杀民众，如此冷血，想起来自然会令人恐惧，也难以再现平和的局面。所有这些人不仅仅只是行政人员，而且也是全

---

　　① 　例如，法国记者阿兰·弗里特（Alain Frilet）曾描述过基加利圣法米勒教堂和圣保罗教堂内的情况。在那里，几乎有 5000 人寻求避难。民兵每次进入都会带走一批人，将之屠杀。他们每次来都带有各级行政机构签署的文件，出自"奥黛特夫人"（奥黛特·恩伊拉巴格温兹［Odette Nyirabawenzi］，她是马尤姆巴库米镇［*mayumba kumi*］人，通过省长和镇长，她和奥古斯丁·比齐蒙古攀上关系）之手。当然，杀戮并不总是按照程序来，但是当局常常会采取措施，防止大屠杀陷入彻底的无政府状态境地。（Alain Frilet，'Kigali. l'enfer de l'eglise Sainte－Famille'，*Libération*，op. cit.）

国发展与民主革命运动成员，因此更要对国家负责。正如我们在第一章中论述的那样，在前殖民时代，卢旺达王国长期存在一种根深蒂固无条件服从统治的传统。当然，德国和比利时殖民当局曾强化了这种传统。自独立以来，卢旺达一直是一个组织、控制严密的国家。当卢旺达最高层告诉你要做什么，你就会做什么，哪怕是杀人。这点和德国的普鲁士人传统有些类似，普鲁士人最终就严格遵从纳粹的命令。

政治学家告诉我们，国家享有合法使用暴力的权力。可这种独有的置人于死地的权力，其边界在哪？战争期间，人们要是拒绝命令，不从事斗争可能会被枪毙。在卢旺达，我们也看到了暴力和强制的使用。然而，暴力和强制明显没有使用的借口，尤其是，我们也将会看到，一些人在宗教信仰，或就是在个人自觉意识中就发现抵制命令的力量。不过，我们必须要认识到，命令之所以无可抵制，是因为卢旺达乃是一个由如下两种力量纠缠在一起的社会：第一种力量就是可以追溯到卢旺达文化根基中的、强烈的威权主义传统。图西族国王绝对不是宪政制度下的君主；出于政治考虑，杀戮甚至是一种可以接受的方式。当然，杀戮的规模和社会影响大小不一。第二种力量同样重要，那就是对群体身份的强烈认同。卢旺达与其他地方一样，人们可以从性格来判定一个人；不过，在卢旺达文化中，他并不是一个独立的个体，他还是一个家庭、一个世系以及一个氏族的成员，某个山头的定居者。在这种历史久远的认同基础上，政权严密的行政制度（以及区域歧视政策）又强化了这种"集体身份的基础"。一旦当局下令进行杀戮的时候，绝大部分群体会执行，激情程度或高或低。事实上，只有勇敢的人才不会沆瀣一气，才不会随波逐流。这样的勇士自然冒着杀头的风险。诸如臭名昭彰、丧心病狂的穆拉姆比市市长雷米·盖特特这样的屠杀者属于少数，而诸如让－巴普蒂斯特·哈比亚利马纳这样的勇士则更是少见。绝大多数行政人员参与杀戮，有的妄想借此发迹，有的只是在默默地服从。

图西人和胡图族反对派自然被列入屠杀名单，他们的住所也被知悉，那些被圈定的必死之人很少能逃过一劫。要执行屠杀任务，当局首先要依靠宪兵，也就是乡村警察。这些警察训练有素，法国人曾深以为傲。乡长召集起警察，让他们四处出击，开枪射击房屋，将民众赶出来。然而，这些警察无法单靠本身力量完成任务（屠杀全国10%的人口）。当局需要部门间的协调，并开始招募"志愿者"。一开始，卢旺达武装部队并没有在大屠杀中起到领头作用。不过，加兹辛兹上校未能将他们置身于大屠杀之外，[1] 他们渐渐地越来越深地卷入集体屠杀中去了。

在大屠杀中，还有一些施暴者，即胡图族的布隆迪难民。1993年10月，梅尔希奥·恩达达耶总统死后，布隆迪随之爆发了群体性屠杀。一些胡图族的布隆迪难民后来逃离了布隆迪，进入了卢旺达。他们一踏入卢旺达，全国发展与民主革命运动就将他们整编到联攻派。对此，联合国难民署曾向卢旺达当局发过难，但毫无成效。[2] 4

---

① 总司令职务被撤后，加兹辛兹上校被派到布塔雷担任指挥官。在很大程度上，正是由于他的存在，让－巴蒂斯特·哈比亚利马纳省长才能得以维持该地区的和平局面。加兹辛兹上校、让－巴蒂斯特·哈比亚利马纳一被调离，取而代之的穆温伊（上校）立即改变了之前的政策，发动卢旺达武装部队参与屠杀。（*Libération*，29 August 1994；African Rights，*Rwanda：Who is killing? Who is dying? What is to be done?*，op. cit.）

② 参见联合国难民署在基加利递交给外交部长的信件（1993年11月18日），转引自 African Rights，*Rwanda：Death*，op. cit.，p. 59。

月 6 日后，不少胡图族布隆迪难民在屠杀中甚为活跃。

然而，大屠杀的主要施暴者还是普通农民本身。做出这样的判断，确实令人不安。不幸的是，绝大多数幸存者的经历都支持了这一结论。在不同的地区，当局施加给农民的压力存在差异。不过，在一些地区，政府所谓的"杀掉图西族敌人"自发行动也属真实。①这也是多年来"多数民主"意识形态、妖魔化"封建主义分子"的结果。甚至在一些地方，民众并不是自发，而是被迫参与到屠杀中来。之所以参与进来，确实也只是因为意识形态在精神和情感上驱使所带来的结果。卢旺达爱国阵线曾抓获一名 74 岁的"屠杀者"，我们来看看他的证词："我懊悔我所做的一切……我感到羞愧。但是，要是你们处在我的位子上，你们怎么办呢？要么，你参与屠杀；要么，你自杀。因此，我拿起武器，抗击图西人，保卫我所在的部落成员。"②

这位"屠杀者"在为自己开脱，所说的话却也在迎合主流意识形态。他承认杀害了（强迫下）无辜者，但他赞同当局的宣传口径，将那些无辜者视为具有进攻性的敌人（他认识到这种观点是错误的）。要是一个人产生罪恶感，那么这个人就应对其犯罪行为有清醒的认识。借用历史学家让 - 皮埃尔·克雷蒂安（Jean - Pierre Chre-tien）的话来说，当时的卢旺达到处都是"无辜的谋杀者"。这些"杀戮者"常常会唾弃自己的所为，也会感到恐惧。这也是卢旺达爱

---

① 关于此类令人胆战心寒的情况，参见 Patrick de Saint - Exupéry, 'Rwanda. Les assassins racontent leurs massacres', *Le Figaro*, 29 June 1994; African Rights, *Rwanda*: *Death*, op. cit., p. 397, 在这份报告中，一位受伤的男学生说，在联攻派民兵，甚至"取食物路上的妇女"的陪同下，他遭到了袭击。

② *La Libre Belgique*, 24 May 1994.

国阵线到来前，大量胡图族农民已经开始逃离山头的原因。在第一批大量逃离者的目标国坦桑尼亚，一些难民开始揭发那些混迹在人群中间的镇长。坦桑尼亚警官贾姆贝·苏莱曼（Jumbe Suleiman）曾在鲁苏莫（Rusumo）见过他们，并震惊于难民们的行为："当盖特特（雷米·盖特特，穆拉姆比市市长）踏上跨河桥（此桥乃卢旺达与坦桑尼亚的分界标）的时候，人们喊了起来：'他是盖特特！他是个杀人犯！抓住他！'要是我们没有干预的话，盖特特肯定已经死于非命了。"[①] 1994 年 4 月，卢旺达陷入病态的狂热，几乎任何人都会成为杀手。然而，那些受过教育的人，以及那些位高权重者，尽管人数少，理应负有担当，却没有勇气（甚至也不想）去质疑卢旺达文化中的毒瘤。

当然，屠杀，甚至是在乡下的屠杀中，也存在物质利益上的动机。屠杀者抢家掠舍，宰杀牛只。肉价低廉，盛宴不绝，就像是在欢庆屠杀。村民可能会有一个隐约的期待，即屠杀后，要是事态平息下来，他们可能会得到属于受害者的土地。在像卢旺达这样少地的国家，这种诱惑着实不小。这关系到信仰和服从：信仰深嵌在让人们行为获得合法性的意识形态；服从则既有对政治权威，又有对社会权威的服从。普通屠杀者通常是群氓之辈，卢旺达也不例外。

谁是受害者？绝大部分受害者是图西人。所有的图西人都要死。杀戮者对妇女、老人、孩童甚至是婴儿，也不会网开一面。联攻派委婉的用词为"清除灌木"，就是要赶尽杀绝。在农村地区，人们彼此熟悉，辨别图西族身份非常容易，图西人没有机会可以逃得掉。

---

① Jean – Philippe Ceppi, ' Des tueurs Hutu réfugiés en Tanzanie ', *Libération*, 20 May 1994.

由于在同一文化中，胡图人和图西人并不是部落，而是社会群体，他们并没有分开居住。他们住在小屋里，比邻而居。在人口比例上，每个图西族家庭周边通常就会有好几个胡图族家庭。掩藏起来，几乎绝无可能。农村不同于城市，图西人与胡图人在经济上并不存在明显差距。除了体貌特征外，山头上的"少量图西人"与其胡图人邻居并没有多大不同。然而，这并没有多大作用，因为图西人和胡图人村民的身份是众所周知之事。

城里的情况就不同了，尤其是在基加利。在基加利，人们彼此并不熟知。联攻派民兵在基加利架上路障，查看民众的身份证。要是确认为图西人，或被认为是假装丢掉身份证的人，那就必死无疑了。不过，拥有一张胡图人身份证也不意味着就安全了。在鲁亨盖里、吉塞尼或有时在基加利，那些被怀疑支持反对党的南方胡图人也会遭到杀害。尤其是那些身材高大、直鼻、薄唇的人，常常被指控身份证是假的。长久以来的族际通婚，使得很多图西人长得像胡图人，很多胡图人长得又像图西人。在城里和公路边，那些长得像图西人的胡图人常常也会遭到杀害。要么，他们没能提供身份证；要么，他们提供的身份证并没有显示"正确"的族群信息；这都被视为图西人惯用的骗人伎俩。

当然，胡图族民兵或反对党的支持者也会遭到杀害，这一事实让这场大屠杀既具有种族又具有政治上的特殊性质。在很多情形下，诸如记者、技术专家、大学师生等知识分子也是杀戮目标。这些人思想复杂，备受质疑。因此，哪怕他们是胡图人，也不会是良民。在布塔雷，几乎所有大学师生，绝大部分都是胡图人，都在 4 月 21 日后遭到屠杀。医院里的医生差不多也是这种命运。

尽管少数人遭到杀害只是因为盗窃行为，但是，杀人行为中存在着一种强烈的社会妒忌心理驱动。在农村地区，这种情况更是显露无遗。一位幸存者曾尖锐地说道，"一些人的孩子只能光着脚上学，于是他们就杀了那些能给孩子买得起鞋子的人。"①

有袖手旁观者吗？袖手旁观者主要是教会。正如我们将要论述的那样，尽管普通的基督徒有过值得赞赏的勇敢之举，但是，教会高层在大屠杀中的作用，往好了说，就是没作用，往坏了说，那就是同谋。对教会高层的这一立场，首先感到震惊的是牧师们，他们认为人权就是基督精神在当代的体现，结果却发现教会背叛了基督精神。有两名牧师曾对法国记者说道："为什么主教不采取行动？他们发表过一些态度暧昧的讲话，却没有明确立场。要是他们敢于坦言，屠杀可能会停止。……绝大部分被杀的牧师都是那些捍卫人权的牧师。……只有两名主教（卢旺达共计有九名主教），即基本古（Kibungo）和卡博盖伊（Kabgayi）的主教清楚地表达了立场。卢万凯里（Rwankeri）的主教甚至要求基督徒支持过渡政府。"②

在整个危机过程中，白衣神父会的弗莱热尔神父和塞留尼斯（Theunis）神父经常向总部发送电报，汇报他们在卢旺达的情况。总的来说：被杀牧师有确定的名单，但教区民众遭到大规模屠杀却只字未提。人们所能看到的，就像是一份工会或外交部门的名单，只关心内部人。暴力行径被描述为一种"偶发"事件，而作恶者具

---

① 1994年7月12日，在巴黎对图西族教师M. L. 的采访。当刽子手到他家的时候，他并不在家。在大屠杀期间，他的妻子和五个孩子都丧生了。第六个孩子只有十八个月大，被一个胡图族邻居强抱带走，因此而幸免于难。

② Jean Chatain, 'Deux prêtres témoignent sur les atrocités au Rwanda', l'Humanité, 3 May 1994. 虽然绝大部分遇难的神父都是图西人，但很多被认为是人权支持者、过去曾谴责政府苛政的胡图族神父也遭到了杀害。

体却不知为何人。人们还会看到一些夸张的描述，说实施犯罪的是那些面目模糊的魔军。唯一提及名字的地方，就是两位神父最终确定卢旺达爱国阵线犯下某一特别罪行的描述。所有必要的细节都和盘托出了。[①]

如果说做出一些歪曲性的描述，可能是因为外国牧师不熟悉周围情况，那么本地的胡图族神职人员应该就不会如此了吧。在屠杀结束后，一名深感困惑的外国观察者访问了尚古古附近基拉姆博（Kirambo）教区后说道："在基督教神职人员中，没有一点集体犯罪的迹象。"[②] 糟糕的是，教会处于道德高位，就像卢旺达其他机构、社会组织或机构一样，在大屠杀中付出了惨痛的代价。甚至备受尊崇的《对话》（Dialogue）月刊，也将屠杀过程中遇难的 192 名神职人员视为勇士，[③] 要求教会追认为殉道者。其实，很少有牧师是因为保护避难者而遭到杀害的。外国牧师已经撤离了。图西族牧师和持有自由主义立场的胡图族牧师遇害，与遇害的卢旺达普通的图西人和胡图人并没有什么不同之处。尽管确实存在一些英勇之举，绝大多数胡图族牧师却没有作为。当然，这种情况是胡图共和国与天主教会多年的紧密合作所带来的结果。教会立场具有政治影响，甚至是在国外，因为基督教民主党国际对卢旺达爱国阵线的立场较为暧昧，也从没有公开谴责过胡图族极端主义者。[④]

---

① 参见 1994 年 5 月 19 日的电报；甚至当卢旺达爱国阵线出于"安全考虑"，让神父们留出一块地方，也会被描述为：这就是在暗示，卢旺达爱国阵线肯定是犯了一些说不出口的事。

② African Rights, *Rwanda：Death*, op. cit. , p. 516.

③ *Dialogue* no. 177 （Aug. – Sept. 1994）, 'Liste des prêtres, religieux, religieuses et laïcs consacrés tués au Rwanda', pp. 123 – 135.

④ 参见 Marie – France Cros, 'l'échec de l'Internationale IDC', *La Libre Belgique*, 11 July 1994。

至于新教教会，尽管它们与政权关系密切，与罗马天主教会也没有较深的历史交往，但它们的立场也好不到哪里去。新教教会高层默许了屠杀行径。雷弗德·罗杰·博文（Revd Roger Bowen）曾直言不讳地说道，"英国圣公会（Anglican Church）与哈比亚利马纳政府关系极其密切。大主教曾公开支持哈比亚利马纳及其政党。……教会中的种族问题也同样根深蒂固，圣公会教辖区主教都是胡图人。"①

暴力活动使圣公会成了逃离到内罗毕的"流亡教会"，主教们坚决拒绝谴责大屠杀，② 此时从乌干达和布隆迪涌入卢旺达的图西族"返还者"对圣公会并不认同。

1994 年 8 月 2 日，29 名天主教会牧师联合致信教皇，否认胡图人在大屠杀中的责任，并将之归咎于卢旺达爱国阵线，谴责国际法庭就反人类罪展开调查，维护卢旺达武装部队。此举可谓天主教会信仰败坏到了极致。

尽管抨击过新教教会，但雷弗德·乔治·奇默尔曼（Revd Jorg Zimmerman）的言论反映了基督徒的心声："我所目睹的是一种集体心理压迫。要是不想看到屠杀卷土重来，卢旺达必须要重新布道，且要以完全不同的方式来布道。然而，不幸的是，这种想法目前还不成熟。"③

唯一为皈依者提供庇护，并对抗暴虐行径的宗教信仰是伊斯兰

---

① Revd Roger Bowen, 'The role of the Churches in Rwanda: Anglican Perspectives', 油印文件，日期为 1994 年 12 月 8 日；新教徒约占卢旺达全国人口 15%；参见 Tharcisse Gatwa and André Karamaga, *Les autres Chrétiens Rwandais. La présence protestante*, Kigali: Urwego, 1990。

② 参见 Mark Huband, 'Church of the Holy Slaughter', *Observer*, 5 June 1994。

③ 转引自 African Rights, *Rwanda: Death*, op. cit., p. 517。

教。诸多证言都揭示出穆斯林之间的互相保护，① 并拒绝按照种族来分化皈依者。在卢旺达，穆斯林人口比例较小（1.2%）。他们的团结基于"穆斯林身份"，这不仅仅是宗教上的选择，而且是一种全球性的身份选择。② 穆斯林通常处于社会边缘地位，这种处境强化了一种共同身份，超越了族际。这却是占人口比例较大的基督徒未能实现的目标。

杀戮方式：大屠杀最为突出的特征是地域性。高密度人口，花园式领地，几乎就没有蛮荒之地，这让人们几乎无处可藏。由于受到的袭击甚至就来自邻居，人们只得到处逃，到处躲。在城镇，房子是典型的欧式热带建筑，最佳藏身之处就是天花板。天花板与屋顶间隔的空间只能让人爬着。靠着好心人提供食物，清理秽物，一些人就是在这样的有限空间里幸存了数天甚至数周。另外一些人躲在香蕉园里的废弃汽车里、厕所里、沼泽里和碗橱里，几乎所有可能不会被注意到的地方。一些邻居保护并藏匿一些人，与此同时很多人又遭到邻居的出卖。在这两种情况中，究竟哪种情况占的比例大，就没法说清楚了。

人们指望能得到集体保护的聚集地还有好几个。其中，最重要的是教堂。除了基加利三大教堂（圣法米勒、圣保罗和圣安德鲁），其他乡村教堂（除了卡博盖伊神学院外）都是梦魇之地。在像恩亚马塔（Nyamata）与尚基（Shangi）的许多地方，地方教堂往往都是罹难者的死亡集中营。尽管牧师们为自己也为避难者哀求（一些牧师为此而被杀），但联攻派民兵还是杀了大量避难者。要是教堂里的

---

① 非洲人权组织就提供了一份这样的证据，参见 Rwanda：Death，op. cit.，p. 419。
② 参见 José Hanim Kagabo，L'Islam et les'Swahili'au Rwanda，Paris：EHESS，1988，第三章。

避难者太多（在一些大的教堂，人数共计达到 4000），联攻派民兵对付不了，他们就会请来军队。为了把人赶出教堂，军队发射迫击炮弹，从窗户扔手榴弹。有时，屠杀要持续多天。因为，这些民兵手上的武器比较原始，一天只能杀数百人。

在基加利，数千名难民都躲在阿马霍罗（Amahoro）体育场，联卢援助团坚决且奋力阻止联攻派民兵进入，这些难民才得以存活了下来。为了抓住躲在体育场里的某些平民，卢旺达武装部队向体育场里连续发射炮弹，好几次都造成人员伤亡。那些在医院避难的人，或是那些由于受伤而被送到医院里的人，日子更不好过。无国界医生的一位工作人员说道：

> 任何一个受伤者都会被杀（由于受伤，会被认定为图西人）。就在我们眼皮底下，军人闯进医院，带走伤者，将伤者排成一行，用机关枪扫射 ……在历次行动中，我们也是第一次看到当地雇员如此大规模地被杀。4 月，在基加利，我们的图西族雇员，包括医生和护士，共计 200 多人，不是遭到绑架就是遭到谋杀。我们从没见过这样的事情。[1]

学校也不是避难处。胡图族教师通常会向民兵告发其图西族学生，甚至自己动手屠杀学生。一位胡图族教师告诉一位法国记者："在这里，很多人被杀。我本人就杀了一些学生。……去年，我们这儿有 80 个孩子；现在只剩下 25 个。其他孩子，要么被我们杀了，

---

① 无国界医生雇员在《电视全览》（*Télérama*，1994 年 7 月 27 日）中的讲述，转引自 François – Xavier Verschave, *Complicité de génocide? La politique de la France au Rwanda*, Paris：La Decouverte, 1994, p. 103。

要么跑了。"① 要是有人被盯上了，那么他的亲戚常常也会遭到屠杀。原因很简单，就是家庭关系。因此，亲戚家不是避风港，而是坟场。要是某个目标人物被发现出没于亲戚家，那么就会威胁到亲戚们的安全，即便这些亲戚本来并不是杀戮对象。

恐惧：对生活在经合组织国家里的绝大部分人，以及年纪尚轻、二战后出生的人来说，"杀戮"这个动词只是一个抽象概念。第三世界国家的一些读者，或许会对这里陈述的一切感同身受。要想深入理解卢旺达大屠杀，我们必须要知道一些原始内容。

首先就是数量——如此短的时间内就尸横遍野。为了预防传染病，在基加利，甚至就在屠杀过程中，人们不得不组建收尸队。由于尸体太多，他们不得不动用垃圾卡车。② 5 月中旬，有 6 万多具尸体匆匆被埋葬。在山头上，遇难者尸体常常就放置于遇难者的死前避难处，被累了四五米高。由于数周、数月都没人埋，尸体已经腐烂不堪。③ 在卡盖拉河里，死尸横呈，并最终严重污染了维多利亚湖。就在维多利亚湖，最终有 4 万具尸体被打捞上来，并被埋在靠近乌干达的湖岸边。

杀戮手段，原始而又残忍。砍刀杀人，往往会带来持续的巨大痛楚。很多人，只要有钱，就会掏钱给施暴者，要他们一枪毙命，

---

① Patrick de Saint - Exupéry, ' Rwanda：les assassins racontent leurs massacres ', op. cit.

② Médecins Sans Frontières, *Bulletin*, April 1994.

③ Jean - Paul Mari, ' Rwanda, Voyage au bout de l'horreur ', Le Nouvel Observateur, 19 - 25 May 1994. 空气中弥漫着尸臭，这种尸臭就像是黏在皮肤上，访问者要过好几天才能没了这种感觉（至少是在心理上）。

来个痛快的，而不想被砍刀慢慢折磨致死。^① 强奸妇女，也属司空见惯。妇女常常被先奸后杀。^② 一些儿童加入了联攻派，成了杀戮者，其他儿童就成了被杀对象。一些婴孩被摔死在岩石上，或被活生生地扔进厕所里。^③ 身体遭到残害，更是常见，不是女性乳房被挖，就是男根被割。^④ 有时，那些断肢残臂就是恐怖的一部分，并让精神病学家困扰："残忍，并不只是反映在杀戮者身上。在一些杀戮现场，尸体，很多是儿童的尸体，被有序地肢解了，断肢残臂则被整齐地放置在不同的小堆中。"^⑤

通常，死尸堆里的幸存者也会被揪出来。例如，在基本古主教管区的指挥部，800 人遭到屠杀。幸存者则被民兵从死尸堆里扒出来，活活被棒打致死。^⑥ 暴虐狂，加上种族主义，无不至极，令人难以置信。在布塔雷大学的校园里，有一位胡图族教师，其妻是图西人，怀孕没几个月。杀戮者把他的妻子剖了腹，挖出还未出生婴孩的胚胎，扔到胡图族教师脸上，并叫喊道，"吃吧，吃掉你的杂种！"^⑦ 有时，民兵会强迫妇女杀掉自己孩子来换取免于一死。^⑧ 一些人被活活烧死，而他们的亲戚则被迫要亲眼看着这一切。在有的情况下，联攻派民兵告诉一些家庭，要是他们家杀掉某个亲戚的话，

---

① United Nations, Commission des Droits de l'Homme, *Rapport sur la situation des Drouts de l'Homme au Rwanda soumis par Mr Degni – Ségui, Rapporteur Spécial de la Commission*, 28 June 1994, p. 9.

② Jean – Philippe Ceppi, 'Témoignages de rescapés du Rwanda', *Libération*, 9 May 1994.

③ African Rights, *Rwanda：Death*, op. cit., pp. 342 – 344.

④ Stephen Smith, 'Kigali livré à la fureur des tueurs Hutu', *Libération*, 11 April 1994.

⑤ 'Rwanda：no end in sight', *The Economist*, 23 April 1994.

⑥ Véronique Kiesel, 'Massacres au Rwanda. Le fond de l'horreur', *Le Soir*, 6 May 1994.

⑦ 当事人与笔者的谈话。

⑧ African Rights, *Rwanda：Death*, op. cit., pp. 337.

那么亲戚家的其他人就会被赦免。①

这里陈述的恐怖，绝非危言耸听。要评估政治情势，我们必须要了解大屠杀在身体与精神上所呈现出的真实面。无论是在思考大屠杀后有无可能成立联合政府，还是在思考国际社会的责任，人们决不能忘了幸存者所经历的恐怖程度。哪怕是外部观察者（包括作者本人），尽管想不偏不倚，但还是会难以抑制心中的波澜。为什么我们不能将卢旺达大屠杀视为日常的现实政治（realpolitisch）？这就是原因所在。在这里，又一次地，人们会将之与针对犹太人的大屠杀相提并论。

情势的复杂性：大屠杀会让人们处于一种难以置信的、复杂的道德和社会环境中。一些人可能是被熟知他们一切的邻居告发，并因此致死；另一些人则可能得到了某位善心尚存的联攻派民兵的——不可思议——拯救。② 一些人被告发，是因为同事想要他们的工作；一些人被杀，是因为其他人想要他们的财产；而还有一些人，则又得到无名的、厌恶暴力行径的胡图人的救赎。跨族婚姻下的夫妻的情况就更复杂了。要是被拦在民兵路障边，胡图族丈夫要想保住图西族妻子及其妻子亲戚的命，就得拿出所有家当。③ 在山头上被追杀数周后，一个图西族妻子与胡图族丈夫成功逃了出来，却又要丈夫把她给杀了。两人都跪了下来，祈求上帝宽恕。然后，丈夫杀

---

① Ibid. , pp. 341 - 347.

② Ibid. , pp. 321 - 322. 这着实是个奇异的案例。在基加利附近的恩亚比塔卢（Nyabitaru）山头上，有一个名叫尤西亚·皮马皮马（Yosia Pimapima）的联攻派地方领导人。他告诉上级说，"无须派人过来，我已经杀了所有敌人"，从而拯救了山头上所有人。卢旺达爱国阵线取得胜利后，此人被免于逮捕。（1995 年 1 月 16 日，在基加利对司法部长阿尔丰索 - 马里埃·恩库比托的采访。）

③ African Rights, *Rwanda：Death*, op. cit. , p. 576.

了妻子。后来，这位丈夫向一名牧师忏悔"罪行"，询问牧师上帝能否宽恕他。①

　　一些所谓的"胡西人"会得到胡图族亲人的挽救，而家里的图西族亲人则被屠杀殆尽。② 一些人的立场复杂多变，很难说他们究竟是英雄还是恶棍。最突出的例子是圣法米勒教堂的助理神父温塞斯拉·蒙亚希亚卡（Wenceslas Munyashyaka）。此人保护了8000多名避难者，却也允许民兵进来抓走一些人。一方面，他保护了数千人；另一方面，他又同意按照名单在避难者中交出人。最后，他还阻止避难者到卢旺达爱国阵线控制区寻求避难，尤其是胡图人。在他看来，胡图人投靠"蟑螂"，就是在"背叛他"。③

　　甚至还有很多杀戮，显得荒诞。一位全国发展与民主革命运动成员、哈比亚利马纳支持者，他的22位亲人却遭到了联攻派民兵残害。究其缘由，颇为牵强。此人在学生时代是一个反对派人士，他的一个兄弟曾是被革职的军官，并接触过卢旺达爱国阵线（不过，最后还是没有加入）。他家里有好几人的妻子是图西人。然而，大屠杀要做最后决算，宁可枉杀一万，不能放过一人。④

　　还有一个例子。一个有着跨族婚姻的医生，妻子为图西人。他的七位亲人（图西族）遭到屠杀。他本人则由于专业技术，先后六次在行刑前免于一死。最后，法国"绿松石行动"在8月拯救了他，并被送到了肯尼亚，却得知家里18位亲人（胡图族）在卢旺达爱国

---

①　当事人与作者的私下谈话。

②　African Rights，*Rwanda：Death*，op. cit.，p. 463.

③　Ibid.，pp. 381 - 5. 当事人与作者的私下谈话。

④　1995年1月3日，在内罗毕对因罗森特·布塔雷（Innocent Butare）的采访。布塔雷先生之所以幸免于难，是因为大屠杀期间他在肯尼亚洽谈生意。由于其过去全国发展与民主革命运动的身份，布塔雷先生滞留在肯尼亚，担心回到卢旺达后会为新政府所不容。

阵线进军基本古期间遭到卢旺达爱国阵线杀害。① 真应了那句话，人生无常，生死悬于一线。

无名英雄：毫无疑问，大屠杀期间也出现了英雄人物。他们不求回报，只求良知。很多这样的无名英雄都是虔诚的基督教徒。他们的仁慈与勇气，在教会高层妥协的衬托下，显得难能可贵。一位教会下层人士说道：

> 尽管言论害了我，但我的鼻子救了我。② 我一直在谴责暴力行径……在人群前，我总是就马太福音 38—48 页的第 5 节进行 30 分钟的布道。卢旺达爱国阵线在广播中对我大加赞赏。同族兄弟，本来就因为我的反战言论而不喜，现在就更讨厌我了……无论如何，我一直都怀疑我能否有命活下来，因为两边都可能会杀了我。所幸的是，此时已经散布于山头的暴徒并没有顾得上我。我行走在山头之间，有限地减少苦难……为了生命，反对死亡，我竭尽全力，用上天的主宰来抗衡这个世俗世界的主宰。③

其他人的英雄之举并不只是出于信仰，而是出于对人性尊严的坚定维护，周围的杀戮并没有让他们丧心病狂。一个胡图族杂工就曾连续数周藏匿并喂养一个图西族中学教师。这位教师并不是杂工的老板，只是躲在学校房子上的天花板上的避难者而已。联攻派民兵认为，他们的捕杀目标就在附近，并多次威胁过杂工，但这个杂

---

① 1995 年 1 月 2 日，在内罗毕对塞奥内斯特·塞曼因兹（Théoneste Semanyenzi）的采访。
② 无论真假，鼻子瘦长的人通常会被视为图西人而遭到杀害。
③ *Dialogue*, no. 176, June – July 1994, p. 17.

工并没有失去勇气，生活如常，似乎灾难不会发生在自己的身上。最终，杂工和教师都活了下来。① 同样令人肃然起敬的一个例子：一个图西人家里的胡图族女佣，在这个图西族家庭遭到屠杀时，为了挽救这家孩子的生命，甘愿嫁给一位民兵。② 在类似的极端情况下，甚至拒绝杀戮（伴随着自身生命受到威胁）都是一种英雄之举。一位小学教师证词说道："那些人（杀戮者），他们只是贫穷的胡图族农民，为政权和军队所操控。他们是无辜的。当他们要我在课堂上杀掉那些图西族孩子时，我只得逃跑。"③

　　有时，哪怕是为了维护最基本的尊严之举，都可能会意味着死亡。一家胡图人在看到图西族邻居全身赤裸的时候，实在看不下去，便拿来一些香蕉叶给他们遮体，结果这家胡图人全遭到联攻派民兵杀害。④ 一些人犹如圣人一般，勇气可嘉。例如，吉塞尼天主教会的下层人士，胡图人费力塞特·尼义特盖卡（Felicite Niyitegeka）就曾帮助逃难者跨越边界。她的兄弟是一名上校，写信告诉她说民兵已经知道了她的所为，但她并没有因此而停止提供帮助。最终，民兵前来抓她的时候，她的屋子里有 30 多名避难者。联攻派民兵对她说，只要交出这些避难者，她就可以得到赦免。她回答道，她将与避难者共生死。为了让她回心转意，民兵当着她的面逐一杀害避难者。当杀戮结束后，她请求一死。民兵领导人告诉她，她会死的，并请她在射杀她前为领导人做祈祷。⑤

---

① African Rights, *Rwanda*：*Death*，op. cit.，p. 315.

② Ibid.，p. 603.

③ Jean - Philippe Ceppi，'Nouvelles menaces d'exode apres le depart de Turquoise'，*Libération*，3 August 1994.

④ African Rights, *Rwanda*：*Death*，op. cit.，p. 595.

⑤ 发给布鲁塞尔白衣神父会的第 17 封电报（1994 年 6 月 9 日）。

屠杀持续了多久？除了布塔雷，就绝大部分省份而言，屠杀开始于4月6—7日的夜间。在布塔雷，直到4月20日地方当局被极端主义分子撤换前，事态一直保持平静。由于不允许进行干涉，联卢援助团部队在阻止屠杀上没有起到任何作用。能阻止屠杀的只能是卢旺达爱国阵线的军事占领。因此，那些较早就被占领的省份，如比温巴、鲁亨盖里的东部地区、基加利北部地区和基本古，屠杀持续的时间相对较短。在鲁亨盖里西部地区以及吉塞尼，屠杀到4月底已停止，因为这两个亲政府的地区的图西人几乎被屠杀殆尽。屠杀在南部地区（基本古、基加利南部、吉塔拉马、布塔雷、吉孔戈罗）和西南部地区（基布耶和尚古古）持续时间最长。甚至到6月，即法国"绿松石行动"部队的到来，也没能完全阻止屠杀。在行动部队没有驻扎的基布耶，屠杀态势依然不减；在行动部队散布整个地区的尚古古和吉孔戈罗，屠杀已只是偶尔发生，行动部队也只是拯救了诸如恩亚卢希希（Nyarushishi）这样大难民营里的图西人以及行军路上遇到的图西人而已。然而，到了5月底，屠杀变得毫无规律可循。在4月的第二周到5月的第三周，这六周内死亡人数占到整个大屠杀期间死亡人数的80%。如果我们认定在这短短的六周内约有80万人遭到屠杀的话，那么每日死亡人数至少是纳粹集中营每日死亡人数的五倍。

多少人被害？要给出卢旺达大屠杀确切的死亡人数，现在是不可能的了，只能是个大概数字了。

在早期，围绕死亡人数的争论简直就像是一场战争，不时穿插着多个机构（卢旺达爱国阵线、非政府组织、联合国和过渡政府）和媒体间的博弈。1994年4月20日，美国的非政府组织人权观察

（Human Rights Watch）给出了第一个大概死亡人数，即约有 100 万人被屠杀。四天后，比利时无国界医生组织对此进行了质疑，并指出死亡人数更可能是 20 万。与此同时，关于究竟谁是杀戮者的问题也在讨论之中。4 月 30 日，坦桑尼亚贝纳科（Benaco）难民营中的难民已经达到了 30 万人。随着卢旺达爱国阵线向南、向东推进，这些组织又开始揭露卢旺达爱国阵线针对胡图人的恐怖屠杀行径。正如联合国难民署所指出，这些报告过于敏感，在 30 万难民中只有四五人受到枪伤。当真正和详尽地反映卢旺达爱国阵线暴力行径报告出来的时候，实施这些暴力行径的武器都是枪炮。①

5 月 5 日，卢旺达爱国阵线广播电台，穆哈布拉广播电台提出死亡人数为 50 万。第二天，乐施会（Oxfam）主席戴维·布莱恩（David Bryer）就开始引用这一数据。5 月 15 日，穆哈布拉广播电台却将死亡人数调整为 30 万，但并没有给出下调的原因。然而，自大屠杀开始后，并没有机构对死亡人数进行过系统统计。上述数字更多的只是观点，而非事实。

第一次统计死亡人数的人是一名卢旺达爱国阵线的士兵。5 月 9 日，这名士兵说道：4 月 22 日，这名士兵及其同伴抵达坦桑尼亚边界的卢苏莫（Rusumo）桥。他们曾数过，阿卡盖拉河每分钟就有一具尸体漂流到维多利亚湖，"只有昨天，死尸才没有那么多。我们数过，一整天不到 500 具尸体。"② 这也就是说，在四月最后一周以及五月第一周，基本古省至少有 2.5 万人遭到杀害。5 月中旬，基加利垃圾卡车曾收过 6 万具尸体，这是唯一严肃的死亡人数统计。5 月

①　*Le Monde*（4 May 1994）。相反的，当"绿松石行动"部队进入卢旺达南部地区的时候，他们发现很多图西族幸存者的伤都是砍刀所留下的。

②　Jean Chatain, 'Rwanda, Le torrent des suppliciés', *l'Humanité*, 10 *May* 1994.

底，乌干达西部地区当局估计，约有 4 万具尸体从卢旺达漂浮了过来，并在当地被埋葬了。6 月 3 日，卢旺达爱国阵线主席卡尼亚伦圭上校在穆哈布拉广播电台宣布，自大屠杀开始后，死亡人数已经有 100 万了。

1994 年 8 月 24 日，联合国卢旺达问题紧急小组的副协调人查尔斯·皮特里（Charles Petrie）说道："我认为，100 万死亡人数并非夸大其词。"① 到此时，死亡人数的争论才算有所消停。卡尼亚伦圭上校提出的数据似乎第一次得到了官方的确认，并在后来又得到了国际红十字委员会驻基加利代表菲利普·加拉德（Philippe Gaillard）的"确认"。各种"确认"并不是基于新的评估或统计上。10 月 2 日，联合国在纽约公布一份报告说，死亡人数为"50 万—100 万"。两个数值间的跨度很大，却也反映出国际机构的慎重态度。国际机构认识到，没有人能知道确切的死亡人数。11 月底，一份联合国新报告又慎重地将屠杀死亡人数确认为 50 万。② 在当时，似乎这个数字被广泛接受。

事实上，要估算 1994 年卢旺达大屠杀死亡人数就要从 1991 年 8 月的卢旺达人口调查报告开始。③ 这份调查报告值得信赖。与绝大多数非洲国家不同，卢旺达是个小国，人口密度大，通讯网络较好，当时的行政机构还有不错的效率。此外，正如我们所要论述的那样，除了图西族/胡图族人口比例外，卢旺达当局没有其他动机要去弄虚

---

① *Le Monde*, 26 August 1994.

② 联合国安理会 1994 年通过了关于卢旺达问题的 935 号决议后，联合国专家委员会成立。参见该委员会的报告：United Nations Commission of Experts, *Final Report*, Geneva, 25 November 1994。

③ République Rwandaise, Ministère du Plan, Service National du Recensement, *Recensement Général de la Population et de l' Habitat au 15 Aoüil* 1991, Kigali, December 1991.

作假。① 1991年8月，卢旺达全国人口总数为714.8496万。为了便于计算，就算是715万。按照3.2%的人口增长率（世界上较高增长率），我们可以得到如下数据。

表7-1　　　大屠杀前三年的卢旺达人口调查结果（译者注）

年份	人数（单位：万）
1992年	737.8
1993年	761.4
1994年（4月）	777.6

接下来的问题是，图西人在人口总数中的比例。1994年4月，当时的卢旺达政府说图西人占到人口总数的9%，即约70万人。不过，这个数据肯定是被低估了。第一，政府低算图西族人口数，可以让图西人在上学和就业上维持低比例；第二，由于图西人自己常常会上报为胡图人，甚至要搞到身份证。尽管种族信息是错误的，但可以避免歧视政策。理性，甚至保守地估计，图西人不到三分之一，约占12%，也就是说，1994年4月6日卢旺达的图西人约为93万。

另一方面，通过在难民营里的统计，关于1994年7月底卢旺达幸存下来的图西人总数，我们也有较为准确的评估。为了进行粮食分配，一位国际机构工作人员曾探访过难民营，并计算过人数，具体如下表7-2所示。②

---

①　自从20世纪40年代开始，卢旺达人口增长情况都得到了较好的记录。在之前的年份里，基加利政府从没有在人口数字上动过手脚。

②　当事人希望匿名。为了套取利益，"正常"难民营里的人口往往会被高估了。但是，考虑到难民营里图西人在肉体和精神上所遭受的折磨，同时难民营里的人口统计背后也没有政治组织，因此人口统计应该是准确的。不过，所有数据都要偏低。

表7-2　　大屠杀后图西族在卢旺达境内外幸存人数统计(译者注)

卢旺达境内	人数(单位:万)
恩亚卢希希	1
基加利	2
比温巴	1.5
东部地区	1
里利马(Rilima)	2
共计	7.5
布隆迪境内	3
卢旺达与布隆迪境内共计	10.5

我们还要在这个数据上加上2.5万。在卢旺达境内,大约有2.5万图西人躲在山顶上、森林里和私人房屋里,幸存了下来,他们并没有去难民营。因此,图西人幸存者约有13万,这个数据应该靠谱。也就是说,三个月内被屠杀的图西人约有80万,再加上死亡的胡图人(1万到3万)。因此,大屠杀中死亡人数为80万—85万,约占全国总人口的11%。在人类历史中,在非自然因素所引起的灾难中,这个死亡率可能也是最高的。到1994年年底,这个数字还不能说是总死亡人数,但也足够糟糕的了。

难民:由于冲突,难民人数较大(约30万),且增长还没有尽头。这些难民大部分逃到坦桑尼亚,也有一小部分逃到了布隆迪。除了那些"胡西人",从基本古省(30万人口)逃到坦桑尼亚的民众,大部分都是胡图人。组织者说是为了躲避屠杀,事实并非如此。

恰恰相反，他们在卢旺达东部地区刚刚屠杀了 2.5 万—5 万图西人。他们之所以逃离，是因为担心遭到卢旺达爱国阵线部队的报复。然而，联合国难民署的一些工作人员，并没有弄清楚，便相信了这些人关于卢旺达爱国阵线施暴的说法。5 月 3 日，联合国难民署协调人帕罗斯·莫姆兹斯（Panos Moumtzis）对记者说道，难民中极少数受伤者不可能是组织施暴所造成的。[1] 即便如此，5 月 21 日，一位负责外勤的官员写道："难民处境相对不错。只有少数人过来了。卢旺达爱国阵线似乎正在展开杀戮。那些遭到袭击的人已经相继死去。"[2] 一些更为谨慎的（或不带那么多偏见）外勤人员却持有保留立场：

> 尽管我们不能轻视关于坦桑尼亚人和难民对（卢旺达爱国阵线屠杀）事件的目击报告……但是，还是存在很多问题：（1）与坦桑尼亚村民和难民谈话时，译员的翻译水平；（2）联合国难民署或非政府组织工作人员并没有对卢旺达爱国阵线施暴的目击证言；（3）由于其他难民在现场，讲述带有散布"恐怖"的倾向；（4）一些（不是所有）难民有可能在卢旺达境内犯下了罪行。[3]

这也揭示出，从事人道主义救援的工作人员在难民营中所面临的困难。一些难民曾效忠于前政府，过去曾与政府有过紧密的联系。大部分从事人道主义救援的工作人员已经认识到，他们现在照顾的

---

① African Rights, *Rwanda：Death*, op. cit.，p. 646.

② 参见联合国难民署外勤官员的报告。J. F. Jensen, *Kagera region situation report*，21 May 1994.

③ 参见联合国难民署外勤官员的报告。Mark Prutsalis, *situation report no. 12*, *Kagera region*，20 May 1994.

这些人，曾犯下过恐怖罪行。而这与卢旺达爱国阵线在东进过程中所犯下的罪行（被枪杀的疑为联攻派民兵，造成战场周边平民死亡等）无关。

事实上，冲突一发生，比温巴附近就出现了小规模屠杀事件。这种情况与卢旺达爱国阵线取得胜利后所出现的情况如出一辙，令人痛心：士兵们缺乏纪律、[1] 受到公开谴责而展开的报复性杀戮、追捕真正的或设想的联攻派民兵。[2] 在一些地区，联攻派民兵以平民身份为掩护，卢旺达爱国阵线的反应显然过于残忍。[3]

这些罪行应该受到谴责，施暴者也应受到处罚；这也给未来国际法庭出了难题。然而，在某种意义上说，这些罪行也是内战所避免不了的。就政府而言，在战争中，卢旺达武装部队也做过，并还在做同样的事。这些杀戮所造成的死亡人数，占到卢旺达大屠杀期间总死亡人数的 1%—2%。可是，要是将停火与大屠杀的结束画上等号，那就错得离谱了。在政府所控制的地区，如果真的有所谓停火一说，那么由于联攻派民兵没有受到卢旺达爱国阵线的干扰，死亡人数就只会增加而非减少。

由于有镇长和地区官员作为头领，难民在逃亡难民营的过程中，秩序良好。在难民营内，难民按照来源地进行分组，且处在应对大屠杀负责的政治机构的控制下。因此，一位访问过贝纳科的新教传教士这样写道：

---

① 前 18 个月内的大量、不设限的招募新兵，已经给本来纪律严明的卢旺达爱国阵线部队带来了负面影响。

② 诸多案例参见人权活动家的报告。Monique Mujawamliya, *Rapport de visite effectuée au Rwanda du 1er au 22 Septembre* 1994, *Montreal*（mimeo），1994.

③ 例如 4 月 15 日在基本古省卡拉兹山（Kanazi Hill，塞克区［Sake commune］）的屠杀事件。（1995 年 2 月 1 日，在内罗毕对一位幸存者的采访。）

在我访问期间，臭名昭著的侵犯人权分子盖特特也在贝纳科，他的民兵还在为非作歹。每夜都有人被暗杀，被杀的主要是图西人。在这个大难民营里，无形之中，宿怨可以很容易就得到解决……贝纳科不再是坦桑尼亚人的，而是全国发展与民主革命运动所领导下的卢旺达的一部分。①

对在难民营里工作的人道主义救援人员来说，他们正在打交道的就是那些杀人犯或其帮凶，这着实令人在心理上难以接受。这也是为什么一些人道主义救援人员一开始将大屠杀归咎于卢旺达爱国阵线的原因所在。然而，这并不重要，因为大量事实在后来已经变得明朗起来。第一，在冲突后期，难民营已经成为庞大的组织机构，所有的一切已经成为政治性灾难。在难民营里，谋杀已经成为家常便饭，民兵组织也已经将平民处于前政府的控制之下；第二，难民所遭受的磨难不亚于大屠杀，可问题最后却变得模糊起来。人们忽视了难民中的伤亡（也就是说，大屠杀伤亡人数是难民伤亡人数的10 余倍）；第三，众多前政府的盟友（法国政府、一些基督教非政府组织、众多外国知识分子）以及此时的联合国，都开始提出了"双重大屠杀"一说（这一点，我们将在第九章讨论）。

战争

4 月 8 日，即几乎就在哈比亚利马纳总统死亡 48 小时后、大屠杀开始后，卢旺达爱国阵线就重新开始了军事行动。4 月 9 日，卢旺达广播宣布成立过渡政府。对此，卡加梅少将立即展开回应，宣布

---

① African Rights, *Rwanda：Death*, op. cit. , p. 646.

巴戈索拉是卢旺达的罪人，并向他宣战。① 11 日下午 4 点，卢旺达爱国阵线部队抵达基加利，争夺首都的战争就此持续了 3 个月。第二天，即 12 日，过渡政府逃到吉塔拉马，只有奥古斯汀·比齐蒙古将军被留了下来。在基加利及其附近，卢旺达爱国阵线按兵不动，可它却几乎没费多大力气就拿下了比温巴，并向西往鲁亨盖里推进。与此同时，卢旺达爱国阵线还向东进入到基本古省的北部，并于 4 月 22 日抵达坦桑尼亚边境。从那里，卢旺达爱国阵线缓慢有序地推进到了基本古省的南部。在此过程中，游击队只遇到极少数卢旺达政府军，也没有发生多激烈的战斗。只有两个地方，即基加利和鲁亨盖里，卢旺达武装部队进行了激烈的抵抗。一方面，卢旺达爱国阵线将只装备有轻型武器的战斗人员渗透到东南部地区；另一方面，卢旺达爱国阵线将大炮等其他重型装备投入到攻占首都的战斗中去。

正如我们将在下文所要论述的那样，很多外国观察家往往会将战争和大屠杀混淆起来，甚至得出结论，即战争引起了大屠杀。因此，联合国坚持要求交战双方必须停火，以"制止大屠杀"。一些观察家指出，这是两个完全不同的问题。② 然而，几乎没有人听他们的说法。5 月 12 日，联合国依然固执地要求停火。前负责人道主义事务的法国国务秘书伯纳德·科契勒（Bernard Kouchner）缺乏对当时情势的认识，宣布说："和平和停火是当前最紧要的事。"③

逐渐地，卢旺达爱国阵线占据了军事上的优势地位。5 月 5 日，密集的炮弹迫使机场关闭。16 日，卢旺达爱国阵线成功地切断了基

① SWB, Radio Uganda, 9 April 1994 at 10. 00 a. m.
② 参见人权观察组织主席的言论。Holly Burkhalter, 'Make the Rwandan killers' bosses halt this genocide', *International Herald Tribune*, 2 May 1994.
③ *Le Monde*, 20 May 1994.

加利－吉塔拉马公路，进而使比齐蒙古将军与过渡政府之间的联系变得更为困难。5 月 22 日，卢旺达爱国阵线一鼓作气占领了机场和卡洛姆贝（Kanombe）军营。这次胜利让首都的战斗烈度下降了不少。在基加利，不长眼的炮弹已经造成了大量人员伤亡。一周后，卢旺达武装部队高级官员，最为温和的马塞尔·加兹辛兹上校被从南部调回，与卢旺达爱国阵线最擅长外交的军事领导人弗兰克·穆加姆贝基进行谈判。谈判的内容是双方交换 240 名平民与囚犯。① 然而，穆加姆贝基还私下寄希望于一部分军人与极端主义者划清界限，放下武器。这一愿望落空了。5 月 30 日，卢旺达爱国阵线占领了卡博盖伊。

随着占领的地盘越来越大，卢旺达爱国阵线需要招募新兵。早些年里，由于有稳定的流亡者、志愿者投军，卢旺达爱国阵线并没有太大兵员需求压力。到 1994 年 4 月 6 日卢旺达爆发大屠杀前，卢旺达爱国阵线有 2 万—2.5 万兵力。然而，与卢旺达爱国阵线此时的任务相比，这一兵力显然不够。1.5 万多人投入到基加利战斗，至少有 5 千人投入到东部地区的占领。可还有三分之二的领土需要占领。因此，卢旺达爱国阵线开始大规模招募新兵，也不像以前那样精挑细选了。这也为后来的负面影响埋下伏笔。这些新招募进来的年轻人，不是报仇心切的图西族幸存者，就是来自布隆迪的图西族流亡者。而对后者来说，他们认为卢旺达爱国阵线将会取胜。尽管还有时间，他们及其家庭希望能在卢旺达爱国阵线的胜利成果中分得一杯羹，便加紧展开活动。招募的新兵有数千人，但只在 5 月最后两

---

① 28 日，联合国已经成功撤离了位于基加利中心的米勒·科林斯酒店的一批难民。这家酒店归比利时航空所有。比利时航空没有忘了让所有"客人"为其酒店账单打下欠条。

周内进行过训练。这些新兵从根本上改变了卢旺达爱国阵线内部的权力平衡。当然，它依然还是处在"乌干达"内部核心的掌控之下，如保罗·卡加梅少将、弗兰克·穆加姆贝基和帕特里克·马津帕卡。然而，一些人物在此背景下开始崭露头角。在这些人物看来，内部核心人物可以在前全国抵抗军士兵的基础上建立权威，但随着这些新兵的招募，他们也可以崛起。反映出这种新趋向的现象就是：1994年6月3日，文森特·恩森吉尤姆瓦主教、萨德·恩森吉尤姆瓦主教和约瑟夫·卢曾达纳（Joseph Ruzindana）主教以及其他十名牧师在不久前占领的卡博盖伊天主教中心遭到杀害。卢旺达爱国阵线就此进行了官方解释，这些神职人员是被新招募来的图西族士兵所杀，他们失去了所有的亲人，便向主教及其同伴进行了报复。由此可见，"仓促招募"被加以政治利用，但并不起多大作用。卡博盖伊附近约有2.5万难民。经过耐心谈判，与被联攻派民兵屠杀的绝大部分流离失所者相比，神职人员只有1500人死亡，存活率极高（93%）。事实上，主教们对其在卡博盖伊的活动并不感觉到有罪。尽管他们是胡图人，也有几人随着卢旺达武装部队撤离了，但他们还是决定留下来，等待卢旺达爱国阵线的到来。因此，年轻人出于报复而杀掉他们，着实说不过去。①

在质疑卢旺达爱国阵线官方说法的人群中，传出了第二种说法。② 这种说法认为，目标是文森特·恩森吉尤姆瓦主教。由于文森

---

① 人们很难知道杀手为谁。根据不同版本的说法，杀手有1人、2人和3人。一个杀手被主教卫兵（他们"并没能阻止这场屠杀"——由于机关枪扫射15人也需要一些时间，这些卫兵显然也不够称职）和其他人被当场击毙。尽管卢旺达爱国阵线说要"积极展开搜捕，并绳之以法"，但这些杀手还是人间蒸发了，再无下文。
② 信息来源于一位与卢旺达爱国阵线关系密切的图西人（巴黎，1994年6月底）。

特·恩森吉尤姆瓦与哈比亚利马纳政权关系密切、直到 1989 年 12
月都担任全国发展与民主革命运动中央委员会委员、对图西人充满
敌意，且商业活动成功，因而为人所痛恨。本来要杀的是他，但杀
手或杀手们较为笨拙，扫射了屋里所有人。然而，第三种说法似乎
更接近于真相。① 根据这种说法，卢旺达爱国阵线前几天刚占领了卡
博盖伊，三位主教就与卢旺达爱国阵线进行接触，商讨由教会做协
调人，阻止战争和屠杀。三位主教的身份也适合如此做。文森特·
恩森吉尤姆瓦主教曾是哈比亚利马纳的老友，此时已经改变了立场。
一方面，他对目前所发生的一切确实感觉到恐惧；另一方面，他也
认为卢旺达爱国阵线可能会取得胜利。萨德·恩森吉尤姆瓦主教，
一直持有自由主义立场。他在 1991 年 12 月发表的宣言产生了重要
政治影响。他也是让教会远离政权的主要推手之一。然而，1993—
1994 年期间，他却表现出接受强硬派立场的意愿。因此，对于做协
调工作来说，这两人在政治上都说得过去。不过，根据这种说法，
卢旺达爱国阵线内部一些派别，即那些希望取得完全胜利的人并不
希望看到这一切的发生。在他们看来，所谓协调只是阻止完全胜利
的到来，目的是拯救旧政权。他们担心，教会的动议会立即得到联
合国以及国际社会的广泛支持。这样，局势就不在卢旺达爱国阵线
的完全掌控之下了。以此论之，灭掉主教就成了冷血的政治谋杀了。
如果这个说法是真实的话（背景环境完全没有问题，卢旺达爱国阵

----

　　① 　这种说法也是由一位与卢旺达爱国阵线关系密切的图西人传出来的，而且此人还
因此受到打击（巴黎，1994 年 6 月底）。就作者眼力所见，这种说法可见于 1994 年 6 月底
的《非洲秘闻》（*Africa Confidential*），简略的标题为"卢旺达：教堂里的杀戮"（'Rwan-
da：Killings in the Church'）。

线卫兵在枪杀前的最后时刻也有可疑举动①），那么值得怀疑的就是，杀害这些神职人员的命令出自卢旺达爱国阵线"乌干达"核心人物之口。如果真相果真如此的话，那么那些杀手的出现就是卢旺达爱国阵线内部权力中心开始出现转移的最早迹象之一。在卢旺达爱国阵线核心中，图西优越论者人数并不多，也不占优势。如果新招募的力量改变了内部气候的话，他们还是有能力在重大问题上做出符合自己意志的决定的。

6月6日，由于感到卢旺达爱国阵线对过渡政府"首都"施加的压力越来越大，卢旺达武装部队开始在基加利南部和吉塔拉马附近展开反攻。然而，反攻很快就停止了，吉塔拉马也在13日被卢旺达爱国阵线占领了。过渡政府被迫逃往吉塞尼。对旧政权的遗老遗少们来说，大势已去了。因此，两天后，法国政府宣布要在卢旺达展开"人道主义行动"的时候，卢旺达爱国阵线抗议说，巴黎只是来帮助其旧盟友，阻止卢旺达爱国阵线在战场上所取得的胜利：

> 成千上万名无辜者被杀后，法国政府（应对屠杀负责）现在却宣布，它要派出军队过来阻止杀戮。很清楚：法国军队过来是为了保护那些杀人犯。②

就在同一天，身处金沙萨的过渡政府总统希尔多雷·辛迪库巴瓦博举双手赞成法国的行动。法国的非洲坚定盟友，多哥总统埃亚

---

① 1994年12月14日，在伦敦对一位当时在卡博盖伊的天主教会牧师的采访。1994年4月25日，因为一次非政治性的争吵，卢旺达爱国阵线杀了若阿金·瓦尔马约（Joaquim Vallmayo）神父。考虑到杀害若阿金·瓦尔马约神父是那么的随意，前亲政府的天主教人士也没有时间就杀害的神职人员而加以政治利用。参见从卢旺达发到布鲁塞尔白神父会的第17封（1994年6月9日）、第19封（1994年6月24日）电报。

② SWB, Radio Muhabura, 16 June 1994.

德马（Eyadema）也赞同干预计划。① 有鉴于此，卢旺达爱国阵线的担心并非没有根据。这场危机又拉开新的一幕。

从外部来看

外部世界是如何看待卢旺达在 1994 年 4 月 6 日后所发生的恐怖事件呢？如果人们相信国际红十字会主席科尔内利奥·索马鲁加（Cornelio Sommaruga）的说法，那么卢旺达就是一个被国际社会抛弃的国家：除了少量联合国人员、无国界医生以及国际红十字会组织外，国际社会都从卢旺达撤离了……在国际红十字会历史中，我们也从没有看见过仇恨带来了如此多的平民的死亡……我们感到非常孤独。②

媒体一开始被震蒙了，然而两周后，文章铺天盖地，阐释这场灾难的严重程度。③ 由于近距离抓拍刽子手在技术上没有可能，因此也就没有关于大屠杀的电视报道。在当代西方社会，就没有什么事件没有被电视报道过。因此，大屠杀可谓是一个转折点。不过，电视报道了 7、8 月份逃亡到扎伊尔的难民以及霍乱疫情。这两件事为国际社会所了解。关于这一点，我们在后文再论述。

与媒体态度相比，更为重要的是国际社会的立场。相关国家的立场也完全不同。在与卢旺达关系密切的国家中，比利时几乎就没有什么反应，似乎比利时政府和民众还没有从 4 月初十名比利时籍

---

① SWB，PANA – Dakar，18 June 1994.

② *Libération*，5 May 1994.

③ 关于法国媒体在危机期间对卢旺达大屠杀的报道情况，参见 François – Xavier Ver-schave，op. cit.，pp. 140 – 141。关于英语媒体的报道情况，参见 African Rights，*Rwanda*：*Death*，op. cit.，pp. 198 – 199。

维和士兵遇难中走出来。撤军后，比利时维和部队主管会见了外交部部长德阿纳（Dehaene），并告诉德阿纳，比利时军队绝不再参与联合国领导下的维和行动。要是派出维和部队，那也是比利时的单独行动。①

由于 1993 年夏索马里行动的惨败，美国依然心有余悸，不愿意卷入到卢旺达问题。因此，在经过较长一段时间的尴尬与沉默后，国务院发言人克莉丝汀·谢利（Christine Shelly）在 6 月 10 日说道："虽然卢旺达发生了屠杀行为，但不能将所有杀戮都归为屠杀。"②这一歪曲事实的说法，揭示出美国明显不愿有所作为。根据 1948 年 12 月签订的反种族大屠杀的国际条约，所有签约国都要在爆发种族大屠杀的时候立即展开行动。要是所有国家都接受美国国务院不符合事实的说法，那么也就没有国家会对纳粹死亡集中营展开行动了，因为当时德国也在屠杀大量非犹太人。从短期来看，这是美国人不作为的理由。尽管缺乏远见，可也成为联合国不积极展开"维和"的理由。因此，当布特罗斯－加利提出要为在基加利的达莱尔将军增加一些装甲车的时候，美国不太情愿地答应了，但并不提供通信系统，只能租借！所提供的装甲车只是通信系统被切断、并不能有效地投入使用的装备。调配这些装甲车，联合国法律事务部与美国国务院洽谈相关事宜就花了三个星期。③

尽管布特罗斯－加利秘书长对卢旺达局势不完全清楚，并说在

---

① 1994 年 6 月 2 日，在布鲁塞尔对一位文职人员的采访。

② *International Herald Tribune*（13 June 1994）.

③ 1994 年 9 月 4 日，在华盛顿对一位美国国务院官员的采访。也可参见 *International Herald Tribune*，13 June 1994。

卢旺达，胡图人在杀图西人，图西人也在杀胡图人，[①] 但非洲统一组织和联合国至少更认同种族大屠杀的说法。联合国让卢旺达"外交部部长"杰罗姆·比卡姆帕卡（Jerome Bicamumpaka）飞赴纽约，并在联合国大会上发言。在大会上，这位部长做了一次充满情绪化且不实的陈述。然而，更糟糕的是，联合国在 4 月 21 日投票决定减少联卢援助团兵力，几乎砍掉了 90% 的兵力，只留了 270 人。当然，人们可能会说，这没什么大不了。因为联合国行动授权有限，蓝盔军只能在眼皮底下无助地看着民众被屠杀。民兵很快也明白过来了，即他们不需害怕那些维和士兵，就是这些维和士兵在场，民兵也敢下毒手，完全不受干扰。然而，联合国撤军造成了灾难性影响。刽子手们认为，国际社会压根就不关心，他们可以继续实施屠杀，无须担心被干涉，甚至是反对。在这场危机初期，国际社会采取的唯一具体措施就是武器禁运。可由于法国的缘故，此措施如同虚设。尽管法国后来展开了"绿松石行动"，标榜正义，但它还是与经合组织国家在 4 月 21 日投票赞成联卢援助团的缩减。

尽管有联卢援助团的"存在"，还是有成千上万民众被屠杀。对此，卢旺达爱国阵线恼怒异常。塞奥盖内·卢达森瓦要求联合国卢旺达问题特使雅克 – 罗杰·布尔 – 布尔引咎辞职。[②] 卢旺达爱国阵线驻欧洲代表雅克·比霍扎加拉宣布说，联合国军队没有存在的必要，因为"他们只会给民众带来虚假的安全感"。[③]

4 月 29 日，布特罗斯 – 加利秘书长提出联合国要进行武装干预，

---

① 这一陈述是在 1994 年 4 月 29 日发表的，转引自 African Rights, *Rwanda：Death*, op. cit. , p. 688.

② *Le Soir*, 30 April 1994.

③ SWB, Radio France Internationale, 30 April 1994.

并于5月5日得到了美国的支持。5月6日，经过多次讨价还价后，安理会通过了918号决议，即决定依据第7章部署5500人部队。在武力使用上，这支部队的授权范围要比达莱尔将军的联卢援助团大一些。尽管各方对此次不寻常的部署表示满意，但主要支援国和国际社会依然在坐视形势发展。直到3个月后，这支国际部队才最终部署到位。副秘书长科菲·安南对此深感痛心：

> 在卢旺达问题上，所有人都深感愧疚。要是几十万具腐烂的、野狗在啃的尸体，还不能让我们从同情中清醒过来，我不知道还有什么能让我们清醒过来。①

联合国秘书长以同样基调说道：

> 没能发挥应有的作用，我们都有责任，所有人，大国、非洲国家、非政府组织以及整个国际社会。这是一场大屠杀……我很失败……这简直就是丑闻！②

尽管这是布特罗斯－加利秘书长在痛定思痛，但他将非政府组织包括进来，这并不公平。非政府组织在政治上作用有限、政策也比较散漫、各自为政，但在减轻卢旺达平民所遭受的苦难上，也只有它们在真正发挥作用。

非政府组织的存在也有一个问题。担任无国界医生主席八年之久的罗尼·布劳曼（Rony Brauman）残忍而又准确地一语道破：

> 人道主义干预远非抗衡罪恶的堡垒，事实上它只起到次要

---

① *Le Monde*, 25 May 1994.
② *Le Monde*, 27 May 1994.

作用……人道主义援助的社会和政治功能只是激发善意和同情。①

更常见的是，非政府组织的存在是各国政府和联合国拖延采取措施的借口，坐等大屠杀结束，以便它们最终在不冒政治和军事风险的前提下进行干预。

我们来看看法国，因为它就是这么做的。在法国，只要媒体对大屠杀保持一定程度的沉默，官方就不会表态。两位卷入大屠杀旋涡的人物——"外交部部长"杰罗姆·比卡姆帕卡和保卫共和国联盟领导人让-博斯库·巴拉亚圭扎——都曾密访过巴黎，并得到密特朗总统、巴拉度总理以及阿兰·朱佩部长的接见（1994 年 4 月 27日）。这并没有引起多大麻烦，因为当时媒体并不确切地了解卢旺达政治所发生的一切。②

尽管媒体对卢旺达过去的糟糕历史有些微词，③ 但法国政府还在装着一副无动于衷的姿态。而背地里，一些人正在积极"拯救我们盟友"，压根就没有多想联合国通过的国际武器禁运决定。④ 这也没

---

① Rony Brauman, *Devant le Mai. Rwanda, un genocide en direct*, Paris：Arlea, 1994. 第一句引自第 27 页，第二句引自第 39 页。

② 这与比利时政府的立场形成了鲜明对比。比利时政府拒绝给这两人提供签证。比利时外交部部长决定，只要卢旺达"政府"不就公开指控比利时下令谋杀哈比亚利马纳总统一事进行道歉，比利时就不允许卢旺达过渡政府部长到访。

③ 'La France perd la memoire au Rwanda', *Le Canard Enchaîné*, 5 May 1994；'Rwanda. Les amitiés coupables de la France', *Libération*, 18 May 1994；'Les responsabilités françaises dans le drame Rwandais', *l'Humanité*, 20 May 1994.

④ 如合作部长米歇尔·罗辛办公室的前特工菲利普·热埃纳（Philippe Jehanne）。他在 1994 年 5 月 19 日对作者说道："我们正通过戈马将武器弹药运给卢旺达武装部队。当然，要是你将我的话透漏给媒体，我会否认的。"显然，武器运送一直持续到 6 月，后来此事在人权武器观察项目（Human Rights Arms Watch Project）的一份报告中被揭露。参见 *Rwanda/Zaïre：rearming with impunity：international support for the perpetrators of the Rwanda Genocide*, New York, May 1995.

有给法国武装部队司令兰萨德（Lanxade）造成困扰，他一本正经地宣称道："不能指责我们武装了刽子手。毕竟，所有杀戮都是用棍棒和砍刀。"① 人们有理由去怀疑，法国政府秘密转运给卢旺达过渡"政府"的武器只是为了反卢旺达爱国阵线的军事目的。然而，这没什么大不了的。对一些地缘政治学家来说，卢旺达已经成为世界战场。一份机要通讯（与法国政府一些人关系密切）中的一篇小文章就已经显示出巴黎的战略考虑。② 副标题为"卢旺达尸堆里掩藏的重大政治与地缘战略利益"。这篇文章提出了如下观点：第一，卢旺达爱国阵线在美国接受过训练；第二，相较于在东非其他地区的作为，美国对待乌干达较为"软弱"，并没有要求穆塞维尼推行多党制；第三，华盛顿将乌干达视为阻止苏丹伊斯兰极端主义向大湖区渗透的最后堡垒；最后，穆塞维尼的所有行动，包括"占领卢旺达"都会得到支持。文章得出结论：

> 该地区不能落入一个说英语的强人之手，他会完全听从美国人，迎合美国人的利益。这也是法国自 1990 年后支持已故总统哈比亚利马纳、反对卢旺达爱国阵线的根源所在。既然没能奏效，那么现在唯一选择就是重新扶植扎伊尔总统蒙博托，他能抗衡穆塞维尼。

尽管这篇文章有的内容是谎言，有的半真半假且带有倾向性，但最后一段话，甚至是最后一句话，需要认真对待，因为它揭示了法国政府对局势的认知。4 月的第三周，扎伊尔总统已经阻挠了本应

---

① *l'Humanité*, 29 *June* 1994.
② 'Les enjeux diplomatiques de la tragédie Rwandaise', *La Lettre du Sud*, no. 27, 23 May 1994.

在坦桑尼亚召开的一次地区首脑会议，并得到了法国的支持。5 月初，格局发生了彻底的转变。在前三年里，巴黎、布鲁塞尔以及华盛顿都对蒙博托政权实行边缘化政策。现在，蒙博托政权的政策不仅再次得到法国的支持，而且任何就卢旺达危机的倡议都得到了法国的积极支持。①

无论是对早前的左翼人士（他们已经怀疑美国人进行了干预），还是对重要的法语非洲国家（1993 年 8 月阿鲁沙协议签订后，在基加利的外交酒会上，他们听到了太多英语国家的声音，并深感震惊）来说，对付苏丹及其原教旨主义已是第一要务。②

究竟法国政府是否真的如此认识，法国政府的认识究竟是装腔作态还是根深蒂固的偏执，难以判断。然而，到 1994 年 6 月，有一点是清楚的，即法国政府面对的局势越来越严峻了，深感有检视历史的必要，更需要思考如何处理当前的问题。至此，法国又一次地按照过去的模式，要对卢旺达采取措施。6 月 15 日下午，外交部部长阿兰·朱佩在法国国际广播电台宣布，巴黎正在认真考虑对卢旺达进行干预。因此，这也就不足为奇了。随后，在晚间，阿兰·朱佩在法国电视第一频道再次进行了宣告。第二天早上，人们又能读到他在《解放日报》上的署名文章：

> 我们确实有干预卢旺达的责任。静观大屠杀的时期已经结

---

① 1994 年 5 月 9 日，非洲事务特别顾问布鲁诺·德莱（Bruno Delaye）在总统办公室告诉作者："我们不希望看到这样的会议在坦桑尼亚召开。下一次必须要到金沙萨开。我们不能让英语（非洲）国家去决定一个法语（非洲）国家的未来。无论如何，我们希望蒙博托回来，不能缺了他。我们就是如此来处理卢旺达事务的。"可两年前，法国还拒绝给蒙博托总统私人访问提供签证。

② 参见 François‐Xavier Verschave, op. cit., 第 13 章；Claude Wauthier, 'Appétits americains et compromissions françaises', *Le Monde Dplomatique*, October 1994。

束了，我们需要采取行动……法国已经与主要的欧洲和非洲伙伴国准备进行地面干预，终结大屠杀，保护那些受到种族清洗威胁的民众……法国将承担起自身的责任来。①

尽管动机并不那么高尚，但这些言论还是勇气可嘉。无论是为了荣誉、为了现实政治利益还是为采取行动造势，法国左翼和右翼政治领导人已经达成了一致，决定重返卢旺达。

① Alain Juppé, 'Intervenir au Rwanda', *Libération*, 16 June 1994.

第八章 "绿松石行动"与中部非洲的灾难性结局（1994年6月14日—8月21日）

干预的抉择与准备（6月14日—23日）

媒体压力以及一些非政府组织的游说，使得法国重返卢旺达提上了巴黎的政治议程。然而，最终促使密特朗总统下定决心却是内尔森·曼德拉总统的讲话。6月13日，曼德拉在突尼斯召开的非洲统一组织会议上讲道："卢旺达局势是非洲的羞愧……我们必须要改变这一切；我们必须行动起来，众志成城。"① 曼德拉的讲话搅动了巴黎的神经。又一个"盎格鲁-撒克逊世界"的代表公开说要干预说法语的卢旺达。曼德拉不是穆塞维尼，法国对曼德拉无计可施：多年的政治斗争和在非洲政治的象征性地位，让这位反对种族隔离的斗士几乎成了基督般的人物。曼德拉要干预的确切原因甚至都不

---

① *International Herald Tribune*, 14 June 1994.

用分析，危险已经迫在眉睫了。[①]

　　1994 年夏，由于法国政治的分裂，法国当局在观望中谨慎地做出抉择。[②] 总统非洲事务特别顾问布鲁诺·德莱当时就在突尼斯。他的身边坐着巴拉度总理的外交顾问贝尔纳·德·蒙特弗兰德（Bernard de Montferrand）和德莱的非洲朋友菲利普·博迪永（Philippe Baudillon）。他们彼此对视，亲切的就像是非洲同伴一样。[③] 他们回法国后不久，密特朗总统就在 6 月 14 日的内阁会议宣布法国干预的决定。密特朗要求他们保密此决定几天，以防媒体轰炸渲染。[④] 第二天下午，正如第七章所提到的那样，外交部部长阿兰·朱佩在广播中讨论此事，并在 16 日一份发行量较大的晨报中论及此事。这是为什么？当然，从法国国内政治环境来看，这倒是个不错的做法。社会党人似乎又一次成了主导性力量，通常也会极大地刺激保守党政客。后者确实不想被视为冷血的金融家和专家政治论者。换句话说，从公众舆论来看，卢旺达及其子民似乎可以给保守党人带来政治上的好处。

---

　　① 事实上，曼德拉总统决心要干预卢旺达，主要是由于南非军队白人势力的刺激。南非军队白人势力认为，干预卢旺达，阻止屠杀，帮助幸存者，是个绝好的机会，可以重塑军队的形象。后来，非国大的政治顾问，让曼德拉总统了解了干预卢旺达的国内原因以及干预的风险。与此同时，其他危机，如安哥拉问题更是迫在眉睫。（1994 年 9 月 24 日在卑尔根［Bergen］对彼得·瓦尔［Peter Vale］的采访。）

　　② 1993 年 3 月，保守主义政党（新戴高乐主义的保卫共和联盟和中立路线的法国民主联盟［UDF］）战胜社会党，赢得立法选举的胜利。尽管议会中保守派占大多数，但密特朗总统一直执政到 1995 年 4 月任期结束。因此，法国就有了两个决策体系，社会党总统与保守主义的保卫共和联盟总理巴拉度。令局势变得更复杂的是，在保卫共和联盟内部，总理与党秘书长雅克·希拉里都是潜在的总统候选人。所以，权力机构中的大部分政治家不是支持密特朗，就是支持巴拉度或是支持希拉里。

　　③ François Soudan, 'Rwanda. Pourquoi la France s'en mêle', *Jeune Afrique*, 30 June – 6 July 1994.

　　④ 1994 年 6 月 17 日，在巴黎对一名合作部职员的采访。

在此，我暂时放弃本能的审慎立场，以第一人称来论述。6月17日，国防部危机小组（该小组当时正在准备后来众所周知的"绿松石行动"［Opération Turquoise］）向我征询意见。这是一次未曾预料到的征询。首先，我身处卢旺达危机的外围；其次，我对卢旺达危机的关注主要在学术层次。正如我在前面所解释的那样，这要归因于法国对卢旺达1990年10月1日形势的彻底误判，而我在其中也起到一定影响。无论是对卢旺达爱国阵线游击队的访问（1992年），还是对卢旺达政府的访问（1993年），我对卢旺达的访问并没有得到法国当局的批准。作为社会党国际秘书处的成员之一，我可以方便地出入于各个机构，我也曾就法国在卢旺达的角色进行过一些激烈的抨击。因此，总统办公室、对外安全局和军队，对我也并不待见。所以，国防部卢旺达危机小组召集我，也着实令我感到意外。

不过，原因很快就明朗起来。国防部部长弗朗索瓦·莱奥塔尔（François Léotard）是巴拉度的人，而巴拉度总理认为整个行动都是直接指向他。巴拉度总理是一个典型的金融专家政治论者，纯粹的法国资产阶级代理人，对乱七八糟的非洲政治毫无同情。他想要实现法国与非洲关系的"多边化"，也就是说要削弱非洲国家，少添麻烦。他更仰仗的是欧盟和世界银行。对他及其内阁成员来说，干预卢旺达充满危险（要是失败，他注定会受到谴责），又没有好处［要是成功，倡导者，也就是说密特朗和朱佩（希拉克的人）会名利双收］。因此，弗朗索瓦·莱奥塔尔认为，干预卢旺达是在蹚政治雷区，应该谨小慎微。将一个学术界的外人纳入进来，不失为一个好主意。他可能注意到了一些难以预测的困难。

对此，我即时就察觉到了。干预卢旺达的最初计划完全基于一个假设，即法国军队可以通过吉塞尼进入卢旺达。我认为此举不可行，原因很多。首先，吉塞尼是保卫共和国联盟的核心地区，已故哈比亚利马纳总统的"福地"，迎接法国军队的将是大屠杀始作俑者，那肯定会让法国窘促不已。其次，法国军队切入点靠近战斗地区。卢旺达爱国阵线当时正在围攻鲁亨盖里，距离东部地区只有数公里之远。要是希望看到法国军队与游击队交火，过渡政府"友人"倒会愿意在法国军队东进上提供一切帮助。再次，此次任务的官方目的是人道主义救援，而人道主义救援在吉塞尼和鲁亨盖里没有多大意义。一位当地胡图族商人后来对一名法国记者说道，"这里没有多少图西人。开始的时候，我们没费多大周章就杀光了他们。"[1] 电视摄像头前没有活人，法国军队也找不到干预理由的佐证。

还有一个问题很快就萦绕在我脑海。这样做不是一个大阴谋吗？法国军队实际上不是被派来支持过渡政府的溃败之军吗？不是卢旺达爱国阵线所怀疑的那样？如果事实确实如此的话，我就不想参与其间。我同意加入危机小组，只是因为国防部的一些朋友告诉我说，干预早在预料之中，我的作用让干预变得更顺畅，而不是更麻烦。然而，想起美国人和越南战争，我也知道社会科学研究者往往着迷于权力，喜欢拨开迷雾看到权力机器是如何运转的。社会科学研究者深陷于此。因此，法国军队的切入点问题将是试金石：如果军队全体官兵接受改变计划，那就验证了此次的行动目的了。如果不接

---

[1]　Florence Aubenas, 'De Kigali à Gisenyi. Le grand exode des Hutu', *Libération*, 11 July 1994.

受，那么这里面肯定暗藏玄机。国防部很多固定职员慷慨分享了他们的经验，并在政治上给予我支持。① 我提出了二选一的方案：空运士兵到布琼布拉，从南部进入卢旺达；或者，用大型运输机空运到戈马（Goma），转用轻型双引擎运输机空运到布卡武（Bukavu），通过尚古古进入卢旺达。我个人倾向于第一种方案：我认为，途经布隆迪，可能会有助于该国的稳定，我们可以做到一石二鸟。然而，我严重低估了卢旺达爱国阵线的能力。卢旺达爱国阵线在布隆迪的影响，依靠的就是图西族的反对党，即争取民族进步统一党（UP-RONA）。布琼布拉爆发了反对法国干预的游行示威。布隆迪外交部部长、布隆迪争取民主阵线的让 – 马里埃·恩根达哈尤（Jean – Marie Ngendahayo），无论他本人对此事是何种看法，在法国军队借道问题上都得代表政府拒绝巴黎。②

　　另一个方案，即途经布卡武和尚古古的方案，遭到军队反对，原因是成本问题。在戈马③降落，再登机，飞赴布卡武，然后再降落，成本太大。此时的问题是，这种反对意见是真实的，还是别有居心。在与负责此次整个行动计划的梅西耶（Mercier）将军谈话后，我认为至少他本人没有什么别的用心。不过，对于要"对付卢旺达爱国阵线"的其他官员，我就无法确定了。这个问题最终在 6 月 20日星期一尘埃落定。国防部部长弗朗索瓦·莱奥塔尔决定采纳尚古古方案。在这一方案上，我得到了大量的支持，也对这种支持表示

---

　　① 人们应该认识到，外部专家并没有什么政治分量。外部专家就像是一束花，装点在周围，令人愉悦。然而，并不能像政治人物或行政机构人员那样来理解决策过程。
　　② SWB, PANA – Dakar, 22 June 1994.
　　③ 国防部计划租赁的波音 747 和安东诺夫 124 这样的大型运输机，只能降落在戈马。对于这些庞然大物，布卡武机场的跑道实在太短了。

感谢。不过，我印象最深的是，我的部分观点之所以最终得到认可，是因为尚古古附近有尼亚鲁希希（Nyarushishi）难民营。法国可以找到大量幸存下来的图西族难民，而电视摄像需要的正是他们。要是在一个地方进行人道主义干预，结果却发现那里没有一个人可救，确实令人窘迫。

干预此时已经蓄势待发。每个人都希望借此分得政治红利。密特朗总统最初就想干预，可此时却发现被截和了，恼怒不已。6月18日星期六，在联合国教科文组织召开的一次会议上（此次会议与卢旺达没有什么关系），密特朗总统发表了一通主要围绕卢旺达问题的讲话，目的就是要从保守党的外交部部长阿兰·朱佩那里夺回主导权。密特朗总统说，考虑到局势的严重性，情势紧迫，干预不能以天为计，而要以小时为计。这话出于密特朗之口，确实令人感到意外。要知道，在卢旺达发生了两个月的残忍杀戮期间，密特朗似乎都泰然自若，无动于衷。①

不是每个人都急于去制止一场种族大屠杀。大屠杀已经展开大半，其间的祸心已经昭然若揭。卢旺达爱国阵线厉声谴责法国的干预，认为法国在耍诡计，要拯救注定崩溃的辛迪库巴瓦博政权。人们必须得承认，卢旺达爱国阵线所提出的证据都在指向这点。② 然而，还有一些反对声音，更加令人想不到。阿鲁沙协议确立下来的

①　密特朗对新闻界非常敏感，便没透露法国在卢旺达问题上的妥协程度。就在发表讲话的那天早上，一些特殊人员便将爱舍丽宫的一份公报亲手交给各大报纸，这份公报说："法国每次得知侵犯人权的时候，都会立即进行干预，竭力抓捕那些为非作歹者。"自1990年以来，卢旺达出现了小规模屠杀。鉴于法国在此期间的表现，这份公报就只能被视为天真的宣传了。

②　法国总参谋部对局势缺乏判断。在谈及卢旺达爱国阵线的时候，一名高级军官确实不解地如此问我："可他们为什么就不相信我们呢？"

候任总理福斯汀·特瓦吉拉蒙古，在访问蒙特利尔的时候也对法国干预进行了谴责。[①] 坦桑尼亚人，又一个世界范围上的盎格鲁－撒克逊阴谋的参与者，非洲统一组织秘书长萨利姆·萨利姆（Salim Salim）也在传达非洲统一组织的谴责立场。[②] 在基加利，联卢援助团的罗密欧·达莱尔将军谈起了"法国人发起的行动，他们所谓的人道主义行动"，明显没有热情。[③] 与此同时，累积下来的糟糕情况还在继续发酵。6月21日，《解放报》（*Libération*）（五天前曾刊发外交部部长阿兰·朱佩呼吁进行武装干预文章的同一家报纸）刊发了一篇名为"卢旺达——一名暗杀团老兵的控诉"的文章。在文章中，一名前零点网络成员说他曾接受过法国教官的训练。[④] 两天后，大赦国际发表一份公告，要求法国政府就过去与卢旺达暗杀团的关系进行说明。数天前，卢旺达驻金沙萨大使馆的武官多米尼克·邦（Dominique Bon）上校事实上还承认，法国依然还在将武器从戈马运给卢旺达武装部队。要是戈马机场现在被用于人道主义干预，这个讯息就令法国太尴尬了。[⑤] 在这种不利氛围下，巴拉度总理的热情进一步地衰减。在6月21日的一次议会演讲中，巴拉度提出，法国军队在展开实际行动前，必须要有个前提条件：得到联合国的授权；设

---

① SWB, Radio France Internationale, 20 June 1994.

② Ibid., 21 June 1994.

③ 法新社，1994年6月19日。私下里，达莱尔将军更有意见。他知道，法国在秘密地将武器运送给卢旺达武装部队。当他得知法国要干预的时候，他说道："要是他们落地，将那些该死的武器送给政府的话，我就把他们的飞机击落下来。"（1994年7月29日，在日内瓦对一名联合国职员的采访。）

④ Stephen Smith, 'Rwanda. Un ancien des escadrons de la mort accuse', *Libération*, 21 June 1994. 事实上，《解放报》的非洲专家具有"盎格鲁－撒克逊"背景，且散布诸多谣言，其中好几个谣言被说成直接来自于总统办公室，而总统办公室视之为美国中央情报局的特工。

⑤ *La Lettre du Continent*, 16 June 1994.

定干预时间表并加以遵循；不要深入卢旺达，行动就在卢旺达边界线附近展开；行动纯粹就是人道主义干预，绝对不要有军事成分；要有其他部队参与，法国不能单独行动。不要深入卢旺达，这个条件毫无实际意义，也无法加以实行。至于最后一个条件，巴黎也无法做到。不过，其他三个条件都得到了尊重。

当然，这里还有一个没有讨论的问题：法国如何在一个发生战事的国家里进行人道主义行动的时候避免武装冲突？法国（或者就是外交部）压根就没有与最可能会向法军开火的政党，也就是卢旺达爱国阵线有过协议。法国官方在心理上存有障碍，即卢旺达爱国阵线会倒向"盎格鲁－撒克逊"敌人。6月20日星期一，当我得知通过尚古古进入卢旺达的方案已经大体定下来的时候，我亲自给身在布鲁塞尔办公室的卢旺达爱国阵线驻欧洲代表雅克·比欧扎加拉（Jacques Bihozagara）打了个电话。从他那里得知，巴黎没有和他有过联系。通过国防部办公室，我向外交部施压，要求外交部弥补这个缺失。当我再次给比欧扎加拉打电话，想知道努力后的结果的时候，我能想象得到他接电话时的怒气哽喉：他接到了一份传真，要他到巴黎会见布瓦维里奥（Boisvineau）夫人，即非洲及马达加斯加事务司（Direction des Affaires Africaines et Malgaches，简称DAMM）东非处副处长。我们都清楚，尽管布瓦维里奥夫人是个怀有善意的优雅女士，但她在政治决策上并没有任何影响力。比欧扎加拉非常生气："太荒唐了。这简直就是一种侮辱。我在欧洲待了三年了，我见过她不下六次了。多见一次，又能怎样？我不会去的。"因此，我又拿起电话，再次要求外交部能有个合理的回应。第二天，我从新闻中既高兴又惊讶地得知，外交部部长"一直在与卢旺达爱国阵线接触"。接着，我又给在布鲁塞尔的雅克·比欧扎加拉打了个电话，发现他甚至比前一天还要气愤。他接到了第二份传真，要他到巴黎会见主管人道主义事务的秘书吕塞特·米肖－谢弗里（Lucette Michaux – Chevry）和非洲及马达加斯加事务司司长罗谢里奥·德·拉·萨布利埃（Rochereau de la Sablière）。比欧扎加拉说道："我们没有要求过任何人道主义援助，这是个政治问题。德·拉·萨布利埃，他也做不了主。要么我见部长，要么就别浪费我时间。"我将比欧扎加拉的回答转述给了国防部办公室，国防部办公室显然有些恼了。国防部的一名官员对我说道："遭天谴的！是我们的士兵要到那里。要是士兵们由于外交部蠢材而遭到射杀的话，那些蠢材必须要承担责任。"

我不知道圣日耳曼大道（Boulevard Saint – Germain）[①] 和奥塞码头[②]之间做了怎样的沟通。然而，第二天早晨，即 6 月 22 日星期三，卢旺达爱国阵线的几个代表就出现在巴黎，并得到阿兰·朱佩的亲自接见。虽然外交部部长也没有对他们说些什么，但此举的象征意义重大。

就在当天晚些时候，两名卢旺达爱国阵线使节来到了国防部。此事提醒了我，我们可以将那些声誉狼藉的女士偷运到梵蒂冈。为了防止两名使节在去往梅西耶办公室的路上遇到"鹰派人物"，我们费了不少周章。[③] 在梅西耶办公室，我们碰到了另外两个问题。第

---

① 法国国防部的代称。——译者注
② 法国外交部（Quai d'Orsay）位于巴黎的奥塞码头，故奥塞码头成了法国外交部的代号。——译者注
③ 事实上，他们真的就遇到一位。当时的场面非常紧张，由于一名高级官员在场，才没有发生扭打。

一，法国军队的火力配给对人道主义行动极其重要；第二，"绿松石行动"的整个行动计划只写在两页纸上。对此，两名使节狂怒不已：要是整个行动计划只有两页纸，法国怎么可能佯装要运送 2500 人到中非共和国，还带着大量重武器？藏起来的文件在哪里？我们不得不劝说道，确实没有文件了。是的，两页纸是有点单薄，但是我们很快就会提供未来行动的详尽方案。至于火力，梅西耶将军说道，这只是应急计划；他刚从波斯尼亚回来，也不愿做准备不足之事。不过，要是没有发生战斗，重武器、装甲车辆和飞机将会停放在扎伊尔。与此同时，卢旺达爱国阵线会让一名法国联络官在姆林迪来协调事务，避免发生冲突吗？

雅克·比欧扎加拉与"乌干达人"塞奥盖内·卢达森瓦，两人立场显然不同。比欧扎加拉是难民出身，在布隆迪长大，说一口地道的法语。在这两个人中，比欧扎加拉务实，好说话。一些官员开始猜疑："那家伙，那个只会说英语的家伙，鬼头鬼脑，是穆塞维尼的人，在盯着那个说法语的。"卢达森瓦天生冷峻，我曾请他笑笑，哪怕是微笑呢，可结果尴尬。然而，梅西耶将军坦陈了法国的立场，我能看得出此举的效果。他们拒绝安排一个联络官或用他们的话来说是一个"间谍"。尽管在巴黎的会谈依然礼节不周，但是雅克·比欧扎加拉及其"鬼头鬼脑"的同事，此时已经不再确信法国进入卢旺达就是要打击卢旺达爱国阵线了。从巴拉度总理的立场来说，如果此事可行，那么立即确定下来。巴拉度被迫要做并不特别想做的事，唯有尽可能快和少付出代价来推进。

同一天，联合国安理会投票通过了 929 号决议，根据联合国宪章第七章授权法国去进行干预。① 现在也就是时间问题了。23 日破晓时分，"绿松石行动"第一批军人抵达戈马。

从干预到基加利的陷落（6 月 23—7 月 4 日）

在得知"绿松石行动"计划配置的火力时，在巴黎的卢旺达爱国阵线代表非常吃惊。这一点可以理解。整个行动配有人员 2500 名，100 多辆装甲车，一组重型 120 毫米口径迫击炮，两架轻型小羚羊直升机，八架重型超级美洲豹（Super Puma）直升机，四架美洲虎（Jaguar）轰炸机，四架幻影（Mirage）F1CT 地面攻击机和四架幻影 F1CR 侦察机。为了调配军力，国防部包租了一架空客，一架波音 747 和两架安托诺夫安 – 124 运输机（Antonov An – 124s）来运送六架法国空军洛克希德的 C – 141 型飞机和九架协同运输机（Transall）组成的编队。整个军力由从布卡武/尚古古来到戈马的让 – 克劳德·拉富尔卡德（Jean – Claude Lafourcade）将军及其副手雷蒙德·热尔马诺（Raymond Germanos）将军统一指挥。

在巴黎的接触一定程度上稳住了卢旺达爱国阵线。姆甘贝吉（Mugambage）上校宣布说"他不反对法国军队展开的人道主义行动"。② 这在某种程度上也软化了非洲统一组织的立场。非洲统一组织通过一项决议，支持法国行动。外交部部长阿兰·朱佩有些过分

---

① 在 15 个安理会成员国中，有 5 国没有参会。这也反映出，在法国干预问题上，还是有些小问题。给予法国外交支持的，只有法国在非洲的伙伴国。一些国家尽管明显想让法国支持哈比亚利马纳政权的残余力量，但还是感到有点窘迫。加蓬总统奥马尔·邦戈（Omar Bongo）就曾询问过干预部队的情况（*Libération*，17 June 1994）。也就是说，若是派出地名部队，那就意味着可以阻止卢旺达爱国阵线的进军。

② SWB, Radio Muhabura（25 June 1994）.

乐观地宣称："我们的努力已经获得了实实在在的外交成果。"① 事实上，欧洲唯一曾想要加入法国行动的国家，即意大利违背了当初的许诺。缺乏经验的西尔维奥·贝卢斯科尼（Silvio Berlusconi）总理没有得到更加务实的外交官员的支持。除了黑非洲盟友（Black African clients）外，法国只得到了少许的支持声音。突尼斯要派出少量兵力。据传，埃及会派出四十名"观察员"，毛里求斯宣布要派出一个医疗队。这些表态主要是象征意义上的，塞内加尔是唯一真正派出兵力的国家。

法国军队着陆后，得到了联攻派民兵的欢迎，前政权的地方当局也群情激奋。② 四周都是法国三色旗，甚至卢旺达武装部队军车上都插有三色旗。法国军队窘迫不已，不仅仅是因为媒体的缘故，而且还因为，原本躲藏起来的图西人看到法国国旗就出来了，结果立即遭到卢旺达士兵或民兵的杀害。法国军队早前曾对事态有过倾向性的看法，当他们认识到了法国与卢旺达当局的密切关系后，犹如从迷梦中清醒过来。一名法国士兵说，"得到刽子手的欢迎，羞煞人了"。③

尽可能多地"拯救"图西人，这才能证明此次行动的合理性。尚古古附近的尼亚鲁希希难民营就是一个不错的开始，那里有8000名难民。四处都是小的难民群体，不过数量还是不多。27日，法国

① SWB, France Inter, 25 June 1994.
② 在吉塞尼附近，法国只进行了一次突袭。在法国军队抵达的前几天，米勒·科林斯自由广播电台曾发出信息，并广播道"胡图族姑娘们，洗洗打扮一下，穿上漂亮衣服，欢迎我们的法国盟军吧。图西族女孩都死了，你们的机会来啦。"由此可见，冷血的大屠杀已被接受，同时，卢旺达政府自身形象有多么的糟糕。在某种意义上，多年来比利时人赞扬图西人的优雅、诽谤胡图人的卑下，此刻也印证了由此产生的代价。
③ Patrick de Saint-Exupéry, 'Rwanda. Les assassins racontent leurs massacres', *Le Figaro*, 29 June 1994.

军队开赴基布耶，向东最远抵达基孔戈罗（Gikongoro）。两天后，国防部部长弗朗索瓦·莱奥塔尔和主管人道主义事务的秘书吕塞特·米肖－谢弗里到戈马视察。① 可能没有人告诉他们，法国军队在拯救生命上并没有多好的效果。"绿松石行动"真正能帮助的对象其实并没有身处太大的危险之中，他们主要处在诸如尼亚鲁希希或比索塞罗（Bissosero）集中难民营中。对于那些迷失在灌木丛中的人，法国军队也无计可施。基布耶附近的情况很快就证明了这一点。在基布耶，地方当局依然在以相当快的速度实施杀戮。除了基布耶镇及其周边地区，法国军队也鞭长莫及。由于人员和运输能力不足，② 法国军队常常不得不驻守在中型城镇，而几公里之外的山头上的杀戮丝毫不减。法国必须要打交道的过渡政府，一直在推动法国与卢旺达爱国阵线交战。尚古古省的省长艾曼纽尔·巴甘比奇（Emmanuel Bagambiki）反复在说："法国军队必须要进入卢旺达爱国阵线控制区，解救那些被叛军扣为人质的平民。"③ 事实上，他是想要通过法国军队之手重新夺回游击队占领区。战争依然如火如荼。如果"绿松石行动"军力与卢旺达爱国阵线交火，确切的后果也无人知晓。我知道，尽管梅西耶将军经过了仔细甄选，但法国军队中还是有极端主义军官，他们一旦看到卢旺达爱国阵线，就会帮助卢旺达当局的老友。对此可能会发生的事，我特别担心。由于没有避免危机的协调机制，我反复要求建立一个电话热线，让卢旺达爱国阵线总部

① SWB，RTBF－Brussels，29 June 1994.
② 当看到一些被追杀的图西人的时候，法军通常就会告诉他们，法军没有足够的卡车，"第二天就会来"。法军装甲车太多，而卡车不足。因为，整个行动本来就是一场战斗，而绿松石行动部队绝大多数情况下遇到都是严重的人道主义问题。到了第二天早上，法军昨天遇到的那些图西人通常都已命丧黄泉了。
③ *Libération*，25－26 June 1994.

能快速联系到巴黎的国防部和拉富尔卡德将军。此建议既没有得到在巴黎的胡图强权支持者的首肯，又没有得到卢旺达爱国阵线一些人的支持。后者担心我们会用卫星电话，通过技术手段来监听。最终，我派了一名技术人员向卢旺达爱国阵线解释说，要是监听的话，我们在戈马就可以轻易做到，何必自找麻烦，并将一部设备直接送到他们手中。最终，7月2日，我们得到了许可。我们飞赴恩德培（Entebbe），进入了卢旺达爱国阵线的地盘，会见了卢旺达爱国阵线的领导层。建立电话热线是有用之举；它也为政治联系奠定了基础，而在行动一开始的时候，政治联系压根就没有。① 我们的代表团在姆林迪会见了卢旺达爱国阵线政治局的部分成员。接着，我们赶赴基加利，却发现基加利几乎陷落到了卢旺达爱国阵线之手。在建立电话热线问题上，卡加梅将军非常开明（我们带有一台卫星电话［Inmarsat］，还有信号调节发生器）。我们同意第二天在姆林迪继续展开讨论。然而，事态依然充满不确定性。第二天，就在我们坐下来会谈的时候，卡加梅将军接到了一份关于"蒂博（Thibaut）上校"在基孔戈罗进行军事准备的急报。② "蒂博上校"公开声言，在与卢旺达爱国阵线作战的时候，要"毫不留情"（pas de quartier）。卡加梅将军懂些法语，但不精通，不明白"毫不留情"的法语意思。一名

---

① 这种作用非常有限。前驻基加利大使让－菲利普·马尔劳德和前驻坎帕拉大使扬尼科·热拉尔，被卡加梅将军拒绝会见后，即6月23日，这两位大使在姆林迪得到了卡尼亚伦圭上校的接见。马尔劳德被认为是哈比亚利马纳的铁杆支持者，而卢旺达爱国阵线对扬尼科·热拉尔确实不熟悉。卡尼亚伦圭上校的接见，这本身就揭示出，卢旺达爱国阵线并不想认真对待这两位大使。

② SWB, Radio France Internationale, 4 July 1994；Le Figaro, 6 July 1994. "蒂博上校"的真名为托赞（Thauzin），曾任职于对外安全总局。这就能解释，甚至是在与新闻界打交道的时候，为什么他也用假名了。战争期间，他也曾是哈比亚利马纳总统的军事顾问，想要"剿灭"卢旺达爱国阵线。后来，他遭到了撤免。

知晓双语的副官给卡加梅做了英语翻译:"先生,这是在说他们连伤兵都不会放过的。"卡加梅紧锁双眉,转向我们,镇静地说:"这一声言充满敌意,不是吗?"我感到特别不安。我们费了老大的劲来劝说卢旺达爱国阵线的领导人,可法国上校却时不时口不择言,根本就不考虑所说的话与巴黎的指示是否一致。最终,双方达成共识。卡加梅承诺不会攻击法国军队。作为回应,密特朗总统和朗扎德(Lanxade)上将在巴黎宣布:"卢旺达爱国阵线不是我们的敌人。"①占领基加利,可能有助于卢旺达爱国阵线获得这种迟来的准承认地位。(至此,我就没有在这场灾难中再发挥什么作用了。)

西北部的陷落与难民潮 (7 月 14—19 日)

与此同时,所谓的卢旺达过渡政府很快就分崩离析了。莱昂尼达斯·吕特西拉(LeonidasRutasira)将军和马塞尔·加兹辛兹上校领导的一群卢旺达武装部队的温和派军官在基孔戈罗,借助于法国伞兵的力量,自行组织起来,呼吁全国和解。② 他们的倡议并没有成功。法国并不想卷入政治事务,也不愿提供帮助;还有,卢旺达武装部队其他力量压根就没有对此展开回应。成千上万平民涌出基加利省,或徒步奔赴西北部(被认为是政府的最后庇护地),或徒步奔赴南方(法国在那里新建了人道主义安全区 [*Zone Humannitaire Sûre*],似乎可以保证不会受到可怕的卢旺达爱国阵线的人身伤害)。此时的逃难者,很多都是迁居多次的人。1992 年,他们逃离了比温巴省;1993 年 2 月,卢旺达爱国阵线进犯时,他们又迁往基加利;

---

① *Le Figaro*, 6 July 1994.

② SWB, France 2 TV, 9 July 1994.

此时，他们又在寻找新的避难地。对他们来说，卢旺达爱国阵线依然是一个噩梦，魔鬼般的士兵到处杀戮。过渡政府更是将卢旺达爱国阵线视为天启四骑士（Four Horseman of the Apocalypse），他们就不是由人类构成的敌人。除了宣传的影响外，这里面似乎也有心理上的投射："我们如何对待他们的亲友，他们就如何对待我们。"这种恐惧实实在在，正如我们要在下一章论述的那样，甚至一些图西人都逃离了他们的"救星"。在基加利陷落的数天内，约有150万难民逃到了鲁亨盖里和吉塞尼，约有同样数量的难民逃到了法国的人道主义安全区。7月3日，米勒·科林斯自由广播电台停止了在基加利的播音。7月10日，它又在吉塞尼重新开始了恶毒的宣传。

7月11日，拉富尔卡德将军宣布，如果吉塞尼陷落，过渡政府成员可以到人道主义安全区寻求避难。此语一出，窘况再现。卢旺达爱国阵线回击说，果真如此，后果自负。① 国防部和外交部似乎没有协调一致。15日，外交部宣布，要是过渡政府部长们进入人道主义安全区，他们将会遭到拘禁。②

深陷于卢旺达泥潭的法国政客们，努力美化"绿松石行动"的干预，希望通过"人道主义"行动这个圣水来洗去屠杀留下的血污。③ 巴拉度总理在纽约联合国发表演讲，泰然自若地说："为了阻止大屠杀，为给那些受到威胁的民众提供及时援助，出于道义担当，没有拖延，法国派军前往。"④ 当一名记者向他问及大屠杀责任人已

---

① *Libérationt*，13 July 1994.

② *Le Figaro*，16–17 July 1994.

③ 针对这种道义上的花招而发起的极其严重的指控，参见 Stephen Smith，'Humanitaire，trop humanitaire'，*Libération*，8 July 1994；Rony Brauman，*Devartt le mal. Un génocide en direct*，Paris：Arléa，1994。

④ 法新社，1994 年 7 月 12 日。

经被允许留在法国的时候，巴拉度拉长了脸："我们没有允许这样的人留在法国。"①关于其演讲中提及的 935 号决议（成立大屠杀调查委员会，此决议对未来有着重要影响），他说道："法国是这项方案的发起者之一，将把所有能收集到的情报提交给委员会来处理。"②由于总理说出了真相，未来历史学家无疑会对这份文集趋之若鹜。

作为总统，密特朗在应对一些问题时，也同样表现出扯谎不红脸的老练。在一次电视访谈中，③ 密特朗说，"绿松石行动"拯救了"几万人生命"；④1990 年，哈比亚利马纳总统主导了正处在民主化中的卢旺达，"遵循了拉波勒原则（La Baule principles）"⑤；法国与此后发生的大屠杀无任何关联；在大屠杀期间，法国无法干预卢旺达，因为这是联合国的事；如果卢旺达危机重塑了蒙博托总统的权力，这绝对是"意想不到的结果"。

面对这种马基雅维利式政治表现，一个熟知情况的观察家会陷入纠结：一方面会不自觉地佩服总统的扯谎本事；另一方面又厌恶其间暗含对民众的蔑视。然而，正如我们后面要论述到的那样，这些歪曲真相的表演，慢慢地对法国公共舆论产生了影响。人们开始忘了人道主义安全区只占卢旺达面积的20%，可说起来，就好像法国保障了卢旺达的安全局势。地面上的"绿松石行动"被高估了。

---

① Le Monde，13 July 1994.

② Idem.

③ SWB，France 2 TV，14 July 1994.

④ 当然，这典型属于统计数字的创新用法。如果我们用数字来衡量"绿松石行动"对卢旺达西南部的人道主义救援效果，并认为恩亚利卢希希（Nyarushishi）难民营以及聚集在其他小难民营里的图西人，都遭到杀害（不太可能，但并非绝不可能），那么"绿松石行动"可能只是拯救1.3 万—1.4 万人的生命。

⑤ 1990 年 6 月，在法国拉波勒小镇召开的法非首脑会议上，法国总统密特朗声言："法国提供的任何援助将与非洲国家的民主进程相联系，只有推行民主和多党制，才能继续享受法国的援助。"——译者注

对数百万电视观众来说，大屠杀开始成了模糊的历史，同样变得模糊起来的还有法国在其中所承担的责任。卢旺达爱国阵线就地枪杀平民的谣言开始散播出来，并说得越来越可信。对此，后文将会论及。卢旺达大屠杀是"双重大屠杀"（double genocide）。正如联合国秘书长布特罗斯·加利（Boutros Ghali）所言，"胡图人杀图西人，图西人杀胡图人"。卢旺达，人们谈得太多了。人们倾注的同情也已经出现了疲态。

由于卢旺达局势并没有缓和，这种情况就格外令人沮丧。相反，随着卢旺达爱国阵线推进到鲁亨盖里，从基加利附近向北逃难的成千上万难民开始向西逃往吉塞尼。至少有 30 万难民，其中鱼龙混杂，各色人等皆有：沮丧的联攻派民兵，他们已经不再想要杀掉随行的少数图西人了；公职人员及其家眷，他们乘着本属于部长的各种征用过来的车辆；普通农民，他们充满莫名的恐惧，只想着逃离；精疲力竭的卢旺达武装部队军人，还算维持了一丁点的纪律；被遗弃的儿童，脚都肿了；在基加利算是中产阶级的商人，所驾汽车都载得满满的；未受伤的孤儿、牧师、修女和疯子。虽然很多人的逃难都是出于自己的选择，但行政当局还是竭尽全力要让所有人在卢旺达爱国阵线到来前逃离出去。鲁亨盖里省曾向想留下来的人发出警告，"绝大部分人将会遭到屠杀"。[1] 在布塔雷，民兵下令让人们逃离，要是遭到拒绝的话，当场处死。[2] 就在这些人徒步逃离之际，在乌干达生活三十余年的图西族难民，赶着数千头牛返还卢旺达。[3]

---

① SWB, Radio France Internationale, 12 July 1994.

② Monique Mujawamaliya, *Rapport*, op. cit., p. 9.

③ 7 月的头两周内，有 1.6 万图西人从乌干达越境过来。（SWB, Radio France Internationale, 13 July 1994）.

7 月 13 日，鲁亨盖里落入卢旺达爱国阵线之手。人流如潮，数量之多令人咂舌。一百多万人走在公路上，延绵近 60 公里。病人或伤员就躺在路边，得不到任何帮助。吉塞尼省派出装备有喇叭的车辆，喊向人群，要他们前往扎伊尔边境。卢旺达武装部队士兵对空开火，驱使人们前进。① 人们能听到远处卢旺达爱国阵线轰轰的炮声。有两个炮弹壳落到人群中，造成的惊慌如此巨大，以至于 50 多人死于挤压之下。7 月 18 日，卢旺达爱国阵线占领吉塞尼。不到一个星期，一百多万人越过边界，进入了扎伊尔。同一天，新政府在基加利成立了。此时人在戈马的卢旺达武装部队参谋长奥古斯丁·比齐蒙古说道："卢旺达爱国阵线统治的将是一片荒漠。"②

新政府与大霍乱（7 月 19 日—8 月 1 日）

基加利新政府宣誓就职（1994 年 7 月 17 日）是自 4 月 6 日以来卢旺达第一次要实现正常化的尝试。前三个月，卢旺达经历了大屠杀和内战。在此期间，罹难人数超过全国人口的 10%，被迫流亡的人数达到全国人口的 30%。那些留在"卢旺达"的人处于绝对的无序状态之下。很多人流离失所，远离家园。大量人口（尤其是图西族幸存者）丧失了所有的一切，包括房屋。还有很多人躲在山中。法国人道主义安全区维持了西南部约 120 万人的稳定，一旦他们担心形势有变，会随时再次踏上流亡之途。绝大部分人在心理上受到程度不一的冲击。很多遭到强奸的妇女此时已经怀孕，肚子里是不想要的孩子。绝大部分建筑遭到洗劫，没了门窗，电灯开关被从墙

---

① *Le Monde*，17 – 18 July 1994.

② *Le Monde*，19 July 1994.

上拔出。除了卢旺达爱国阵线的军车外，逃离命令使得大街上没留下一辆车。城镇里没了水电。尽管山头上的庄稼已经成熟了，却没有人收割。为数不多的图西族老难民，或是从乌干达来到穆塔拉，或是从布隆迪来到布格塞拉，他们有充足的地方来放牧牛群。

这正是新政府要接手过来的灾难景象。虽然在一定程度脱胎于阿鲁沙协议中的计划内阁（各个反对党在阿鲁沙协议中都保有人员名额），但是新政府也有两个大的变化：第一，卢旺达爱国阵线决定接过本来应属于全国发展与民主革命运动的部长席位；第二，由于卡加梅将军没有当总统，为了给他安排一个职位，让他来监管和控制政府，新政府设立了一个新的副总统职位，并将该职位给了卡加梅。

总统是卢旺达爱国阵线最为年长的、最为重要的胡图人巴斯德·比齐蒙古。从族群角度来说，内阁成员主要为胡图人（22 个部长席位中，有 16 人是胡图人，包括总统和总理）。从紧张的政治环境而非实际权力分配来看，这种安排意义非凡。绝大部分部长甚至没有合适的办公室、秘书、文具或打字机，更别说轿车了。因此，无论是对此视而不见或是其他缘故，卢旺达爱国阵线在那个时候是国家权力的唯一主导者，因为它有车辆、燃料、武器和便携式电话。①

除了财政部长马尔科·卢岑内拉（社会民主党人）和总理福斯汀·特瓦吉拉蒙古（共和民主运动党人）外，其他部长在此之前都没有过内阁经历。司法部部长阿尔丰塞－马里埃·恩库比托（Alphonse－Marie Nkubito）是人权活动家，之前曾任总检察长。不过，绝大部分部长曾于 1993 年期间都在各自政党内强烈反对"强

———————

① 参见 Denis Hautin－Guiraut，'Pouvoirs parallèles a Kigali'，*Le Monde*，8 August 1994。

权"派系，无论是高等教育部部长自由党人约瑟夫·恩森吉马纳（Joseph Nsengimana），环境与旅游部长基督教自由党人让－内博姆塞雷·纳因兹拉（Jean－Nepomucene Nayinzira），还是基础教育部部长共和民主党人皮埃尔－塞雷斯汀·卢维吉耶马（Pierre－Celestin Rwigyema）。纯粹的卢旺达爱国阵线图西人在内阁中并不多：卡加梅将军任副总统兼任国防部长，阿罗西亚·因约姆巴（Aloysia Inyumba）任妇女事务部部长，伊马库雷·卡约姆巴（Immaculee Kayumba）任交通部长，帕特里克·马兹姆帕卡（Patrick Mazimpaka）任青年与体育部部长，雅克·比霍扎盖拉（Jacques Bihozagara）任平反部部长（Rehabilitation Minister）。当然，问题的关键依然是内阁与卢旺达爱国阵线，确切地说是与卢旺达爱国军（卢旺达爱国阵线部队此时的称号）之间的关系。一方在物质上完全依赖于另一方，这并不是双方关系融洽的基础。

从短期来看，政府对两类注定会带来严重后果的现象无能为力。一是部分地区（主要是尼扬扎［Nyanza］、尼亚马塔［Nyamata］、基本古，当然还有基加利）被"殖民"，殖民者为日益增多的图西族回国者，他们一部分来自乌干达，更多的来自布隆迪。他们抢占任何"可用"房屋，当想要的财产被占有后，就会时不时拿起枪驱逐财产所有者。此类事件的直接后果当然就是犯罪行为的急剧增加，而单靠卢旺达爱国军也无法压制下来。一方面，地方上没有警察；另一方面，很多犯罪者本身就是卢旺达爱国军的士兵。此时的卢旺达爱国军才认识到初夏期间匆匆招募兵员所带来的恶果。携带枪支的新入伍士兵在山上伐木，为从布隆迪过来的亲戚抢占财产。这必然会带来诸多问题；二是卢旺达爱国阵线的暴力流言会不利于与很多对卢旺达政权持有谨慎立场的国家——不仅仅只是法国——实现关系的正常化。实现对外关系的正常化，对重启经济来说至关重要。对于在扎伊尔和坦桑尼亚难民营中的民兵和全国发展与民主革命运动分子来说，这些流言无疑是好事一件。他们管控着大量难民，特别想阻止这些难民重返卢旺达。对那些作为刽子手的镇长来说，卢旺达传出来的暴力流言简直就是一种恩赐。

卢旺达爱国阵线图西族领导人是否真正在意这种情况，无从得知。不断要求难民回来的是胡图族政治家们，无论是卢旺达爱国阵线的塞斯·森达尚加（Seth Sendashonga）和巴斯德·比齐蒙古，还是不在卢旺达爱国阵线的福斯汀·特瓦吉拉蒙古。对他们来说，胡图族难民是潜在的选民，他们需要这些难民回国。对图西族军事骨干来说，前景就相当不确定了。正如雅克·比霍扎盖拉在一次私人谈话中所说的那样，[①] 他们"在大屠杀中失去了一百多万选民"。虽说此话有些玩世不恭，却也所言非虚。因此，如果近两百万胡图人自己离开了，不参与到卢旺达未来的政治进程，为什么不让他们就待在外边呢？时间会见证这一点。[②]

"外边"很快就变成了地狱。基伍湖岸边的人群缺乏食物、医药、厕所（火山岩地基极难挖掘）、遮蔽物甚至是清洁水源，接近崩溃的边缘。清洁水源，再加上卫生问题，造成 7 月 20 日第一次爆发了大规模霍乱瘟疫。过多的人口，缺乏最基础的卫生医疗条件，无

---

① 1994 年 6 月，在海牙会议期间，雅克·比霍扎盖拉与菲利普·雷因津斯的谈话。
② 战争结束后，返回卢旺达的反对全国发展与民主革命运动的女活动家莫妮克·穆加瓦马里亚（Monique Mujawamaliya）就有此印象。美国人权活动家兼卢旺达专家艾莉森·德·弗吉斯（Alison Des Forges）的印象大体一样。（1994 年 12 月 14 日，在阿什伯纳姆宫［Ashburnham Place］的采访）

法获得清洁水源,让疫情犹如野火般蔓延开来。一周后,每天死亡人数为 600 人;两周后,每天死亡人数为 3000 人。法国"绿松石行动"后方梯队被迫夜以继日地挖墓埋人。在一篇名为"法国一定会扬眉吐气"的文章中,国防部部长自豪地写道:

> 我们制止了暴力,照顾了受害者。所作所为,无愧于人道主义之美名。①

与此同时,广受欢迎的《法国晚报》(*France – Soir*)在报道时要谦逊得多:

> 在面对这些无法掌控之事,法国军队完全无能为力。他们袖手旁观,无助地看着噩梦的发生。②

四处都是尸体。所有可遮蔽之所都躺满了奄奄一息的民众。尸体源源不断地落入湖内,进而污染了湖水。报纸和电视记者深深陷入这种巨大的恐惧之中,详尽地记录了这一切。③ 面对这种多舛的命运,媒体和公众舆论的焦点开始从谴责杀戮者转向到了死神。对此,无国界医生(Medecins Sans Frontieres)秘书长阿兰·德泰克塞(Alain Destexhe)写道:

> 昨天,胡图民兵屠杀了图西人;今天,霍乱又屠杀了胡图

---

① *Libération*,22 July 1994.
② *France Soir*,22 July 1994.
③ 关于戈马霍乱灾情的文章非常多,且标题特别凄惨:'Rwanda – le choléra fait 3,000 morts par jour',*Le Figaro*,26 July 1994;'Land of the dead and the dying',*The Economist*,30 July 1994;'Hell on Earth',Newsweek,1 August 1994;'This is the Apocalypse',*Time*,1 August 1994。

难民？这种比照受到媒体的广泛关注。这两件事并没有直接关联，现在却又牵扯在一起。这种对比混淆了人们的视线，大屠杀原本的独特性和典型性被忽视了，作恶者的罪行在巨大的悲怆中淡化了。①

这一点非常重要。胡图族难民在戈马的可怕遭遇，"遭到了天谴"，冲散了人们对早前大屠杀所持有的强烈悲愤情感。人们对大屠杀本身的关注减弱，越来越"在悲怆中淡化了"（媒体对疫情和死亡的报道引起人们更多的关注），最终使得本应很快就能组建起来的国际法庭失去了优先权。6月28日，联合国公布了第一份关于卢旺达大屠杀的报告，此报告出自勒内·德尼－塞吉（René Degni-Ségui）之手。这份报告为证实大屠杀提供了重要的国际法基础，却遭到一些与过渡政府关系密切之人的否定。然而，成立国际法庭的迫切要求在一定程度上由于戈马的难民灾情而受到了抑制。未说出来的理由，或许可以这样概括，"这些人需要的是食物和医药，而不是一个法庭。"

确实，灾难不能只用死亡人数来衡量。然而，人们不能忘了，戈马瘟疫死亡人数约为3万，② 而大屠杀的罹难人数约为80万。恐怖和对戈马奄奄一息的难民的同情让这一事实变得模糊起来。

7月21日，克林顿总统承诺，美国将拨出7600万美元用来救援，并将从德国基地派出大批运输机。美国人信誓旦旦，用心良好，可效率低下。美国动用三架C-130飞机将先头部队运到了恩德培，

---

① *Libération*, 27 July 1994.
② 截至撤离前（8月22日），"绿松石行动"士兵用手头上的推土机掩埋了2.05万具尸体，至少占到全部尸体总数的三分之二。

并立即开始空投物资（7 月 25 日）。美国人行动鲁莽，毛毡从天而降，整个难民营到处都是。法国士兵和难民们不得不四处躲藏。关于卢旺达爱国阵线炸弹袭击的谣言，也立即在难民中间传播开来。

慢慢地，在戈马附近的六大难民营中，难民的生活变得有序了起来。旧政府当局依然管控着这些难民。按照所属省份和出生地，难民们分组居住在难民营中，听从于早前领导着他们，甚至让他们参与屠杀的镇长。卢旺达人对权威根深蒂固的服从心理（我们已经数次论述过）再次彰显无遗。事实上，当 8 月初联合国难民署组织第一批难民返还卢旺达的时候，除了对卢旺达爱国阵线心怀恐惧外，还有一个问题就是这些乡镇领导拒绝与"他们"的农民一起回去。甚至当得知他们只是政治工具的时候，那些农民依然顺从听话。一个农民这样说道：

> 两个月前，聪明的人要我们逃离出去。卢旺达武装部队士兵用卡车开路。我们不得不跟在他们身后。那些拿着枪的人又在后面押着我们走。我们像牛一样地走着……可无论如何，现在地方政府没了，我们脑子都空白了。我们希望有个新镇长，能告诉我们做什么。①

福斯汀·特瓦吉拉蒙古算是蠢到家了。8 月 2 日，他向媒体宣布，必须要"审判 3 万人"才够惩处大屠杀的罪犯。② 这个人数当然荒唐可笑。整个卢旺达就没有这么多的监狱，也收押不了这么多犯人。这里面还有个暗示，即会有大规模的处决，这也只是未过大

---

① Florence Aubenas, 'La longue marche vers Kigali', *Libération*, 2 August 1994.

② *Le Monde*, 4 August 1994.

脑的想法而已。与此同时，新政府正在要求巴黎同意在过了"绿松石行动"部队 8 月 21 日的撤离期限后，法国人道主义安全区要实现非军事化。因此，这一发言也使得事情变得复杂起来。

"绿松石行动"结束了，问题依在① （8 月 1—21 日）

短期来看，对卢旺达来说，主要问题是人口控制。立即遣送难民回国是一个善意的错误之举。8 月 1 日，联合国难民署高级专员，精明能干的萨达科·奥加塔（Sadako Ogata）女士对此表示反对。较快地遣送难民回国有较多障碍：难民很容易就将霍乱带到卢旺达，并会传播到他们所住的山头；民兵和前卢旺达武装部队人员可能渗透进来，不安全性会增加；除了过去全国发展与民主革命运动外，也没有机构来管理难民。如果全国发展与民主革命运动的镇长掩藏身份，混在难民中间，民众将会失控。难民短期内还是待在原地，等情势正常化了后，再一批批地遣送。

第二大问题就是安全问题。关于卢旺达爱国阵线强征暴敛的传闻正在日益增多，一方面确实有这样的情况；另一方面也是旧政权遗老遗少夸大其词的缘故。卢旺达爱国阵线的支持者与反对者之间的矛盾有一个关节点，那就是要看事态的走向。正如我们曾论述过的那样，这种矛盾和斗争的前提都是错误的。卢旺达并没有发生一些人所臆想的"第二次种族大屠杀"。卢旺达后来发生的杀戮，零零散散，没有规律，次数有限，都是个人恩怨和普通帮派所为。

卢旺达爱国阵线有时吃了败仗，伤亡达到一定人数时也会展开

---

① 这是 1994 年 8 月 22 日《人道报》（*l'Humanité*）上的通栏大字标题。

报复性屠杀。1994 年 7 月 9 日，卢旺达占领布塔雷后，出于报复心理就屠杀了数百人。[①] 作恶者通常是卢旺达爱国军士兵，政府（确切地说是卢旺达爱国阵线）的态度较为暧昧。很多传闻说，这些士兵遭到逮捕，并因为其犯下的罪行而得到了审判（一些审判是迫于公众舆论），然而，文职政府既没有手段也没有能力做出此举。而就卢旺达爱国阵线本身来说，它既表现出宽大仁慈（"那些人是我们的孩子，也是好孩子"），又表现出对罪行的有限容忍（旨在让胡图族难民惧怕，待在境外）。保罗·卡加梅将军是否真的赞同这一政策？这并不清楚。或者，他并不坚决反对这一政策，并认为这是一种重要的政治斗争。又或者，他已经不能再全面掌控卢旺达爱国阵线了。几个月后，最后一个假设越来越得到证实了。

第三大问题是经济状况，确切地说，经济处于半停滞状态。在离开基加利的时候，过渡政府带走了中央银行所有的外汇储备和大量现金（卢旺达法郎）。打了胜仗的卢旺达爱国阵线得到的就是一片废墟。所有能摧毁的固定设备在临走前都遭到了毁坏。几乎所有能用的车辆都开到了扎伊尔边境。国库里就没有留下分文。当然，卢旺达也完全没有了税收，[②] 关税收入一滑千丈。成熟的庄稼已在腐烂，待人收割。银行里的现金被抢劫一空，彻底歇业了。乡村店铺空空如也，仅有的少数制造工业也都缺胳膊少腿。更糟糕的是，此

---

① 参见 Monique Mujawamaliya，*Rapport*，op. cit.，pp. 22－25。在卢旺达的时候，莫妮克·穆加瓦马里亚就开始谈论这些事件。由于担心"她会像在哈比亚利马纳政权时代捍卫图西族同胞一样，现在又要捍卫胡图族同胞"，一些卢旺达爱国阵线军官开始对她进行威逼。在其他不赞同此做法的卢旺达爱国阵线军官的保护下，她不得不离开卢旺达。

② 让局势变得更糟糕的是，1993 年的税收直到 1994 年 3 月末才最终得以征收完毕。哈比亚利马纳总统被杀了。一周后，内战再次爆发。因此，临时政府摄取的公款，就包括一整年的税收。

时的外国援助者极其精明，并不看好经济建设会很快重启。由于乡土肥沃，民众坚韧耐劳，卢旺达才没有发生饥馑。卢旺达民众勒紧裤腰带，靠着微薄的粮食，活了下来。

巴黎最终同意与"卢旺达事实政府"（*de facto government of Rwanda*）会谈，并于7月22日派了一个代表团①去会见福斯汀·特瓦吉拉蒙古总理。8月2日，卢旺达爱国阵线最终也同意，在法国撤离后，人道主义安全区将实现非军事化。"绿松石行动"部队撤离后，之前的人道主义安全区的非军事化会维持多久？在巴黎，没有人对此抱有多大的幻想。重要的是面子问题。相关的部长们所想的是，法国士兵撤离时要避免出现像在戈马曾出现过的恐慌。法国要撤离了。尽管不少组织和国家（主要是联合国和美国②）请求不要撤离，巴拉度总理还是决定在最后期限前撤军。按照6月21日联合国投票通过的929号决议，法国部队有两个月的授权。联合国的耽搁不可思议，联卢援助团剩下的兵员只有1000人。与此同时，联合国还在无休止地讨论，不让兵员达到满额的5500人。事态显然还在发酵。法国总参谋长朗扎德上将宣称，"法国没有得到抓捕卢旺达前政府成员的授权"。③吉塞尼陷落后，好几名卢旺达前政府成员混进

① 这个代表团被谨慎地定位在中等外交级别，成员包括非洲及马达加斯加事务司东非处副处长布瓦维里奥夫人、"绿松石行动"第二负责人热尔马努（Germanos）将军以及外交部秘书长贝特朗·迪富尔克（Bertrand Dufourq）。

② 美国第一支分遣队（60人）于7月31日抵达基加利。白宫极其担心，要是军队继续派遣的话，可能会深陷在那里。整个"支持希望"（Support Hope）行动本来就是一个公共关系行动（在很大程度上，与"绿松石行动"类似，只是国内政治环境没那么复杂而已）。美军参谋长联席会议主席约翰·沙利卡什维利（John Shalikashvili），清楚地向首席安全顾问安东尼·赖克（Anthony Lake）和美国际开发署主任布莱恩·阿特伍德（Brian Atwood）表示，军队"无意持续太长时间"。（1994年9月4日，在华盛顿特区对一名国务院官员的采访。）9月30日，美军打道回府了。

③ SWB, Radio France Internationale, 18 July 1994.

了人道主义安全区。为了获得出国通行证，他们还与法军谈判过。此事让卢旺达爱国阵线非常恼火。卡加梅将军宣布，让这些人进入人道主义安全区，"法国就成了民兵的帮凶"。① 法国对此展开回击，指责卢旺达爱国阵线非法进入人道主义安全区，绑架数人，抢掠财物。②

尽管进展缓慢，难民开始一点一点地返回到卢旺达爱国阵线控制的部分地区。到 8 月初，返回的难民人数约为 10 万人。③ 然而，随着卢旺达爱国阵线强征暴敛的传闻越来越多的时候，难民返回速度也就迟缓了下来。卡加梅将军否认了这些传闻。④ 然而，这种策略性的谎言被视为恶毒的欺骗，难民们确信全国发展与民主革命运动一直在说的"图西人秘密计划"真实存在。每个人都更加恐惧了，每个人都"知道"回去就是死路一条。⑤ 在说过要审判 3 万人之后，特瓦吉拉蒙古总理沮丧地承认政府只怀疑 200 人参与了大屠杀。这一表态也只是说明了他在处理事务上的无能，⑥ 也没能安抚难民。无论是不是卢旺达爱国阵线领导的政府，很多难民都希望能看到一个强有力的政府，希望至少能将大屠杀中的罪犯与其他人有所区别。

卢旺达国内缺乏条件，国际社会在成立联合国主导下的特别法庭问题上的冷漠和摇摆，所有的一切都在揭示：对大屠杀中的罪行，最有可能的"判决"模式会是一种混乱、不明朗的和不公正的惩处。

---

① SWB, France 1 TV Channel, 5 August 1994.

② SWB, Radio France Internationale, 6 August 1994.

③ SWB, RTBF – Brussels, 7 August 1994.

④ *Le Monde*, 7 – 8 August 1994.

⑤ 关于这些政治心理障碍，有一篇文章有过很好的分析，参见 Noël Copin, 'Un peuple malade de la peur' (a people sick with fear), *La Croix*, 3 August 1994。

⑥ 法新社，1994 年 8 月 8 日。

在这种情况下，几乎所有人，包括真正清白的人，都无法确认能否证明自己的"清白"。信任没有建立起来——从一开始，这种信任就不可能存在。当然，这种环境对那些前政府成员最为有利。他们确信，迟早有一天，事情会朝着有利于他们的方向发展：

> 在其位于基伍湖岸的豪华别墅里接待我们的时候（数公里之外就是人满为患的难民营中的由于霍乱而奄奄一息的难民），前全国发展与民主革命运动秘书长恩兹卢雷拉先生告诉我们说："他们宁愿死于霍乱，也不愿回去。他们不喜欢卢旺达爱国阵线。"在这种糟糕的情况下，此人只盯着一样东西：随身携带，可以回归政治的护照。因为难民会在这里，而他和其他少数人某一天还可能会掌握权力。①

随着法国撤离西南部的最后期限日益来临，难民们又一次踏上流亡之路，逃离人道主义安全区，奔赴扎伊尔的布卡武。法军试图劝说这些背井离乡的难民，可没有人愿意再听了。又一次地，卢旺达难民展现出对卢旺达爱国阵线的恐惧，以及对权威的服从。漫长的难民队伍开始徒步走向边境。在离开之前，这些难民绝望地看着人道主义安全区那些单薄的建筑倒塌了下来。法国当局收起傲气，将内政部长塞斯·森达尚加（卢旺达爱国阵线人，胡图族）及其平反部同事雅克·比霍扎盖拉（图西族）用军用直升机接到基布耶，让他们劝说民众不要逃离。然而，普通胡图人的恐惧与日俱增。虽然卢旺达爱国阵线并没有决定采取迫害政策，但一些图西人却在这

---

① Patrick de Saint‑Exupéry, 'Rwanda. Une réconciliation impossible', *Le Figaro*, 8 August 1994.

样做了，特别是那些成千上万名从布隆迪回来的图西族老难民们。
从边界线另一边的恩戈兹（Ngozi）和基隆杜（Kirundo）省过来后，
他们首先就到了卢旺达东南部。在那里，他们从胡图人手中抢夺财
产，声称三十年前这些财产是属于他们的。8 月的头两个星期，
13000 名胡图族新难民向南越过布隆迪的边界线，人数是向北越过边
界线的图西族老难民的三或四倍。这要归咎于前政府所实行的政策。
8 月 16 日，在接到前卢旺达武装部队发出的死亡威胁后，联合国难
民署被迫取消了第一批难民遣送计划。① 这种威胁绝非只是说说而
已。在难民营里，针对所谓卢旺达爱国阵线"奸细"、对全国发展与
民主革命运动持有反对情绪的胡图人的政治谋杀，每一天都在发生。
然而，绝大部分被杀者只是说过他们想要回家而已。

随着最后期限更加接近，人道主义安全区变得更加混乱。法国
政治人物的辩护成倍增多。国防部部长弗朗索瓦·莱奥塔尔在 8 月
19 日说道：

> 我们尽可能地稳定和安抚民众……现在，卢旺达爱国阵线
> 要表达必要姿态了……我认为，要说我们的干预只是临时性地
> 拯救了民众，这是不公平的……不要忘了，人道主义安全区现
> 在容纳的人数比卢旺达其他地区加起来的人数还要多。②

这种奇怪的辩护以及对干预（关于这点，公平地说，国防部长
从来就不乐观）的解释犯了事实上的错误：法国设立的人道主义安
全区容纳了 150 万人，而卢旺达其他地区共计约有 320 万人。在成

---

① *Le Figaro*, 17 August 1994.
② *Libération*, 20 – 21 August 1994.

千上万人逃离人道主义安全区，法军全面撤离前两天，法国发表这样的辩护，着实令人感到有些迷惑不解。人道主义安全区的安全、稳定绝对只是临时起意的话题。"绿松石行动"主导者之一（另一主导者为密特朗总统）的外交部部长阿兰·朱佩对此非常清楚，在接受广播访谈中辩护道："我们已经采取了所有必要的预防措施。我们不只是在夜间撤离了就完事了，我们还把钥匙留在门前擦鞋垫下。"① 在法国于 8 月 21 日撤军前，约有 50 万难民逃离了人道主义安全区，奔赴布卡武。相较于西北部曾出现的难民潮，此次难民潮没有出现那么严重的灾难。正如弗朗索瓦·莱奥塔尔所言，现在得看卢旺达爱国阵线的了。

① SWB, Radio France Internationale, 22 August 1994.

第九章 战后余波还是新开端（1994 年 8 月 22 日—12 月 31 日）

难民新问题

在七八月的难民潮中，近 200 万人越过了卢旺达边境，而身处境外的卢旺达人共计有 700 万。对难民人数的估计，一直存有差异：1994 年 11 月中旬，联合国难民署估计的数字为 210 万；美国难民委员会认为只有 170 万；无国界医生的数字则更少，只有 130 万。关于这些难民的地理分布，尽管数字可能有些夸大，联合国难民署按地区重要次序分列如下[①]：

表 9-1 1994 年联合国难民署公布的卢旺达境外难民人数（译者注）

聚集点	大约数字（万人）
布隆迪北部	27

[①] UNHCR Special Unit for Rwanda and Burundi, *Rwanda and Burundi Information Meeting*, Geneva, 16 November 1994.

续　表

聚集点	大约数字（万人）
坦桑尼亚西部	57.7
乌干达西南部	1
扎伊尔（戈马）	8.5
扎伊尔（布卡武）	33.2
扎伊尔（乌维拉）	6.2

即使按照美国难民委员会或无国界医生所公布的少一点数字，不同地区的难民群体比例也是相同的。1994 年秋，除了这些境外难民，卢旺达国内还有大量流离失所者。根据基加利新政权当局的数字，流离失所者有 180 万，或者根据美国难民委员会提供的数字，约为 130 万。而在 700 多万的境外卢旺达人，约有一半人是流离失所者，苦难深重。

在解决这一灾难问题上，众多机构都希望难民能尽快回归家园。8 月，约有 14 万人（主要是从戈马）返回卢旺达。这让人们看到了一点希望。然而，到了 9 月初，难民回潮完全终止了，后文将解释原因。9—10 月期间，坦桑尼亚的难民出现了少量回潮，人数少得多，回国的只有约 2 万人。接着，回潮也终止了。在扎伊尔的难民情况则不同，原因另有所在。

难民营的主要问题是政治管控问题。联合国难民署以及其他机构实际上都无法管控难民营中的所发生的事。一些较大的、富有效率的非政府组织对此曾强烈抗议过。① 面对联合国的消极态度以及联合国在难民营重建秩序上的无能，无国界医生最终选择了离开。该组织先是从扎伊尔的难民营（11月中旬），后是从坦桑尼亚（12月中旬）的难民营离开了。无国界医生的离开可能会引起其他非政府组织的效仿。然而，无国界医生选择离开，并非出于义愤，而是出于对经费和形象问题的担心。

难民营曾是（包括本书写作的时候）魔鬼肆虐的地狱。7—8月霍乱瘟疫发生后，难民营获得了人道主义救援，食物、卫生、住所都不是大问题了。鉴于难民的生活条件，死亡率也很快下降到了几乎可以接受的程度。唯一问题就是政治问题。正如前一章曾论述的那样，难民是在特殊环境下离开的。无论愿不愿意，他们都像是卢旺达武装部队及文职当局蓄养的牲畜。一旦跨过边界线，他们几乎就被按照省、市镇和村落（*section*）② 军事化地组织起来，而领导就是前镇长和村官。从某种意义上说，这也简化了联合国难民署、红十字会组织和其他机构的工作。这些难民营不同于那些一直混乱不堪的索马里难民营，食物可以有秩序地加以分配，有管理甚至也有秩序。然而，在4—7月份，这种秩序是充斥着死亡威胁的秩序。管理者是旧有的全国发展与民主革命运动成员，他们并没有打算要投降。他们的意识形态、"统治方式"一如既往。8月底，联合国难民署揭露了难民营内的情况。联合国难民署官员雷·威尔金森（Ray

----

① Jean Hélène, 'Les organisations humanitaires menacent de quitter les camps de réfugiés du Zaïre', *Le Monde*, 5 November 1994. 15个组织，包括美国援外合作社（CARE）、乐施会和无国界医生，共同发布了一个公报。

② Section 在此翻译成村落并不贴切。确切地说，该词指的是那些互相熟悉的人，他们可能来自同一个村落，也可能来自不同的村落。——译者注

Wilkinson）说道："在难民营内，我们实际上处在战争状态。"① 理由很简单：大屠杀政府的政治统治与国际组织的人道主义救援在展开较量，前者明显赢得了胜利。

大屠杀的鼓噪者策划了难民的逃离。前保卫共和国联盟领导人让－博斯库·巴拉亚圭扎在一次采访中吹嘘道，"即使卢旺达爱国阵线赢得了军事上的胜利，也不能掌握权力。卢旺达爱国阵线只有子弹，而我们有民众。"② 前领导人几乎全面控制着难民。无论是谁，只要反对他们，很快就会遭到谋害。在逃离后的头几个星期内，此举很快就制止了难民回潮。他们控制着人道主义救援物资的分配，并虚报难民人数，以便获得更多的物资。在分配上，他们首先考虑的是自身，然后就是前卢旺达武装部队和民兵。之后，他们就会卖掉额外的物资，换取现金，以资助进一步的政治或军事行动。面对这些冷酷无情的政治人物和普通民众的被动处境，联合国难民署、红十字会组织和非政府组织毫无办法。③ 困境中，人们不乏幽默，联合国难民署工作人员很快就得到了他们所属机构那个残酷而又恰当的诨名："喂饱高级罪犯者"（*Hauts Crimitiels Rassasies*）。事实上，高级罪犯确实被喂饱了。可吊诡的是，任何政治改变都极其困难。在接下来的内容里，我们会看到，迄今为止，卢旺达新政权对国际社会的要求——为重启援助设置前提条件、基加利政府要"允许难民"回国、"扩大政治基础"甚至包括在政府机构中接纳一些罪

---

① 对法新社说的话（SWB，AFP，27 August 1994）。

② African Rights, *Rwanda：Death*, Despair and Defiance, op. cit, p. 657.

③ 参见 Raymond Bonner, 'Aid is taken hostage in Rwandan camps', *International Herald Tribune*, 1 November 1994；Laurent Bijard, 'Les tueurs Hutu se portent bien', *Le Nouvel Observateur*, 3 – 9 November 1994。

犯——令人感到震惊，不可理解。国际社会似乎有时也会发现，透明化的援助往往难以落实。难民返回是一个理想目标，扩大现有政权的政治基础也有可取之处，但问题是如何落实。大屠杀政府对难民的控制几乎就是全方位的。哪里才是切入点呢？事实上，除了敌意再生，压根就没有新变化。基加利当局的一个抱怨就是，国际援助事实上并没有给予难民，而是在重组一支准备展开侵犯的军队。[①]诸多迹象表明，这些说辞并不只是政治宣传。

第一个迹象就是出现了渗透。这种渗透早在 9 月就开始了。联合国也确认了此事。[②] 9 月底，卢旺达爱国军和前卢旺达武装部队在尚古古省就爆发了激烈冲突。这可能只是一次前卢旺达武装部队的试探之举，因为卢旺达爱国军做出强硬回应后，冲突就停止了。然而，后来（12 月份）吉塞尼省也出现了渗透。在那里，冲突造成了60 多人死亡。前卢旺达武装部队也越过了基伍湖，进入尚古古省展开袭击。这揭示出，联合国对难民营彻底失去了控制。当时的一份联合国机密报告写道：

> 前武装部队士兵和民兵完全控制了难民营……他们决定阻止难民返回卢旺达，如果必要就会动用武力。……现在，这些武装分子似乎正在准备武装进犯卢旺达。为了做进犯准备，他们不但储备了慈善组织的粮食，而且还在卖这些物资。[③]

---

① 参见卡加梅将军接受法国国际广播电台的采访。在采访中，卡加梅将军说，除非国际社会能在政治、甚至是军事上重新控制难民营，否则"流亡军队将继续做战争准备"。（SWB，6 December 1994）

② 参见联合国特别代表沙赫尔亚尔·卡恩（Shahryar Kahn）就尚古古省的渗透活动而发表的宣言（SWB，Radio France Internationale，8 September 1994）。联卢援助团发言人普兰特（Plante）少校确认了渗透活动，并说渗透人员进入了尼恩格维（Nyungwe）森林。

③ *Africa News Report*，28 November 1994.

卢旺达前政权并没有掩饰所做的一切，甚至还到处吹嘘。他们似乎认为没人能或会阻止得了。10月7日，前卢旺达武装部队参谋长、过渡政府的"国防部部长"奥古斯汀·比齐蒙古和全国发展与民主革命运动秘书长马蒂厄·恩吉卢姆帕塞（Mathieu Ngirumpatse）宣称，"要是谈判无果的话"，他们就会进攻卢旺达。①

9月底，以"寻找家人"为名，前卢旺达武装部队的一些人员开始进入坦桑尼亚的恩加拉（Ngara）难民营。在接下来的数周，大量后勤人员和其他军人开始向南进入离布卡武不远的奇芒加（Chimanga）和坎加尼罗（Kanganiro）军事基地。比起戈马地区，那里的地形更加有利于进攻。领导这些人员的是塞奥内思德·巴戈索拉上校。他说，他要在卢旺达境内制造骚乱，以配合"巴勒斯坦式"的游击进攻。② 法国似乎对此持有乐观态度。总统办公室的非洲特别顾问布鲁诺·达莱耶（Bruno Delaye）对一名来访的记者说道："我们不会邀请卢旺达新政权参加下一次法—非峰会。他们太富有争议了，随时都会倒台。"③ 在巴黎，对于可能的结果，没有人感到非常不安。卢旺达爱国军可能会在遭到公开进攻后直捣卢旺达武装部队在扎伊尔的基地，引起地区暴力。④ 事实上，卡加梅将军正在考虑这种可能性。他的首次外访目的地就是的黎波里，这也是唯一能得到武器的地方。⑤ 而另一方也正在加强训练，购买武器弹药。

---

① SWB, AFP in English, 7 October 1994.

② Chris Mac Greal, 'Hutu exiles in training', The *Guardian*, 19 December 1994.

③ 1994年10月17日，布鲁诺·达莱耶与笔者的谈话。

④ Colette Braeckman, 'Le Kivu craque sous les réfugiés', *Le Soir*, 22 Nov. 1994.

⑤ SWB, Jana News Agency, 4 October 1994. 搭线牵桥的是乌干达。在美国、苏丹穆斯林原教旨主义者的压力下，卡扎菲上校展伸空间极其有限。穆塞韦尼可能是在华盛顿为卡加梅说好话的唯一一个朋友。正因如此，卡加梅将军在比利时受到热情的招待。

　　然而，卢旺达前政权并非没有外交渠道——它的行动似乎直接得到了扎伊尔的许可。① 1994 年 4 月底，就在大屠杀期间，卢旺达爱国阵线极有可能取得胜利之际，支持卢旺达当局的扎伊尔游说集团就在戈巴多莱（Gbadolite）开会商定下一步计划。参加此次会议的有：

　　——赫尔曼·科恩（Herman Cohen）。布什总统时期负责非洲事务的副国务卿，非洲问题全球联盟（Global Coalition for Africa）主席。妻子是法国人，他本人也会法语。在华盛顿，他是支持蒙博托总统的强有力游说者。由于现在的副国务卿乔治·莫斯（George Moose）为人低调，他依然是美国非洲事务的有影响力人物。

　　——米歇尔·奥里亚克（Michel Aurillac）。希拉克总理 1986—1988 年领导的联合内阁的前合作部长。他一直是保卫共和联盟希拉克阵营的非洲专家之一。

　　——罗伯特·布尔吉（Robert Bourgi）。达喀尔黎巴嫩裔的什叶派教徒，现皈依基督教。长期以来，他是法国保卫共和联盟在中东和非洲事务上的麻烦解决者。之前曾是希拉克阵营的人，现又在巴黎选举前的政治斗争中加入了巴拉度–帕斯夸阵营。

　　——雅克·福卡尔（Jacques Foccart）。传奇人物，此人当时已经八十多岁。早前曾是特工人员，1958 年，他成为戴高乐将军非洲事务的高级顾问。皮蓬杜总统在 1969 年选举后曾不想要他，但后来又不得不要了他：他给法国保卫共和联盟的政治基金带来了太多非

---

　　① 根据好几个信息来源（参见 1994 年 12 月 22 日《非洲信札》），10 月底，蒙博托总统对北京进行了正式访问，蒙博托总统让哈比亚利马纳夫人及其兄弟塞拉丰·卢瓦布库姆巴随行去了北京。也可参见 Human Rights Arms Project, *Rwanda/Zaïre：Rearming with Impunity…*, op. cit。

洲裔的捐助。然而，吉斯卡尔·德斯坦（Giscard d'Estaing）总统在1974年开除了他。尽管如此，在法非政治幕后，他一直是一个潜在发挥影响力的人物。在1986—1988年短暂的总理任职期间，雅克·希拉克又让他干起了老本行，非洲事务特别顾问。他是赫尔曼·科恩的好友，两人联系紧密。1994年8月8日，他曾到戈巴多莱协调蒙博托总统与肯戈·瓦·东多（Kengo wa Dongo）总理之间的矛盾。

——马克斯－奥利维尔·卡亨（Max－Olivier Cahen）。时任比利时驻法国大使阿尔弗雷德·卡亨（Alfred Cahen）之子。20世纪60年代，年轻的阿尔弗雷德·卡亨曾帮助蒙博托夺得大权。马克斯－奥利维尔·卡亨此时是比利时社会党非洲事务顾问。

以上这些人都是蒙博托的说客。他们参会的目的就是要制定战略，要让扎伊尔总统借助卢旺达危机，通过外交手段卷土重来。在过去的几年里，蒙博托已经被严重边缘化了。法国没有问题了，但比利时，尤其是美国依然是难啃的骨头。不过，在本书写作的时候，前副国务卿赫尔曼·科恩在美国非洲事务上的影响力无人能敌。让他来，就是要确保事情能成，让美国能支持法国立场。

当然，天下没有免费的午餐。蒙博托总统并不待见约韦里·穆塞维尼。在蒙博托看来，穆塞维尼是个傲慢无礼的家伙，发动了危险的革命。① 蒙博托的担心，并非完全空穴来风。扎伊尔东部在文化和经济上属于东非范畴。要是扎伊尔走向分裂，当地百姓可能就会考虑独立出去。穆塞维尼总统一直与蒙博托的死敌——帕特里斯·卢蒙巴（Patrice Lumumba）的刚果民族运动党（Mouvement National Congolais，简称MNC）保有联系。在蒙博托看来，卢旺达

---

① 'Zaïre/Ouganda: la guerre secrete', *La Lettre du Continent*, 28 April 1994.

爱国阵线就是乌干达政权的直接代理人。由于刚果（金）东部有大量的说卢旺达语人，卢旺达爱国阵线取得胜利就会直接威胁到基伍省。此外，蒙博托与已故哈比亚利马纳总统是多年老友，且蒙博托与全国发展与民主革命运动大佬们的关系也较为密切。由此，我们就能明白，为什么蒙博托强烈反对刚在基加利掌权的卢旺达新政权了。还有，这个身着豹皮的总统对其总理在卢旺达问题上的立场极其不满。① 因此，除了让蒙博托政权的公共关系改头换脸，说客们还要担起反对穆塞维尼、反对卢旺达新政权和支持大屠杀罪犯的重担。

由于法国的支持，游说工作还算不错。无论如何，"绿松石行动"让蒙博托咸鱼翻身，迅速加入到国际社会的外交游戏中来，并成了中部非洲稳定的"保障者"。9 月 15 日，联合国特别代表穆罕默德·沙赫尔亚尔·汗（Mohamed Sharyar Khan）认为有必要就卢旺达问题会见蒙博托。蒙博托受邀参加即将于 11 月 8 日在比亚利兹（Biarritz）召开的法非峰会，而卢旺达爱国阵线政权并没有得到邀请。9 月 28 日，世界银行在巴黎召开会议，讨论减免布隆迪债务与援助问题。美国代表私下里曾谈起卢旺达：法国人可能高兴坏了。华盛顿竟然奇迹般地站到了法国一边。如果基加利没有展现出一定自责，

---

① 实际上，蒙博托总统与肯戈·瓦·东多在所有事情上都有分歧。然而，蒙博托还是容忍让肯戈担任总理，原因如下：第一，肯戈不是"真正"的扎伊尔人，没有觊觎总统宝座的野心；第二，外国人喜欢肯戈；第三，可以借助于肯戈的犹太人身份（肯戈父亲是波兰犹太人，后来移居到比利时，再后来才来到刚果），获得美国和以色列的支持。不过，肯戈的母亲是卢旺达图西人，且肯戈对前全国发展与民主革命运动政权并无好感。

它将得不到重建所需的资金。① 很快，国际媒体都在谈论，蒙博托回来了。②

关于难民营问题及其所带来的危险，基加利新政府接触的是肯戈·瓦·东多总理而非蒙博托总统。10 月 22 日，福斯汀·特瓦吉拉蒙古总理、扎伊尔总理和联合国难民署就难民遣返问题签署了一份三方协议。从短期来看，由于联合国难民署缺乏对难民营的控制，扎伊尔武装部队又不愿协助，该协议并不会对现实问题带来多少变化。然而，该协议至少为联合国难民署的行动提供了一个法律框架。

蒙博托牢牢控制了前卢旺达政权。前卢旺达政权在逃离卢旺达的时候，带走了 170 亿卢旺达法郎。这些钱大部分都在蒙博托的直接控制下，存贮在扎伊尔的账户。由此，蒙博托可以按其所愿地对前卢旺达政权和卢旺达新政权施加影响。由于肯戈总理并不反对基加利新政权，所以蒙博托的游戏根本玩不转。11 月，肯戈总理阻止了斯坦利斯拉斯·姆博纳姆佩卡、杰罗姆·比卡姆帕卡（Jerome Bicamumpaka）、让·卡姆班达以及很多前全国发展与民主革命运动骨干成立卢旺达"流亡政府"。③ 尽管遭到总理的反对，但由于得到法国的支持，蒙博托依然大权在握。这也体现在争取 10 月底卢旺达问

---

① 1994 年 9 月 29 日，在巴黎对一名法国外交部职员的采访。从某种意义上说，出现这种情况，实在是一种特别的讽刺：巴黎总在为反对卢旺达爱国阵线找理由，认为它是穆塞韦尼的走狗，而穆塞韦尼的背后是华盛顿和罪恶的"盎格鲁－撒克逊世界"。美国转变立场，提供 450 万美元，以激活世界银行的信贷机制，而这笔钱正是卢旺达新政权所急需的。在援助卢旺达问题上，美国人无人撑头，也没有明确政策，而且华盛顿依然不乏反对基加利的蒙博托说客。由此观之，美国人此时的立场，确实无法理解。然而，好笑的是，人们似乎忘记了法国政府的妄想症。多年来，法国当局一直在这个中非小国驳斥"美帝国主义"。

② 参见'Zaire – la résurrection', *La Lettre du Continent*, 13 October 1994；'Mobutu redivivus', *The Economist*, 15 October 1994；'Mobutu exploits the Rwanda crisis', *The New African*, November 1994。

③ SWB, La Voix du Zaïre, 11 November 1994.

题地区会议的主办权上。坦桑尼亚①几乎与扎伊尔②同时表达想要举办会议的意愿。最后，达累斯萨拉姆无果而终，大湖国家经济共同体"峰会"将在戈巴多莱召开。说法语的得胜而归。

重建和内部安全

自 1994 年 9 月初以来，一直就存在两种互相矛盾对立的说法。联合国难民署说，"在卢旺达，私人和公开的报复性杀戮司空见惯。我们不能将难民送回去"。而基加利政府则说，"只要家门口敌军还在控制大批难民，卢旺达就不可能实现局势的正常化"。

事实上，双方的说法都有道理，但终究都是虚词。我们已经论及过，联合国难民署并没能控制难民营，尽管它想主导难民遣返工作，但根本就做不到。因此，卢旺达内部不安全就成了拖延难民遣返的好借口。不过，联合国难民署的指控也绝非毫无由头。问题出在早前曾提及的局势，即 1994 年 4 月后卢旺达爱国阵线招募新军后所面临的新变化。很多卢旺达年轻人、甚至更多的是来自布隆迪的年轻人，被征入军队，也没有经过严格的训练。他们穿上军装，配有枪支，却没有"乌干达"老兵的作战经验与纪律传统。这些新兵的亲戚，要么已经故去，要么满怀仇恨。"乌干达"老兵的家人在战争和大屠杀期间住在乌干达，安全无恙。来自卢旺达的新兵可不同，他们已经失去了亲人，强烈地希望能报仇雪恨。他们常常会屠杀胡图人。在他们看来，亲人的死与这些胡图人脱不了干系，就该要清算。至于新入伍的布隆迪难民，在恩达达耶总统遇害后，即在 1993

---

① SWB, Radio Dar – es – Salaam, 1 November 1994.

② SWB, La Voix du Zaïre, 31 October 1994.

年 10—11 月所爆发的屠杀中，他们也失去了一些亲人。这些幸存者往往都加入了 1994 年初组建起来的图西族极端主义民兵组织，并与布隆迪军队一道屠杀胡图人。此时，他们又来到卢旺达。在一种陷入疯狂的政治文化中，他们对大屠杀怀有复杂的心态，既憎恶又不憎恶，很大程度上都要比卢旺达人复杂微妙得多，但绝对也是致命性的。

这些新兵，心态复杂，又身处彻底的混乱局势之下。尽管（或多或少）有得吃，但没有得到军饷。战争结束六个月了，他们依然没能见到第一批军饷。[①] 因此，他们往往就会受雇于私人去当枪手，无论是恐吓财产被人惦记的所有者，还是去杀掉有人想除掉的人。此外，他们还会受到民兵零星的袭击，尤其是在 9 月 9 日他们进入之前法国设立的人道主义安全区的时候。法国人走了，但一些民兵据点依然留在那里。这些民兵可能认为，非军事化协议会得到遵守；由于得到布卡武和布隆迪北部的支持，他们不用费力就能守住基地。扎伊尔的前卢旺达武装部队的渗透者定期会给他们提供支援，让他们与卢旺达爱国军作战。这里面也有匪盗之徒，没有政治立场，只会出去抢掠，甚至只要不给自己带来麻烦，还会杀人。

由于是布隆迪难民的子弟，他们还得要"帮助家人"。亲人们会让卢旺达爱国军的儿子或侄子，打着"当局"的旗帜去抢夺财物。为了除掉某人，占据房屋或土地，他们通常就会指责这个胡图人以前就是民兵。卢旺达爱国阵线当局曾禁止此类事情，但没有成效。卢旺达爱国阵线对军队的控制力正在减弱；至少，从这些事情也能反映出来。显然，主要问题是卢旺达爱国阵线对其兵员的了解程度

---

① 1994 年 12 月，他们第一次拿到军饷。

和约束力。可以肯定，卢旺达爱国阵线在这方面并不算完美，但似乎也没有那么糟。卢旺达境内确实出现了杀戮。对此，无人质疑。[①]然而，联合国难民署和联卢援助团之间发生了争论，主要围绕两大问题：第一，杀戮的范围有多大？第二，杀戮究竟是无政府状态造成的结果，还是卢旺达爱国阵线蓄意所为？这也就是联合国难民署顾问在情况不明下撰写的《格索尼报告》（Gersony Report）混淆了而非澄明问题的原因。[②]这份报告清楚地指出，在 1994 年 7—9 月期间，卢旺达爱国阵线出于报复，杀戮了 3 万胡图人。而且，这份报告还称，据传，这些杀戮是卢旺达爱国阵线蓄意所为。[③]

由于我们没有得到这份报告，因此无法对此进行讨论。然而，我们强烈质疑它的可靠性，或许我们可以对这份报告的背景做出解释。原因很简单：一天屠杀 250—300 人，而且还持续了两个月，这不可能不会引起大量关注，也会在这个方圆 2.6 万平方公里的国家留下诸多迹象。不容置疑，报告中所陈述的受害人数通常要少得多，

---

①　最糟糕的事件发生于 1995 年 1 月 7 日。在布塔雷省的布桑泽（Busanze）难民营，卢旺达爱国阵线的一支巡逻队遭到一伙不明身份的人的手榴弹袭击。这支巡逻队随即展开报复，杀了 11 名难民，而这些被杀的难民可能并不是袭击者。（SWB, Radio Rwanda, 8 January 1995；笔者的田野笔记。）

②　参见对非洲人权观察官员艾莉森·德·弗吉斯的采访：SWB, Radio France Internationale, 8 September 1994。

③　在 1994 年 10 月 2 日的《解放报》上，斯蒂芬·史密斯（Stephen Smith）写道，罗伯特·格索尼采访了"卢旺达 143 个镇中的 41 个镇子"的人。同一天，在《世界报》（1994 年 10 月 2—3 日）上，伊莎贝尔·维什尼阿（Isabelle Vichniac）写道，这些调查都是在"难民营"里完成的。两者的描述完全不同。关于这份报告，后来又传出几种奇怪说法。一位联合国难民署官员告诉笔者，这份报告并不存在，只是一次普通照会而已。接着，又有说法，说这份文件（如果存在的话）被联合国秘书长下达了封口令。直到今天，笔者也没能找到一个曾看到过那份报告的人，包括曾"引用"那份报告的记者。毫无疑问，对联合国难民署来说，这份报告恰逢其时。短期内遭返难民没有了下文，大量遭返难民的长远计划就应有说法了。关于这份神秘文件的"方法论"的讨论，参见 Alain Frilet, 'Polémique sur les représailles Rwandaises', Libération, 27 October 1994。

每次受害者为 5 到 10 人，最糟糕的是 300—400 人。两个月下来，总共受害人数为 5000—6000 人，这个数字确实较大，也足以给卢旺达带来极不安全的环境。

究竟是不是政府蓄意所为，这就不好回答了。弗兰克·姆干姆贝基（Frank Mugambage）上校最早陈述了一些细节，接着卡加梅将军也亲口承认，杀戮确实发生过，并向士兵训责道："没有拿到薪水，这不能是犯下罪行的理由。要知道，我们已经在指控这个国家曾经发生过的罪行了。"① 福斯汀·特瓦吉拉蒙古总理愚蠢地说道："我们不否认，我们没有创造出令人满意的安全环境……就像之前的情况一样，一些人还在被屠杀……我知道，我们都没吃的。然而，我们不能拿起长矛和砍刀去杀害其他人。"② 令人质疑的是，谁仅仅只是为了一口吃的，就组织起小规模屠杀呢？事实上，情况没有这么简单。图西人的极端主义浪潮一浪接一浪，尤其是在"布隆迪人"③ 中间，叫嚣着"要杀死他们"。这些杀戮并没有得到遏制。在很多图西人看来，由于之前针对图西人的大屠杀，这些杀戮太"正常不过了"。这些杀戮或许不是有计划推进，但新当局也没有采取措施来加以制止。再退一步，即使新当局试图阻止，那也是对图西族极端主义者使了眼色。④ 接下来的问题就是"布隆迪人"带回的私人武装，他们穿梭于基本古和布塔雷之间，不受卢旺达爱国阵线的

---

① SWB，Radio Rwanda，9 September 1994.

② SWB，Radio Rwand，1994 年 12 月 8 日。12 月，此次言论导致了卢旺达新政府内图西人势力与胡图人势力之间产生了一次严重的政治危机。

③ 这里指的是从布隆迪返回卢旺达的图西人。——译者注

④ 这也是新政府在司法机构停止运转的情况下，建立独立军事法庭，更直接、快速地处理卢旺达爱国军士兵的原因（SWB/Radio Rwanda，1994 年 10 月 10 日）。到 1 月，约有 600 名卢旺达爱国军士兵遭到拘押。（1995 年 1 月 18 日，在基加利对一名卢旺达安全官员的访问。）

控制，独立行事。

在一些卢旺达爱国阵线领导人看来，这种杀戮可以震慑那些逃亡出去的胡图族难民，让他们不敢返回卢旺达。"布隆迪人"问题非常严重，他们经常抢夺胡图人的财物。卢旺达爱国阵线又以"民族和解"之名，强迫"布隆迪人"返还那些被抢占的财物。从某种意义上来说，在这个人口过剩、土地有限、住房短缺的国家里，这只是不同群体之间的资源争夺。此时，图西族家庭及其孩子正大量返回卢旺达，这些家庭及其孩子自 1959 年就离开了卢旺达，一直过着流亡生活，甚至是在流亡期间出生的。根据政府和记者的估算：7 月有 10 万，8 月增加到了 20 万，11 月可能到了 40 万。[①] 这些图西人或是从乌干达或是从扎伊尔或是从布隆迪返回。每个群体都呈现出不同的特点，反映出他们在不同流亡国家里的经历，他们在各自流亡的国家已经生活了一个世代。"扎伊尔人"最穷，但他们最不愿返回，因为他们一般在基伍有土地，返回卢旺达后不见得会获得土地，他们可能也是卢旺达爱国阵线不时施压，强迫他们回来的唯一的图西人群体。"乌干达人"最为理性，虽然之前遭到迫害，但这已经是前尘往事了，在最近的七八年里，他们生活得还不错。因此，他们对返回卢旺达持较为慎重的态度，让亲戚们照顾在乌干达的家，要是在卢旺达过得不顺，他们就会再反折回去。本土卢旺达人，无论是图西人还是胡图人，最愿意接受这些"乌干达人"。约韦里·穆塞维尼上台后，这些"乌干达人"在 1972—1984 年期间就生活在种族歧视的政治文化环境中，他们不只是作为图西人，而是作为卢旺达

---

① 参见 *Le Monde*, 4 – 5 September 1994；'Evolution de la population Rwandaise depuis la guerre'，这是一份未署明部门和机构的卢旺达政府文件，只有一页纸，发表时间为 1994 年 11 月 21 日。

人受到了歧视，在他们眼中，胡图人与他们一样，都是受害者。在这一点上，"乌干达人"与"布隆迪人"完全不同。因此，"乌干达人"对卢旺达的社会种族关系的立场最为开明。

所有卢旺达本土人都憎恶的就是"布隆迪人"。他们最有钱，最冷酷，对胡图人的敌意最大。甚至，他们对在大屠杀中幸存下来的图西人都充满敌意，认为那些幸存者为了求生当过旧政权的"帮凶"。他们往往从事垄断性商业，欺行霸市，互相包庇，是个密不透风的群体。然而，他们色厉内荏；很多人的亲戚都死于1993年10—11月的屠杀。对诸如卡加梅将军这样的图西族温和派人物，他们心存疑虑。在他们看来，犯下屠杀罪行的胡图人就不能得到宽恕，压根就不能给这些人这个念想。他们通常都放弃了在布隆迪的生活，也没有想过要返回。他们近乎孤注一掷地觉得，他们在卢旺达将会一帆风顺。

这些流亡者"回来了"，而很多人之前甚至都没有看到过这片土地。此时的卢旺达是一片焦土，满目疮痍，尸横遍野，到处都是断壁残垣，仅存的建筑也早被洗劫一空。在一些村庄，孩子们竟拿着骷髅当球耍。

由于心理上的创伤，卢旺达到处都是行尸走肉。备受摧残的图西族幸存者一无所有，没了朋友，没了亲人，也没了房子。他们到处晃荡，犹如游魂孤鬼。备受摧残的胡图族幸存者也不敢相信曾对图西人下过如此毒手。胡图族幸存者是"土著"居民，尽管是"真正的公民"，此时却像图西人那样遭到追杀。11.4万儿童失去了父母，无人照料。① 那些并没有参与屠杀，或只是遵从指令的胡图人，

---

① 联合国儿童基金会（UNCEF）的数据，1995年1月。

此时惶惶不可终日，担心遭到逮捕或被杀。那些参与屠杀，或支持刽子手的胡图人，也抑郁不堪，心灵憔悴，无法自拔。① 在这个国度，僵尸遍地，仇者快，亲者痛。可以肯定的是，从乌干达或布隆迪回来的卢旺达人要好过得多。他们有点钱，更重要的是，他们在心理上没有受到太大冲击。②

从民众本身来说，这个国家必须要重新起航。无论是受过创伤还是没受过创伤的，很多人似乎都无法安定下来，重新开始生活。劳动力极其匮乏，几乎40%的人口，不是死了，就是流亡国外。卢旺达经济陷入停滞。奇怪的是，国际社会不愿提供任何援助。7—12月，卢旺达获得了140亿美元的人道主义紧急救援资金。然而，卢旺达只有在偿还450万美元债务后，世界银行才能启动信贷机制。③正如我们要论述的那样，这种过分谨慎、冷血的态度，既有国际机构谨小慎微的缘故，又有法国在各种国际机构内反对基加利新政权的缘故。奇怪的是，美国也同意这样做。

因此，所有事情都在人道主义的名义下运转，并没关切到卢旺达真正的经济需求。而且，人道主义行动还时不时受到质疑。④ 由于缺乏协调，福斯汀·特瓦吉拉蒙古总理最终发起火来。卢旺达有154

---

① 作者的一个图西族朋友在尸堆中找一个亲戚的遗体的时候，一个路过的胡图族妇女说，"他们怎么不埋了那些尸体？都发臭了。"

② 青年体育部长帕特里克·马津帕卡提出了不同看法。图西族幸存者，甚至在大屠杀前，他们也处在第二等级。那些回国的图西人对在屠杀中幸存下来的图西人心怀怨恨，就像是土生土长的以色列人对贫民区犹太人的情感。对大屠杀中的幸存者来说，这种"优越感"极其令人感到痛苦。（1995年1月17日，在基加利对帕特里克·马津帕卡的采访。）

③ *Africa Analysis*, 30 September 1994.

④ 参见 'New Rwandan battles: the NGOs versus the rest', *Africa Analysis*, 9 December 1994。在一些非政府组织眼中，卢旺达"充满魔力"（sexy），就像是1982年的阿富汗、1985年的埃塞俄比亚和1992年的索马里。要得到基金，就得要行动。很多卢旺达非政府组织做事傲慢，效率低下。

个非政府组织，它们有时会认为，卢旺达就是一张白纸，它们要创造历史。最终，在（部分）达到所谓的政治条件后，欧盟提供了8500万美元贷款。我们现在就来讨论这种政治条件。

何种类型的政治结构

大屠杀后，卢旺达局势复杂得可怕。为了重新让社会步入正轨，卢旺达最需要的就是经济援助。外部援助国有个主要的前提条件，那就是政治环境要好。当然，这并不是说卢旺达就没有政治问题。实际上，卢旺达政治问题重重。然而，在外部国家看来，卢旺达政治理念偏离了正轨。

1994年夏，卢旺达爱国阵线部队取得胜利后，核心问题就是选择什么样的政治制度来管理劫后余生的民众。7月19日，新政府宣誓要遵守1993年8月3日签署的阿鲁沙协议。此协议不但是一份"和平协议"，而且有宪法功能，对1993年6月10日宪法来说是一个补充。

不过，新政府对阿鲁沙协议也有几处"修订"。第一，本来给予全国发展与民主革命运动的部长席位并没有在新政府内的政治力量之间进行分配，而是由卢旺达爱国阵线接了过来；第二，卢旺达爱国阵线不但有巴斯德·比奇蒙古担任总统，而且设立了一个副总统职位。这在阿鲁沙协议中是没有的。保罗·卡加梅担任了副总统一职，并成了共和国非正式的"保护者"；第三，由于内政部长由副总理、卢旺达爱国阵线的卡尼亚伦圭上校担任，卢旺达爱国阵线得以确保把控未来的人事任命。自此后，正如我们将要在最后一章所论述的那样，由于资源极度匮乏，"政府"不得不哀求于卢旺达爱国阵线，手段有限。尽管之前的反对党现在纳入了政府，[1] 但他们强烈抗议卢旺达爱国阵线霸占了本来分配给全国发展与民主革命运动的部长席位。因此，卢旺达爱国阵线也不敢操纵国民议会中的席位分配了。在国民议会中，全国发展与民主革命运动的席位也被瓜分，主要政治力量（卢旺达爱国阵线、社会民主党、共和民主运动、自由党和基督教民主党）额外增加了两个席位，小反对党（卢旺达人民民主同盟、伊斯兰民主党和卢旺达社会党，这些小党在大屠杀分化中站到了正确的一边）则额外增加了一个席位。

在整个政治进程中，卢旺达爱国阵线和前反对党之间的关系至关重要。外交部部长让 - 马里埃·维阿尼·恩达吉奇马纳（Jean - Marie Vianney Ndagijimana）叛逃后[2]，在一次采访中告诉一家法国杂志，他对新政权的抱怨之一，就是他一直被更强势的卢旺达爱国阵线同事僭越。这不是一种图西人/胡图人的分化。他提及的"竞争者"，既有胡图族内政部长塞思·森达绍恩加，又有图西族社会与妇女事务部部长阿奥尔西亚·因乌姆巴。在恩达吉奇马纳看来，一名卢旺达爱国阵线部长权力是共和民主运动或社会民主党部长权力的

---

①　不过，局势有时并不明朗。为了抗议卢旺达爱国阵线让阿鲁沙谈判代表都是由全国发展与民主革命运动主导，抗议卢旺达爱国阵线操纵未来国民大会，旅游与环境部部长让 - 内波姆塞内·纳因兹拉（基督教民主党）宣称，"坚决做反对派"。（SWB，Radio France Internationale，15 September 1994。）

②　*Jeune Afrique*，24 - 30 November 1994. 恩达吉奇马纳是一个野心勃勃的外交官。他是一个全国发展与民主革命运动的温和支持者，并被任命为驻法大使。哈比亚利马纳总统遇袭身亡后，他立即改弦易辙。他很容易就成功地说服了特瓦吉拉蒙古总理，让特瓦吉拉蒙古总理任命他为未来的外交部部长，因为另一名外交部部长候选人只有阿纳斯塔斯·加萨纳（Anastase Gasana，此人后于 1994 年 11 月 24 取代恩达吉奇马纳成了外交部部长），而加萨纳正是总理的政敌。接着，恩达吉奇马纳加入了总理所在政党，成了共和民主运动的部长。受挫于此职务上的经历，在去往纽约的联合国大会途中，恩达吉奇马纳叛逃了。他拿的公款足够支付流亡生活。然而，恩达吉奇马纳也是人才，他对基加利新政府的批评并非完全是空穴来风。

两倍。最终，共和民主运动在 11 月 25 日出版的一份有趣的工作文件中，对 7 月 19 日以来卢旺达的政治演变提出具有建设性的批评。[①]这份文件值得详细讨论，因为这份文件讨论了新政府所面临的各种问题。

共和民主运动提出的第一个批评是所谓的基本法（*La Loi Fondamentale*）。这部基本法是在 1991 年 7 月的宪法基础上进行补充，并且又补充了 1993 年 8 月阿鲁沙协议的修订条款。[②] 现在，新政府违反了基本法，因为卢旺达爱国阵线单方面将 22 个月的过渡期延长到了五年。当然，这一批评既有真实的一面，又有牵强附会的地方。鉴于卢旺达的形势，22 个月对组织选举来说，确实时间太短了。可按照这个节奏，共和民主运动几乎可以确定能赢得选举的胜利，并有希望夺得权力。可要撬开世界银行金库，符合所有的民主要求，五年实在是太糟糕的时间段。更糟糕的是，这只是卢旺达爱国阵线绝对控制权力的序幕。在过去，只要卢旺达爱国阵线内有一些胡图人，那么就会走向战争。像巴斯德·比齐蒙古和塞思·森达绍恩加这样的人物，他们已经下定决心，并（正确地）认为武装斗争是推翻哈比亚利马纳独裁政权的唯一途径。而现在，胜利了，族群政治也注定会重蹈覆辙，无论人们希望他们这样做或不这样做。站在卡加梅阵线一边的图西族温和派——主要是像弗兰克·穆加姆贝基、帕特里克·马津帕卡这样的"乌干达人"——希望卢旺达能实行乌

[①] Mouvement Démocratique Républicain, *Position du Parti MDR sur les grands problèmes actuels du Rwanda*, Kigali：MDR, November 1994.

[②] 阿鲁沙协议包括好几项协议。正如我们在前面章节中论述的那样，阿鲁沙会谈是一个漫长、旷日持久的历程，持续了一年。期间，双方签署了好几项不同的协议（军队整编、难民地位和过渡期限）。只是正式签署仪式的举办时间为 1993 年 8 月 3 日。

干达式的"无党派民主"。① 当然，这是一个一体两面的选择。一方面，它可以避免族群矛盾；另一方面，它也会成为图西人主导权力的掩饰。卢旺达与乌干达情况不同。乌干达有 32 个大部落，而不是只有两个族群。穆塞维尼在所有部落之间玩起了平衡术，既老练又复杂，所以才行得通。卢旺达政治玩不起来这样的权术，无族群政治依然属于空中楼阁。

虽然卢旺达爱国阵线不乏胡图人，高层中的图西人也较为温和，但作为一个政党，卢旺达爱国阵线不见得会赢得选举，说到底它还是会被视为图西强权（Tutsi Power）。布隆迪的布瓦约总统在 1993 年 4 月就已尝到了苦果。善意与诚恳并没有让布瓦约赢取选举。因此，共和民主运动想要进行选举的原因，也正是卢旺达爱国阵线不想进行选举的原因。

文件中，共和民主运动接下来所提出的五点，也与卢旺达爱国阵线以及内阁双重政治所面临的问题相关：

——行政、立法和司法之间，权力界限不明（第 3 页）；

——将约 1000 名前卢旺达武装部队军官和已经加入卢旺达爱国军的士兵进行重新编制的进程过于缓慢。这份文件在第 16 页还加上："我们必须要创建一支真正的国民军，这支军队要吸纳卢旺达社会所有群体。"这句话的意思是说，"卢旺达爱国军中要有更多的胡图人。"对此，卢旺达爱国军的图西族军官肯定会极为警惕。

---

① 参见 Nelson Kasfir，'The Ugandan elections of 1989'，pp. 247 – 278，Apolo Nsibambi，'Resistance councils and committees：the case of Makerere'，pp. 279 – 296，in H. B. Hansen and M. Twaddle（eds），*Changing Uganda*，London：James Currey，1991。也可参见 Also Gérard Prunier，'La recherche de la normalisation'，pp. 131 – 158，Per Tidemand，'Le système des Conseils de Résistance'，pp. 193 – 208，in G. Prunier and B. Calas（eds），*L'Ouganda Contemporain*，Paris：Karthala，1994。

——有必要澄清卢旺达爱国阵线的法律地位（第7页）。很明显，这就是在要求卢旺达爱国阵线从"军事组织—社会运动—政党"复合体转变为与其他政党一样的政党，而不是要凌驾于其他政党之上。或许，卢旺达爱国阵线可能会成为图西族政党。要是卢旺达爱国阵线转变为一个政党，共和民主运动、社会民主党甚或是自由党有多少图西人，卢旺达爱国阵线就应容纳多少胡图人。

——文件突出强调，卢旺达境内没有安全可言，没有恰当的法律程序，军营中肆意关押问题较为严重（第7页）。作为缺乏安全这一点的补充，文件的第18页写道："为了重新启动农业生产，我们必须要清除影响农民种地的不安全因素。对农民来说，他们不知道还能活多少天。"

——最后，文件还谴责了那些从乌干达和布隆迪回国的老难民普遍发生抢占财产的行为（第7、22页）。这也在影射卢旺达爱国阵线对此类行为睁只眼闭只眼，甚或是与那些贪得无厌的难民互相勾结。

其他几点，更能让人产生共鸣：设立某种特别司法机构来审判大屠杀罪犯，成立国际调查委员会以反驳"双重大屠杀"的错误观念（第16页）。

关于这份文件，需要从两个方面来理解。第一，在此特殊时期，卢旺达确实存在文件中提出的诸多政治、社会问题。以此观之，这份文件极有价值。这份文件有着更宽泛的政治目的。它既针对在联合政府中一支独大的卢旺达爱国阵线，又是一个政治手册，打压诸如社会民主党这样的竞争党派，它向胡图人表明，尽管福斯汀·特瓦吉拉蒙古是总理，但他不是卢旺达爱国阵线的傀儡。第二，这份文件也有"自以为是"（holier – than – thou）的一面。例如，在肆意关押的问题上，共和民主运动提及约瑟芬·姆坎扬盖兹（Josephine Mukanyangezi）和克劳德·盖特拉（Claude Gatera）法官①、记者多米尼克·马凯尼（Dominique Makeri）、卢旺达国家银行前副总裁皮埃尔·卢瓦卡伊盖姆巴（Pierre Rwakayigamba），但并没有提及被关押的斯尔韦斯特·卡马里（Sylvestre Kamali）。斯尔韦斯特·卡马里是福斯汀·特瓦吉拉蒙古的政敌，且可能就是福斯汀·特瓦吉拉蒙古下令而将之关押起来。②

如果要说文件中有"文职"政府内阁及其卢旺达爱国阵线成员都赞成的提议的话，那就是"扩大政府基础"或曰是"第三方"。这一点极其敏感，因为它直接关系到国际经济援助的恢复。外国持续要求基加利新政权开放透明，"扩大"政治基础。这意味着什么呢？

美国、德国等国家对卢旺达政治并无多深了解，往往会有误解。它们认为，卢旺达应像西方国家一样，将"温和派""中间路线"纳入内阁。它们其实并不知道，几乎所有幸存的胡图族温和派都进了政府。极少数没有进入内阁，如前国防部长詹姆斯·加萨纳和

---

① 尽管没有受到指控，但那些被关押的法官还是因为在对待胡图族政治犯的立场上"太软弱"而遭到逮捕。在绝大部分情况下，这些法官只是尽自己的本分，将那些档案为空白的羁押犯人释放了而已。然而，军方并不这么看。对士兵们来说，被谴责的人通常就是有罪之人。

② 卡马里是 1993—1994 年期间共和民主运动"强权"派领导人，但他与其他"强权"派成员保持了一定的距离，似乎并没有支持大屠杀。这就是他为什么返回基加利，而没有去戈马的原因。后来，他遭到了逮捕。当然，他可能会成为另一个加菲斯，持有温和的种族主义立场，广受胡图族选民的支持，会从特瓦吉拉蒙古手中夺取共和民主运动领导权。人们不应忘记，在特瓦吉拉蒙古在政党中失去权力前，"强权"派占了大多数。不管如何，关押问题就像是一个噩梦，因为正如一位部长所言，"由于婚姻和家族关系，政府中的很多人，甚至是图西人，都有些参与到大屠杀中去的亲友。"（1995 年 1 月 17 日，在基加利对帕特里克·马津帕卡的采访。）不久后，两名胡图族内阁部长就被揭发，原因是他们包庇了曾在大屠杀中起到推动作用的亲友。

前总理斯尔韦斯特·恩桑兹马纳（Sylvestre Nsanzimana）。他们没有进入内阁，是因为要静等局势真正稳定下来，也因为他们希望能对过去全国发展与民主革命运动保有开放态度。

然而，像比利时，尤其是像法国这样的国家（我们将在下一节更全面地探讨它们的立场），它们了解卢旺达政治。要求新政府接纳一些前全国发展与革命民主运动、保卫共和国联盟成员就是出于蓄意，因为卢旺达新政府绝不会答应。正如卢旺达总理所言，"谈判……似乎就是一场儿戏。他们告诉我们必须要与刽子手会谈，这简直就是侮辱。这也就是在说，非洲人一直都在互相残杀。他们也会互相谈判，我们在拭目以待。"① 法国的理想人选是前总理迪斯马斯·恩森吉亚雷姆耶。此人曾是持有"自由主义"立场的反对派人士，后来转而投靠哈比亚利马纳总统，再后来看到总理宝座不保，阿鲁沙协议将选择特瓦吉拉蒙古作为总理，他便又开始讨好"胡图强权"。恩森吉亚雷姆耶辗转到吉塔拉马，看到过渡政府穷途末路，便又避开了戈马，直奔到金沙萨。尽管在政治分化阵营中明显站到了"强权"一边，但他还是在声称要实现政治清明。②

一些比利时人也在向基加利施压，要求基加利政府进行"会谈"。然而，这种压力并不是直接来自首相让-卢克·德阿纳，而是来自于像前部长丽塔·德·巴克尔（Rita De Bakker）和约翰·范·厄普斯（Johan van Erps）议员这样的基督教社会党保守派。③ 他们

① SWB, Radio Rwanda, 15 September 1994.

② 1994 年 11 月 5 日，他在巴黎创建了一个新政党，即卢旺达民主联盟（Union Démocratique Rwandaise，UDR 简称）。在该党 11 页的宣言中，人们依然能感受到强烈的"胡图强权"气息。然而，他曾对在巴黎的朋友说，他依然自视为共和民主运动家。

③ 参见 Colette Braeckman, 'La lutte politique se poursuit', Le Soir, 19 September 1994; 'Rwanda：European Pressure', Africa Confidential, November 1994。

与流亡在戈马的政治人物关系密切。由于法国的压力，一些佛拉芒基督教非政府组织（Flemish Christian NGOs）和基督教民主党国际人士的游说①，大部分援助国都坚持要求，"会谈"是重启援助的前提，而废墟中的卢旺达正奄奄一息。问题是，确实没什么可谈。除了那些顽固不化的杀戮者，又要与何人会谈？而这些人严控着农民大众，要内阁席位，要军队职位。

国际社会的态度

新政府成立不久，一些国家就开始恢复了使馆工作。8 月初，德国、比利时和美国在卢旺达的使馆都已经恢复了。法国还在不高兴，只派了雅克·库尔班（Jacques Courbin）处理在基加利的外交事务。② 然而，这些外交机构几乎无事可做。卢旺达新政府面临的主要问题——援助问题并没有解决。不过，有关国家已经做了援助预算，准备进行援助。援助就像是悬挂在新政府眼前，但又没有援助到位。"会谈"和"扩大基础"这些政治条件不断被重申。当然，还有"技术原因"。世界银行已经为卢旺达准备了 1.4 亿美元特别款项，

---

　　① 基督教民主党国际是天主教会的传声筒，且一直与哈比亚利马纳政权关系密切。1994 年秋，天主教会做了点反省，并写道："天主教会曾一直为哈比亚利马纳将军服务。卢旺达教会也一直遭到此指控。遗憾的是，这并非事实。"（参见 *Lettre des Missionaires d'Afrique*，12 September 1994.）基督教民主党国际没有这种顾虑，继续秘密支持全国发展与民主革命运动政权的残余势力。至于弗拉芒非政府组织，它们的处境特别。从比利时民族关系的角度来看，弗拉芒一直更倾向于认同胡图人，华隆人（Walloons）则认同图西人。"基督教"在胡图共和国中的德行，更是强化了比利时两个群体的这种偏好。对此，我们在第二章曾论述过。在 1994 年 9 月中旬海牙会议（此次会议是为了援助卢旺达）上，人们可算看到了一些打心底里反对图西人的比利时基督教徒。
　　② 库尔班是一个劳苦功高的外交官，名声在外。毛里塔尼亚危机期间，他任职于塞内加尔；后来，又在贝鲁特待了两年。对他的任命，这件事本身就可以体现出巴黎对卢旺达局势的判断。1995 年，他被任命为全权大使。

但需要卢旺达偿还 450 万美元的债务，以便激活信贷渠道。技术上的确存在讨论——在债务没有偿还前，世界银行不允许为信贷开新口。吊诡的是，外国政府可以为其他目的找到大额资金——要给前政权支持者、前武装部队残军提供 1.4 亿多美元的“人道主义”援助，却无法提供给卢旺达财政 450 万美元。在卢旺达，500 万人正在竭力要走出噩梦般的处境。同样地，欧盟准备了约 2 亿美元的特别贷款，但是法国反对在 11 月 25 日前拨付，就是在 11 月 25 日后，也可能只是部分拨付。然而，提供给卢旺达旧政权的“常规”、根据洛美第四次会议协定（Lome IV）筹措的资金并没有受到影响。正如《经济学家》（*The Economist*）写道：“援助有助于问题的解决，要是负责援助的欧洲部长们继续为援助设限，那么他们就……太没有诚意了。”① 或者，正如内政部长塞思·森达绍恩加对一位法国记者说道：“一方面，我们没有得到在政治上的信任，也没有得到物资支持；另一方面，我们又被要求立即处理这场大灾难。”② 之所以出现如此局势，很大程度上要归咎于法国。在巴黎，很多人都认为他们已经“被‘盎格鲁－撒克逊人’击败了”。③ “法绍达综合征”已不可遏制了。在 9 月的海牙会议上，当卢旺达总统巴斯德·比齐蒙古要发表演讲的时候，法国大使就起身走了出去。④ 11 月 8—9 日，法国在比亚里茨（Biarritz）召开了第 18 届法非峰会，卢旺达也没有得

① 'Abandoned Rwanda', *The Economist*, 26 November 1994.

② Patrick de Saint – Exupery, 'Loin de Biarritz – le Rwanda', *Le Figaro*, 8 November 1994.

③ 7 月初，即基加利“落入卢旺达爱国阵线之手”后，笔者无意中听过一位法国高官悲叹道，“最糟的情况就要出现了。那些杂种将要一路杀到金沙萨。我们已经让一个友邦倒下了，我将如何向我们的其他朋友（法语非洲国家元首）解释啊？”

④ *Billets d'Afrique* no. 15, October 1994.

到邀请。

　　之所以如此，是因为法国受到了诸多因素的影响。第一，法国在过去一直顽固不化，且现在依然如此。法国当局不愿意承担任何责任；过去所做的一切都是没错的。从这点上说，前合作部长米歇尔·罗辛（法国政府内阁中的"非洲通"）尤其突出。5 月底，在法国广播电台上①，当被问到法国在卢旺达的作为的时候，他不假思索地回答，"那里有个巨大的难民营，我的同事杜拉斯－布拉齐（Douste－Blazy）② 已经访问过。"接着，他否认法国大使馆在门口将避难人员交付给刽子手。当采访者问他对卢旺达爱国阵线的看法时，他开始喊叫起来：

　　　　你什么意思？你什么意思，女士？我们每天都能看到恐怖的画面，难道他们的命运不再被关注了吗？难道这已不再是政治分析的主题了吗？

当问到卢旺达武装部队里的法国顾问时，他开始语无伦次：

　　　　不对，首先这种说法就是错的。呃……这种说法完全错误，［中断］我也不……即便有 70 名顾问，也不是他们引起了［中断］屠杀……［中断］我们没有，我们只是合作……［中断］"北风"行动结束后，他们作用有限，联卢援助团已接手了。除了传统合作，我们没有发挥任何影响。因此，我要说，这些指控都是无稽之谈。

---

① 　SWB, Radio France Internationale, 30 May 1994,
② 　法国卫生部部长，内阁成员之一，为人正派，但在政治上无足轻重。

后来，以同样无法令人信服的言辞，他又一次否认法国军事人员曾训练过民兵："我？指控我让人去训练暗杀团？说说别的吧！在所有这些危机上，一些人总是以这种或那种理由来攻击法国。"①

第二，一旦不再自以为是，摆脱"盎格鲁－撒克逊图谋羞辱法国"的思维，法国往往就会显得极其呆板机械。作为一个前殖民国家，法国之前曾储备了大量"土著官员"和合格的殖民地文职人员。法国海外国立学校（Ecole nationale de la France d'outremer）对这些人员进行法兰西帝国国情教育。这些人明白职责所在，也熟悉非洲。现在，这些人不是过世就是退休了。结果就是像法国外长所说的那样，卢旺达必须要进行"会谈"才能得到经济援助：

> 何为卢旺达民族？它有两个族群，即胡图族和图西族。要是这两个族群拒绝合作的话，那么卢旺达就不能实现和平。……这就是法国以及少数其他国家竭力要促成的解决方案。②

对"少数其他国家"，人们往往会心生怜悯，它们走上了一条不归路（board this Titanic of a policy）。

特瓦吉拉蒙古总理卑躬屈膝地请求法国"忘记过去"③，而法国确实已经彻底忘记了过去。在比亚里茨法非峰会的致辞中，④ 密特朗

---

① *Le Monde*，16 July 1994. 最后一句颇为有趣，似乎不是在自我辩护，但反映出一种典型的法国人思维。首先，部长认为他代表的是"法国"，因为他是一名部长；其次，他感觉，可能是真的感觉到，对政府的任何一种批评，实际上是"一些人"蓄意攻击法国本身（可能不是法国人，或不是真正的法国人）。从路易十四、拿破仑一世、戴高乐到密特朗，这种思维一脉相传。当然，在低级行政机构中，政策选择也就是平常为了彰显门面而做的调整了。

② SWB, France 2 TV channel, 20 November 1994.

③ SWB, Radio France Internationale, 2 December 1994.

④ *Le Monde*，10 November 1994.

总统在谈及卢旺达时毫无心理负担："地方领导人决定要是用刀枪来解决矛盾，那就不要向法国提出不可能答应的要求。毕竟，那是他们自己的国家。"然而，还有更糟糕的事。当一位记者就卢旺达大屠杀向密特朗总统提问时，密特朗总统回答道："大屠杀还是互相间的大屠杀（genocides）？我不知道人们该说哪个！"

公开赞成所谓"双重大屠杀"，绝对是一种丢人的言论。"双重大屠杀"（double genocide gambit）是众所周知的历史诡辩。一些研究"二战"期间针对犹太人大屠杀的修正主义历史学家曾使用过这种说法。他们解释说，那场大屠杀是"德国人与犹太人之间的一场战争，德国人不得不自我防卫。"要是对此持反对意见的人提到大量犹太遇难者，这些修正主义历史学家就会反击说德累斯顿轰炸和德国在东线所遭到的屠杀。就卢旺达大屠杀而言，诡辩的逻辑也是如此。胡图人是在一场自卫战争中屠杀图西人，且相同数量的胡图人也遭到了杀戮。至于说相同数量的胡图人被杀，那是由于四年的内战、戈马霍乱以及 1994 年 7 月后的报复性杀戮。对此，人们往往会在智识上或情感上得出简单结论。可密特朗呢，他是一名资深政治人物，一个有品位的人，还是一位作家，之前从没有失去过体面，却落入那种不堪一击的智识和道义上的认识陷阱且毫不知觉，正应了戴高乐所说的那句话："人老了，就糊涂了。"

然而，相较于密特朗总统的立场、法国官方在卢旺达问题上的认识误区，更糟糕的是由此得出了政治结论。在这场 20 世纪最惨无人道的大屠杀中，法国发挥了重要影响。由于对"失败"恼羞成怒，法国当局继续站在邪恶的一边。法国新任合作部部长伯纳德·德布雷（Bernard Debré）在 1994 年年底说道：

　　　　基加利政府是来自乌干达的图西族说英语的政府……我只
　　　是希望他们能迈向民主，建立健全的司法制度，并设定选举日
　　　期。至于难民，他们必须要回到自己家中和自己土地上。这就
　　　是我对卫生部部长所说的话。①

　　转眼之间，法国魔棒一挥，所有问题都解决了！这简直就像是
在说笑。在那个时候，吃不饱肚子的孤儿，拿着大腿骨当棍耍，拿
着骷髅头当球踢；难民营已成为一颗炸弹，随时都有可能由法国人
一直在帮助的、已经绝望的人来引爆；一个新生、并不完善的政权
此时正在稳健地改善这一切，但由于缺乏资源，运转困难。法国人
似乎在认为，这个政权很快就会陷入又一场血腥杀戮之中。如果真
的发生了，人们便会觉得，没错吧，这些都是野蛮人，他们比我们
之前支持的那些人也好不到哪里去。

　　奇怪的是，国际社会对卢旺达的态度，夹杂着现实政治考虑、
对人道主义行动自鸣得意、不成熟的认知、陈腐的帝国主义以及经
济敲诈，最后却聚焦于成立一个国际法庭，审判大屠杀的组织者和
施暴者。联合国出版了一系列报告②，要对那些依然被怀疑的人进行
官方认定。对卢旺达大屠杀幸存者来说，这是自我澄清的开端。接

---

　　① *Le Monde*，29 December 1994. 卢旺达卫生部部长约瑟夫·卡拉米拉曾到巴黎参加
了一次关于艾滋病的会议。德布雷部长曾与卡拉米拉谈了一个半小时，就此得知且还
"广泛地"了解了卢旺达（德布雷从未去过那里）局势。不幸的是，卡拉米拉在乌干达长
大，是卢旺达内阁部长（21 位部长）中不会说法语的三名部长之一。
　　② 勒内·德尼－塞吉（René Dégni－Ségui）写了两份报告，一份是关于大屠杀的
（1994 年 6 月）；另一份是关于新政府掌权后卢旺达局势的（1994 年 11 月）。这两份报告
内容全面，论述客观。接着，联合国又出了一份由阿特苏·科菲·阿梅加（Atsu Koffi
Amega）、阿比·迪因（Haby Dieng）夫人以及萨利富·丰巴（Salifou Fomba）撰写的 935
号决议报告。这份报告（1994 年 11 月）也是关于大屠杀。尽管内容拖沓、枯燥，倒也符
合实际。

下来，就必须要举行一场庄严的司法启动仪式。这是人们情感、社会甚至政治的需要，似乎很多欧洲人对此难以理解。

首先，在卢旺达，普遍存在复仇情绪，人们怒火中烧。一位在圣法米勒教堂幸存下来的妇女很好地表达了这种情绪：

> 我不想撒谎……我想报仇，也要报仇。我的内心无比的痛苦。难道你认为我们现在安全了事情就结束了吗？死了这么多人，这么多的苦难，这么多家庭被灭门，我们是要往前看。可复仇的怒火已经点燃，至少在卡布加（Kabuga）；人们不再恐惧。心中充满复仇的怒火，那又怎样？①

其次，还有一个问题，就是卢旺达未来社会重建。所有民众都需要通过一场仪式来净化罪恶。幸存者活了下来。要是再来一场大屠杀，那就太疯狂了，因此不可能要杀掉所有的杀戮者。② 要是真正的组织者、"大人物"被送上绞刑架，民众的复仇情绪就会减弱。还有一些人，什么也没做，只是被动的帮凶，并没有杀人。这些人就是大多数胡图族农民。现在，他们坐立不安，忐忑不已。有谣言说，司法审判不能公正透明。这让他们担心无法证明自己是清白的。在当前的混乱状态下，肆意监禁、肆意杀戮，所有这一切都让他们担心会出现最糟糕的局面，即针对他们的一场报复性大屠杀。这些"清白的凶手"陷入杀戮中去，是因为他们只是被动地陷了进去，体现出卢旺达人对权威当局的愚忠，且那个权威当局已经走向了疯狂。此时，他们认识到被当局欺骗，作为罪人，最可能要付出代价

---

① African Rights, *Rwanda*：*Death*，op. cit. ，p. 735.
② 当然，这个数字无法知道。不过，如果我们以每个凶手造成 8—10 人伤亡这个平均值来算的话，那么就意味着有 8 万—10 万名凶手。

的是他们。基本古监狱里的一些人告诉一个法国电视团体说："我们成了替罪羊。那些下达指令的人，那些权贵们，都逃到国外去了。他们不会面临审判。"①

要让他们明白自己的过错以及过错的程度，明白下令者的罪恶，就需要让他们看到先前备受尊敬的领导人站在被告席上。至于说"归国人士"，此时从乌干达或布隆迪返回卢旺达的老难民，他们一定要让正义得到伸张，且要通过公共权威，而不是现在所出现的私刑。军队也一样，要让他们停止滥用权力，这也是一条唯一的途径。至于境外难民，只有听到"大人物"应血债血偿的消息后，他们才会相信，他们这些"小人物"回去后不会有危险。最后，这里还有政治层次上的考虑。正如卡加梅将军所言，"如果那些应对大屠杀负责的人没有得到应有的审判，那么就不可能实现永久的和解。"② 除非不是人类而是天使，否则，在没有实现正义、罪恶受到惩罚之前，宽恕就不会到来。

直至那时，国际社会在这个问题上的立场依然糟糕透顶。1994年8月2日，联合国人权专员若泽·阿亚拉·拉索（José Ayala Lasso）请求派出147名观察员监察卢旺达过去和当前的侵犯人权问题。他打算在9月底筹措到210万美元，实际收到的捐款为240万美元③。可到9月初，有一位名叫卡伦·凯丽（Karen Kelly）的观察员，她没有经费，没车，也没有当地助手。人权专员收到的开支共

---

① SWB，France 2 TV channel，18 August 1994.

② 1994年12月，卡加梅在访问纽约期间的一次演讲中说的这番话。参见 *Africa News Report*，19 December 1994。

③ 包含了来自法国的23.3万美元。

计为 42 万美元。① 与此同时，阿亚拉·拉索也认识到，卢旺达几乎就没有司法机构，② 故又提及此项，申请了 1050 万美元，以便可以召集到十名检察官、九名医生、二十名律师以及 147 名观察员，并给这些人员提供最低补助和后勤开支。可经费依然无法落实。到 11 月中旬，人权专员也只召集到四名观察员，也没啥办法。卡伦·凯丽愤而辞职。③ 慢慢地，更多观察员加入进来，可大部分观察员都是没有经验的年轻人，不会法语，更不会斯瓦希里语和卢旺达语。④ 观察员无法与民众进行直接交流，只能依靠译员。然而，英语非洲国家的侵犯，引起了法国政府的妄想，且近乎偏执。因此，译员只是告诉了自己想说的内容。整个工作简直就是一场灾难，因为"根据 1948 年防止及惩办灭绝种族罪公约，检察官光是提供大规模杀戮的证据还不够，他们还必须要提供大屠杀意图的证据。"⑤

1994 年 11 月 8 日，联合国通过了第 955 号决议，决定成立国际法庭。南非法官理查德·戈德斯通（Richard Goldstone）接受了这份

---

① 英国提供了 38 万美元，新西兰提供了 4 万美元。卢旺达的人权调查事实上是"盎格鲁 - 撒克逊人"的阴谋。

② 司法部部长阿尔丰塞 - 马里埃·恩库比托没有汽车。卢旺达也没有囚车，甚至都没有供囚犯吃的食物。基加利监狱本来只能容纳 1500 名犯人，而此时已经关押了 5000 多名犯人。卢旺达有 5 名法官，都没有汽车，也没有相应的办公室（戈马的暴徒中有 7 名法官）。此时的司法部部长正在努力营救被军方非法拘押的几个人。卢旺达几乎也没有警察，仅有的几个警察连枪也没有。犯人被关押在各个地方。有好几个犯人被关在金属集装箱里，结果由于暴晒于太阳下，温度过高，活活给热死了。

③ SWB，Radio France Internationale，11 November 1994.

④ 在基布耶，笔者看到了一个人权观察点，那里有 5 人在管理，没有一个会说法语。他们说，他们小组派了一个多哥人，但是这个多哥人"跑路了"。在基加利，好几名联合国志愿者已经由于不满整个行动的无效而辞了职。对于此次令人沮丧的行动，有一份毫不留情的评估，参见 African Rights，*Rwanda：A waste of hope*，London：UN Human Rights Field Operation，March 1995。

⑤ Andrew Jay Cohen，'On the trail of the genocide'，*New York Times*，7 September 1994.

艰巨的任务。如果真的出现的话，这项任务最可能带来的结果不难想象：在阿鲁沙进行准备不足、无休无止的庭审，哈比亚利马纳政权的前部长会将审判变为政治辩论讲坛，宣称所谓的"双重大屠杀"：无说服力的证据，关于"胡图强权"具有民主性质的长篇大论，因为胡图族占到人口总数的80%；比利时非政府组织的卢旺达"专家"，他们得到了法国的支持，会给这种争论提供必要的根据。关于世界对卢旺达危机的看法，在展开进一步讨论前，我们不妨引用比利时记者科莱特·布里克曼的一段话作为本节的结论，内容涉及司法和国际社会的作用。在卢旺达近来局势的诸多方面，我与科莱特·布里克曼有着不同观点，但下面的这段话却道出了实情：

> 大屠杀的组织者及其同伙……竭力在混淆视听。因此，1990年卢旺达爱国阵线挑起的战争成了所有暴力活动的根源。击落总统飞机后……清洗部分人口和卢旺达爱国阵线重启战事……同时出现。比起过往，当前的修正主义看法有过之而无不及……人道主义行动让事情变得复杂。[……]这种蓄意的歪曲最终会最大程度上减轻大屠杀的罪恶，使大屠杀显得没有那么严重……让旧政权的领导人变成了胡图族大众的代表。[……]这些歪曲的信息，这种歪曲的解释不是投机或无能的表现，而是在蓄意攻击新政权，因为那些支持旧日独裁者的人知道，公正的审判将会揭露出他们的罪行。[……]这是一个试图重新夺权的阴谋，不是为了那些应对大屠杀负责的人，而是为了（通过宣扬"胡图强权"合法性）那些依然持有偏狭和排他立场的人。①

---

① Colette Braeckman，'Rwanda：le temps du révisionnisme'，*Esprit*，December 1994.

初步结论

　　当然，对一个仍在演变中的问题，要得出结论是极为困难的。研究更久远历史的历史学家，有个优势，即他们可能会做出不当评价，但一般来说不会在史实上犯错。不过，研究最近时期历史的历史学家也不是一点优势都没有。就在他的注视下，过去慢慢地成了历史，他能看到部分判断已经得到了验证。他知道，当前有些事无法判断，也能粗略地找到非此即彼的节点所在。即使被人指责受到当下情感的影响，他也得意于其新颖的观点。那些没有经历过大事件的人就是在未来也不会有这样的看法。

　　关于卢旺达大屠杀的起因和影响，人们往往想着去探寻和推测，犹如古希腊悲剧所带来的那种社会心理。当然，这里存在着后知之明。然而，卢旺达并不是一颗定时炸弹，在特定时间就会爆炸。在非洲或其他地方，可能也有国家与 19 世纪末 20 世纪初的卢旺达情况类似，成了历史悬案。公正地说，这是一个恰如艾瑞克·霍布斯鲍姆（Eric Hobsbawm）所谓的"大规模生产传统"时期。[①] 在那个时期，欧洲生产的"传统"和文艺复兴时期意大利绘画一样多，甚至有过之而无不及。各地情况不一样，但都根源于失落和变迁。工业革命和法国革命后，人们希望能过上稳定而又充实的日子。做着千年帝国（Thousand – Year Reich）梦的阿道夫·希特勒就是这一时期的极好注脚。由于这一时期的文化激荡，卢旺达也受到了影响。卢旺达，国土狭小，历史传统几乎就无存。卢旺达社会的复杂，令

---

　　① Eric Hobsbawm and Terence Ranger, eds., *The invention of tradition*, Combridge University Press, 1983. 关于非洲部分，参见由特伦斯·兰杰撰写的第六章。

人难以置信。不过，如果从一种意识形态的角度来看，就更容易理解了。透视卢旺达的意识形态，恰好与那个时期普遍接受的偏见相吻合。高个子的图西族入侵者，是"黑皮肤的欧洲人"，确定了世纪之交的所有观念："种族"不平等、图西人的优势地位、文化影响力以及社会现象的生物学基础。同时，这也符合殖民当局的利益。因为，受益于优等人种的"科学理论"，图西人非常欢迎白人的到来，他们可以利用白人达到自身的目的：在先前控制不力的地区巩固君主制，加大中央集权，对胡图人实现彻底的社会控制。通过传统的再发明，也就是保守革命，图西人成了受惠者。当然，图西贵族是最大受惠者。然而，这种意识形态是建立在种族基础上，所有图西人，都是受惠者，从拥有 2000 头牛的图西族酋长，到这名酋长的图西族佃户，尽管他们和胡图人一样种地。

这种社会关系（包括经济和个人依附关系）变革有着重要影响。从殖民地的情况来看，它简化了本来复杂的社会关系，满足了"尊重非洲传统"的需求。不过，这并不意味着图西人和胡图人的分类是由比利时人发明的；图西人和胡图人共同组成了卢旺达人的社会。比利时人所发明的只是一种社会隶属关系，迎合了意识形态和欧洲人统治的需要。

这种神话所带来的问题早已产生，也有着自己的发展轨迹，正如玛丽·雪莱（Mary Shelley）在《弗兰肯斯坦》（*Frankenstein*）描述的那样。在卢旺达，神话在 1940 年前就已成为现实。图西人和胡图人已经接受了强加在他们身上的形象。他们按照"传统"方式生活，遵从"传统习俗"，或许在精神气质上也与实际地位相吻合。图西人，哪怕是穷人，也像是趾高气扬的地主，而胡图人感到，实际上也确实处在被压迫地位。因此，尽管 1959 年革命是一场假革命，但也是基于真实的一场假革命。革命情绪、过上更好生活的希望、群众的支持确实存在。然而，这里面有两个问题：一方面，这是一场种族革命。压迫者是一个种族而非一个阶级，进而带来的结果也不是革命性的。第一，社会、经济关系依然没变，换汤不换药，因此胡图人内部的社会、经济或政治变化也就无须分析了。第二，所有的图西人都被描述为压迫者，这明显是错误的。第三，所有的胡图人被描述为"解放者"，从后来的发展中，也是荒唐可笑的。最后，过去那种主导社会的种族主义意识形态并没有遭到破坏，只是颠倒了，先前的被压迫者开始压迫先前的压迫者了。从长远来看，这场革命给两个族群的心理带来了灾难性伤害。

　　1959 年革命另一方面的问题则与发起者密切相关。通常来说，尽管革命充满着暴力和野蛮行径，但会净化心灵，重塑价值。旧价值观念会被打破，社会——至少是在激情澎湃的初期阶段——能迎来一股自由气息，政权，哪怕是革命政权也会被提到日程上来。要是过于激进，那就可能会陷入无政府状态。然而，在这场革命中，完全没有这回事。白衣神父会告诉"革命者"要做什么，什么时候开始。一旦结束了，白衣神父便会悄悄地让他们收手。这场革命是在一位殖民地军队上校直接指挥下进行的，得到了殖民地军队的支持、强势天主教会的祝福。经历"革命"后，天主教会变得更加强势。

　　我们这里讨论的不是暴力本身，而是革命的氛围。少数人成了替罪羊。他们是旧社会制度的受益者，不再适合时代的发展，并需要被推翻。一旦顽固的"压迫者"被清除，新的压迫者就会立即填补上去，被压迫者几乎就没有多少可以喘息的时间。事实上，新压迫者要比过去的压迫者好一些。新压迫者曾长期被压迫，而善意、智慧的白人"解放了"他们。因此，他们会更懂规矩，也更屈服于白人。原先的贵族则傲慢无礼，不说比白人强，也自视能与白人平起平坐。现在，教会、欧洲人和本地新主人可以高枕无忧了。"革命"取得了成功，先前的受害者获得了自由，实现了"民主"，因为"大多数"开始"当家做主了"。

了解 20 世纪六七十年代的卢旺达后，① 人们就会知道这个地方曾是多么的萧条和落后。卢旺达人普遍存在压抑感，包括教会监控下的性压抑。这一点对后来的历史有着重要影响，且被低估了。大屠杀就像是在一个狭小、人满为患的房间里发生的爆炸。由于压抑而攒积的能量爆发，社会规范颠覆，1959 年的革命至少在一定程度上，以一种反常且病态的方式剥夺了民众的权利。②

哈比亚利马纳政权要好于卡伊班达政权，在基本架构上也要更精炼。哈比亚利马纳将军朴素雅致，乘驾着一艘井井有条的船，不经过深思熟虑就不会开杀戒，且谨言慎行。卢旺达几乎就没有腐败，且在外部援助国眼中，要说腐败，那就只能说税收了。卢旺达是外国人的宝贝疙瘩。卢旺达黑人彬彬有礼，政治清明。毫不奇怪，卢旺达的主要外部援助国都是北欧国家。意大利到处援助，从卢旺达邻国，即腐败、无序的乌干达，到遥远的、生灵涂炭的索马里和莫

---

① 笔者对这一时期的卢旺达没有直接的了解，直到 20 世纪 90 年代笔者才去的卢旺达。然而，在"人民大众"朴素民主统治下，卢旺达的社会生活美好，秩序井然。对此，一些"老辈去过卢旺达的人"能如数家珍。

② 涉及每个卢旺达人，每个"瑞士人"（卢旺达又名"非洲的瑞士"）。混乱、强奸、纵火、谋杀，所有的一切都是有组织的，在当局的领导下发生的。民众彻底推翻了压迫。与此同时，甚至天灾都是按照官方路线方针而出现的。

桑比克。然而，罗马、基督教民主党对辛勤劳作的卢旺达农民毫无兴趣，因为他们无法给"援助国"提供慷慨的回馈。卢旺达是瑞士政府对外援助的主要受惠国。尽管卡伊班达时期封闭一些，但卢旺达依然是个政治清明、信奉基督教、值得尊重的国家，不过也有点枯燥无趣。[1]

由于多个原因，整个态势开始变坏。刚开始是经济上的，接着就蔓延到了政治文化方面。卢旺达从人间天堂坠落为人间炼狱，成了依附理论的绝佳教科书。一般来说，第三世界，尤其是非洲在历史上是皮埃尔·雅莱（Pierre Jalee）和萨米尔·阿明（Samir Amin）所谓的"掠夺"对象。然而，现在情况不同了。在今日非洲，比起从非洲农民那里掠夺到的好处，欧洲人从联合国或双边援助中所能"掠夺"到的好处要多得多。非洲农民几乎一无所有，没什么可掠夺的。然而，这并没有让事情变得好转起来，反而更糟糕了。除了援助合同外，非洲剩下来的也没什么可掠夺，欧洲人对非洲经济活动丧失了兴趣。[2] 后殖民时代的非洲经济陷入停滞，生产的低附加值产品越来越多，且要在世界市场与亚洲同类产品展开残酷的竞争，但亚洲同类产品更有竞争力。20世纪80年代咖啡的世界价格下滑，这与卢旺达政权崩溃有着密切关系。不过，胡图族精英大体上对咖啡、外来援助、锡和茶叶的现状也能接受。至1989年，咖啡和锡的价格几乎彻底降到谷底，外来援助也在减少。精英们开始互相倾轧，争夺业已缩水的"资源"。阿巴基加人（Abakiga）反对尼扬杜加人（AbanyandOuga），然后在夺取权力的北方人中间，阿巴什如人

---

[1] 这就是笔者对此时期不感兴趣的基本原因，笔者对那时的乌干达更感兴趣。尽管那时的乌干达发生了暴力，但富有活力，充满潜力。

[2] 当然，世界银行专家们是例外。他们养尊处优，依然兴趣满满。

（*Abashiru*）又反对阿巴戈伊人（*Abagoyi*），在阿巴什如人中间，各个世系集团和家族之间又展开了争斗。哈比亚利马纳夫人，绰号"坎乔盖拉"（Kanjogera，源于 19 世纪凶恶的尼伊娜·尤希［*Nyina Yuhi*］）成了顶尖玩家，屹立权势顶峰。卢旺达的真正主人是她，而不是她的丈夫。

局势很快就压得人喘不过气来。在这个与天主教会共同管理下且天主教会曾引以为傲的国家里，腐败已是人所皆知之事。卡伊班达下台后，统治精英只知道一次清洗，可现在呢？政治谋杀肆无忌惮，闯进了和平的生活。"人民大众"开始怨声载道。这也可以解释，危机不断从经济转向文化的原因。这么些年来，在国民意识中，图西族流亡者身处的地方一直就是弗洛伊德所谓的原罪之所，埋于社会的最深处。尽管嘴上不多说，但每个人都知道，人们可以感受到它的存在。共同的罪恶和骄傲将图西族流亡者群体紧密团结起来。事实上，它是图腾，也是禁忌。

从国家权力顶层来说，对一个威权政体来说，这场危机爆发的时间点，实在太糟糕了。柏林墙被推倒了，齐奥塞斯库（Ceausescu）被枪杀了。数月内，世界上最独裁的政权瓦解了。对于保守的非洲政权来说，在制度层次上，马列主义一直是精神支撑。它为那些过时的政权提供了"革命"话语。现在，都已经结束了。

因此，"人民大众"出现了骚动。真正的理想主义者、失意者、精英阶层中的边缘人士、野心勃勃的局外人以及希望未来更开放的焦虑者，所有人都参与了挑战一党制国家的第一波政治运动。对于 20 世纪 60 年代"蟑螂"的后代们，这简直就是掀起抗争的良机。我们已经论述了，他们为什么、如何在乌干达重新组织起来，去武装袭击一艘即将沉没的船（在他们看来），也论述了他们彻底误判了"同胞"的感受、精神世界和恐惧。"乌干达人"（图西族流亡者）认为，"穆塞韦尼主义"将会超越族群斗争，就像人们希望马克思主义能超越阶级斗争一样。想要回去（掌权）的图西人，那些"蟑螂"们撕破了卢旺达的遮羞布。尽管不欢迎这些武装"解放者"，胡图族反对派却可以利用他们来反对摇摇欲坠的独裁统治。而这一独裁政权呢，为了维持生存，正在嗜血如命。

对于法国的作用，我们无须更进一步探讨了。这些不幸的外国人，由于自己的臆想，进一步恶化了这场灾难。① 然而，危机并不是外国人造成的。笔者这么说，估计密特朗、罗辛、朱佩和巴拉度听到后会非常满意。自从危机开始，他们并没有发表什么意见。是的，将白兰地酒瓶递给一个酒鬼，并不是造成这个酒鬼死亡的真正原因。问题是：为什么他要喝呢？然而，法国的行为，糟糕透顶。若将卢旺达政治乱局比拟为一个拼图板，法国所做的就是将最后一块拼板放了上去。军事与政治压力，逼迫着哈比亚利马纳政权去悔改。对哈比亚利马纳夫人及其家族来说，接受阿鲁沙协议就是承认失败。不过，还有最后一张牌要打：将阿鲁沙协议撕个粉碎。至少有一些法国人也将阿鲁沙协议视为一种失败，因此他们可能也支持清洗方案。当然，这只是非洲政治精英想当然的看法。法国究竟是否想支持他们？从世界政治的角度来说，法国承担不起如此做的后果。阿卡祖是根据他们狭隘的独裁政治观来判断这个世界，但如果他们能确认，清洗会让卢旺达陷入彻底的国际孤立地位，那么他们可能也

---

① 如果我们认为比利时人既支持图西族强人，又支持乏善可陈的胡图人，那么这就是第三个版本了，即外国人可以揭示出卢旺达人如何彼此互动的第三个版本。不幸的是，这第三个版本甚至比前两个版本带来的结果还要糟糕。

会打消最终决算的想法。无意中，法国成了卢旺达陷入大屠杀的催化剂。

至于大屠杀的动机，我们已经讨论过了：对当局的绝对服从；对图西族恶魔的恐惧；在混乱中为自己抢占些东西。当然，还有一个根源：人口过剩。这依然是个禁忌。因为，人类并非实验室里的老鼠。基督徒、马克思主义者、伊斯兰极端主义者、世界银行专家们都会告诉你，人口过剩是相对的，上帝（或当代技术或沙里亚法［Sharia］）会解决这个问题。然而，人口过剩作为原因，还是被其他人提了出来。笔者只知道有两人曾将人口过剩视为卢旺达大屠杀的直接原因，且提出的时候直截了当。一个是地理学家让·皮埃尔·雷松（Jean – Pierre Raison），① 另一个是美国副总统的妻子玛丽·戈尔（Mary Gore）。在 1994 年 9 月召开的开罗世界人口大会上，玛丽·戈尔说道："卢旺达是个悲剧，也是个警钟。它向我们发出了警示，极端分子可以通过由于人口数量以及普通贫穷所带来的恐惧操控民众。"②

无论他们还知道别的什么，地理学家关心土地，妇女则关心子宫。两者都有道理，也都知道，事情发展到了某一步，根本就无法扭转。对实验室的小白鼠来说，这无关宏旨。然而，土地与人口却成了政府进行社会与心理压制的工具。相较于当代非洲其他危机，卢旺达危机具有独特性。在利比里亚和索马里，国家已经崩溃了；在苏丹，国家临近崩溃的边缘。相反，在乌干达，图西族流亡者逐

---

① Jean – Pierre Raison, ' Le Rwanda et le Burundi sous pression ' in A. Dubresson, J. Y. Marchal and J. – P. Raison（eds）, *Les Afriques au Sud du Sahara*, Paris：Belin, 1994, pp. 320 – 329.

② *Africa News Report*, 12 September 1994.

渐发展，并想要返回，进入卢旺达国内的和平环境。这里，我们看到了完全相反的情况。大屠杀发生，并不是因为国家虚弱，恰恰相反，而是因为它的极权主义统治，且如此强大，以至于民众俯首顺从，包括那些普通杀戮者。关于这场危机，还有一个心理动机的问题。我们已经论述了历史的影响，而且绝对是根本性影响。没有图西族国王过去的独裁统治，当代的坎乔盖拉及其亲戚也不可能会发动这场大风暴。然而，传统历史心理灌输在当代已经被赋予了新生命：欧洲人乱七八糟的种族主义意识形态和不断增加的人口压力。举个例子来说，1990 年，一个山头上的人口数是 1900 年以前的八倍。更重要的是，民众不再受到库班德瓦宗教传统的鼓舞，取而代之的是悲观的、讲善心的基督教。比起一个世纪前，经济困难、邻里纠纷和婚姻问题，所有问题都要难处理得多。民众生活在巨大的压力之下，他们要做好人、要安于贫困、要接纳邻居、要目睹血腥的政治生活却缄默不语。然后，某一天，指令来了，想必是这些受苦人心理压抑大释放的时刻。个人挫折、图西人威胁的禁忌，最终都将一劳永逸得到解决。这完全就是世界末日，就像是最后审判。就这样，人口过剩、意识形态成为爆发大屠杀的原因。由于身处穷途末路，民众的眼睛紧盯着某些人或物，拒不转移开来。以此论之，这也并非不符合人性。

如今呢？与过去一样，欧洲人什么都不了解。最迫切的需要是正义和金钱，且正义在先，金钱在后。正如我们在上文已经论述过的那样，正义的实现需要一定的经济条件，也只有实现正义，才能抚慰幸存者，安抚无辜者，宽恕杀戮者。然而，正义也意味着流血。当卢旺达人，尤其是温和的、并不涉及政治的司法部部长阿尔丰塞－马里埃·恩库比托要求在卢旺达进行审判，还要动用死刑的时候，欧洲人深感震惊。然而，卢旺达人是对的。在完全不同的社会，大量犯罪行为的审判无法按照欧洲刑法来执行。毕竟，欧洲人已经知道：在纽伦堡审判后，一些造成数百万人死亡的死刑犯被处以绞刑。这是一个政治和宗教问题。为了安抚那些曾拿起砍刀的"小伙子"，为了抚慰遇难者亲属的痛苦，只有将那些罪大恶极者处死，才能对冲大屠杀所带来的痛苦与仇恨。如果罪大恶极者没有被绳之以法，肯定会引起新一波的杀戮。所谓的罪大恶极者，都是臭名昭著之人，其中就有杰罗姆·比卡姆帕卡、让·卡姆班达、塞奥内思德·巴戈索拉、弗罗德瓦尔德·卡拉米拉、奥古斯汀·比齐蒙古将军、姆皮兰亚中校、盖特特市长和"总统"希尔多雷·辛迪库巴瓦博，共计约100人，他们不但犯下了反人类罪，而且亵渎圣灵，使全国陷入密不透风的、疯狂施虐的地狱。他们必须要死。这是一种象征仪式，也只有这样，杀戮者才能洗清身上的罪孽，幸存者才能回到群体生活中去。接下来，就是金钱，万能的润滑剂，必须要流通起来。由于农业自身结构的制约，如果钱能最具远见地优先用在促进农业经济多样化上，那么经济发展的一小步，就会在安抚苦痛上迈出一大步。

关于正义或资金，笔者并不抱太大希望。因为，卢旺达是一个很小的非洲内陆国，没有任何战略和经济利益可言。它的人口都是黑人，白人也捞取不到多少光彩。如果没能实现正义，注入资金，死亡将会再次光临。果真如此，媒体将会适时报道出来，塑造出一种令人恐怖的公众舆论氛围，进而引发又一轮人道主义援助。

第十章　生活在一个破碎的世界

　　这本书完成后,[①] 已两年过去了。大屠杀所带来的诸多后果依然在深刻影响卢旺达局势的发展。本书新版会对这种影响程度以及如何影响做出评估。作为一名历史学家，我不想篡改文献，包括我自己撰写的东西。这次新印刷（简装版，1997 年）也没有修改其他章节。要是我现在重写的话，有些章节会有不同侧重——不是前面几章，而是描述大屠杀本身及其之后的某些内容，肯定会有所不同。围绕大湖区图西人、胡图人问题而发生的事件，已成为历史悬疑，我们无法回避。

　　撰写当代史是一项危险事业。在近期一篇书评文章中,[②] 评论者认为，我"在论述卢旺达爱国阵线的时候，立场软弱（soft）"。大体而言，所论不虚，在一定程度上也可以理解。当面对像 1994 年卢旺达大屠杀这样大规模罪行的时候，人们会倾向于（总的来说，也是无意识地）赞赏那些在道义上对罪行进行抗击的社会或政治力量。在第二次世界大战后的很多年里，人们也有同样倾向，即过分强调

---

①　确切的出版时间为 1995 年 12 月，但书稿在 1994 年 12 月就已撰写完成。

②　Raf Goovaerts in *SAIS Review* (Summer/Fall 1996)，pp. 199 – 201.

法国抵抗的作用，[①] 美化以色列。从普通人的角度来看，这可以理解；然而，从专业角度来看，却是错误的，尤其是在研究带有浓厚意识形态色彩的卢旺达历史的时候，每个论述者都会被详加甄别——究竟持有亲胡图人还是持有亲图西人的立场。

大屠杀结束后，如果我们排除那些通过亲历者叙述揭露其间的恐怖外，关于卢旺达的作品主要有两大类。第一类作品，执着地扎在死人堆里，将大屠杀作为一种政治资源，进而消解卢旺达爱国阵线政府所遭受的批评。这类作品可以称之为图西人的解读。第二类作品，将罪行往最小化的方向去说，甚至会装糊涂，问说究竟是大屠杀还是只是一些"暴力事件"。这类作品坚持（真实地）认为卢旺达爱国阵线侵犯人权，通过淡化大屠杀，并将之作为一种政治策略，在一定程度上为前政权开脱，并将罪责转移到新政权身上。这类作品可以称之为胡图人的解读。这两种解读就是知识界对多年来图西人和胡图人复杂、充斥着严重分歧的历史的看法。[②] 这两种解读既怀有悲情，在历史事件上的观点又变动不居，体现出学院式的爱憎立场。这两种解读都牵扯到充满血腥的黑暗历史事件，且要公开自由讨论真相。与此同时，这也不免让人联想起左翼进步人士与自由世界卫道士们之间在冷战时代的斗争。不幸的是，上述的两种解读都有拥趸——在过去的三十年间，大湖区的事态发展，已经让历史调研在不自觉中就陷入了偏执之境。

为什么会有上面这些话？因为在我看来，在理解卢旺达当前局

---

① 所谓的"通敌"只是一种曲线救国，而非法国战前政治的必然结果。

② 关于这种神秘历史现象的有趣阐释，参见 Liisa H. Malkki, *Purity and Exile：Violence, Memory and National Cosmology Among Hutu Refugees in Tanzania*, Chicago：University of Chicago Press, 1995。

势问题上，任何一个错误都不会被视为观察者在洞察真相时所犯的客观错误（honest failure），而是会被视为不是潜在同情这个阵营就是那个阵营的证据。或许，我的要求无人理睬，但在对混乱局势做出粗劣而又困难的评估问题上，我还是要保留对客观错误的辩护权利。

卢旺达境内

这是一个遭到沉重打击的社会。很多民众并不是生活在一个"正常"国家里。卢旺达人称他们为"行尸走肉"（Bapfuye Buhagazi）。"行尸走肉"充斥着整个卢旺达。很多人看上去较为平静，内心却抑郁不已。在外界看来，大屠杀就是一个种族清洗暴行，可事实上，大屠杀也是一个令人厌恶、复杂而又具有多重意义的社会灾难。由于多种原因，人们在精神上深受折磨。除了那些较为典型的案件外，在关于有罪或无辜的断定上，卢旺达与外界一样，并不清楚。这种复杂性使得评判局势变得极其困难。在今天的卢旺达，很多幸存者与大屠杀参与者比邻而居。在一些像是跨族婚姻的情况下，如一个胡图族妇女，她的图西族丈夫死了，可她自己存活了下来，那么她的孩子一生都会记得，凶手就是母亲的胡图族亲戚。① 由于经济或管理上的原因，一些凶手得到了新政权庇护。其他人则遭到了逮捕，包括一些真正的无辜者——嫉妒的邻居在惦记别人的财产。在从扎伊尔难民营回来的难民中，一些人找到了大量财物，并把这些财产重新安置在他们离开的山头，后来却又被那些认识他们的人所杀害。

---

① 'African Rights：Jean – Paul Akayesu'，*Temoin du genocide* no. 4，September 1996，p. 42.

好几个大屠杀幸存者，或是遭到了潜伏在国内的联攻派民兵谋杀，或是遭到来自扎伊尔的联攻派民兵的突袭，目的是要阻止他们去国际法院作证。①

因此，与大屠杀直接相关的人，他们所处的环境极其复杂。无辜者却有犯罪的亲戚，且会因为这些犯罪亲戚而遭殃。图西族幸存者又会受到图西族"归国人士"（returnee）②的指控。"归国人士"指控幸存者之所以能活下来，是因为他们"通敌"。如同图西族家庭一样，胡图族温和派家庭在大屠杀的处境也较为悲惨，并不被认为是"真正的"幸存者。在大屠杀后，他们被认为手上沾满了血腥。③卢旺达政治在此背景下的复杂性由此可见一斑。卢旺达不再是一个"正常"国家，政治生活也一样。

第一个需要回答的问题，也是导致我在对卢旺达爱国阵线立场上显得较为"软弱"的问题，就是所谓卢旺达爱国阵线侵犯人权。有一点可以确定：在本书写作完成的时候，即1994年年底，我们所知道的只是一小部分真相。现在，由于有了大量信息来源，在大屠杀期间、1994年年底甚至1995年年初，卢旺达爱国阵线的确实施过大量杀戮，只是1995年年初的杀戮在规模上减小了。④ 那么，我们

---

① 'Rwanda: killing the evidence', London: African Rights, 1996.

② 所谓的"归国人士"，指的是那些在1959—1963年离开卢旺达，过了三十年流亡生活后，又于1994年返回卢旺达的图西族家庭。

③ 在幸存者协会（Survivors' Associations），图西族寡妇拒绝与胡图族寡妇坐在一起。

④ 参见 Amnesty International, *Reports of Killings and Abductions by the Rwandese Patriotic Army*, *April–August* 1994, London, October 1994; Stephen Smith, 'Rwanda: enquete sur la terreur Tutsi', *Liberation* no. 27, February 1996; Forces de Résistance pour la Démocratic, *Manifeste*, Brussels, March 1996。我曾访问过很多在大屠杀期间以及后来卢旺达爱国阵线屠杀中幸存下来的人。很多持自由主义立场的胡图族反对派人士相继成为"胡图强权"和卢旺达爱国阵线的杀戮对象。

应该要接受被很多人包括密特朗总统和扎伊尔难民营的难民协会都争论过的"双重大屠杀"？我的回答是否定的。无论是从意图、规模还是政治目标（"最后解决"）上来说，卢旺达前政权所带来的灾难是可怕的，也是独特的。卢旺达爱国阵线的杀戮没有那么大野心，似乎在很大程度上只是出于策略考虑。卢旺达爱国阵线前盟友、现在重组为反对党的民主抵抗力量（Forces de Résistance pour la Démocratic，FRD）曾提及说卢旺达爱国阵线造成了近 50 万人的死亡。这显然是出于自身的政治发展需要而提出的。记者斯蒂芬·史密斯（Steven Smith）做了大胆估计，心有余悸地提出了更接近于真实的数据，即卢旺达爱国阵线造成的死亡人数约为 10 万。实际被证实的死亡人数不到 10 万。然而，死亡人数超过 10 万的可能性很大，原因如下：一方面，在大屠杀后的初期，卢旺达爱国阵线对外国观察者（包括卢旺达爱国阵线的同情者）实行旅行禁令；相关关键证据的收集工作也比较难以展开；有鉴于此，约 10 万被证实的死亡人数可能只是一小部分而已。[①] 关于死亡人数，还有其他几个证据。换句话说，除了加毕罗焚烧了大量尸体外，还有很多其他地方。在那里，新尸被扔到大屠杀期间罹难者的尸堆里。在那里，大屠杀期间罹难者的尸体被清理并被埋了起来。由于国际社会在大屠杀期间的完全忽视，国际组织工作人员倍感窘迫，即使他们强烈怀疑卢旺达

---

① 1994 年年底，根据联合国专员罗伯特·格索尼的估计，卢旺达爱国阵线在西北地区和基本古地区杀戮了约 3000 人。由于希望能与基加利新政府保持良好关系，联合国后来又禁止这份本来由联合国委任调查的报告。因此，这份报告究竟是否真的存在，颇为令人质疑。后来，我遇到几位吉索尼的合作者，他们证实了这份报告的存在，不但结论可靠，而且还说这个数字可能还低估了（该调查并没有涵盖整个卢旺达），且罗伯特·吉索尼本来还同情卢旺达爱国阵线，但对调查结果极为震撼。

爱国阵线的杀戮，也常常不这么去想。① 1994 年年底至 1995 年年初，卢旺达的局势非常混乱。大量尸体没有被掩埋，这是灾难的活生生的证据，可如此多的杀戮却轻易就被忽视掉了。

第二个问题，当然就是卢旺达爱国阵线罪行证据的政治意涵。要是我们不接受"报复性大屠杀"（counter‐genocide，图西人不可能想着要灭绝掉胡图人，"一股脑地"杀掉同样数量的胡图人在行动上也不可能）的说法，那么也就只有两个可能的解释：复仇浪潮和震慑胡图人、令其臣服的蓄意政策。究竟哪个为真，几乎无法断定。不可否认，很多报复性杀戮都是自发的。② 卢旺达爱国阵线的杀戮经历了三个时期。第一个时期，从 1994 年 4 月大屠杀开始一直到 1995 年年中。大屠杀开始的时候，这样的杀戮是经常性的，且规模较大；渐渐地，杀戮开始减少直至结束。第二个时期是从 1995 年年中到 1996 年年初。这一时期人权得到了部分尊重。第三个时期开始于 1996 年 3 月前后，杀戮再次发生（原因有着很大的不同）。③ 每个时期都有每个时期的根由与特点。在第一个时期，出于对大屠杀的简单报复，卢旺达爱国阵线似乎乐于让士兵去清除大量的"嫌疑犯"。在第二个时期，为了防止过分滥杀，卢旺达爱国阵线给予了一定的克制。在第三个时期，由于基伍难民营的跨境偷袭频繁，卢旺达爱

---

① 1995 年 1 月底，在参观基本古附近的一个墓群（那里的尸体非常值得令人怀疑）后，作者对联合国难民署基加利办公室感到沮丧。同一时期，在一次访问中，塞思·森达绍恩加（当时是内政部长，后来在侵犯人权问题上与新政权闹翻了）对作者抱怨说，尽管有着先进装备，但联合国人权委员会主席威廉·克拉伦斯（William Clarence）"从没有看见过或发现有什么不妥"。根据森达绍恩加的说法，内政部靠着原始通信手段，发现了20 次侵犯人权行为。联合国的报告也证实了这 20 次侵犯人权行为。

② 作者收集到一些卢旺达爱国军士兵的证据。这些士兵回乡后，杀了很多胡图人。在他们看来，那些胡图人应对他们亲戚之死负责。在好几个案例中，报仇后，有些士兵也自杀了，其他士兵则被卢旺达爱国军逮捕并关押了起来。

③ 参见 Amnesty International, *Alarming Resurgence of Killings*, London, August 1996。

国军在军事扫荡中要是没能抓到偷袭的敌人就会屠杀贫民。这种模式在所有反游击战中颇为常见，如法国在阿尔及利亚的镇压，苏联在阿富汗的行动。[①] 不管怎样，即使我们不能全信反对派所说的最高估计死亡人数，[②] 那么也足以要求我们进行一次新的人口普查。尽管国际社会曾审慎地提出了新一轮人口普查的要求，可并没有引起卢旺达政府的重视。屠杀和大规模人口变动造成了卢旺达人口问题上的混乱，且任何形式的经济重建计划也需要人口统计。有鉴于此，卢旺达政府的态度确实颇为奇怪。任何针对卢旺达爱国阵线犯下侵犯人权罪行的说辞，都会立即遭到卢旺达新政权的反对。由于在这一苦难时期，卢旺达爱国阵线尽管消极应对，但国际社会在道义上并没有要求卢旺达爱国阵线去进行人口普查的权力。这个问题也就无法得以解决，可能会在很长时期内都无法解决。然而，关于卢旺达爱国阵线罪行大小，人们无法确定。这也是由于大屠杀衍生的病态环境所造成的：之前，侵犯人权尽管恐怖，却也不超过人们的心理承受能力。正如我们在本书前几章中所论述的那样，死亡数百人都是个重大事件。现在，大屠杀已经是另一回事了。现在，成千上万人的伤亡甚至都不会进行调查。在基贝霍（Kibeho）屠杀（1995年4月）中，一天内被杀人数多达4000，就发生在外国援助人员的

---

① 正如我们将要论述的那样，安全局势的恶化正是卡加梅将军决定在1996年9月发起在基伍地区行动的原因之一。

② 参见 Forces de Résistance pour la Démocratic, 'Le Front Patriotique Rwandais serait responsable du massacre d'au moins 500, 000 Hutu ', Brussels, May 1996。

眼皮底下，竟然没有在国际社会中引起多大关注，就这样过去了。①要是调查大屠杀而成立的国际法庭不能解决问题，只是发起一些令人耻笑的起诉，那么情况又会怎样呢？或许，在前面的章节中，我对卢旺达爱国阵线的分析存在错误，但 1994 年 12 月所写的结论，尽管残酷，确是真实的：在贫穷而又司法缺失的卢旺达，死亡依然是秩序的杠杆。

与民众的心理创伤一样，大屠杀所带来的社会问题同样巨大。首先是卢旺达南部地区的国内流离失所者难民营。现在，这些人要重新回归社会。国内流离失所者难民营是"绿松石行动"留下的烂疮。众多胡图人在卢旺达爱国阵线进军时逃离到法国控制下的人道主义安全区，希望卢旺达分裂，可以安顿在南部，免于图西人的统治。当卢旺达爱国阵线向南推进的时候，一些人又逃到基伍地区。②然而，很多人依然留了下来。1994 年年底，难民营里挤满了约 60 万人。难民营里，鱼龙混杂。联攻派民兵藏身于那里，发动恐怖主义袭击，并引起了卢旺达爱国军的激烈回击。③渐渐地，难民营开始减少，1995 年 3 月初只有 22 万人，④到 4 月初，则只有约 16 万人。然而，此时的政府已经失去了耐心。1995 年 4 月 18—22 日，政府决定用武力来清空较大的基贝霍难民营。结果造成了至少约 4000 人遭到

---

① 搁置了许久，卢旺达司法部门最终于 1996 年 12 月 9 日在基加利对伊宾吉拉（Ibingira）上校进行了审判。应该对基贝霍屠杀负责的是伊宾吉拉上校指挥的卢旺达爱国军支队。尽管在这个案件上，正义如何实现依然有待观察（伊宾吉拉上校是独自行动，还是执行命令？要是执行命令，那么又是谁下的命令？），但针对他的起诉还是往正确的方向迈出了一步，值得称道。

② 法国外交部长阿兰·朱佩曾发出煞有介事、空洞的威胁，警告卢旺达爱国阵线军队不要推进到原人道主义安全区。SWB/Radio France Internationale，22 August 1994.

③ 如 1995 年 1 月 7 日布散泽（Busanze）事件。SWB/Radio Rwanda，8 January 1995.

④ Human Rights Watch Africa，*Rwanda：The Crisis Continues*，New York，March 1995.

屠杀。政府对此坚决否认，承认只有 338 人伤亡。[①] 其他难民营也被武力关闭了。6.7 万人返乡了，2.3 万人逃到布隆迪，约有 6 万人不清楚去向。联合国和非政府组织人员试图说服自己，"不可能发生了屠杀"。[②] 事实上，即使没有发生"屠杀"，很多国内流离失所者可能会死去，因为随着时间的推移，争夺土地和财产的斗争愈演愈烈。战争结束后，从扎伊尔、乌干达、布隆迪和坦桑尼亚返回卢旺达的图西人共计约有 75 万人。[③] 大量在政治倾向上备受怀疑的胡图人走出了南部的流离失所者难民营，但之前的乡人对他们似乎并不待见。胡图人（国内流离失所者）的移出，图西人从各自流亡国家的移入，凸显出冲突的影响。这也被视为一种"背景"，事实上，也确实如此：与孪生的布隆迪一样，卢旺达是一个人口过剩的小国，属于小农经济国家。在卢旺达，精英过着西式生活，但与卢旺达真正的财政能力格格不入。正如我们之前所论述的那样，这场危机让多少仍带有点仁慈的哈比亚利马纳威权政权变成了一个冷酷无情的独裁政权。这场危机也与国际原材料价格下降和 1988 年前后的援助危机有着关联。六年后，卢旺达不但满目疮痍，而且经济彻底凋敝。即使卢旺达人的心理创伤得到恢复，族群冲突依然深嵌于经济困境中。抽象的"仇恨"不会让人们按照族群界限去彼此杀戮（哪怕仇恨现

---

① Stephen Buckley, 'At least 2, 000 die in Rwandan violence', *The Washington Post*, 24 April1995; '2, 000 Hutu refugees are killed in Rwandan massacre, UN says', *International Herald Tribune*, 24 April 1995; Donatella Lorch, 'As many as 2, 000 reported dead in Rwanda', *The New York Times*, 24 April 1995; 'Entre 5, 000 et 8, 000 Hutus ont été massacrés par l'armée Tutsie', *Le Figaro*, 24 April 1995. 我提供的数字为 4000 人，这个数字来自联合国难民署一位澳大利亚医生的观察。他当时就在屠杀地点，拿着计算器分发食物。

② *Libération* (23 June 1995).

③ 在 1995 年 1 月的一份非官方草案中，卢旺达重新安置部（Ministry of Rehabilitation）认为返回者人数为 10 万。然而，这个数字要高于 1990 年 10 月内战爆发前卢旺达境外难民的总数。

在已经在起作用）；这是一场由两个族群的社会精英操纵的经济冲突。① 大屠杀后的卢旺达一直存在着围绕财产与土地控制权的争夺。糟糕的是，1994 年 4—6 月，估计有 15 万座房屋被毁，几乎都是图西人的房子。因此，图西族幸存者和"回国人士"要么偷窃、霸占胡图人的财物，要么就继续无地无房。同时，胡图人（时不时会被认为参与到大屠杀）也在收回属于自己的财物。所以，对有些"莫名"的凶手来说，财产争夺常常是主因。这种争夺一直在诸多山头（Imisozi）上发生。政府对土地的管控②也就成了当前卢旺达最为紧迫的一个问题。

这种局势自然会让人们想到司法问题。在很多人看来，实现正义常常停留在道义和政治层次，可事实上它还关切到社会和经济层次。大屠杀结束后，"政治犯"数量之多，令人咋舌。

表 10-1　　　1994—1996 年卢旺达国内的政治犯人数统计（译者注）

1994 年 11 月	1995 年 4 月	1995 年 6 月	1996 年 1 月	1996 年 11 月
1 万人	2.5 万人	4.1 万人	6.5 万人	8.6 万人

大屠杀期间，卢旺达司法体系遭到了破坏。对于堆积如山的案

① 很少有研究从这个角度来看待图西人、胡图人冲突。农业经济学家休伯特·科切特（Hubert Cochet）写过一个有趣的作品（分析对象为布隆迪，附带着涉及卢旺达）：*Burundi：la paysannerie dans la tourmente. Elements d'analyse sur les origines du conjlit politico-ethnique*，Lausanne：Fondation pour le Progres de l'Homme，1996。对经济形势更综合性的分析，参见 Jean-Claude Willame，*Aux sources de l'hécatombe rwandaise*，Brussels：Cahiers Africains/CEDAF，1995，pp.132-56，and s. MArysse，T. de Herdt，E. Ndayambaje，*Rwanda，appauurissement et ajustement structureI*，Brussels：Cahiers Africains/CEDAF，1994。
② 在大屠杀发生前，卢旺达几乎就没有西方私有产权制度。就是有，那也是权势盗取土地后，希望通过财产登记来加以合法化。

卷，卢旺达政府没有做出任何解释。直到 1995 年年初，政府才做了似乎合理的解释，可时过境迁，这些解释越来越显得没有说服力。用前检察总长弗朗索瓦－萨维尔·恩桑祖维拉（François－Xavier Nsanzuwera）的话来说，"政府及其代理机构（警察机构、内务部）是执法的主要障碍。"① 明显阻碍司法进程的一个做法，就是卢旺达政府拒绝外国法官出现在卢旺达法庭上。事实上，卢旺达政府不愿意审判那些参与 1994 年大屠杀的嫌犯，原因是复杂的。一方面，确实存在组织缺位的问题。然而，司法进程是体系工程，不能用忽视来搪塞；另一方面，之所以采取"拖字诀"，是因为只抓住了少数大屠杀罪犯，担心审判了他们，就会给更多罪犯逍遥法外提供一种借口。此外，还有一些不可告人的动机：如，肆意关押是强有力的政治和社会控制手段。在卢旺达，没人能逃得出"阿巴卡达"（abaka-da）② 的恣意妄为。只要被怀疑为大屠杀罪犯或是来自扎伊尔的"渗透者"，"阿巴卡达"就会将其抓起来。除了这种立竿见影的社会控制功能外，不审判嫌犯还有更复杂、更反常的作用：大量"凶手"的存在一直会显示出国际社会的伪善和无能。要是一家大的人权组织由于审判不公而向卢旺达政府发难，③ 至少也就等于在说，国际审判不公也同样罄竹难书。人满为患的卢旺达监狱，既是良知的伤疤，又是恐怖局势尚未尘埃落定的暗示。这些监狱可以使卢旺达

①　1994 年 10 月 22—28 日基加利国际会议的会议要报，参见 CLADHO. FPH, Recom-truire le Rwanda。恩桑祖维拉将军之前曾是一位著名法官。在哈比亚利马纳总统执政后期，尽管没有明说司法制度受到了政治干扰，但他对司法制度提出了毫不妥协的批评。在多次推动司法体系启动无果后，他于 1995 年年初逃离了卢旺达，并在比利时寻求政治避难。

②　起源于法语词汇"cadres"（骨干）。他们是一群年轻人，是卢旺达爱国阵线在乡村的基本组织。他们对山头的控制非常严密。

③　参见 Amnesty International, Concerns and Recommendations for Fair Trials in Rwanda, London, March 1996。

政府占据道义高位，享有批评的豁免权，且政府还可以从中最大限度地汲取政治收益。由于国际社会在这一问题上的无能，关于审判不公或政治垄断的批评，占据道义高位的卢旺达政府轻而易举地就可以将之灰飞烟灭。卢旺达政府已将西方国家对大屠杀的忽视转化为可以加以利用的国际政治资本。

在国内，不审判罪犯也是让胡图人的集体罪恶昭彰于社会的一种方式。任何时候，任何一个胡图人都可能会被送进监狱，因为任何一个胡图人不是真正的凶手，就是一个潜在的凶手。在山头上，"阿巴卡达"虎视眈眈，注视着不满、批评以及颠覆迹象。无论真假，他们总能找到这些迹象，不加审判就将一些人送进监狱。犹如达摩克利斯之剑，悬挂在每个胡图人的头上。

在一定程度上，这也是政府的一种政治策略，不免让人去思考，基加利政府究竟是一个全国性政府还是只是一个脆弱的、取得胜利的军事派别。到 1995 年 8 月，卢旺达政府从两件事上扩展了其合法性：卢旺达爱国阵线军队已经结束了大屠杀，并在反对邪恶政权的战争中取得了胜利；它基本上落实了阿鲁沙分权协议。新政权的实际运转也面临着诸多问题。事情很快就变得明朗起来，卢旺达爱国阵线不愿实现分权。分权只是一种形式，摆摆样子而已。巴斯德·比齐蒙古总统很快就开始讨好真正的权力掌控者。然而，对那些想分享权力的胡图人来说，日常政治生活变得严峻可怕。1995 年 6 月叛逃出去的总理办公室主任让－达马斯塞内·恩塔基如提马纳（Jean – Damascène Ntakirutimana）很好地总结道：

> 尽管我强烈谴责去年的大屠杀，但我依然不能接受今天卢旺达爱国阵线的报复性举动……胡图人曾掌权 30 年，现在改由

图西人了。一年多来，包括我在内的少数胡图人只是某种象征，却也致力于新政权……卢旺达爱国阵线否认现在的政权内存在族群问题，如同过去它强烈谴责旧政权存在族群代表性不公允一样……我们必须要找到一种新制度。我们一些人曾相信，卢旺达爱国阵线胜利会让卢旺达实现真正的变革。然而，卢旺达爱国阵线只是建立了一个新的图西强权……两个族群的极端主义势力陷入一种恶性循环。今天卢旺达爱国阵线所做的一切，提升了胡图族极端主义势力在难民营里的地位。①

在批评新政府的运转方式上，这一陈述与 1994 年 11 月共和民主运动文件如出一辙。② 随着时间的推进，这种批评越来越尖锐。这场危机最终在 1995 年 8 月 28 日发展到了顶点：特瓦吉拉蒙古总理辞职。第二天，四名部长（内政部部长塞思·森达绍恩加、通讯部部长伊马库雷·卡温巴 [Immaculée Kayumba]、信息部部长让－巴普提斯特·恩库里因戈马 [Jean－Baptiste Nkuriyingoma] 和司法部部长阿尔丰塞－马里埃·恩库比图）被解职。共和民主运动的特瓦吉拉蒙古和卢旺达爱国阵线的森达绍恩加是两位重量级的政治人物，③ 他们后来（1996 年 3 月）在海外组织起反对运动。他们与卡加梅（除了政府的整体运转模式）之间的分歧主要有两个：④ 近来

---

① *Le Monde*，15 June 1995.

② *Positions du MDR sur lesgrands problemes actuels du Rwanda*，Kigali：MDR，1994.

③ 恩库里因戈马被解职是因为他曾对记者公允地谈到特瓦吉拉蒙古与卡加梅将军之间的危机。恩库比图则是因为在司法部里的领导不力。卡温巴则是因为她没有控制部长们的电话，进而让他们得以向世界泄露卢旺达内情。由于是唯一一个图西人，她没有那么快就被解职。

④ 1996 年 2 月在内罗毕对塞思·森达绍恩加的采访；1996 年 5 月在布鲁塞尔对福斯汀·特瓦吉拉蒙古的采访。

地方政府领导人的提名和持续的暴力活动。1995 年 2—3 月，为了满足各级地方政府运转的需要，卢旺达政府对省长、副省长、市长和参议员的人选进行了提名。显然，从这些提名中可以看出，卢旺达爱国阵线要完全控制行政机构，与过去的全国发展与民主革命运动没有什么两样。这些提名人选不是效忠于卢旺达爱国阵线的图西人，就是那些属于其他政党（共和民主运动、社会民主党）派系的胡图人，且这些胡图人还与所属党派的主流力量有分歧，因而可以被操控。在提名人选上，与卢旺达爱国阵线"合作"的其他政党几乎就没有话语权。至于暴力活动与侵犯人权，那已经成了稀松平常之事。失踪、零零散散的谋杀、士兵（从不会被送上法庭）的杀戮行径，更是家常便饭。由于认识到大屠杀的伤痛产生了大量怒火中烧的群众，内政部部长森达绍恩加已经做好了充分准备。然而，他所做的一切并不被接受。卡加梅将军对他的话充耳不闻，对不断出现的暴行也熟视无睹，不觉得多不正常。权力操纵和暴力活动让胡图族部长觉得，他们在内阁中只是幌子，卢旺达爱国阵线能以此彰显阿鲁沙分权协议得到尊重而已。这场辞职危机会揭下遮羞布。①

卢旺达新政权是一种奇怪的存在。从外部来看，它接受了阿鲁沙协议中的一小部分条款。大部分部长都是由胡图人来担任。多年来，胡图人的"多数民主统治"观念一直存在，但新政权没提这种族群排他主义。新政权实行"民主"，卢旺达爱国阵线与前反对党"分享权力"。然而，这都是遮人耳目。就像许多独裁政府一样，卢旺达新政权有两套权力系统：一是官方领导机构，即内阁和部委；

---

① Jean Hélène, 'Le remaniement ministériel met fin â la fiction d'un gouvernement d'union nationale au Rwanda', *Le Monde*, 2 September 1995; François Misser, 'Crisis as ministers are sacked and Army takes tighter control', *The New African*, October 1995.

二是卢旺达爱国阵线，既有文职体系又有军队，与官方领导机构并驾齐驱，成了"影子政府"，掌握决策权。卢旺达当家人不是总统巴斯德·比齐蒙古（胡图族），而是副总统兼国防部部长保罗·卡加梅将军（图西族）。同样地，22名政府部长中有15人、19名常任秘书中有16人、80%的镇长都是来自卢旺达爱国阵线的图西人。少数"权力"岗位上的胡图人也都受到图西人的监控，以确保胡图人"正确行事"。在布塔雷的卢旺达国立大学（Université Nationale du Rwanda）里，95%的教学员工、80%的学生都是图西人。95%的警察、地方自卫军（Local Defence Units）和正规军都是图西人。11个省长有6个都是图西人。在为司法部培训的新法官中，90%是图西人。共和民主运动和社会民主党的胡图人很容易就会内斗起来：这两个政党由于双重因素而内耗殆尽。一方面，由于"强权"派系卷入大屠杀暴行，进而在政党内部失去了位置；另一方面，大屠杀后，对胡图人政治的质疑让这些曾一度兴盛的政党成了空壳组织。在前反对党中，硕果仅存的只有少数几个"胡图族大佬"（big Hutu）。为了争夺业已萎缩的政党力量的控制权，他们常常互相倾轧，尔虞我诈。①

　　在两套权力系统内——官方与非官方，军队的权力极大。卢旺达爱国军军官充斥在政府各级部门，并担任一些诸如全国公共运输办公室（Office National des Transports en Commun）、卢旺达信息办公室（Office Rwandais d'Information）这样大的半官方机构的主管。卢旺达每个省都安插了一名军队政委（Political Education of-

---

　　① 福斯汀·特瓦吉拉蒙古总理辞职离国后，外交部部长阿纳斯塔斯·加萨纳（Anastase Gasana）与卢旺达共和民主党特瓦吉拉蒙古派系，就开始争夺该党的控制权。

ficer)，负责意识形态工作。在低一级的所有市镇，共计安插了100多名这样的军队政委。电视台控制在军队的手中，国家能源办公室也同样如此。卢旺达爱国军军官承担起警察职责，管控监狱和拘留中心。基加利市长是一名少将。军官也渗透到商业领域，少数还能盈利的企业通常也都掌握在他们的手中。更重要的是，臭名昭著、无所不在的军事情报局（Directorate of Military Intelligence，DMI）则彻头彻尾是一个军事机构，它监控着整个政治进程，并在各个山头派驻人员。

表面上，所谓"民族联合"政府代表着整个卢旺达。实际上，在普通胡图族农民看来，这个政府就是一个外来政府。从某种意义上来说，这也反映出非洲的一个普遍问题：在整个非洲大陆上，农民大众往往都会将"大人物"、城里人以及政治大佬当作不相干的人。然而，互相联系、影响的渠道还是存在的。很多农村人有亲戚在首都工作，尽管地位卑微（门卫、警卫、办公室跑腿的和秘书等），却也与政治沾点边。在今天的卢旺达，政府现职人员都来自国外，没有一个人在1990年前曾居住在卢旺达。[①] 与图西族同胞不一样，生活在山头上的胡图族百姓根本就没有接触他们的机会。即使卢旺达新政权并不想实行族群排他主义，卢旺达的社会结构、海外图西族支持者的文化特性也会让它成为一个外来政府。对大屠杀的记忆，犹如一块巨石压在心底，有的是解不开的族际死结。图西人丧亲失友，物是人非。胡图人往往矢口否认，把自己从集体罪责中

---

① 以此观之，颇为有趣的是：在卢旺达新政权里，几乎就没有图西族幸存者。原因是：相较于国外的图西族同胞，很多图西族幸存者受教育程度较低；他们心神未宁，难以胜任；不过，有点奇怪的是，他们也会激烈抨击卢旺达爱国阵线。而且，他们总是自觉高人一等。

摘出来。胡图人的否认（常常是那些说不清道不明的"暴行"，本已复杂事情就变得更复杂了）只是让图西人确信，胡图人毫无忏悔之心，也不能信任。

在此背景下，怎么会出现民主反对派？实在是难以想象。从台面上来看，反对派的存在也没有必要，因为卢旺达新政府已经重组了所有政党。实际上，前反对党已元气大伤，只是胡图族"大佬们"的俱乐部，"大佬们"互相关照，想着图西人能施舍点权力。至于境外难民营的反对派，他们在组织和意识形态上，与原来的全国发展与民主革命运动都过于接近，不足为信。1996 年 3月组建的民主抵抗力量，正填补了这一空缺。然而，它也举步维艰。就说本节中提到的难民营，很多胡图人逃离了新政权，对大屠杀毫无忏悔之心。他们以某种含糊的方式，既否认又证实了大屠杀的发生。不禁让人联想起那些否认二战期间针对犹太人的大屠杀的历史学家。民主抵抗力量最初的领导人是福斯汀·特瓦吉拉蒙古和塞思·森达绍恩加。他们俩都曾有力且清晰地表达了对大屠杀的立场：坚决谴责。在外部观察家看来，这一立场合道义，清晰可辨，可胡图人并不这样看。由于卢旺达爱国阵线暴行越来越多，很多胡图人在大屠杀问题上开始刻意否认和辩解，认为卢旺达爱国阵线侵犯人权，并以此为由淡化 1994 年 4—6 月的胡图人的恐怖暴行。民主抵抗力量直言不讳地谴责大屠杀，尽管会让外国人满意，但并没有得到胡图人的支持。虽然民主抵抗力量领导人高兴地看到一些图西族自由人士加入了该组织，但由于族群对立如此严重，一些对卢旺达爱国阵线新政权威权转向心怀不满的图西人，并不想加入这个"胡图人组织"。在此背景下，任何一个反对派，哪怕是真正的反对派——与 1994 年大屠杀凶手没有牵连，且得到胡图族民众支持——都无立足之地。这一点极其重要，在要求卢旺达"民主化"的时候，国际社会必须要考虑到。有人或许会说，1995 年 8 月福斯汀·特瓦吉拉蒙古和塞思·森达绍恩加从内阁中辞职，乃是自取灭亡。军事情报局一直将福斯汀·特瓦吉拉蒙古和其他直言不讳的胡图族政治人物视为"敌人"。究竟"敌人"意味着什么？没有任何解释。实际意思可能就是说，任何一个胡图族政治人士，要是说了不该说的，独立发声，军事情报局就会不容。从短期来看，这倒是能确保军事情报局所谓的"安全"。然而，军方意图之外呢？福斯汀·特瓦吉拉蒙古和塞思·森达绍恩加及其友人，只有他们才能将外来图西族政治军事精英与本地胡图族农民群众联系起来。即使他们在很多事情上持有不同意见，也应留在新政权内。将他们踢出局，在短期确实能维持表面上的团结，但也让未来更均衡的政治断了一条路。

外部世界与卢旺达

在大屠杀结束后的相当长时期内，外部世界在卢旺达的存在主要就是联卢援助团。来自不同国家的数千名官兵重返卢旺达，"以保障安全"。就像没能阻止大屠杀一样，他们也没有得到指令，要去核查卢旺达爱国阵线侵犯人权问题。1996 年春，就在联卢援助团最终撤离卢旺达的时候，卡加梅少将对此表示庆幸，并说联卢援助团从来就没有起过什么作用。[①] 这番话确实刺耳，但也基本属

---

① *Le Monde*，26 March 1996.

实。当然，后果也很严重。卢旺达副总统说联卢援助团在过去毫无成效，虽然说的是过去，可也是在说未来。联卢援助团的彻底失败，加上 1993 年 10 月恩达达耶总统遇害后国际社会在布隆迪的糟糕表现，传达出一个不能言说却也清晰的信息，即可以总结为："出于舆论，我们动口，但不会动手。"考虑到难民问题，这就变得尤其的麻烦。1994 年 9 月以来，国际社会与卢旺达政府之间最大的分歧所在就是难民问题。① 在 1994 年 9 月与 1996 年 11—12 月撤军期间，只有一部分难民返回卢旺达，其余难民和布隆迪内战中逃出来的胡图族难民则前途未卜，且到了 1995 年 3 月后，难民问题已经到了关键口上。根据 1996 年 9 月联合国难民署的数字，难民人数如下：②

表 10 - 2　1996 年扎伊尔、坦桑尼亚境内的卢旺达、布隆迪难民统计（译者注）

国家/难民总数	区域	卢旺达难民	布隆迪难民
扎伊尔	戈马地区	71.7 万	0
	卡布武地区	30.7 万	0
	乌维拉（Uvira）地区	8.1 万	14.4 万

① 关于该问题的综述，参见 'Les réfugiés rwandais en Afrique Centrale'，Special Issue of the review Dialogue（no. 191，June – July 1996）。关于该问题有些乱，且很多方面都呈现出"胡图人"立场的论述，参见 PH. de Dorlodot，*Les réfugiés rwandais à Bukavu au Zaïe*，Paris：l'Harmattan，1996。关于该问题更详尽且深入的分析，参见 'Relief and repatriation：views by Rwandan refugees，lessons for humanitarian aid workers'，*African Affairs* no. 95（1996），pp. 403 – 429。

② 这里的难民数据可能会有夸大。为了能得到更多的粮食援助，难民数会被翻倍计算。然而，在基伍危机期间，情况就不同了。难民人数夸大的程度不可能超过 10％。

续 表

国家/难民总数	区域	卢旺达难民	布隆迪难民
坦桑尼亚	恩加拉（Ngara）地区	41 万	7.7 万
	卡拉圭（Karagwe）地区	12.3 万	0
	基戈马（Kigoma）地区	0	3.6 万
难民总数	/	163.8 万	25.7 万

对比第 333—334 页（原书）上的数据，我们会发现，约有 50 万难民已经返回了卢旺达。然而，这里的统计方法有问题。在这 50 万返回卢旺达的难民中，很多人在 1994 年最后几个月就已经回国了。此后，除了那些在布隆迪的卢旺达难民外，自愿返回的难民只有数千人。在布隆迪的卢旺达难民，他们之所以离开卢旺达，是因为担心安全问题，而不想返回卢旺达。这里面的原因非常复杂。一方面，前政权在难民营中的控制没有遭到挑战。为了维护自身利益，难民们建立了一个"新"政治组织，[1] 该组织的领导人和政治主张与前政权并无区别。卢旺达爱国阵线重置部部长雅克·比欧扎加拉直接称之为"换了个名字的全国发展与民主革命运动"。[2] 前政权的镇长和议员们，就是组织和执行大屠杀的那些人，负责难民营里的大部分行政事务。在食物发放、卫生和学校教育事务上，联合国难

---

① 即返乡民主联合会（Rassemblement pour la Démocratic et le Retour，简称 RDR），领导人为 1991—1992 年的恩桑兹马纳内阁的商务部部长弗朗索瓦·恩扎巴希马纳（François Nzabahimana）。

② SWB, *Radio Rwanda* on 20 June 1995.

民署和很多非政府组织都要与他们打交道。① 前卢旺达武装部队士兵和联攻派民兵就在全部难民的注视下进行训练。他们向难民收税，并残暴地对待异见人士。对那些拒绝与极端主义领导人合作的人，以及其他难民，打骂和谋杀司空见惯。那些谈论返回卢旺达的难民，性命堪忧。②

然而，这并不是难民不回卢旺达的唯一理由。他们之所以逃离，一方面是因为难民营权力当局将他们推压到边界地区；另一方面也是因为他们确实担心迎面而来的卢旺达爱国阵线军队。在 1994 年年末到 1995 年年初，卢旺达发生的暴力事件和大规模逮捕的消息传到了难民营，当然前政权领导人会夸大其词。因此，即使有些难民对控制难民营的极端分子心怀不满，他们也不愿返回卢旺达。很多人都担心，他们无法证明自身的清白。毕竟，新政权认为所有胡图人都罪责难逃。③

难民政治并不局限于难民营。"胡图强权"领导人正在重整军备，④ 要反攻卢旺达，逐渐加大跨边界袭击，且打了就跑。而且，布隆迪内战又成了另一个可加以利用的机会。极端分子支持莱奥纳德·恩扬戈马（Léonard Nyangoma）的保卫民主阵线（Front de De-

---

① 难民营里的工作环境极差，非政府组织无国界医生深感震惊，并撤离出来，拒绝"成为极端分子的人质。"最终，联合国难民署以及其他非政府组织，通过刽子手分发食品，并对分发过程进行监视。然而，这些组织并没有消解刽子手的政治影响力。

② François Fritscher, 'Les Hutus rwandais tentent un périlleux retour', *Le Monde*, 2 May 1995.

③ 参见 Amnesty International, *Rwanda and Burundi：The Return Home：Rumours and Realities*, London, 20 February 1996。

④ Human Rights Watch, *Rearming with Impunity*, New York, May 1995；Amnesty International, *Rwanda：Arming the perpetrators of the genocide*, London, June 1995；Steve Boggan, 'The bloody trade that fuels Rwanda's war', *The Independent*, 23 November 1996；'Arms dealer tells of gun trade with Rwanda', *The Times*, 19 November 1996.

fense de la Democratic，简称 FDD）。保卫民主阵线是布隆迪反政府游击武装，活动于南基伍（South Kivu）的乌维拉地区。由于前卢旺达武装部队和联攻派民兵卷入到布隆迪冲突，卢旺达爱国军和布隆迪军队在布隆迪北部省份锡比托凯（Cibitoke）和卡扬扎（Kayanza）展开共同行动。渐渐地，这种冲突呈现出国际化的态势，可国际社会并没有对此做出反应，包括联合国和外交圈。局势的恶化最终导致了 1996 年年底基伍危机的爆发。

由于难民问题，大屠杀后卢旺达政治渐渐地扩展成为整个大湖区的问题。乌干达并没有卷入到冲突中。卡加梅及前全国抵抗军军官掌控了卢旺达新政权，因此乌干达也与这场冲突沾点边。当然，扎伊尔的情况就不同了。扎伊尔有大量难民，并以复杂且矛盾的方式卷入到这场冲突中。一方面，难民在当地带来了社会和生态灾难；① 另一方面，难民也干扰到基伍地方政治，恶化了业已紧张的族群政治局势。② 然而，蒙博托总统在这些问题上的反应反复无常：他一开始支持肯戈·瓦·东多总理的主张，要将这些难民迅速驱除出境，甚至不惜动用武力。③ 可后来，他又在联合国宣布说，他准备筹划召开地区会议，寻找更为妥善的方式。④ 大湖区领导人峰会在开罗召开后，蒙博托又发出之前的那种威胁，要强迫驱除这些难民，且最后期限为 1995 年 12 月 31 日。⑤ 整个事情揭示出，蒙博托总统是在以卢旺达难民为要挟，以便拿到重返国际社会的门票。由于被指

---

① Joshua Hammer, 'An overstayed welcome', *Newsweek*, 26 February 1996.
② 参见"基伍危机"部分的余下内容。
③ Stephen Smith, 'Le Zaire renvoie les Hutu au Rwanda', *Libération* (22 August 1995); 'Back to Rwanda, Willing or Not', *The Economist* (26 August 1995).
④ 合众国际社（UPI），纽约，1995 年 10 月 22 日。
⑤ SWB, *Radio Cairo*, 28 November 1995.

责侵犯人权、被媒体揭露有腐败、当时还被欧洲实行禁令、旧盟友法国还拒绝颁发签证，这位扎伊尔国家元首通过聪明的运作，重返了国际社会。不说赢得了国际社会的尊敬，至少也可以说被国际社会接纳了。与此同时，在处理基伍地区复杂的政治问题时，蒙博托也在将卢旺达难民作为一张牌来打，并将之作为反对基加利卢旺达爱国阵线政权的一个工具。在蒙博托看来，卢旺达新政权就是乌干达穆塞维尼政权的分支。就是像蒙博托这样的马基雅维利式政治人物，同时处理这么多错综复杂的问题也会难以招架。基伍地区的问题最终适得其反，引火烧身，危及蒙博托政权甚至扎伊尔的生存。

布隆迪，卢旺达南边的孪生国，曾一度收纳了 20 万卢旺达难民。这让布隆迪局势变得更为紧张。此时的布隆迪，权力由占人口少数的图西人和占人口多数的胡图人分享。图西人失利于大选，但控制着军队；胡图人赢得了选举，可总统在 1993 年 10 月被军队刺杀身亡。[1] 布隆迪的图西人指责卢旺达胡图族难民是大屠杀凶手，且还在与保卫民主阵线游击力量勾结。1995 年春，布隆迪内战不断升级，图西族的"永胜军"（Sans Echec）民兵开始攻击难民营。卢旺达难民惊恐不已，逃往坦桑尼亚。[2] 1996 年 1 月，这种情况再次出现。随着针对难民营的暴力活动不断增加，最后一批难民也在春季

---

① 1994 年 9 月，胡图族政党与图西族政党签署一份正式的分权协议。图西人的压力渐渐地使得这份协议变成一纸空文。1996 年 7 月 25 日，皮埃尔·布约亚发动政变。布约亚曾在 1993 年选举中失利。关于布隆迪的情况，参见 Gaetan Sebudandi and Pierre - Olivier Richard, *Le drame burundais*, Paris: Karthala, 1996; René Lemarchand, *Burundi*, *Ethnic Conflict and Genocide*, Cambridge: Cambridge University Press（1996 的第二版是最新版）；关于这场冲突的国际层次上的分析，参见 Ahmedou Ould Abdallah, *La diplomatie pyromane*, Paris: Calmann - Lévy, 1996。

② Jean - Philippe Ceppi, 'Les réfugiés rwandais pris en tenaille', *Libération*, 3 April 1996.

撤离了。联合国难民署不得不经过一番"劝说"，要他们返回来，结果还算顺利。① 1996 年 7 月布琼布拉发生了政变。卢旺达与布隆迪政府关系变得极其微妙。在政府方面，即使要支持布隆迪图西族反对党国家进步联盟，基加利新政权也不可能公开支持。不过，在实际行动上，卢旺达爱国军还在常常跨越边界，打击保卫民主力量游击武装及其同盟力量，即前卢旺达武装部队和联攻派民兵。

卢旺达与坦桑尼亚的关系要好一些。在难民问题上，相较于扎伊尔或布隆迪，达累斯萨拉姆政府的立场是一贯的，卷入程度也要低一些。不同于蒙博托总统，阿里·哈桑·姆维尼从没想过要在坦桑尼亚就卢旺达难民做文章。相较于扎伊尔，坦桑尼亚当局对难民营的处理上要好得多，包括来自布隆迪的难民。除了极少数情况外，游击武装也无法在难民营实施军事行动。此外，坦桑尼亚也成功地在一些特殊难民营里孤立了极端分子，切断了他们对其他难民的掌控。一旦有指控，坦桑尼亚当局就会将他们送到阿鲁沙的国际法庭。②

大屠杀结束两年后，即 1996 年年中，局势似乎陷入一种幽闭、恐怖的僵局：卢旺达进行了一场关于民族团结的讨论，试图弥补政治裂痕。然而，在扎伊尔，流亡者并没有反思己过，还在打游击，把这些游击当作预演，希望机会来了之后进行大反攻。蒙博托总统

① 事实上，这会让人产生错觉。国外观察者认为，在扎伊尔和坦桑尼亚的其他难民营，也可以相当容易就能被清理掉。不过，布隆迪的难民往往是来自卢旺达南部的尼扬加人（Banyanga），他们基本不受联攻派民兵的影响。比起住在其他，尤其是扎伊尔的难民营里的北方同胞，他们也基本上没有卷入大屠杀。

② 当然，选择阿鲁沙作为国际法庭的驻地是具有象征意义的。阿鲁沙会让人们想起1993 年的政治协议。然而，除了提供场地和有限的便利条件外，坦桑尼亚政府并没有直接参与国际法庭的运转。

玩起了猫鼠游戏，今天鼓动他们，明天又支持那些要把他们赶出基伍的地方部落，并在国际上利用他们来反对基加利政权。在南部，卢旺达难民卷入布隆迪内战的程度越来越深。两个国家，一个图西族军队，一个是胡图族军队，共同行动，打击敌人。1996年夏，僵局被打破，危机爆发了。

基伍危机

要理解基伍近来发生的一切，我们必须先知道那里的扎伊尔人（主要是扎伊尔人）情况。①

20世纪80年代，由于地域广、交通差、政府虚弱，扎伊尔渐渐地失去了对基伍省东部地区的控制。基伍省在经济上逐渐融入大湖区和东非。

基伍省北部和南部地区有相当数量的说卢旺达语人。南部说卢旺达语人较少，大部分说卢旺达语人生活在北部。在这两个地方，"土著"部落②和新来户之间的关系都不融洽。事情一度得到了解决。1972年政府颁布法律，基伍省说卢旺达语人获得了公民权。③事实上，这部法律是政治产物，主要是总统顾问巴尔塞雷米·比森吉马纳（Barthélemy Bisengimana）的缘故。此人是来自基伍省的一名说卢旺达语的图西人，当时的权势仅次于蒙博托。比森吉马纳失

---

① 关于扎伊尔蒙博托政权末期情况，参见 Jean‐Claude Willame, *l'automne d'un despotisme*, Paris：l'Harmattan，1992。

② "土著"（Autochtones）是基伍地区非卢旺达语部落给自己起的称号，以此彰显他们更具有扎伊尔公民的"正宗资格"和经济特权。

③ 关于扎伊尔公民权在法律层次上的讨论，参见 Osawald Ndeshyo‐Runthose，'La nationalité de la population zairoise d'expression kinyarwanda au regard de la loi du 29 juin 1981'，*Dialogue* no. 192，August – September 1996，pp. 3—32。

势后不久，扎伊尔又通过了一部新法律（1981 年 6 月），修订了扎
伊尔公民权资格。这部精心调整的新法，剥夺了基伍省说卢旺达语
人的公民权，因为它规定公民权的获得，必须要有长期居住在扎伊
尔的证据。① 多年来，这部法律并没有直接产生过什么政治后果。然
而，鉴于基伍省说卢旺达语人与其邻居间紧张的族群关系，这部法
律无疑是悬在说卢旺达语人头上的一把利剑。1990 年，扎伊尔废除
了一党制，政体彻底发生了变革。这把利剑落了下来。

土著部落②占了国民大会（很快就变成了所谓的共和国委员会/
过渡议会［Commission de la Republique/Parlement Transitoire，简称
HCR/PT］）大多数席位。过渡议会决定执行 1981 年 6 月通过的那部
公民权法律。与此同时，又发生了另外一件事。1990 年年底，即扎
伊尔结束一党制几个月之后，卢旺达爆发了内战。基伍省一些说卢
旺达语的年轻人加入了卢旺达爱国阵线。北基伍省有大量胡图人。③
通过一个名为"维龙加农业互助"（Mutuelle des Agriculteurs des Vir-
unga，简称 MAGRIVI）项目，哈比亚利马纳政权对这些胡图人施加
影响。这个项目成了经济、宣传，后来又成了武器通道。因此，卢

① 这部法律要求，要成为公民，就要拿出其先祖在 1885 年柏林会议，即刚果自由
邦诞生起就生活在"扎伊尔"土地上的证据。基伍地区的说卢旺达语人来自不同时期。
北基伍省所谓的尼亚布韦沙人（Banyabwisha）已在今天的扎伊尔生活了数百年。为了躲
避鲁瓦布基里国王的战争，南基伍省的尼穆伦格人于 19 世纪中期迁移了过来。20 世纪 20
年代，卢旺达移民会（Mission d'Immigration des Banyaranda）成立了，并吸引了大量卢旺达
人到当时比属刚果的种植园和矿井上工作。1959—1963 年期间，为了躲避卢旺达种族迫
害，又有数千名图西人迁移了过来。由于多年来的通婚，谁是"土著"，谁不是"土著"，
实在太难说了。
② 在北基伍省，土著部落主要有恩德人、兰德人（Banande）和尼扬加人。在南基
伍省，土著部落更多，也要小一些，主要有贝姆贝人（Babembe）、兹拉人（Bazira）、雷
加人（Barega）、什人（Bashi）、富雷罗人（Bafulero）和维拉人（Bavira）等。
③ 在南基伍省，尼穆伦格人是纯正的图西人。多年来，那些跟随保护人从卢旺达来
到新地的胡图族佃户已经"图西化"（Tutsified）了。

旺达内战慢慢地就扩展到了扎伊尔东部地区。1993 年 3 月，北基伍省爆发了冲突。尽管一开始大体上还是土著部落与说卢旺达语人之间的战争，[1] 但后来变成了土著部落、图西人和胡图人之间的三方战争。1994 年夏，约 150 万说卢旺达语的胡图族难民来到了北基伍省，局势进一步恶化。在北基伍省，当地胡图人正在与恩德人（Bahun-de）和尼扬加人（Banyanga）的民兵组织作战，且处境危急。对他们来说，卢旺达新来的胡图人是个政治良机。对新来的胡图人来说，与当地胡图人联合，可以让他们进入基伍地区，开辟出"胡图人之地"（Hutuland），进而作为重新反攻卢旺达的基地，即便反攻失败，也可以在那里成立一个新卢旺达。很快，这种联合就建立起来了。一方面是因为恩德人、尼扬加人此时数量上占有优势；另一方面是因为来自卢旺达的强硬派持有"大多数统治"的观念，且手上沾满了图西人的血。1995 年年底至 1996 年年初，战斗激烈，且发生了针对平民的屠杀。根据教会方面的信息，[2] 约有 3 万人伤亡。1.2 万多名图西族难民和约 8000 名恩德人、尼扬加人逃到了卢旺达。[3] 他们也杀图西人，直到后来被大批胡图人和扎伊尔武装部队（Forces

---

① 关于这期间的论述，参见 Faustin Ngabu（戈马的罗马天主教主教），'Lers massa-cres de 1993 dans les zones de Walikale et de Masisi', *Dialogue* no. 192, August – September 1996, pp. 37 – 46。

② 尽管这些数据是非正式的，但由于该地区没有扎伊尔行政机构，所以他们的数据最值得信赖。

③ 参见 UN Department of Humanitarian Affairs/Integrated Regional Information Network, *Situation Report on Masisi*, *North Kivu*, *Zaïre*, Nairobi, 26 February 1996；Human Rights Watch Africa/Fédération Internationale des Ligues des Droits de l'Homme, *Forcés de fuir: la violence contre les Tutsi au Zaïre*, New York/Paris, July 1996；Doctors Without Borders USA, *Ethnic War in Eastern Zaire*, *Masisi* (1994 – 1996), New York, 7 November 1996。

Armées Zaïroises，简称 FAZ）制服。①

对基加利新政权来说，整个局势已经变得越来越无法容忍。在北基伍省，图西人被屠杀；前政权极端分子正在重整军备，与边界的当地胡图人建立同盟；跨越边界的袭击逐渐增多。就卢旺达政府而言，应对这一局势的紧迫感越来越强烈了。鉴于卢旺达紧张的族群关系，为了应对越来越多的胡图族游击武装活动，卢旺达爱国军战火重启，中短期内成了卢旺达境内不稳定的重要影响因素。

最终让卡加梅少将决定展开行动的原因是复杂的。截至那时，主要暴力活动来自北基伍省。然而，1996 年夏末，南基伍省尼穆伦格人（Banyamulenge）压力倍增。尼穆伦格人控制的米里马集团（Milima Group，此非政府组织与比利时非政府组织"扎伊尔网络"［Réseau Zaïre］关系密切），一直苦恼不已。敌视说卢旺达语人的部落在当地政治中势力上升，并开始迫害眼中的"外国人"。② 逮捕常见，暴力泛滥。对那些身在卢旺达爱国阵线的尼穆伦格年轻人、来到卢旺达的尼穆伦格人（战争结束后，他们在卢旺达接受军事训练，并一直关注北基伍省的局势）来说，这些情况让他们感到不安。行动的时机已经到了。

就在同一时期，布隆迪的局势也在不断恶化。1996 年 7 月 25 日布约亚少将发动政变后，在坦桑尼亚的影响下，周边邻国决定对这个政变当局实施禁运。禁运措施极为有效。在穆塞维尼总统的压力

---

① 由于多月来，甚至多年来就没有拿到过军饷，只要谁出高价钱，扎伊尔武装部队士兵就为谁提供服务。一些士兵受雇于联合国难民署，在难民营当起了警察，而绝大部分士兵最终都站到了胡图族极端分子一边去了。

② 基耶姆巴·瓦尔卢姆沃纳（Kyemba Walumwona，雷加人）牧师成了地方长官，契维卡（Chweka，维拉人）成了新任地区专员。

下，基加利当局也加入禁运行列。① 当然，禁运给布隆迪内战只造成了单边影响：布约亚总统军事政权深受禁运打击，莱奥纳德·恩扬戈马（Léonard Nyangoma）的保卫民主阵线几乎推进到了首都。基加利的卡加梅认为，布隆迪的图西族政权摇摇欲坠，即将崩溃。而且，卡加梅还认为，要是更糟糕的话，布约亚可能会被前总统巴加扎（Bagaza）扫地出门。军队和非政府组织都对巴加扎信心十足。巴加扎决心要将难民赶回卢旺达，确保布隆迪图西人的生存。② 卢旺达爱国阵线政权不能坐视不管，让图西族同胞遭到屠杀威胁，且自身也没有空余土地可以容纳他们。因此，面对不断恶化的布隆迪局势，卢旺达爱国阵线要力挽狂澜的想法越来越强烈。

可见，造成基伍危机的因素有好几个，其中最主要、长期存在的因素就是联攻派民兵控制下的难民营的持续威胁。其次就是局势越来越糟的布隆迪，它所受到的威胁来自同样的群体（胡图人），来自同样的地理位置。最后就是尼穆伦格人。虽然这个边缘化的图西族群体受到了威胁，但决意反击，可能还会扭转局势。尼穆伦格人让基加利政权看到了巨大好处：如果尼穆伦格人能掌控南基伍省的局势，他们就能进攻难民营，并将之清除，无须卢旺达爱国军的介入，也就不存在侵犯边界的风险，一举两得：一方面，可以趁着扎伊尔内部混乱，坐收渔利；另一方面，要是公开行动的话，国际上，

---

① 很多观察家都感到费解：为什么穆塞维尼（卢旺达与布隆迪图西族阵营的支持者）影响卡加梅，进而要卢旺达遵守对布琼布拉的禁运决议？答案是，这是出于乌干达国家元首的需要。穆塞维尼需要继续与莫伊（莫伊并不喜欢穆塞维尼，但最终还是在3月份与之达成和解）、前总统尼雷尔（Nyerere，前总统，禁运令的主要推手，坦桑尼亚重大政治决策都会插手）维持良好关系。此外，穆塞维尼总统还希望能确保重新启动的东非共同体取得成功。关于东非共同体，他没少与周边国家以及经济伙伴国发生争吵。

② 1995年7月8日，他在党内说了这番话，随后讲话内容被泄露传播了出去。

尤其是法国就可能会进行武装干涉。卡加梅副总统做了精明的盘算，即使国际社会半道干涉的话，其对卢旺达图西人的内疚感也会让干涉有另外的说法。尼穆伦格人属于半个卢旺达人，但依然还是扎伊尔人。他们是反对干涉的最佳人选。没有人是傻子，只是在装傻而已。

这场精明的谋划漏掉了一个人，他就是洛朗·卡比拉（Laurent Kabila）。卡比拉曾同情过穆雷雷（Mulele）的反叛。① 与一些记者所写的相反，卡比拉不是尼穆伦格人。他不是说卢旺达语人，甚至也不是基伍本地人。他出身于沙巴省（Shaba，前加丹加地区［Katanga］）卢巴族（Muluba）。尽管当时的卡比拉在政治上并没有引人注目，年纪比较大，但精力依然旺盛。卡比拉长期反对蒙博托总统，两人间有着血海深仇。此时的卡比拉斗志昂扬。1996 年 10 月，卡比拉成为解放刚果扎伊尔民主力量联盟（Alliance des Forces Démocratiques de Libération du Congo – Zaïre，简称 AFDL/CZ）的领导人，为世人所瞩目。他发起了"解放"运动，试图尽可能地吸引媒体的注意，一方面可以宣传他在扎伊尔的事业；另一方面也可以将人们的注意力从基加利那里吸引到他本人身上。

局势发展很快，吸引了众多人的关注，包括在外国的扎伊尔人。着实令人感到惊奇。8 月底，针对尼穆伦格人的迫害开始增多。② 9 月底，尼穆伦格人民兵从卢旺达进入南基伍省。卢旺达总理，皮埃尔－塞勒思汀·鲁维吉耶马宣称，扎伊尔当局正在"屠杀"说卢旺

---

① 皮埃尔·穆雷雷（Pierre Mulele）是 20 世纪 60 年代扎伊尔东部地区的反叛运动领导人。洛朗·卡比拉曾加入反叛运动中，只是名不见经传。内战结束后，洛朗·卡比拉待在基伍地区，干起了走私黄金的营生。

② 数百名难民逃到了卢旺达南部的尚古古省。

达语人。① 尼穆伦格人民兵很快就停止了对难民营的进攻。接着，他们开始继续推进，袭击一切与难民相关的目标，包括难民营和医院。由此带来的结果引起了世界的关注。难民，包括卢旺达人和布隆迪人开始四处逃散。② 前卢旺达武装部队和联攻派民兵似乎无心恋战。10 月，乌维拉和布卡武很快就落到尼穆伦格人民兵之手。与此同时，一些身份不明的"武装分子"在袭击北基伍省的难民营。这些人并不是尼穆伦格人，成员身份复杂。其中的核心人员是图西族马西西人（Masisi），他们曾于 1995—1996 年期间逃难卢旺达，接受过训练并武装起来。与他们并肩作战的是恩德人、尼扬加人民兵。后者曾是前者的敌人，但此时已是盟友，并共同反对胡图人。接着，大量卢旺达爱国军士兵被派入"叛军"中，以提高作战能力。这些武装力量立即袭击了卡塔莱（Katale）和卡因杜（Kahindo）北方难民营，大量难民逃散。一些难民沿着公路向西奔赴瓦里卡莱（Walikale），一些难民向北逃散，一些难民向东逃进覆盖维龙加山谷的森林里，一些难民向南逃进了穆贡嘎（Mugunga）难民营。由于大量基本巴（Kibumba）住民也逃到穆贡嘎，穆贡嘎很快就人满为患。与此同时，南基伍省叛军在基伍湖西岸向北开拔，前卢旺达武装部队、联攻派民兵和普通难民立即四处逃散。11 月初，戈马落入"叛军"之手。难民就在戈马西边的穆贡嘎地区重新安顿下来。11 月 13 日，卢旺达政府支持的武装力量袭击了这些难民。由此打破了原有的局势：绝

---

① SWB，*Radio Rwanda*，27 September 1996.

② 实际上，所有卢旺达难民都纵深到扎伊尔境内。一些卢旺达难民在 11 月抵达了卢布图（Lubutu），其他卢旺达难民则在基伍湖附近游荡，最终在萨凯（Sake）附近加入了北基伍省的村民队伍。关于布隆迪难民，约 5 万人回到布隆迪，其他难民则与卢旺达难民一道，向西或向南到达坦噶尼喀湖沿岸地区，也有一些难民越过了坦噶尼喀湖抵达坦桑尼亚。

大部分难民，迫于叛军的打击，也不想逃到前政权那里，便步行涌向卢旺达。最终，约有55万难民跨境返回了卢旺达。① 局势的转变带来了诸方面的影响。

就扎伊尔当地而言，那些没有回去的难民人间蒸发了，用无国界医生组织中的一名法国人的话来说，他们消失在"国际政治的百慕大三角（Bermuda Triangle）"。难民返回简直就是所谓"CNN效应"的注脚。对国际社会来说，一部分难民回去了，那问题就不存在了。这不禁让人们想起了过去。大屠杀没有报道，而1994年难民逃离和霍乱疫情的报道却铺天盖地。历史有真相，现实未必真。扎伊尔依然有约40万难民，前途未卜。新近回来的难民违抗了前政权极端主义领导人的命令，回到了卢旺达。因此，那些依然留在扎伊尔的难民自然就成为大屠杀的支持者。

在纽约，尽管美国人不情愿，但国际社会还是在10月决定组建国际部队进行干涉。局势转变后，这一决定立即被搁置了起来。② 又过了三周，各方反复协调，讨价还价，最终国际社会决定不采取任何行动。这一决定主要是美国作梗的结果，但立即就被视为法美在大湖区竞争的又一个表现。在瓦加杜古（Ougadougou）法非峰会期间，希拉克总统发起了干涉呼吁。③ 巴黎极为担心扎伊尔崩溃所带来

---

① 参见 Integrated Regional Information Network（IRIN，Nairobi），日期为1996年11月15—21日；Marie – Laure Colson and Stephen Smith，'Les raisons du retour massif des réfugiés'，*Libération*（18 November 1996）；Michela Wrong，'Exodus averts disaster'，*Financial Times*，16 – 17 November 1996.

② 'Le reflux des réfugié Hutu remet en question les objectifs de l'intervention au Zaïre'. *Le Monde*，19 November 1996.

③ 法美在非洲的竞争是法国评论界的热衷话题。参见 Claude Wauthier，'Appétits Américains et compromissions françaises'，*Le Monde Diplomatique*（October1994）；Philippe Boulet – Gercourt，'Washington et le gâteau africain'，*Le Nouvel Observateur* no. 1675，12—19 December 1996。

的后果，进而夸大美国在法国前殖民地的利益，并低估了 1993 年美国兵败索马里留下的"摩加迪沙综合征"所带来的影响。局势的转变带来的另一个影响是，坦桑尼亚发出了最后通牒：年底前，要将所有卢旺达难民清除出境内。与穆贡嘎不同，坦桑尼亚境内的卢旺达难民为了躲避遣返，也开始四处逃散。① 然而，坦桑尼亚军队最终又将他们驱赶到一块。与扎伊尔不同，坦桑尼亚对难民的控制力大得多。这些难民最终被驱赶出了坦桑尼亚。②

基伍危机和"难民返回"标志着卢旺达和大湖区危机的结束吗？不好说。矛盾依然尖锐如初。在如今的卢旺达和布隆迪，历史、社会、政治更要从图西人/胡图人的角度来加以理解。问题是，所有的歪曲都有一定的真实性。我们从新近在卢旺达出版的一本小书引用一段话。这本小书的作者是一名年轻的图西族牧师，他放弃了牧师生涯加入了卢旺达爱国军。前总理福斯汀·特瓦吉拉蒙古曾指责过，之所以没能获得军队中（大多数是图西人）胡图人的信任，是因为军队的缘故。关于这点，这位作者写道：

> 民众与卢旺达爱国军之间的信任危机可以追溯到很久以前，决不能简单地认为是卢旺达爱国军近来抢夺索取所带来的结果。这是由于在过去 35 年向民众宣传的族群观念、前政权自 1990 年后发动宣传机器进行歪曲造成的。……就这种宣传而言，没有一个反对党在那时曾严肃地进行过质疑，保卫共和国联盟

① Florence Aubenas, 'Tanzanie：le sauve – qui – peut des réfugiés', *Libération*, 13 December 1996. 这一举动反映出北基伍省难民"决定"返乡的初衷。要不是在枪口的逼迫下，返回卢旺达绝不是出于自愿的选择。

② Michela Wrong, 'Army drives Hutu masses into Rwanda', *Financial Times*, 16 December 1996.

（特瓦吉拉蒙古所在的党派）更是没有。为什么会这样呢？保卫共和国联盟自视为那种族群观念奠基者的"合法继承者"，尽管保卫共和国联盟曾假模假样地抨击过这种族群观念。①

这段话揭示了卢旺达局势中所存在的问题。每个人都是对的，可每个人又都在扯谎。前总理特瓦吉拉蒙古说，卢旺达爱国军敌视卢旺达胡图族大众。此言非虚。不过，多年来，胡图族大众也遭到了胡图强权种族观念的洗脑。是的，在"大多数统治"的口号上，保卫共和国联盟的立场一直含糊，即便它在批评哈比亚利马纳总统的时候，也是如此。正是这种含糊的立场，让保卫共和国联盟内部出现了强权派系。与此同时，这也就意味着，保卫共和国联盟并不是一个真正的"民主"政党，胡图人应该闭嘴，别想着政治代表权了，取而代之的是（被视为中立的）卢旺达爱国阵线。可现任总理皮埃尔－塞勒思汀·鲁维吉耶马呢，他不也是保卫共和国联盟成员吗？② 在内心深处，双方彼此没有信任。对此，那本小书里有一则轶闻，可见一斑：

> 在最近的一次外访中，现政府一名（胡图族）部长在布鲁塞尔会见了在比利时留学的卢旺达学生，这些学生也是这名部长所在政党的成员。他坚定地向学生们宣称："我们真正的问题是恩森吉亚雷姆耶与特瓦吉拉蒙古之间的矛盾。如果他们加入

---

① Privat Rutazibwa, *Espérance pour mon peuple*, Kigali：Editions Centrales. 1995，p. 60.
② 皮埃尔－塞勒思汀·鲁维吉耶马几乎没有个人魅力可言，属于赞成民主的那类胡图人。他发表一些在政治上正确、会得到卢旺达爱国阵线认同的言论，以此取悦于图西人的政权。

了进来，我们的军队就不会被击败了。"①

这则逸闻揭示出，现政府中有人（即那名部长）暗中赞成大屠杀。不过，这则轶闻可能是杜撰出来的。然而，那名年轻的卢旺达爱国军士兵认为是真的，且他的那本书今天已经在基加利出版了，②这里面折射出在实现民族和解过程中民众对图西人的信任程度。

在前一章结论部分（写于 1994 年 12 月），我曾写道，除非实现了正义、得到了外援资金，③ 否则死亡依然在威胁着卢旺达。近来事态的发展并没有让我改变这一观点。基加利当局说，难民返回表明，那些友善、消除顾虑的胡图人逃离了极端分子的魔爪，自发支持卢旺达新政权。事实绝非如此。就那些从扎伊尔回来的难民而言，返回卢旺达是一个理性的选择，是一个无奈和有利的选择。就那些从坦桑尼亚回来的难民而言，他们是在绝望中，被枪口逼回来的。大部分人或是否认发生过大屠杀，或是坚称他们胡图人是大屠杀的受害者。卢旺达爱国阵线对罪行淡化处理只会强化胡图人的错觉。族群关系中充满了恐惧、谎言、没有明说的歧视，且日渐固化了起来（stereotyping）。那些被两个族群视为有潜在影响力的外国人，谎言连篇。④ 由于国际社会没有启动司法程序和进行援助，这个梦魇般、毫无生气的僵局并没有呈现出松动迹象。对于卢旺达爱国阵线反复

① Rutazibwa, *Espérance pour mon peuple*, Kigali: Editions Centrales. 1995, p. 80.
② 这位部长很容易就能辨识出来。这位部长来自卢旺达民主运动，曾出访过罗马，后又去了布鲁塞尔。然而，没有一名内阁成员站出来或被辨识出来，也没有人以诽谤罪将那位作者送上法庭。
③ 关于 1995 年 1 月以来卢旺达得到的全球经济援助情况，参见 *Dialogue* no. 193, October 1996, p. 76。双边或多边援助共计约有 22 亿美元的承诺，可落实的只有 8 亿美元，即约占总额的 36%。
④ 作者的一位记者朋友曾于 1996 年年底在卢旺达待了一个月，他一回欧洲就告诉作者（原文疑有误——译者注），他需要休息一段时间，过去一段时间活得太不真实了。

重申的民族和解，绝大多数卢旺达人都没有立场。然而，那些胡图人（他们，事实上，绝大部分民众并不反对卢旺达新政权）之所以如此，并不是因为他们相信这个政权是公平和合法的，而是因为他们惧怕、厌恶之前的统治阶层。这种复杂的情感所带来的可能结果是：从短期来看，卢旺达会实现相对和平；可要是从长期来看，除非经济实现较快发展，当局不断提出经济愿景，进而让每个人都能忘记旧怨，更好地生活，否则这种和平极其脆弱。然而，这种愿景在卢旺达不大可能实现。在未来的年份里，政治和道义困境可能尾大不掉，会继续存在。

索 引

（本索引中的页码为原书页码）

219，223，232，236，246，248—52，254，256—60，262—65，271，275，284，292n，293，297，300，301，303，306 and n.，310，322，323，325，326，327 and n.，330 - 33 andn.，334，335n，339，340，342，345—48，352，356，357，358，359，360，361，363，364，365，366，367，368，369，370，371，372，373，375，377，378，381 and n，384，385，386，387，388，389 principalities of，胡图人公国 19，20，21，25 exclusion from elite，排斥于精英阶层 22—27，39，44，45 republic of，胡图共和国 41—92 growth of counter - elite，反精英力量的发展 43—47 ideology during republic，共和国时期的意识形态 58—60，66，112—13，226 and massacres，杀戮/屠杀 135—50，192—206，213—65，281—95 refu-gees，难民 136，246—327 'Hutu Power' group，"胡图强权"，后称为"强权"（'Powers'） 188，197n.，199，200，220，233，333n，335n，344，345，359n.

I

Ibihugu，小领地 18，401

Ibyitso，同谋 121，128，138，142，143，162，172，210，227，231，401

IDPs（Internally Displaced Persons），国内流离失所者 364 难民营，camps 363，364

Igikingi（ibikingi），分封制 20，21，29，46n.，401

Igihirahiro，游离期 210，401

ILO，国际劳工组织 79

Imisozi，山头 3 365

Impuzamugambimilitia，连心派民兵 165，184，224，231，241 and n，243

Initiative Paix et Democratic，和平民主倡议 147

inkotanyi，卢旺达爱国阵线的别名，意为战无不胜 179，201，259，352，401；也可参见 RPF

Interahamwe militia，联攻派民兵 165，169，171，182，184，203，208，223，224，229，231，232，240，241，243，244，246，247n，249，254，256，257 and n，258，259，260，266，267，271，292，